KB022781

표상하기와 개입하기

자연과학철학의 입문적 주제들

Representing and Intervening
Introductory topics in the philosophy of natural science

표상하기와
개입하기

REPRESENTING & INTERVENING

이언 해킹 지음 | 이상원 옮김

일러두기

1. 『　』: 단행본
2. ≪≫: 학술지, 잡지 등의 정기간행물
3. 「　」: 논문
4. 각주와 더 읽기에 나타나는 서지사항과 관련한 모든 [ ]는 옮긴이의 것이다. 그밖의 일부 장 본문에 나오는 소수의 [ ]는 해킹의 것이다.
5. 외국 인명, 지명 등의 고유명사는 되도록 원어의 발음에 가깝게 표기했다. 그러나 기존의 번역어가 있고, 그것이 원어의 발음과 많이 다르더라도 이미 널리 쓰이는 경우, 그 번역어를 피하지 않았다.

레이철을 위하여

'실재란 …… 무슨 개념인가'
_S. V.

| 옮긴이의 말 |

이 책 『표상하기와 개입하기: 자연과학철학의 입문적 주제들』은 이
언 해킹(Ian Hacking)의 *Representing and Intervening: Introductory Topics
in the Philosophy of Natural Science*(Cambridge: Cambridge University Press,
1983)를 완역한 것이다.

논리 실증주의(logical positivism)의 등장 이래로 과학철학에는 두
차례 큰 변혁이 있었다. 첫 번째는 1962년 출간된 토머스 쿤(Thomas
Kuhn)의 『과학 혁명의 구조(The Structure of Scientific Revolutions)』가
일으킨 변혁이었다. 두 번째 변혁은 1983년에 나온 해킹의 이 책
『표상하기와 개입하기』가 수행했다. 쿤은 누적적 과학관을 비판하
면서 공약 불가능성(incommensurability)과 '혁명'의 관념을 과학철학
에 끌어들였다. 그리고 단절에 의한 새로운 패러다임의 등장 가능성
과 과학의 내적 요소에 더해 과학 외적 요소가 이론 평가 과정에
영향을 미칠 수 있음을 강조했다. 이러한 쿤의 과학철학은 상대주의
적 분위기를 강하게 풍기고 있었다. 쿤은 과학철학뿐 아니라 과학사
에도 큰 영향을 미쳤으며, 이른바 '외적 과학사'를 대유행시켰다.

1960년대 후반, 특히 1970년대에 쿤적 입장을 지지하는 다수의 과학철학자와 과학사학자들이 영미권 대학에 자리 잡게 되었다. 대개의 경우 관념의 혁신은 이처럼 인적 대체로 마무리된다.

두 번째 변혁을 이끈 해킹의 과학철학은 쿤의 과학철학의 장점을 부분적으로 분명히 인정하면서도, 과학의 상당 부분은 '안정성(stability)'을 유지하며 이론의 변화에 의해서 영향을 받지 않거나 덜 받는 부분이 있음을 강조한다. 해킹은 '실험 과학'에 대한 통찰을 통해서 이를 논변한다. 패러다임, 즉 이론의 교체가 있어도 실험적 현상은 영원히 그대로 남아 있을 수 있다. 예를 들어 현미경으로 보이는 안정된 상은 현미경에 관한 고수준의 이론이 변화를 겪어도 계속해 같은 상을 보여주기 때문이다. 해킹의 주제는 과학의 안정성으로, 그는 그것을 '개입(intervention)'에서 찾는다. '실험'은 바로 개입이다. 과학의 안정성과 누적에 주목하는 점에서 해킹의 철학은 논리 실증주의와 그 '정신'에서 부분적으로 닿아 있다고 볼 수도 있다.[1] 그러나 해킹은 직접적 관찰이나 관찰 문장이 아니라 실험에 중점을 둔다는 데에서 논리 실증주의와 근본적인 차이가 있다. 쿤이 과학철학과 외적 과학사에 영향을 미쳤던 것처럼, 해킹의 영향으로 실험의 철학과 역사를 연구하는 과학철학자들[2]과 과학사학자들이 대거 나타났

1_ 초기 논리 실증주의의 생생한 입장을 보여주는 대표적 저작은 번역되지 않은 상태며, 논리 경험주의(logical empiricism) 전통에 선 과학철학 교재가 일부 번역되었다. 이는 이른바 포스트실증주의(post-positivism) 저술이 대부분 번역된 것과 비교된다 (주 5를 볼 것). Rudolf Carnap, *An Introduction to the Philosophy of Science*, by Martin Gardner(ed.)(New York: Basic Books Inc., 1966)가 윤용택 옮김, 『과학철학입문』(서울: 서광사, 1993)으로 옮겨졌으며, Carl G. Hempel, *Philosophy of Natural Science*(Eaglewood Cliffs: Prentice Hall, 1966)가 강영계 옮김, 『자연과학의 방법론』(서울: 제일출판사, 1976), 김유항 역주, 『과학철학』(인천: 인하대학교출판부, 1982), 곽강제 옮김, 『자연과학철학』(서울: 박영사, 1987)으로 번역되었다.

2_ 이러한 해킹의 입장에서 주로 영향 받은 일군의 철학자들은 '실험철학(philosophy of experiment)' 또는 '새로운 실험주의(new experimentalism)'라 불리는 과학철학 조류를 형성·발전시켜 나간다. 실험철학의 진전과 그 의의에 대해서는 다음의 문헌을

다. 이들은 쿤의 영향을 받은 과학철학자들과 과학사학자들이 자리 잡던 대학의 교수직을 점진적으로 대체해 나갔다. 관념의 혁신이 인적 대체로 마무리되는 경우를 또다시 목격하게 된다.

해킹은 전통적 과학철학의 가치와 한계를 적절히 지적하고, 나아가 대안적인 탐구 방향을 제시한다. 주로 '이론'을 중심으로 연구해 온 과거의 전통적 과학철학의 입장을 그는 이론 지배적(theory-dominated philosophy of science) 과학철학[또는 이론 강박적(theory-obsessed) 과학철학]이라 부른다. 해킹은 실험이 그 자체의 생명을 갖는다고 주장하면서 이론과 실험 간의 다양한 관계, 실험의 다양한 목적과 역할, 실험 과학의 자기 타당화 절차 등을 지적한다.[3] 해킹의 이론과 실험의 관계에 대한 재평가 작업은 과학철학에서 새로운 조류[4]의 형성과 관련해 큰 의의가 있다.

이 책의 독자층은 크게 셋으로 볼 수 있다. 첫째, 과학철학의 전문가들. 이 책은 혁신적이다. 실험, 관찰, 측정, 현미경, 현상의 창조와 같은 B부의 일부 장 제목을 훑어보기만 해도, 기존의 과학철학의 주제와 얼마나 다른 주제를 취급하는지 쉽게 알 수 있다. 곧 이 책은 과학철학의 새로운 관점을 제기하고, 출간 이래로 전문 학자의 비상

참조할 것. 이상원, 「실험철학의 기획」, 이중원·홍성욱·임종태 엮음, 『인문학으로 과학읽기』(서울: 실천문학사, 2004), 81~110쪽, 이상원 지음, 『실험하기의 철학적 이해』(서울: 서광사, 2004), 특히 2장. 실험철학은 이제 과학철학 교과서에서 독립된 주요 입장으로 소개된다. 예를 들어 표준적인 과학철학 교과서 가운데 하나인 Alan Chalmers, *What is this thing called science?*(Indianapolis / Cambridge: Hackett Publishing Company, Inc., 1999), 3rd edition[앨런 차머스, 『과학이란 무엇인가?』, 신중섭·이상원 옮김(서울: 서광사, 2003)], 특히 2, 3, 13, 16장을 볼 것.

3_ 해킹의 철학에 대한 국내의 논의로 다음의 글이 있다. 이상원, 「존재자 실재론과 실험적 실천」, 서울대 석사학위논문(1990), 이상원, 「진리와 실재의 국소화」(1998), ≪과학과 철학≫, 제9집, 79~112쪽, 특히 79~96쪽, 이상원, 「실험철학의 기획」 (2004)(주 2를 볼 것.), 정광수, 「해킹의 과학적 실재론을 옹호함」, ≪철학≫ 제52집, 381~403쪽.

4_ 주 2를 참조할 것.

표상하기와 개입하기

한 관심을 끌어왔다. 둘째, 이 책은 대학원생과 학부생을 위한 과학 철학 교재다. 그것은 실험에 관한 B부의 내용에 보태 A부가 전통적 과학철학, 즉 이론을 취급하는 과학철학에 관해 포괄적이고 면밀한 검토와 비판을 담고 있기 때문이다. 즉 A부는 과학적 실재론(scientific realism), 실증주의, 프래그머티즘(pragmatism), 공약 불가능성, 지시 (reference), 내재적 실재론(internal realism), 과학적 연구 프로그램의 방법론(methodology of scientific research programmes) 등의 문제를 다룬다. 잘 알려진 대부분의 과학철학적 입장을 논의하며, 일부 장에서는 퍼트넘(Hilary Putnam)을 중심으로, 여기에 보태 부분적으로 오스틴(J. L. Austin), 크립키(Saul Kripke), 노직(Robert Nozick), 콰인(W. V. O. Quine) 등의 언어철학적 입장을 검토한다. 셋째, 과학의 본성과 방법론에 관심이 있는 여타 분야의 연구자와 일반인에게 매우 유익한 책이다. 이 책은 현행 과학과 과학사 속의 수많은 실례를 포함해, 이를 철학적 주장과 결합시켜 과학 활동의 성격을 매우 현실적으로 파헤치기 때문이다. 아마도 이 책은 쿤의 『과학혁명의 구조』 이래로 가장 많이 팔리는 과학철학책일 것이다. 현재까지 쿤의 책이 전 세계적으로 원서와 여러 언어로 출간된 번역서를 포함해 대략 80만 부 이상 팔린 것으로 추정되는데, 해킹의 이 책은 그 발행 부수를 빠른 속도로 따라잡고 있으며, 머지않아 추월할지도 모른다.5

5_ 최근까지 쿤을 포함해 포퍼, 라카토슈, 파이어아벤트와 같은 주요 과학철학자의 대표 저작이 번역되어 왔다. 이러한 번역 덕분에 우리는 논리 실증주의 이후의 과학철학을 더 잘 이해할 수 있다. 또한 해킹이 이러한 입장의 어떤 요소를 흡수하고 초월하게 되었는지 파악할 수 있는 상황에 놓이게 되었다. Karl Popper, *The Logic of Scientific Discovery*(New York: Haper & Row, 1959)가 박우석 옮김, 『과학적 발견의 논리』(서울: 고려원, 1994)로, Karl Popper, *Conjectures and Refutations: The Growth of Scientific Knowledge*(London and Henry: Routledge and Kegan Paul, 1972), 4th ed. 가 이한구 옮김, 『추측과 논박 1』과 『추측과 논박 2』(서울: 민음사, 2001)로, 쿤의 Thomas S. Kuhn, *The Structure of Scientific Revolutions*(Chicago: University of Chicago Press, 1970) 2nd ed.가 김명자 옮김, 『과학혁명의 구조』(서울: 까치글방, 2002)와 조형 옮김, 『과학혁명의 구조』(서울: 이화여자대학교출판부, 1980)의 두 종류로,

해킹은 현존하는 최상급 철학자의 한 사람으로, 매우 독창적이며 기이한 철학자다. 그는 1936년에 캐나다 밴쿠버에서 태어났으며, 케임브리지 대학교에서 박사학위를 받았다. 현재 콜레주 드 프랑스(Collège de France)의 과학적 개념의 철학 및 역사(Philosophie et histoire des concepts scientifiques) 좌 교수다. 이곳에 근무하기 전에는 캐나다 토론토 대학교에서 철학 분야 대학직속 석좌교수(University Professor of Philosophy)로 있었으며, 그 이전에는 스탠퍼드 대학교 등에 재직했다. 영미권 학자가 콜레주 드 프랑스 교수로 옮긴 것은 아마도 전례가 없는 일일 것이며, 이는 프랑스의 지적 자존심 문제와도 연결되어 있다. 이러한 이동은 해킹의 철학적 지위를 보여주는 상징적 사건이며, 이 사건은 캐나다 문화계에서 큰 화제가 되었다. 해킹은 2004년에 캐나다 총독이 수여하는 캐나다 훈위의 컴패니언(Companion of the Order of Canada)에 임명되었다.

옮긴이는 해킹의 철학과 글쓰기 방식에 관해서 몇몇 국내외 학자의 의견에 귀를 기울여 왔다. 그들 가운데 대다수는 그의 철학적 독창성은 물론, 매우 명료한 글쓰기에 깊은 인상을 받는 듯했으며, 그것은 옮긴이가 느낀 인상의 일부이기도 했다. 해킹은 수학철학(확률론과 통계학의 철학), 언어철학, 과학철학, 정신병리학의 철학적 기초 등의 여러 주제를 연구해 왔다.[6] 출간된 책에 대한 평가를 놓고

Imre Lakatos, *The methodology of scientific research programmes*, Philosophical Papers, Vol. 1, by John Warrall and Gregory Currie(eds.)(Cambridge: Cambridge University Press, 1978)가 신중섭 옮김, 『과학적 연구 프로그램의 방법론』(서울: 아카넷, 2002)으로, Imre Lakatos, *Mathematics, science and epistemology*, Philosophical Papers, Vol. 2, by John Warrall and Gregory Currie(eds.)(Cambridge: Cambridge University Press, 1978)가 이영애 옮김, 『수학, 과학 그리고 인식론』(서울: 민음사, 1996)으로, Paul Feyerabend, *Against Method: Outline of anarchistic theory of knowledge*(London: NLB, 1975)가 정병훈 옮김, 『방법에의 도전』(서울: 흔겨레, 1987)으로 출간되었다.

6_ 해킹의 저술은 다음과 같다.
Historical Ontology(Cambridge, Mass.: Harvard University Press, 2002), *An Introduction to Probability and Inductive Logic*(New York: Cambridge University Press, 2001), *The Social*

표상하기와 개입하기

선악의 논란이 있는 것은 일반적인 현상이며, 그의 저서들에 대해서도 비슷한 이야기를 할 수 있을 것이다. 그럼에도 불구하고 이 책은 출간 이후 거의 만장일치의 환영을 받은 해킹의 대표작이다. 예를 들어 앨런 프랭클린(Allan Franklin)은 이 책에 대한 자신의 서평에서 찬사를 보내며, 과학철학 분야의 전문가나 연구자뿐 아니라 고등학생들도 읽도록 해야 한다고 제안했다.

옮긴이는 해킹 교수께 이력서와 한국어판을 위한 서문을 요청했다. 그후 하나는 짧고 다른 하나는 꽤 긴 두 종류의 이력서가 곧 도착했는데, 이것들은 옮긴이가 이 책에서 해킹에 관한 정보를 기술하는 데 도움을 줬다. 반면 두 달이 지나 느지막이 도착한 그의 서문은 놀라운 것이었다. A4 용지 6매로, 짧은 논문 길이에 해당하는 분량이었다.

그 서문은 이 책을 쓴 지 25년이 지난 시점에서 책의 이력에 대한 회고, 자신의 현재적 관심·연구와 관련해 매우 중요한 시사점을 제공한다. 해킹은 이 책의 일부로서 선별적으로 포함되어 있는 프랜시스 에브릿(Francis Everitt)과 함께 쓴 논문이 네 차례나 학술지 게재에 최종적으로 실패했으며 결국 논문 출간을 포기하기에 이르렀다고

Construction of What?(Cambridge, Mass.: Harvard University Press, 1999), *Mad Travelers: Reflections on the Reality of Transient Mental Illnesses*(University of Virginia Press, 1998), *Rewriting the Soul: Multiple Personality and the Sciences of Memory*(Princeton: Princeton University Press, 1995), *The Taming of Chance*(Cambridge: Cambridge University Press, 1990), *Representing and Intervening*(Cambridge: Cambridge University Press, 1983), *The Emergence of Probability*(Cambridge: Cambridge University Press, 1975), *Why Does Language Matter to Philosophy?*(Cambridge: Cambridge University Press, 1975)[선혜영·황경식 옮김, 『왜 언어가 철학에서 중요한가?: 언어철학 입문』(서울: 서광사. 1987)과 강윤중 옮김, 『언어와 철학: 왜 언어가 철학에 문제가 되는가?』(서울: 학문사, 1990)의 두 종류로 번역되었다.], *A Concise Introduction to Logic*(New York: Random House, 1972), *Logic of Statistical Inference*(Cambridge: Cambridge University Press, 1965).
해킹이 편집한 책은 다음과 같다.
Exercises in Analysis by Students of Casimir Lewy(Cambridge: Cambridge University Press, 1985), *Scientific Revolutions*(Oxford Readings in Philosophy, Oxford, 1981), *PSA 1978: Proceedings of the Philosophy of Science Association*, with Peter Asquith(East Lansing, 1978~1980), Vols. I and II.

말하면서, 이는 실험 과학을 다루는 철학적 논의에 대한 당시의 몰이해를 보여주는 사건이었다고 술회한다. 또한 이 책은 과학적 실재론에 대한 책이라기보다는 실험 과학에 관한 책임에도 불구하고, 그 당시 분위기 때문에 책의 출간을 위해서 그때 불붙었던 과학적 실재론 논쟁이라는 철학적 문제와 결부 짓는 전술을 취했다고 언급한다.

이러한 정황에도 불구하고, 이 책은 출간 직후부터 폭발적·긍정적 반응을 얻어냈다고 말한다. 그 서문은 이러한 언급 이외에도 과학철학, 나아가 과학사와 과학사회학을 포괄하는 이른바 '과학학(Science Studies)' 전문가에게 특히 도움을 줄 것으로 믿는다. 해킹 자신도 영향을 미친 과학학 분야의 형성 과정과 전개를 평가하고 있기 때문이다. 또한 자신을 포함해 과학철학자는 이제 물리학 가운데서도 고에너지 물리학이 아니라 응집 물질 물리학, 나아가 화학, 특히 생명과학과 정보기술의 성격과 실천에 대한 탐구를 지향해야 한다고 강조한다. 생명과학에서 취한 짧은 사례 연구를 제시해 이를 예화하고 있으며 이것은 이 책 속의 현미경에 관한 철학적 연구를 발전시키는 의미가 있다고 이야기한다. 이어 이러한 사례는 이 책의 유효성이 계속되고 있음을 보여준다고 이야기하면서 논의를 마무리하고 있다.

이 책을 번역하는 데에는 옮긴이가 대학원 과정에서 수행했던 연구가 큰 영향을 미쳤다. 과정 중 옮긴이의 연구를 이해해주시고 이끌어주신 장회익 선생께 감사한다. 유사한 맥락에서 조인래 교수께도 감사하지 않을 수 없다. 번역은 서울에서 시작했으나 그 끝은 포항에서 이루어졌다. 옮긴이를 포항에 초청해주고 상당 기간에 걸쳐 실험 과학의 철학과 역사에 관한 관심을 공유했던 임경순 교수께 감사의 말을 전한다. 홍성욱 교수께서는 해킹에 관한 사실을 확인하는 과정에서 도움을 주셨다.

2005년, 포항
이상원

표상하기와 개입하기

이 책은 25년 전인 1980년 무렵에 쓰였고 1983년에 출간되었다. 나에게는 이것을 '최신화'하려는 의도가 없다. 그 이유는 두 가지인데, 하나는 원칙의 문제이고, 다른 하나는 사적 문제다. 첫째, 나는 어떤 이가 일단 어떤 것에 대해 말한 것은 말한 것이며, 교정되어야 할 직접적 오류와 별도로, 그 텍스트는 다른 사람들이 선택해 가면서 도전하고 사용하며 논박하거나 찬양하기 위한 대상으로서 세상 속에 서 있다는 규칙을 따른다. 지은이는 더 이상 그 연구를 소유하지 않으며, 그것은 지은이보다 더 잘해낼 여타 사람들을 위한 것이 된다. 둘째, 더욱 사적인 것으로 어떤 철학자는 그들의 완숙한 삶의 대부분 속에서 동일한 주제에 관해 사고하는 경향이 있지만, 반면에 다른 철학자는 계속해서 새로운 열광을 발견한다. 나는 두 번째 유형이다. 이 책이 출간된 이후에 나는 여타의 관심사를 추구했고

1_ 해킹이 옮긴이에게 보내준 한국어판 서문의 원문에는 주가 없다. 이 서문에 나오는 모든 주는 옮긴이가 독자의 이해를 돕기 위해서 붙인 것이다.

그밖의 다른 책을 썼는데, 그것들은 19세기 통계학, 정신병, 사회적 구성(social construction), 자연종(natural kinds)의 관념에 관한 것이다. 오랫동안 나는 두 가지 주제를 연구해 왔다. 하나는 내가 '사람 만들기(Making up People)'라 부르는 것인데, 이는 사람의 분류가 사람 자체와 상호작용하는 방식이다. 다른 하나는 내가 과학에서 '추론의 스타일(Styles of Reasoning)' 2 이라 부르는 것과 그것들이 시간 속에서 어떻게 전개되느냐, 서로 다른 유형의 과학적 탐구에서 무엇이 참이 되어야 하는지를 어떻게 결정하느냐와 관계된다. 구별되는 여러 가지 추론의 스타일이 존재하며, 나는 이것들을 「역사학자와 철학자를 위한 '스타일'(" 'Style' for historians and philosophers")」[*Studies in History and Philosophy of Science* 23(1992), 1~20]이라는 한 논문에서 분석하기 시작했다. 내가 **실험실 스타일**(The Laboratory Style)이라 부른 것은 『표상하기와 개입하기』의 B부의 전개내용과 가장 가깝다. 나는 '추론의 스타일'에 관한 나의 이론을 2006년까지 완결하기를 희망한다.

그러므로 이 두 가지 구별되는 이유 때문에, 나는 이 책에서 이야기된 바에 현재 덧붙일 것이 없다. 그러나 그것에 **관해서** 말할 것은 있다. 첫째, 나는 그것이 25년 전에 쓰였던 맥락을 기술할 것이다. 둘째, 1983년 이래로 과학철학에서 발생했던 일에 관해서 얼마간 이야기해야 한다. 셋째, 나는 몇몇 과학 자체가 1983년 이후로 어떻게 변화되었는가, 그리고 그것이 어떻게 1980년대에 토의되던 것과는 다른 종류의 질문을 산출시키는가에 관해서 얼마간 이야기할 것이다.

2_ 추론의 스타일에 관한 해킹의 논의는 이상원, 「진리와 실재의 국소화」, ≪과학과 철학≫, 제9집(1998), 79~112쪽, 특히 79~88쪽을 참조할 것.

이 책을 쓴 맥락

이 책을 썼을 때, 급진적 혁신가의 위대한 세대가 철학적 재능을 역사의 우상타파적 사용과 혼합시켰는데, 그들은 영어로 쓰인 과학철학의 면모를 이미 바꿔버렸다. 바로 포퍼(Popper), 쿤(Kuhn), 라카토슈(Lakatos), 파이어아벤트(Feyerabend)인데, 그들은 각자 서로 다른 방식으로 그 지형을 영원히 변화시켰던 것이다. 그러나 그들의 영웅적 시대는 결실을 맺었던 아주 많은 것을 갖고 있었다. 그와 동시에 철학자들은 '과학적 실재론(Scientific Realism)'에 관해서 뜨겁게 논쟁했으며, 가끔은 꽤나 전문적인 방식으로 논쟁을 벌였다. 가장 중요한 최근의 관념은 바스 반 프라센(Bas van Fraassen)의 구성적 경험론(constructive empiricism)이었으며, 이는 『과학적 이미지(The Scientific Image)』[3]에서 제기되었다. 그것은 오귀스트 콩트(August Comte)보다 훨씬 더 거슬러 올라가 아마도 데이빗 흄(David Hume)까지 가는 실증주의 전통 속에서 지속된 연구다. 이 책의 실험적 실재론(experimental realism)은 과학에 관한 상이한 시각을 제공하며, 엄청나게 더 유물론적이다. 만일 우리가 지금은 고이 폐기된 딱지를 사용한다면, 반 프라센은 부르주아 관념론의 전통 속에서 연구했던 것이고, 반면 나의 접근은 거의 변증법적인 어떤 유물론이다.

이 책은 그것의 표면상의 체제에도 불구하고 실재론에 관한 책이 아니다. 실재론은 다른 주제, 말하자면 실험 과학으로의 회귀를 걸기 위한 못이었다. 내가 언급했던 칼 포퍼로 시작되는 영웅적 시대의 네 인물은 과학 이론에 관해서 썼다. 쿤은 실험에 관해서 이야기하기 위한 여러 가지 현명한 사항을 갖고 있었고, 그것에서 나는

3_ Bas C. van Fraassen, *The Scientific Image*(New York: Oxford University Press, 1980).

상당히 많이 배웠지만, 그 역시 전체적으로 이론에 지배되어 있었다. 이 저자들은 이론 변화(theory change)에 대해서 사고했는데, 이는 마치 나치 통치 기간에 이민 왔던 위대한 세대의 독일과 오스트리아의 실증주의자가 이론 입증(theory confirmation)의 관점에서 사고했던 것과 같다. 1970년대의 실재론 논쟁은 전적으로 이론의 관점에서, 보통은 언어적 방식으로 펼쳐졌다. 예를 들어 실재론자에 따르면, 이론 안에서 사용된 용어는 '지시(reference)를 갖는다'고 이야기되었다. 양쪽 모두에서 실험은 이론을 시험하기 위해 또는 이론의 경험적 적합성(empirical adequacy)을 결정하기 위해서 여러분이 설계해야 하고 수행해야 하는 어떤 것이었으나, 과학 속의 모든 행위는 이론의 대체적인 범위 안에 존재했다.

내가 이 책을 썼을 때 나는 스탠퍼드 대학교의 실험 물리학자들에게 말을 걸고 있었다. 나는 이론과 실험의 관계에 대한 완전히 다른 조망을 얻었다. 이 책 속의 '(E)'로 표시된 몇몇 절은 그들 가운데 한 사람인 프랜시스 에브릿(Francis Everitt)과의 협력 속에서 생각해낸 것이다. 에브릿과 나는 공동 논문 「어느 것이 먼저인가, 이론인가 실험인가?("Which comes first, theory or experiment?")」를 썼다. 우리의 답은 때로 이런 쪽이거나 때로는 다른 쪽이었지만, 엄청나게 많은 사례에서 실험이 이론을 앞선다는 강력하고도 글자 그대로의 의미가 존재한다. 우리는 이 논문을 잇달아 네 가지의 서로 다른 유형의 학술지에 보냈으며, 그 각각의 학술지는 각 분야에서 주요한 비평 잡지였다. 모든 곳에서 논문의 게재가 거부되었으며, 실험하기에 관한 일반적 관념은 관심거리가 되지 않는다는 판정을 받은 경우가 희귀한 일은 아니었다. 내 생각에 그 논문은 이제껏 출간이 거부된 우리가 쓴 유일한 논문이며, 한 번이 아니라 네 차례 전부 그랬다. 이 때문에 이 책을 과학적 실재론이라는 쟁점에 매달리도록 했던 전략적 이유가 존재했던 것이다. 그것은 이 책을 그 당시의 쟁점들과 관계가 있거나 딱 들어맞아 보이도록 해줬다. 그러나 이 책이 진정으로 관여하는 바는 실험 과학이다.

이 책이 출간되자마자 사태는 변하기 시작했다. 이 책이 도움을 줬음에도 불구하고, 단순히 새로운 회랑(回廊)을 열어줬기 때문이 아니라 더 젊고, 내 견해로 절대적으로 빛나는 기고자에 의해서 마련된 연구의 고조가 있었기 때문이었다. 피터 갤리슨(Peter Galison), 사이먼 섀퍼(Simon Shaffer), 스티븐 셰이핀(Steven Shapin)을 언급하는 것으로 족할 것이며, 이들이 쓴 책들은 내 책이 나온 지 2년 또는 3년 후에 출간되기 시작했다. 1980년대 말이 되기 전에, 실험 과학에 바쳐진 철학, 역사, 그리고 / 또는 사회학의 전체적 회합이 존재하게 되었다. 이는 『표상하기와 개입하기』 이후에 전적으로 우연적인 것만은 아닌 일련의 상황에 의해서 그렇게 되었는데, 그것은 대홍수였다.

나는 이 책에 대해서 단 한 가지가 유감스럽다. 나는 단지 어렴풋하게 브루노 라투르(Bruno Latour)와 스티브 울가(Steve Woolgar)의 『실험실 생활(Laboratory Life)』4을 의식하고 있었는데, 그 책은 1979년에 나왔다. 나는 곧 그 책에 관해서 길면서도, 찬사를 보내지만 여전히 양면 가치를 포함하는 글을 쓰게 되었으며, 거의 해마다 브루노 라투르에게서 점점 더 많은 것을 배우게 되었다. 나는 『표상하기와 개입하기』가 과학철학자들 사이에서 실험 과학에 대한 의식과 열광의 새로운 물결을 출발시켰다고 말하는 것이 공정하다고 생각한다. 『실험실 생활』이 실험에 관한 탐구의 전체적 연쇄가 좀더 인류학적 경향에서 심오한 철학적 함축과 더불어 시작되도록 했음은 적어도 참이다. 라투르는 우리가 과학에 대해 사고하는 방식을 의미심장하게 바꿨다. 그리고 이것은 나의 두 번째 주제와 연결되어 있다.

4_ Bruno Latour and Steve Woolgar, *Laboratory Life*(Beverly Hills: Sage, 1979).

과학에 관해 새로이 철학하기

가장 중요한 사건들은 영어를 사용하는 일급의 과학철학 학술지인 ≪과학철학(Philosophy of Science)≫, ≪영국과학철학회지(British Journal for the Philosophy of Science)≫의 협소한 전문가주의 특성의 바깥에서 왔다. 그것은 '과학학(Science Studies)'이라는 이름으로 정착된 분야인데, 이는 더 이상 도발적이지 않은 이름이다. 그것은 내가 현재의 책을 썼던 때에 항진중이었지만, 아주 많은 나의 동료처럼, 나는 그것을 의식하지 못했거나 정보를 갖지 못한 상태에서 무슨 해프닝쯤으로 불신했다. 우리가 오늘날 알고 있는 과학학은 파리에서 라투르와 함께, 에딘버러(Edinburgh)에서는 배리 반스(Barry Barnes), 데이빗 블루어(David Bloor)와 함께 시작되었다. 그 주위에 형성된 학회, 즉 4S ― 과학에 대한 사회적 연구 학회(Society for Social Studies of Science) ― 는 거칠든 그렇지 않든 고풍의 과학철학회보다 활기가 넘치고, 더 젊으며, 새로운 관념에 더 개방적이었다. 그것이 설립되었을 때, 그것은 이념적으로 전혀 별개인 젊고 성격이 불같은 사람들에 의해서 주도되었지만, 엄격하게 전문직업화되었다. 쿤적 용어로, 그것은 '정상적(Normal)'이 된 것이다. 그것은 퍼즐을 풀고 과학에 관한 관념 속에 있는 변칙 사례를 제거하는 데 바쳐졌다.

철학적 중요성을 지니는 한 가지 사건은 한편으로 솔 크립키(Saul Kripke), 다른 한편으로 힐러리 퍼트넘(Hilary Putnam)에 의해서 전개된 지시 이론(theory of reference)이었다. 이것들은 종종 '크립키-퍼트넘 지시 이론'으로 여겨진다. 내 견해로 그들은 동기와 결말에서 근본적으로 다르다. 나는 왜 그런가를 앞으로 나올 책인 『자연종의 전통(The Tradition of Natural Kinds)』의 한 장에서 설명한다. 물론 현재 책의 7장에 퍼트넘의 이론 또는 퍼트넘 이론의 어떤 진화의 단계가 존재한다. 퍼트넘의 연구는 항상 전진해 가고 있으며, 그것이 그가 분석철학에서 이같은 근본적 중요성을 갖는 인물이 되어왔던 한 가지 이유다. 그는 여러 과학들에 관한 철학적 사고에 헤아릴 수 없이 기여해 왔다. 그러나 이 책의 부(副)주제에 관한 내 마음에는 변화가 없다. 나는 칼 포퍼에 동의한다. 즉 언어철학, 특히 의미와 지시의 철학은 과학에 관한 우리의 이해에 크게 기여하지 못한다는 것이다. 내 생각에 그것은 과학의 인식론 또는 과학의 형이상학에 도움이 되지 않는다. 즉 우리가 아는 바, 알 수 있는 바, 어떻게 알아내는가, 증거란 무엇인가, 무엇이 좋은 증거인가를 이해하는 데 ―인식론― 에 도움이 되지 않는다. 무엇이 존재하고, 어떤 종류의 사물이 세계 속에 있는지 또는 그들이 왜 여기 있는지를 우리가 이해하는 데 ― 형이상학 ― 에도 도움이 되지 않는다. 판명되었듯이 퍼트넘과 크립키 둘 다 심오한 형이상학적 야심, 서로 아주 다른 야심을 갖고 있었음은 맞다. 일반적으로 이것들이 분석철학에 커다란 효과를 미쳤음에도 불구하고, 나는 그들의 효과가 과학에 유익하거나 과학과 많은 유관성을 지녀왔다고 생각하지 않는다.

새로운 과학들

17세기 동안 유럽에서 지적 혁명이 일어난 이후 줄곧 과학의 여왕은 물리학이었다. 20세기의 대부분 동안에 통치 군주는 양자 역학과 상대성 이론이었다. 둘 다 절대적으로 혁명적인 것이었다. 그것들은 옛 이론들을 대체했을 뿐만 아니라 세계에 관한 인간의 관념을 바꿔버렸다. 그것들은 칸트(Kant)가 항구적이라 여겼던 과학의 확실한 이미지를 파괴했다. 칸트가 공간을 절대적이며 선험적인 것으로 만들었던 곳에서, 그것들은 우연성(contingency)과 상대성으로 전환했다. 일양(一樣)한 인과성이 모든 가능한 과학의 기반암이 되어 왔던 곳에서, 양자 역학은 우주의 궁극적 법칙이 우연과 연루된다는 것을 모든 이에게 확신시켰다. 이것들은 금세기 초에 발견되었고, 논박과 혁명이라는 쌍둥이 표어와 함께 세기 중반의 과학철학을 형성시켰다. 지금에서야 철학자들은 과학이 엄청나게 안정된(stable) 것이라는 사실을 받아들인다. 지식의 파열과 단절을 향한 옛 열광은 무엇이 과학 지식을 안정되게 유지시키는가에 관한 반성으로 대체되어야 했다. 그것은 사회 조직의 귀결인가 아니면 그 안에서 우리가 살고 있는 세계의 몇몇 물리적 측면에 관한 우리의 점점 더 훌륭한 이해를 반영하는 것인가?

사회적 구성에 관한 최근의 승강이 ― 나의 『무엇의 사회적 구성인가?(The Social Construction of What?)』[5] 에서 검토했던 ― 는 안정성(stability)에 대한 새로운 이해의 필요성과 부분적으로 관계가 있어야 한다. 물론 명이 짧은 수많은 이데올로기들이 그 논쟁 속으로 들어왔지만, 그 책의 3장에서 나는 실재론자와 구성주의자(constructivists)를 분리하는 세 가지 '발판'을 구별했다. 세 번째 것은 안정성을 설명하는 일과 관계가 있어야 한다. 두 번째 것은 세계에 근본적인 본래적 구조가 있느냐 또는 그 속에서 우리가 세계를 기술하도록 정해진 여러 방식만이 존재하며, 그것이 우리의 경험에 대해 참이냐와 관계가 있어야 한다. 첫 번째 것은 내가 우연성이라 부르는 것이다. 예를 들어 물리학은 매우 다른 어떤 방식 ― 일례로 쿼크(quarks) 없이 ― 으로 전개될 수 있었을 것이며, 우리의 현재의 물리학과 어떤 방식으로 동등하지 않더라도 성공에 관한 우리의 모든 현재적 표준을 충족시켰을 수 있을 것이다. 즉, 우리의 현재적 물리학의 내용은 우연적인 것이며, 성공적 탐구의 불가피한 귀결이 아니다.

내가 이들 '발판'을 물리학에 대해 제시했으며, 심지어 우주에 관

5_ Ian Hacking, *The Social Construction of What?*(Cambridge, Mass.: Harvard University Press, 1999).

표상하기와 개입하기

한 현재의 표준 모형(Standard Model)의 개념적 승리에 속해 있는 한 관념, 즉 쿼크를 언급했음에 주목하라. 그렇다면 그저 물리학이 아니라 물리학에서 가장 고양된 사항이다. 고양된? 물리학 자체에는 서열이 있다. 러더퍼드(Rutherford)가 1919년에 원자를 쪼갠 이래 줄곧 고에너지 물리학은 여왕의 왕관 속에서 빛나는 다이아몬드가 되어왔다. 그것의 승리는 부분적으로 그 주제에 대해서 내부적이었다. 그것은 물리적 질문만이 아니라 형이상학적 질문에도 답하려 하는데, 우리에게 우주의 본성, 심지어는 대폭발(Big Bang) 우주론 속에서 우주의 기원을 말해주기 위해서였다. 그것은 그 위에 인간 종이 이제껏 승선해 왔던 것 가운데 가장 깊이 있는 탐구로 보였다. 이론 지배적 철학자와 나 자신 사이에는 공통점이 존재했는데, 바로 실험에 유의하라고 촉구했던 점이다. 그들은 양자 역학 주변에서 자신들의 이론을 세웠으며, 만일 그들이 시간을 따라잡았다면 양자 전기역학(quantum electrodynamics)과 표준 모형을 통해서 그러했을 것이다. 이와 마찬가지로 내가 실험의 예를 원했을 때 나는 존재성이 보이게끔 공학적으로 처리되는 입자의 세계와 고에너지 상태에서의 관찰 가능성 쪽으로 빈번히 방향을 돌렸다. 이 때문에 나는 이 책에서 발견될 현저히 풍부한 과학의 예가 섭취되기를 희망하고 있음에도 불구하고, 비판적 분석을 하게 되었을 때 종종 고에너지 물리학에 관해서 사고했던 것이다. 그것은 행위가 있었던 곳에 존재했거나 대략 그렇게 보였을 것이다.

고에너지 물리학은 두 가지 이유로 크게 유행했다. 그렇다, 그것은 실로 '깊이 있게' 우리에게 우주의 궁극적 구성에 관해서 가르쳐 주는 것으로 보였다. 그러나 그것은 믿을 수 없을 정도로 많은 자금 지원을 받았다. 그것은 아주 단순히 원자폭탄 때문이었다. 미국 정치인과 소련 정치인 둘 다 고에너지 물리학은 더 나은 무기를 향해 가는 길이라고 생각했다. 최선의 견지에서 그 문제를 이해하자면,

각 편은 상대편이 개발할 무기에 맞서 믿을 만한 전쟁 억제를 유지시키는 데 물리학이 필요하다고 여겼다. 『무엇의 사회적 구성인가?』에 재수록된 논문 「무기 연구("Weapons Research")」에서, 나는 이것이 물리학의 진화를 심오하게 바꿔 놓았다고 논의했다. 냉전에서 미국의 승리는 이러한 경쟁을 종결시켰다. 미국 의회는 고에너지 물리학의 그 다음 단계, 즉 초전도 초충돌기(super-conducting super-collider)를 위한 자금 지원을 거부했다. 물론 연구는 주로 유럽(CERN과 DESY), 미국, 일본에서 계속되었지만, 엄청난 액수의 돈은 더 이상 거기에 없었다.

물리학 자체 안에서 이것은 강조와 가치의 실질적 변화를 이뤄냈다. 고에너지 물리학자는 인간의 삶의 질에 상대적으로 작게 기여했다. 우리가 살고 있는 세계를 실제로 변화시켰던 지금까지 들어보지 못했던 기술들은 고에너지 물리학의 손아래 자매인 고체 상태 물리학 또는 지금은 응집 물질 물리학(condensed matter physics)이라 불리는 것의 부산물이었다. 물론 이것은 손위 자매만큼이나 양자역학에 많이 의존하지만 거칠게 말하자면 물질과 관련되어 있다. 인간의 통신 체계의 혁명을 향한 첫 번째 단계였던 트랜지스터, 규소 칩(silicon chips), 우리가 그것들로 만들어내는 수많은 장치들은 '고에너지'에 관한 질문이 아니다. 시계에서 스크린에 이르는 수많은 장치에 관해 우리가 당연하게 여기는 액정 표시는 모두 더욱 잘 조작된 물질의 문제인 것이다.

그래서 물리학 안에서조차도 지위 이동이 있게 되었다. 내 생각에 고에너지 물리학은 더 이상 물리학의 철학자에게 주요한 사례의 원천이 되어서는 안 된다. 우리는 응집 물질 물리학, 심지어 지금까지 거의 언급하지 않았던, 예를 들어 화학과 같은, 과학의 본성과 실천에 관해서 더 많이 생각해야 한다. 대중의 마음속에서 화학은 여전히 무엇보다도 근본적인 기초 단위에 이르게 해주는 물질의 화학적 분석으로 여겨진다. 이어 합성이 존재하며, 더 복잡한 분자를 만들게 된다. 오늘날 합성화학은 실로 산업화되었다. 로봇이 글자 그대로 수백 가지의 복잡한 분자의 경험적 합성을 수행하는 공장이 존재하며, 수백의 로봇이 열을 짓고 있다. 시행착오에 의해서 그들은 무엇이 작동하며, 무엇이 쓸모 있을지를 알아보기 위해 재료를 끼워 맞춘다. 여러 가지의 그 모든 이해 없이 우리는 연금술로 돌아갔으며, 그저 섞으려 하고 짝지어주려 하지만, 이것은 자신의 숨겨진 실험실 안에 있는 미친 과학자 대신에 큰 소매점 크기의 공장에서 교묘한 로봇에 의해서 수행된다. 이것은 『표상하기와 개입하기』에서 마음에 그려보지 못했던 완전히 새로운 수준의 과학과 기술이다. 지난 약 10년 사이 '기술철학(Philosophy of Technology)'이 발전해 왔으나 이같은 테크노사이언스(technoscience)를 따라잡을 정도는 아니라고 생각한다(그건 그렇고 '테크노사이언스'는 브루노 라투르의 단어다).

　누구나 알고 있는 사실이 자연과학에서 중요성의 근본적 전이라는 점을 아직 나는 언급조차 하지 않았다. 생명과학은 분자생물학이 해낸 혁명으로 완전히 변환되었다. 그것은 1950년대에 시작되었으며, 1962년에 수여된 일련의 노벨상으로 영예를 얻기 시작했다. 1974년에 분자생물학과 유전공학의 주요한 모든 연구자가 참여한 회의가 있었다. 캘리포니아 해변의 수수한 휴양지와 완전히 어울릴 수 있는 사람은 아주 적었다. 그들은 재조합 DNA에 의해서 제기된 위험을 제거하는 일에 관해서 염려하고 있었다. 약 10년 후에 참가자 가운데 한 사람이 내게 이렇게 말해줬다. "그 당시에 우리는 1리터의 액체에 관여하고 있었습니다. 지금 우리는 그것을 탱크가 설치된 트럭에 톤으로 싣고 이리저리 운반할 수 있지요." 상당량의 돈이 인간 게놈(genome)을 판독하는 데 바쳐졌다. 이어서 공학적 비결이 사출을 웃음거리로 만들었고, 판독 속도를 천 배로 끌어올렸다.

이 책을 쓸 당시에는 여전히 몇몇 엘리트 실험실의 특권이었던 유전자 접합하기를 이제는 고등학생이 배울 수 있다. 이 책의 16장에서 나는 관찰 불가능한 이론적 존재자(theoretical entities)가 자연의 여타 부분을 탐구하기 위한 연장이 되는 방식에 관해서 썼다. 그 예들은 물리학에서 이끌어온 것이다. 오늘날 어떤 이는 그 논점 모두가 너무나 명백하다는 점을 알 수 있을 것이며, 생명의 여타 부분을 탐구하기 위한 유전 물질의 사용을 예로서 이용할 수 있다. 나는 2004년 여름의 새로운 결과에서 취한 하나의 예를 제시할 것이다. 어떤 이가 매일 조우하게 되는 수많은 예 가운데 하나다.

뇌 속의 뉴런(neurons)은 세포다. 해파리의 세포는 녹색으로 형광을 발하는 단백질을 분비한다. 이것들은 빨강, 노랑 등으로 색을 달리하는 형광을 산출하도록 변이되어 왔다. 해파리에서 나온 유전 물질을 생쥐에 주입해 방향성을 부여받은 생쥐의 뉴런이 활성화되었을 때, 그것이 적당한 색으로 형광을 발하게 하라. 보통의 빛은 여과시키고 형광만을 모으는 현미경이 오랫동안 존재해 왔다. 동일한 원리가 가능한 한 가장 작은 양의 빛으로 표본을 비추는 레이저 현미경에도 사용될 수 있다(2광자 레이저 현미경). 기술적 이유 또는 현재적 한계 때문에, 그러한 기법은 얼룩물고기(zebra fish)의 신경계와 뇌에서 가장 잘 작동하는데, 이 물고기는 예쁘지만 좀 멍청하며 (그리고 유전적으로 다루기 쉬운) 가정의 수조에서 친숙하게 볼 수 있는 생명체다. 지난해쯤 몇 팀이 그 기술과 해파리에서 나온 유전 물질 둘 다를 생쥐에 전달하고 있었다. 그 목적은 아주 통상적으로 건강한 생쥐의 뇌 속에서 자극받는 개별 뉴런들의 회로를 탐지하고 기록하는 것이다. 여러분이 그 동물을 괴롭힐 때 어느 뉴런이 자극받을 것인가, 생쥐가 미로에서 빙빙 돌 때 어느 뉴런이 자극받을 것인가, 맛있는 먹이나 끌리는 짝에 주목할 때 어느 뉴런이 자극받을 것인가? 현재 그것은 뇌과학자를 유혹하는 신경학적 환상이다!

그리 오래 전도 아니지만, 우리는 말하기와 같은 다양한 기능을 위해서 사용되는 뇌의 영역을 좀처럼 파악할 수가 없었다. 현재 우리는 활성화된 개별적 뉴런 회로를 바야흐로 볼 수 있는 상황에 놓여 있다.

이 예는 『표상하기와 개입하기』의 주제와 완전히 관계없는 것이 아니며, 현미경술에서의 새로운 발전의 목격인데, 이는 11장의 일종의 갱신으로 쓰일 수 있을 것이다. 그러나 그것은 자연 안에서의 새로운 수준의 놀라운 개입하기를 포함한다. 그것은 테크노사이언스로 가는 주목할 만한 섞기와 짝짓기(mix-and-match) 접근으로, 21세기 초반의 대부분 동안에 가장 활발한 연구 분야가 될, 즉 뇌과학으로 이끈다. 무엇보다도 『표상하기와 개입하기』의 A부의 쟁점들은 시대에 몹시 뒤떨어졌다. 이론, 즉 고도로 구조화된 표상은 시야에서 사라져 가고 있다. 나는 과학에 대한 '관망자(spectator)' 접근을 비판하는 데서 듀이(Dewey)를 따르는데, 이 접근은 그것이 실험적 개입과 조작으로서의 과학을 무시했기 때문에 과학적 실재론의 문제들을 창조해냈다. 현행의 생물학적 실천에 매우 친숙한 현 세대의 학생에게, 과학에 대한 관망자 태도는 그들의 선조를 괴롭혔던 사건처럼 보이게 될 것이며, 오늘날에는 거의 중요하지 않다.

결론

아마도 여러분은 한국어판을 위해 특별하게 쓰인 이 서문이 과학철학의 더 나은 발전에 의해서 이 책의 문제 틀이 변화되었던 방식을 토의하기를 기대했을 것이다. 그 대신에 나는 이 책이 1980년대에는 상상만 했던 새로운 과학과 기술의 출현으로 변화되어 왔다고 말한다. 그리고 단지 자연에 관한 과학에 대해서만 이야기했으며, 정보에 관한 과학에 대해서는 아무것도 말하지 않았다. 나는 이 서문을 2004년 가을에 쓰고 있다. 우리는 인터넷 20주년을 막 지나쳐 왔는데, 로스앤젤레스에서 탄생한 인터넷은 거의 전화를 통한 알렉산더 그레이엄 벨(Alexander Graham Bell)의 최초 통화 시도만큼이나 성공적이었다. 오늘날까지 정보기술은 주로 모래, 즉 규소 칩 위에 기초해 있다. 유기 물질을 사용한 첫 세대 컴퓨터가 막 지평선 위로 나왔다. 생명과학과 재료과학 사이의 구별은 다음 20년 안에 사라질 것이다. 그렇다면 물리학이 여왕이었을 때인 1980년의 선사에 쓰인 한 권의 책을 위한 어떤 자리가 존재할 것인가? 아마도 그 자리는 이것일 것이다. 그 책이 세계 안에서 개입하기의 중요성을 설교했던 한, 다가오게 되어 있었던 수십 년 동안에 과학이 어떻게 완전히 변환될 것이냐에 대한 예지를 제공했다. 그것은 새로운 과학들에 관해 사고하는 데에 예상할 수 있었던 것보다 더욱 적합한 주형이다.

이언 해킹

이 책에 나오는 내용은 스탠퍼드 대학교 철학과의 낸시 카트라이트
(Nancy Cartwright)가 저서 『물리학의 법칙은 어떻게 거짓말을 하는가
(How the Laws of Physics Lie)』를 위한 착상을 발전시키는 동안에 쓰였다.
카트라이트의 책과 내 책 사이에는 몇 가지 유사점이 있다. 두 책 모두
이론의 진리성을 평가절하하지만 몇몇 이론적 존재자(theoretical entities)
에 대해서는 호의적이다. 그녀는 물리학의 현상 법칙(phenomenological
laws)만이 진리에 도달한다고 역설하는데, 나는 B부에서 실험 과학
(experimental science)이 보통 인정되는 것 이상으로 이론적 작업과는 독
립적인 생명을 갖는다고 강조한다. 나는 이 주제에 관한 그녀의 논의
에 많이 빚졌다. 우리는 서로 다른 반이론적 출발점을 갖고 있으며,
그녀는 모형(model)과 근사(approximation)에 관해 숙고하고, 나는 실험
(experiment)을 강조하기 때문이지만, 둘 다 유사한 철학으로 수렴한다.

　실험에 대한 나의 관심은 스탠퍼드 대학교 핸슨물리실험실(Hanson
Physical Laboratory)의 프랜시스 에브릿(Francis Everitt)과의 대화에서 조성
되었다. 우리는 공동으로 「어느 것이 먼저인가, 이론인가 실험인

가?("Which comes first, theory or experiment?")」라는 긴 논문을 썼다. 그러한 협력 과정에서 나는 광범위한 역사적 관심을 지닌 한 실험가에게서 엄청난 것을 배웠다. [에브릿은 위성 안의 자이로스코프(gyroscope)를 연구함으로써 머지않아 일반 상대성 이론을 시험하게 될 자이로 프로젝트를 이끌고 있다. 또한 『제임스 클럭 맥스웰(James Clerk Maxwell)』의 저자이자 『과학 전기 사전(Dictionary of Scientific Biography)』에 실린 무수한 에세이의 저자다.] 에브릿에 대한 빚은 9장에서 특히 뚜렷하다. 에브릿에 기인한 절은 (E)로 표시되어 있다. 또한 최종 텍스트를 매우 신중하게 읽어준 데 대해 그에게 감사한다.

케임브리지 대학교 피터하우스 콜리지의 리처드 스캐어(Richard Skaer)는 자신이 케임브리지 대학교 혈액 실험실에서 연구하는 동안에 나를 현미경에 입문시켜 줬고, 이 때문에 11장으로 가는 길을 닦게 되었다. 스탠퍼드 선형가속기센터의 멜리사 프랭클린(Melissa Franklin)은 내게 PEGGY II에 관해 가르쳐줬고, 그렇게 해서 16장의 핵심적 재료를 제공해줬다. 마지막으로 나는 출판사의 고문 매어리 헤서(Mary Hesse)의 사려 깊은 제안에 감사한다.

11장은 *Pacific Philosophical Quarterly* 62(1981), pp.305~322에서 왔고, 16장은 *Philosophical Topics* 2(1982)에 실린 논문을 다듬었다. 10, 12, 13장의 일부는 *Versuchungen: Aufsätze zur Philosophie Paul Feyerabends*, Peter Duerr(ed.)(Frankfurt: Suhrkamp, 1981 Bd. 2), pp.126~158을 다듬은 것이다. 9장은 에브릿과의 공동 논문에서 끌어왔으며, 8장은 *British Journal for the Philosophy of Science* 30(1979), pp.381~410의 라카토슈(Lakatos)에 관한 비평 논문을 발전시켰다. 이 책은 내가 '단절'이라고 부른 책의 중간 부분에서 시작되었다. 그것은 내게 개회 발표를 요청했던 1979년 4월의 스탠퍼드-버클리 학생철학회의에서 있었던 발표 내용이었다. 그것은 이주일 전에 델피에서 쓰였다는 기호를 지금도 보여준다.

도입: 합리성

합리성(rationality)과 실재론(realism)은 오늘날 과학철학자의 두 가지 주요 주제다. 즉 이성, 증거, 방법에 관한 질문이 있으며, 세계는 무엇이고, 세계 안에 무엇이 존재하며, 무엇이 세계에 관해서 참인가에 관한 질문이 있다. 이 책은 이성이 아니라 실재에 관한 것이다. 도입은 이 책이 무엇에 관한 것이 아닌가를 말해주는 내용을 담는다. 배경으로 토머스 쿤(Thomas Kuhn)의 고전 『과학혁명의 구조(The Structure of Scientific Revolutions)』에서 생겨난 이성에 관한 몇몇 질문을 개관한다.

A부 표상하기

1 과학적 실재론이란 무엇인가?
이론에 관한 실재론(realism about theories)은 이론이 진리를 목표로 하고 때때로 진리에 가까이 간다고 말한다. 존재자에 관한 실재론(realism about entities)은 이론 안에서 언급한 대상이 실제로 존재해야 한다고 말한다. 이론에 관한 반실재론은 우리의 이론을 글자 그대로 믿어서는 안 된다고, 우리의 이론은 기껏해야 유용하고 적용 가능하며, 예측하는 데 좋을 뿐이라고 말한다. 존재자에 관한 반실재론은 이론이 가정하는 존재자는 기껏해야 유용한 지적 허구라고 말한다.

2 세우기와 일으키기
이론적 존재자는 만일 그것들이 우주의 건축용 벽돌에 속한다면 존재한다고 J. J. C. 스마트(Smart)와 여타 유물론자는 말한다. N. 카트라이트는 인과적 속성이 잘 알려진 존재자의 실재함을 단언한다. 존재자에 관한 이들 실재론자 그 누구도 이론에 관한 실재론자일 필요는 없다.

3 실증주의
A. 콩트(Comte), E. 마흐(Mach), B. 반 프라센(van Fraassen)은 이론과 존재자 모두에 대한 반실재론자다. 그것의 참이 관찰에 의해서 확립될 수 있는 명제만을 믿어야 할 것이다. 실증주의자는 인과(causation)와 설명(explanation)과 같은 개념을 의심한다. 그들은 이론이란 현상을 예측하기 위한, 우리의 사고를 조직화하기 위한 도구라고 주장한다. '최선의 설명에로의 추론(inference to the best explanation)'에 대한 비판이 전개된다.

4 프래그머티즘
C. S. 퍼스(Peirce)는 어떤 것은 만일 한 탐구자 공동체가 그것이 존재한다는 데 결과적으로 동의한다면 실재한다고 말했다. 퍼스는 만일

탐구만이 충분히 오래 계속된다면, 과학적 방법이 궁극적으로 정착시키는 게 진리라고 생각했다. W. 제임스(James)와 J. 듀이(Dewey)는 장기성을 덜 강조하고, 지금 믿고 이야기하기에 편하다고 느껴지는 바를 더 강조했다. 최근의 철학자 가운데 H. 퍼트넘(Putnam)은 퍼스를 따르는 한편 R. 로티(Rorty)는 제임스와 듀이(Dewey)를 선호한다. 이들은 서로 다른 두 종류의 반실재론이다.

5 공약 불가능성

T. S. 쿤과 P. 파이어아벤트(Feyerabend)는 일찍이 경쟁하는 이론 가운데 어느 것이 사실과 가장 잘 맞는지를 알아보기 위해서 그것들을 잘 비교할 수 없다고 말했다. 이 착상은 한 종류의 반실재론을 견고하게 강화시킨다. 여기에는 적어도 세 가지 관념이 존재한다. 주제 공약 불가능성(topic-incommensurability), 즉 경쟁하는 이론은 부분적으로만 중첩될 수 있을 것이다. 따라서 그들의 성공을 전반적으로 잘 비교해 낼 수 없다. 분리(dissociation), 즉 충분한 시간과 이론의 변화 이후에 하나의 세계관은 나중 시기에 거의 이해되지 않을 것이다. 의미 공약 불가능성(meaning-incommensurability), 즉 언어에 관한 몇몇 관념은 경쟁하는 이론들이 늘 서로 이해되지 않으며 결코 번역되지 않음을 함축한다. 따라서 이론의 합리적인 비교는 원리상 불가능하다.

6 지시

H. 퍼트넘은 의미-공약 불가능성을 피해가는 '의미'의 의미에 대해 해명한다. 이 착상의 성공과 실패는 다음과 같은 용어의 지시에 관한 짧은 역사에 의해 예시될 수 있을 것이다. 글립토돈(glyptodon), 전자(electron), 산(acid), 칼로릭(caloric), 뮤온(muon), 중간자(meson)가 그것이다.

7 내재적 실재론

의미에 대한 퍼트넘의 설명은 일종의 실재론에서 출발했지만 점차 프래그머티즘적이며 반실재론적으로 되어갔다. 이러한 전이는 칸트의 철학과 관련해 기술되고 비교된다. 퍼트넘과 쿤 둘 다 초월적 유명론(transcendental nominalism)이라고 가장 잘 호칭될 수 있는 바에 가깝다.

8 진리의 대리물

I. 라카토슈(Lakatos)는 쿤에 대한 해독제로서 의도된 과학적 연구 프로그램의 방법론(methodology of scientific research programmes)을 갖고 있었다. 그것은 합리성에 대한 설명처럼 보이지만, 오히려 어떻게 해서 과학적 객관성이 진리 대응설(correspondence theory of truth)에 의존할 필요가 없는지에 대한 설명이다.

단절: 실재하는 것과 표상

이 장은 혈거인으로부터 H. 헤르츠(Hertz)에 이르기까지의 실재와 표상의 관념에 대한 인류학적 상상이다. 이는 왜 실재론 / 반실재론 논쟁이 표상의 수준에서 늘 결정적이지 못한지를 보여주기 위한 우화다. 이를 통해 우리는 진리와 표상에서 실험하기(experimentation)와 조작(manipulation)으로 전환하게 된다.

B부 개입하기

9 실험

이론과 실험은 서로 다른 과학의 서로 다른 발전 단계에서 서로 다른 관계를 갖는다. 다음의 질문에 대한 올바른 답은 없다. 어느 것이 먼저인가, 실험인가, 이론인가, 개입(intervention)인가, 기술(technology)인가, ……? 그 예를 광학, 열역학, 고체 상태 물리학, 전파 천문학에서 끌어왔다.

10 관찰

N. R. 핸슨(Hanson)은 모든 관찰 진술은 이론 적재적(theory-loaded)이라고 제안했다. 사실상 관찰(observation)은 언어의 문제가 아니라 숙련(skill)이다. 몇몇 관찰은 전적으로 이론에 앞선다. 천문학에서 C. 허셜(Hershel)의 연구와 복사열에서 W. 허셜의 연구가 관찰에 관한 평범한 이야기를 예증하는 데 쓰인다. 매체를 쓰지 않는 시각과는 거리가 멀게도, 우리는 글자 그대로 '보는' 것이 아닐 때의 관찰하기에 대해 흔히 말하며 이론적으로 가정된 대상에 의해서 전달되는 정보를 이용한다.

11 현미경

우리는 현미경으로 보는 것인가? 빛의 서로 다른 속성에 의존하는 여러 종류의 광학 현미경이 존재한다. 서로 아주 다른 물리적 체계가 똑같은 그림을 주로 제공하기 때문에, 우리는 자신이 보는 것을 믿는다. 그리고 빛이 아니라 소리를 이용하는 음향 현미경으로도 '본다'.

12 사변, 연산, 모형, 근사

한 가지 활동, 즉 이론적 작업(theorizing)은 존재하지 않는다. 여러 종류와 여러 수준의 이론이 존재하는데, 이것들은 실험과 서로 다른 관계를 맺는다. 자기-광학 효과(magneto-optical effect)에 관한 이론사와 실험사는 이 사실을 설명해준다. N. 카트라이트의 모형과 근사에 대한 착상은 이론의 다양성을 한층 더 나아가서 설명해준다.

13 현상의 창조

많은 실험은 순수 상태에서 이제껏 우주에 존재하지 않았던 현상을 창조한다. 실험 반복하기에 관한 이야기는 길을 잘못 인도하고 있다. 실험은 반복되는 것이 아니라 현상이 규칙적으로 분명해질 때까지 개선된다. 몇몇 전자기 효과가 현상의 창조를 설명해준다.

14 측정

측정은 과학에서 여러 가지 서로 다른 역할을 맡고 있다. 이론을 시험하기 위한 측정이 존재하지만, 자연 상수의 순수한 결정도 있다. 또한 T. S. 쿤은 지식의 성장에서 측정의 예기치 않았던 기능적 역할에 대해 중요한 해명을 제시한다.

15 베이컨적 주제

F. 베이컨(Bacon)은 실험의 종류에 대해 최초의 분류론을 썼다. 과학이 두 가지 서로 다른 숙련 — 추론적 숙련과 실험적 숙련 — 의 협력이 될 것이라고 예견했다. 그럼으로써 베이컨은 P. 파이어아벤트(Feyerabend)의 질문, '과학이 뭐 그리 대단한가?'에 대답했다. 베이컨은 결정적 실험(crucial experiments)에 관해 훌륭하게 설명하는데, 그 설명 속에서 결정적 실험이 결정적이지 않음은 명백하다. 화학의 한 예는 결정적 실험에 의해 논박당한 이론을 구제하기 위해서 실제로 우리가 보조적 가설을 일반적으로 계속 도입할 수 없음을 보여준다. 마이컬슨-몰리(Michelson-Morley) 실험에 관한 I. 라카토슈의 잘못된 보고는 이론이 실험철학(philosophy of experiment)을 곡해할 수 있는 방식을 설명하는 데 쓰인다.

16, 실험하기와 과학적 실재론

실험하기는 그 자체의 생명을 갖고 있으며, 사변, 연산, 모형세우기,

개입, 기술과 수많은 방식으로 상호작용한다. 그러나 사변가, 연산가, 모형을 세우는 이는 반실재론자가 될 수 있지만, 실험가는 실재론자가 되어야 한다. 이러한 논제는 약한 중성흐름 상호작용(weak neutral current interactions)에서 패리티(parity)의 위배를 증명하기 위해 쓰인 극화된 전자의 집중된 빔(concentrated beams of polarized electrons)을 산출하는 장치에 관한 세밀한 설명으로 예증된다. 전자는 그것의 실재성이 당연하게 여겨지는 연장이 된다. 결국 우리를 과학적 실재론자로 만드는 것은 세계에 관해 사고하는 일이 아니라 그것을 바꾸는 일이다.

이 책은 두 부분으로 되어 있다. 여러분은 후반부인 **개입하기**(Inter-vening)로부터 출발하고 싶어할 수도 있다. 그것은 실험에 관한 것이다. 실험은 과학철학자에 의해서 너무 오랫동안 무시되어 왔다. 따라서 실험에 관해 쓰는 일은 참신해야 한다. 철학자는 통상적으로 이론에 관해 사고한다. **표상하기**(Representing)는 이론에 관한 것이며, 따라서 그 분야에서 이미 이루어졌던 작업에 대한 부분적인 해명이다. A부의 뒤쪽 장들은 대개 철학자의 관심을 끌 수가 있을 것이며, 반면에 B부의 몇몇 내용은 과학적 기호를 지닌 이에게 더 잘 맞을 것이다. 뽑아내고 골라 읽기 바란다. 내용 분석은 각 장에 무슨 내용이 들어 있는지를 말해준다. 장의 배치는 의도적인 것이지만, 여러분이 내 순서대로 읽을 필요는 없다.

　나는 이를 입문적(introductory) 주제라 부른다. 이는 내게 글자 그대로 그러하다. 이것은 내가 스탠퍼드 대학교에서 매년 맡는 과학철학의 입문적 강좌의 주제다. '입문적'이라는 말로 나는 단순화된 것을 의미하지 않는다. 입문적 주제란 이를 새롭게 접하는 사람들의 주의를 끌 만큼 명료하고 심각해야 하며, 또한 여러 해 동안 이러한 내용에 관해 사고해 온 이에게는 스파크를 일으킬 정도로 마찰력이 있어야 한다.

| 차례 |

옮긴이의 말__6
한국어판 서문__13
감사의 글__27
내용 분석__29
서문__36

도입: 합리성__41

A 부　　　표상하기

1　과학적 실재론이란 무엇인가?__68

2　세우기와 일으키기__85

3　실증주의__99

4　프래그머티즘__124

5　공약 불가능성__134

6　지시__149

7　내재적 실재론__175

8　진리의 대리물__205

단절: 실재하는 것과 표상__232

B 부   개입하기

9   실험__260

10   관찰__286

11   현미경__315

12   사변, 연산, 모형, 근사__350

13   현상의 창조__365

14   측정__383

15   베이컨적 주제__403

16   실험하기와 과학적 실재론__427

더 읽기__448
찾아보기__459

●●● 도입: 합리성

당신은 내게 철학자의 어떤 특성이 특이하냐고 묻는다.
예를 들어 그들의 역사적 감각의 결여, 되기(becoming)에 대한
그들의 혐오, 그들의 이집트주의(Egypticism)가 그것이다.
그들이 어떤 주제를 탈역사화할 때, 즉 그것을 미라로 전환시킬 때,
그들은 그 주제에 대해서 자신들의 존경을 보여준다고 생각한다.
_F. 니체, 『우상의 황혼』, 「철학 속의 이성」, 1장

철학자들은 오랫동안 과학의 미라를 만들었다. 그들이 마침내 시체를 벗기고 되기와 발견하기라는 역사적 과정의 유해를 보았을 때, 그들은 스스로 합리성의 위기를 창조해냈다. 그것은 1960년 무렵에 일어났다.

그것이 과학 지식은 인간 이성의 최고의 업적이라는 우리의 오래된 사유 전통을 뒤집었기 때문에 위기였다. 회의론자는 점증적이고 누적적인 인간 지식에 관한 자기만족적 파노라마에 늘 도전해 왔지만, 이제 그들은 역사의 세부사항으로부터 탄약을 충전했던 것이다. 과거의 과학 연구 속의 여러 칙칙한 사건을 본 후에, 몇몇 철학자는 이성이 지적 직면에서 많은 역할을 하느냐의 여부에 관해서 우려하기 시작했다. 어느 이론이 진리에 도달해 가는지 또는 어떤 연구를 추구해야 할지를 결정하는 것은 이성인가? 이성이 그러한 결정을 해야 한다는 것은 분명치 않게 되어버렸다. 일부 사람들, 즉 도덕성

은 문화에 달려 있는 것이고 상대적이라고 이미 주장했던 아마도 그 사람들은 '과학적 진리'가 절대적 타당성이나 유관성(relevance)조차도 주장할 수 없는 사회적 산물이라고 했다.

이와 같은 신뢰의 위기 이후 줄곧 합리성은 과학철학자들을 사로잡는 두 가지 주제 가운데 하나가 되어왔다. 우리는 묻는다. 우리는 진정으로 무엇을 아는가? 무엇을 믿어야 하는가? 증거란 무엇인가? 좋은 이유란 무엇인가? 과학은 사람들이 생각하는 것처럼 합리적인가? 이성에 관한 이 모든 이야기는 단지 기술관료를 위한 연막일 뿐인가? 추론과 믿음에 관한 그러한 질문은 전통적으로 논리학과 인식론이라 불린다. 이것들은 이 책이 추구하는 바가 **아니다**.

과학적 실재론(scientific realism)은 또 다른 주요 주제다. 우리는 묻는다. 세계는 무엇인가? 그 안에는 어떤 종류의 것들이 있는가? 무엇이 그것들에 대해서 참인가? 진리란 무엇인가? 이론 물리학에 의해서 가정되는 존재자(entities)는 실재하는가 아니면 우리의 실험을 조직화하기 위한 인간 정신의 구성물인가? 이것들은 실재(reality)에 관한 질문이다. 이것들은 형이상학적이다. 이 책에서 나는 이것들을 과학철학에서 나의 입문적 주제를 조직하기 위해서 선택한다.

이성과 실재 둘 다에 관한 논쟁은 오랫동안 철학자들을 분열시켜 왔다. 논변들은 극히 최신의 것인데, 왜냐하면 자연과학에 관한 대부분의 철학적 논쟁은 현재 하나 또는 또 다른 하나의 주변에서 혹은 둘 다의 주변에서 소용돌이치고 있기 때문이다. 그러나 어느 쪽도 참신하지 않다. 여러분은 그것들을 과학에 대한 철학하기가 시작된 고대 그리스에서 찾을 수 있을 것이다. 나는 실재론을 택했지만, 합리성이 채택되었을 수도 있을 것이다. 그 둘은 맞물려 있다. 하나에 주의를 쏟는 것은 다른 하나를 배제하는 게 아니다.

둘 가운데 어느 종류의 질문이 중요한가? 나는 이에 의혹을 갖고 있다. 우리는 무엇이 진정으로 실재하며 무엇이 정말로 합리적인지를 알려고 한다. 그렇지만 여러분은 내가 합리성에 관한 대부분의 질문을 기각한다는 점과 가장 실제적인 토대 위해서만 실재론자임을 알게 될 것이다. 이러한 태도가 우리의 이성과 실재의 필요성의 깊이에 대한 나의 존중을 감소시키지 않으며, 출발 장소로서 어느 한쪽 관념의 가치를 감소시키지도 않는다.

나는 무엇이 실재하느냐에 관해서 이야기하겠지만, 시작하기에 앞서 우리는 최근의 과학철학에서 어떻게 '합리성의 위기'가 생겨났는가를 알려고 해야 한다. 이는 '오류의 역사'임에 틀림없다. 그것은 약간 조화롭지 못한 추론이 어떻게 일급의 연구에서 도출되었는가에 관한 이야기다.

이성에 대한 거리낌은 현대 생활의 여러 조류에 영향을 미쳐 왔지만, 과학철학에 관한 한 그 거리낌은 20년 전에 출간된 한 유명한 문장과 더불어 본격적으로 시작되었다.

역사는, 만일 그것을 일화 또는 연대기 이상의 저장소로 볼 수 있다면, 우리가 지금 갖고 있는 과학의 이미지에 결정적인 변형을 산출해 낼 수 있을 것이다.

결정적인 변형-일화 또는 연대기-과학의 이미지-갖고 있는은 토머스 쿤(Thomas Kuhn)의 유명한 책 『과학혁명의 구조(The Structure of Scientific Revolutions)』를 시작하는 단어들이다.

나넌 이미지

역사가 어떻게 위기를 산출할 수 있을까? 부분적으로 미라화된 과학에 대한 기존의 이미지 때문이다. 처음에는 정확하게 하나의 이미지가 존재하지 않았던 것처럼 보일 것이다. 설명을 위해 두 사람의 주요한 철학자를 취하기로 한다. 루돌프 카르납(Rudolf Carnap)과 칼 포퍼(Karl Popper) 둘 다 빈에서 그들의 이력을 시작했고 1930년 대에 망명했다. 카르납은 시카고와 로스앤젤레스에서, 포퍼는 런던에서 이후의 수많은 논쟁을 위한 무대를 마련했다.

이들은 의견의 불일치를 많은 부분에서 보였으나 그것은 단지 그들이 기초사항에서는 합의를 보았기 때문이다. 그들은 자연과학은 대단하며 물리학은 최상이라고 생각했다. 그것은 인간의 합리성을 예시한다. 그런 좋은 과학과 무의미하거나 제대로 정식화되지 않은 나쁜 사변을 구별하기 위한 기준을 갖는 일은 좋을 것이다.

첫 번째 불일치가 있다. 즉 카르납은 언어의 측면에서 구별을 하는 것이 중요하다고 생각한 반면에, 포퍼는 의미에 관한 연구가 과학 이해하기와 무관하다고 생각했다. 과학적 담론은 의미가 있지만 형이상학적 이야기는 의미가 없다고 카르납은 말했다. 의미 있는 문장은 원리적으로 **검증 가능**(verifiable)해야 하고, 그렇지 않으면 그 문장은 세계에 관해서 아무것도 이야기해주지 않는다. 포퍼는 검증(verification)이 방향을 잘못 잡았다고 생각했다. 왜냐하면 강력한 과학 이론은 결코 검증될 수 없기 때문이다. 과학 이론의 영역은 검증되기에 너무나 넓다. 그렇지만 과학 이론은 시험될 수 있고, 그것이 거짓임을 보여줄 수는 있다. 명제는 그것이 **반증 가능**(falsifiable)하면 과학적이다. 포퍼의 견해에 따르면 선과학적으로 형이상학적이라 해서 항상 나쁜 것은 아니다. 왜냐하면 반증 불가능한 형이상학은 종종 반증 가능한 과학의 사변적 부모이기 때문이다.

여기서의 이 차이는 더 심오한 차이를 나타낸다. 카르납의 검증은 상향적인 방식이다. 즉 관찰하고, 관찰이 더 일반적인 진술을 입증하거나 검증하는 데 도움이 되는지를 알아보는 것이다. 포퍼의 반증(falsification)은 하향적인 방식이다. 먼저 이론적 추측(theoretical conjecture)을 형성시키고, 이어서 그것의 귀결을 연역하고 그것이 참

표상하기와 개입하기

인지를 시험한다.

카르납은 17세기 이래로 흔해진 전통, 즉 '귀납 과학(inductive sciences)'에 대해서 이야기하는 전통 속에서 쓴다. 원래 그 전통은 탐구자는 엄밀히 관찰해야 하고, 조심스럽게 실험을 수행해야 하며, 정직하게 결과를 기록해야 한다는 점, 이어 일반화하고 유추를 이끌어내 점진적으로 가설과 이론을 만들어내며, 사실을 의미 있게 하고 사실을 조직하기 위한 새로운 개념을 늘 발전시키는 일을 의미했다. 만일 이론이 잇따른 시험하기에 맞서 내면, 우리는 세계에 관해서 무언가를 알게 된다. 심지어 우리는 자연의 바탕에 깔려 있는 법칙으로 인도될 수도 있을 것이다. 카르납의 철학은 이러한 태도의 20세기 버전이다. 그는 우리의 관찰이 우리의 지식을 위한 기초라고 생각했고, 어떻게 관찰적 증거가 광범위하게 적용되는 가설을 지지할 수 있는지를 설명할 귀납 논리를 발명하는 데에 여생을 보냈다.

이보다 더 앞섰던 전통이 있다. 고대의 합리주의자 플라톤은 기하학을 찬양했으며 그가 살던 시대의 양질의 야금술, 의학 또는 천문학을 그다지 좋게 생각하지 않았다. 연역에 대한 이러한 존중은 진정한 지식 — 과학 — 은 증명이라는 수단에 의해서 제일 원리(first principles)로부터 귀결을 이끌어내는 문제라는 아리스토텔레스의 가르침 속에 소중히 간직되었다. 포퍼는 제일 원리라는 관념을 적절히 혐오했지만 종종 연역주의자로 불린다. 이것은 그가 오직 하나의 논리 — 연역 논리 — 만이 존재한다고 생각하기 때문이다. 포퍼는 데이빗 흄(David Hume)에 동의했는데, 흄은 1739년에 우리는 기껏해야 경험으로부터 일반화하려는 심리학적 성향을 지니고 있을 뿐이라고 주장했다. 그것은 우리의 귀납적 일반화를 위한 어떤 이유 또는 기초를 제공하지 않는다. 예를 들어 자신의 아버지를 불신하는 어떤 젊은이의 성향이 노인보다 젊은이를 신뢰하는 이유가 되는 것과 다르지 않다. 포퍼에 따르면, 과학의 합리성은 우리의 증거가 얼마나 잘 우리의 가설을 '지지하느냐'와 관련이 없다. 합리성은 방법의 문제다. 그 방법은 추측과 논박(refutation)이다. 세계에 관해 멀리까지 미치는 추측을 형성시키고, 그로부터 몇몇 관찰 가능한 귀결을 이끌어 내라. 그것들이 참인지 알아보기 위해 시험하라. 참이라면 다른 시험을 수행하라. 참이 아니라면, 추측을 수정하거나 더 좋게끔 새로운 추측을 발명하라.

포퍼에 따르면, 우리는 여러 시험을 통과한 가설이 '용인되었다(corroborated)'라고 말할 수 있다. 그러나 이는 그 가설이 우리가 받아들인 증거에 의해서 잘 지지되었음을 의미하지 않는다. 그것은 단지 이 가설이 비판적 시험의 일렁이는 바다 위에 떠 있음을 의미할 뿐이다. 한편 카르납은 입증 이론(theory of confirmation)을 산출해 내고자 했는데, 증거가 가설을 더 개연성 있게 해주는 방식을 분석했다. 포퍼주의자는 카르납주의자가 실행력 있는 어떤 입증 이론도 제공하지 못했기 때문에 카르납주의자를 조소한다. 이에 대한 복수로 카르납주의자는 용인(corroboration)에 대한 포퍼의 이야기가 공허하거나 입증에 대해서 토의하는 은폐된 방식이라고 말한다.

전쟁터

카르납은 의미(meanings)와 언어 이론이 과학철학에서 문제가 된다고 생각했다. 포퍼는 이것들을 스콜라적이라고 경멸했다. 카르납은 과학과 비과학을 구분하기 위해서 검증을 선호했다. 포퍼는 반증을 주장했다. 카르납은 입증 이론 안에서 좋은 이유를 해명해 내려고 했다. 포퍼는 합리성은 방법에 있다고 주장했다. 카르납은 지식이 토대(foundations)를 갖고 있다고 생각했다. 포퍼는 토대는 없으며 우리의 모든 지식은 오류 가능(fallible)하다고 주장했다. 카르납은 귀납

표상하기와 개입하기

을 믿었다. 포퍼는 **연역**을 제외하고 아무런 논리도 존재하지 않는 다고 주장했다.

이 모두는 쿤이 책을 쓰기 전 10년 동안 과학에 대한 아무런 표준적인 '이미지'가 존재하지 않았던 것처럼 보이게 한다. 이와 반대로, 우리가 일련의 몇 가지 점에서 정확하게 정반대 지점에 정렬하는 두 철학자를 보게 될 때마다, 우리는 사실상 그들이 거의 모든 것에서 의견 일치를 보고 있음을 알게 된다. 그들은 과학의 이미지, 즉 쿤에 의해서 거부된 과학의 이미지를 공유한다. 만일 두 사람이 커다란 쟁점에 진정으로 동의하지 않는다면, 그들은 특수한 사항을 하나하나씩 토의할 수 있는 충분히 공통적인 기반을 찾지 못할 것이다.

공통적 기반

포퍼와 카르납은 자연과학이 합리적 사고에 대한 우리의 최상의 예라고 가정한다. 이제 좀더 많은 공유된 믿음을 추가하기로 한다. 그들이 이 믿음으로 하는 일은 다르다. 요점은 그 믿음을 공유한다는 점이다.

두 사람 다 **관찰**과 **이론** 사이에 꽤 날카로운 구별이 존재한다고 생각한다. 두 사람은 지식의 성장이 주로 **점증적**이라고 생각한다. 포퍼가 논박에 관해서 신경을 쓸 수도 있겠지만, 그는 과학이 진화적이며 우주에 관한 하나의 참인 이론을 향해 있다고 생각한다. 두 사람은 과학이 꽤나 단단한 **연역적 구조**를 갖고 있다고 생각한다. 두 사람은 **과학의 단일성**(unity of science)을 믿었다. 이는 몇 가지를 의미한다. 모든 과학은 똑같은 방법을 채용해야 하며, 따라서 인문과학은 물리학과 똑같은 방법론을 갖는다. 게다가 적어도 자연과학은 하나의 과학 일부이고, 우리는 화학이 물리학으로 환원되듯 생물학은 화학이 된다고 기대한다. 포퍼는 적어도 심리와 사회 세계의 일부는 물리 세계로 엄격하게 환원되지 않는다고 생각하게 되었지만, 카르납은 그같은 거리낌이 전혀 없다. 그는 일반적인 제목을 가진 『통일과학 백과사전(The Encyclopedia of Unified Science)』 시리즈의 창시자였다.

두 사람은 **정당화의 맥락**(context of justification)과 **발견의 맥락**(context of discovery) 간에 근본적인 차이가 존재한다는 데 동의한다. 이 용어들은 한스 라이헨바흐(Hans Reichenbach)에서 기인했는데, 그는 그 세대에서 세 번째로 저명한 철학적 이민자다. 발견의 경우에 대해서 역사학자, 경제학자, 사회학자 또는 심리학자는 다음과 같은 일군의 질문을 할 것이다. 누가 발견을 했는가? 언제? 그것은 행운의 추측이었나, 경쟁자에게서 훔친 착상이었나, 20년에 걸친 끝없는 노고의 대가인가? 연구에 대해서 누가 보답하는가? 어떤 종교적 또는 사회적 환경이 이러한 발전을 도와주거나 방해했는가? 이 모두는 **발견의 맥락**에 대한 질문이다.

이제 지적 결과물에 대해서 고려하기로 한다. 가설, 이론 또는 믿음이 그것이다. 이것은 합당한가, 증거에 의해서 지지되었는가, 실험에 의해서 입증되었는가, 엄중한 시험을 통해 용인되었는가? 이들은 **정당화** 또는 건전성에 관한 질문들이다. 철학자는 정당화, 논리, 이성, 건전성, 방법론에 신경을 쓴다. 발견의 역사적 상황, 심리적 기벽, 사회적 상호작용, 경제적 환경은 포퍼 또는 카르납의 직업적 관심사가 아니다. 바로 쿤이 이야기했던 것처럼 그들은 연대기 또는 일화적 설명을 위해서만 역사를 사용한다. 과학에 대한 포퍼의 해명은 더 동적이고 변증법적이므로, 그것은 입증에 대한 카르납의 연구가 갖는 밋밋한 형식성보다는 역사주의자 쿤과 더 합치된다. 그러나 본질적 방식에서 카르납과 포퍼의 철학은 무시간적이다. 시간의 바깥에 있고, 역사의 바깥에 있다.

이미지 흐리게 하기

왜 쿤이 자신의 선배들과 의견을 달리하는지를 설명하기에 앞서, 우리는 단순히 포퍼 / 카르납의 공유 기반을 찾아내고 모든 것을 부정해 버림으로써 대조표를 쉽게 작성할 수 있다. 쿤은 다음과 같이 주장한다.

관찰과 이론 사이에 날카로운 구별은 없다.

과학은 점증적이지 않다.

살아 있는 과학은 단단한 연역적 구조를 갖고 있지 않다.

살아 있는 과학적 개념이 특별히 정확한 것은 아니다.

방법론적인 과학의 단일성은 거짓이다. 다양한 종류의 탐구를 위해서 사용되는 서로 연결되지 않는 수많은 연장이 존재한다.

과학들 자체는 비단일적이다. 그것들은 느슨하게 중첩되는 수많은 자그마한 학제들로 구성되었고, 그 학제들의 대부분은 시간의 경과 속에서 서로를 이해조차 못한다(아이러니라 할 수 있는 것은 쿤의 베스트셀러가 소멸해 가던 『통일과학 백과사전』 시리즈의 일부로 출간되었다는 점이다).

정당화의 맥락을 발견의 맥락과 분리할 수 없다.

과학은 시간 속에 존재하며 본질적으로 역사적이다.

이성이 문제시되는가?

나는 지금까지 포퍼와 카르납이 동의하는 첫 번째 논점, 즉 자연과학은 합리성의 모범이고, 인간 이성의 보석이라는 점을 무시해 왔다. 쿤은 과학이 비합리적이라고 생각했을까? 정확히 그런 것은 아니다. 그것이 그가 과학을 '합리적'인 것으로 받아들였음을 말해주는 것도 아니다. 나는 쿤이 그 질문에 관심이 많았는가에 대해서 회의적이다.

이제 우리는 몇몇의 주요한 쿤적 주제를 관통해 가야 하는데, 이는 위에 있는 부정의 목록을 이해하고 그것 모두가 합리성에 대해서 어떤 의미가 있는지를 알아보기 위해서다. 우리가 기대할 수 있는 만큼 쿤은 선배들과 완전히 조화를 이루지 못할 것이라고 기대하지 말라. 철학자들간의 논점별 대립은 기초사항에 관한 바닥에 놓여 있는 일치점을 지시해주며, 몇몇 관점에서 쿤은 카르납-포퍼와 논점별로 대립한다.

정상 과학

쿤의 가장 유명한 단어는 **패러다임**(paradigm)인데, 얼마 안 가서 이에 관해 더 많이 이야기할 것이다. 우선 우리는 혁명에 관한 쿤의 말쑥한 구조에 대해서 생각해야 한다. **정상 과학**(normal science), **위기**(crisis), **혁명**(revolution), **새로운 정상 과학**(new normal science).

정상 과학 논제는 과학의 확립된 분과가 대부분 현행 이론에 대한 상대적으로 작은 땜질과 관계된다고 이야기한다. 정상 과학은 **퍼즐 풀이**(puzzle-solving)다. 무언가에 관한 거의 어떤 잘 만들어진 이론도 세계에 관한 사실과의 맞물림의 어디에선가는 실패할 것이다. 즉 '모든 이론은 논박된 채로 태어난다.' 다른 경우라면 매력적이고 유용했을 어떤 이론의 그러한 실패가 **변칙 사례**(anomalies)다. 어떤 이는 약간의 자그마한 수정으로 이들 작은 반례를 설명하고 제거할 수 있도록 그 이론을 고칠 수 있기를 희망할 것이다. 몇몇 정상 과학은 이론의 수학적 명료화(articulation)에 전념하는데, 그렇게 해서 그 이론은 더욱 이해 가능하게 되고, 그 이론의 귀결은 더욱 명백해지며, 그 이론의 자연 현상과의 맞물림은 더욱 내밀해진다. 많은 정상 과학은 기술적(技術的) 적용이다. 몇몇 정상 과학은 실험적 정교화이며 이론 내에서 함축된 사실의 명확화다. 몇몇 정상 과학은 이론이 중요하다고 말하는 양에 대한 세련된 측정이다. 종종 그 목표는 단순히 기발한 수단으로 엄밀한 숫값을 얻는 것이다. 이는 이론을 시험하기 위해서가 아니며 입증하기 위해서도 아니다. 슬프게 말해, 정상 과학은 입증, 검증, 반증 또는 추측, 논박과 같은 비즈니스와 전혀 관계가 없다. 한편 그것은 몇몇 영역 내에서 지식과 개념의 몸통을 건설적으로 누적시킨다.

위기와 혁명

때로 변칙 사례는 떠나가지 않는다. 그것은 쌓인다. 특히 일부는 압력을 가하는 것처럼 보일 수도 있다. 그것은 연구자 사회의 생기 넘치는 성원의 에너지를 집중시킨다. 그러나 더 많은 사람이 이론의 실패에 대해서 연구하면 할수록, 사태는 더욱 나빠진다. 반례는 누적된다. 전체적인 이론적 조망이 흐려진다. 그 분야는 **위기**에 처한다. 하나의 가능한 결과는 전적으로 새로운 접근의 등장인데, 이는 참신한 개념을 채용한다. 문제가 있는 현상은 이 새로운 관념에 비춰 갑작스럽게 이해 가능해진다. 많은 연구자, 아마도 젊은 연구자가 가장 빈번하게 새로운 가설로 전향하는데, 그럼에도 불구하고 그들의 분야에서 급진적인 변화가 진행된다는 것조차도 이해하지 못할 수 있는 일부 저항자가 존재할 수 있다. 새로운 이론이 급속한 진보를 이루어 내면서, 오래된 관념은 치워진다. **혁명**이 발생한 것이다.

그밖의 이론처럼 새로운 이론은 논박된 채로 태어난다. 새로운 세대의 연구자는 변칙 사례에 유의한다. 새로운 정상 과학이 존재한다. 우리는 다시 시작한다. 퍼즐 풀이, 적용하기, 수학 명료화하기, 실험적 현상 정교화하기, 측정하기.

새로운 정상 과학은 그것이 대체한 지식의 몸통과는 아주 다른 관심을 가질 수가 있다. 논쟁의 여지가 가장 적은 예인 측정을 취해 살펴보기로 한다. 새로운 정상 과학은 다른 측정 거리를 뽑아낼 수 있고, 그에 앞서 있던 정상 과학의 측정에 무관심할 수 있다. 19세기에 분석 화학자들은 원자량(atomic weight)을 결정하려고 열심히 연구했다. 모든 원소는 적어도 소수점 세 자리까지 측정되었다. 그런데 원소는 동위원소(isotopes)의 혼합물이다. 여러 가지 실제 정황으로 지구에서 나는 염소가 원자량 35.453을 지니고 있음을 아는 것은 여전히 유용하다. 그러나 이는 주로 지구에 관한 우연적인 사실이다. 심원한 사실은 염소가 원자량 35와 37의 두 가지 안정된 동위원소를 갖고 있다는 것이다. (이것은 정확한 수치가 아니다. 왜냐하면 결합 에너지라고 하는 그밖의 요소 때문이다.) 이들 동위원소는 이곳 지구 위에서 75.53%와 24.47%의 비율로 혼합되어 있다.

'혁명'은 참신하지 않다

과학 혁명이라는 사고는 쿤의 것이 아니다. 우리는 오랫동안 코페르니쿠스(Copernicus) 혁명의 관념 또는 17세에 지적 삶을 변형시킨 '과학 혁명'의 관념을 지녀 왔다. 『순수 이성 비판(Critique of Pure Reason)』(1787)의 2판에서, 칸트(Kant)는 탈레스 또는 몇몇 고대인이 경험적 수학을 논증적 증명으로 전환시켰던 '지적 혁명'에 관해서 이야기한다. 실제로 과학의 영역 안에서 혁명의 관념은 정치 혁명의 그것과 거의 시대가 같다. 둘 다 프랑스혁명(1789)과 화학의 혁명(이를테면, 1785)으로 확립되었다. 그것이 물론 시작은 아니었다. 잉글랜드인은 1688년에 '명예혁명'(일종의 무혈 혁명)을 성공시켰고, 이는 마치 과학 혁명 또한 남자와 여자의 정신 속에서 일어나고

있었던 것과 같다.[1]

라부아지에(Lavoisier)의 안내로 연소에 관한 플로기스톤(phlogiston) 이론은 산화 이론으로 대체된다. 쿤이 강조했듯이 이 즈음에 혼합물, 화합물, 원소, 물질 등과 같은 여러 화학적 개념의 총체적 변화가 있었다. 쿤을 제대로 이해하려면, 그같은 거대 혁명에 우리를 고착시켜서는 안 된다. 화학에서 더 작은 혁명을 고려하는 것이 더 나을 것이다. 라부아지에는 산소(oxygen)가 산성(acidity)의 원리라고, 즉 모든 산은 산소 화합물이라고 가르쳤다. 가장 강력한 산의 하나는 (그 당시 또는 지금) 뮤리애틱 산(muriatic acid)이라 불린다. 1744년 그것에서 어떤 기체가 나온다는 것이 증명되었다. 그 기체는 플로기스톤이 빠진(dephlogisticated) 뮤리애틱 산이라고 불렸다. 1785년 이후에 바로 이 기체는 불가피하게 산화된 뮤리애틱 산이라고 다시 이름 붙여졌다. 1811년에 이르러 험프리 데이비(Humphrey Davy)는 이 기체가 원소, 즉 염소(chlorine)임을 증명했다. 뮤리애틱 산은 우리의 염산(hydrochloric acid), 즉 HCl이다. 그것은 산소를 포함하지 않는다. 산성에 대한 라부아지에의 개념은 이에 의해서 전복되었다. 이 사건은 그 당시에 아주 올바로 된 혁명이라 불렸다. 심지어 옛 학파 쪽에서의 저항이 존재했다는 점에서 쿤적 특징도 있었다. 유럽의 가장 위대한 분석 화학자였던 J. J. 베르셀리우스(Berzelius, 1779~1848)는 염소가 원소이며, 산소화합물이 아님을 결코 공적으로 인정하지 않았던 것이다.

과학 혁명의 관념 그 자체가 과학적 합리성의 문제를 제기하는 것은 아니다. 오랫동안 혁명의 관념을 지녀 왔지만, 우리는 여전히 훌륭한 합리론자였다. 그러나 쿤은 모든 정상 과학 그 자체에 파괴

1_ I. B. Cohen, "The eighteenth century origins of the concept of scientific revolutions", *Journal for the History of Ideas* 37(1976), pp.257~288.

의 씨앗이 있다는 관념을 초래했다. 여기에 항구적 혁명의 관념이 존재한다. 이것조차도 비합리적이 될 필요는 없다. '패러다임'을 전환시키는 것으로서 혁명에 관한 쿤의 관념은 합리성에 대한 도전이 될 수 있을 것인가?

성취로서 패러다임

'패러다임'은 지난 20년간 유행하던 단어였는데, 이 모두가 쿤의 덕택이다. 그것은 완벽하게 좋은 옛 단어이고, 500년 전에 그리스어에서 영어로 직접 수입되었다. 그것은 패턴, 예 또는 모형을 의미한다. 이 단어는 전문적인 용법이 있다. 여러분이 외국어를 외워서 배울 때, 예를 들어 *amare*(사랑하다)를 *amo, amas, amat* ……로 변화시키는 법을 배우고, 이어 이런 부류에 속하는 동사를 이 모형, 즉 패러다임이라 불리는 모형에 따라서 변화시킨다. 우리가 본받을 수도 있는 어떤 성인(聖人) 역시 패러다임이라 불린다. 이 단어가 무명의 처지에 있던 것을 쿤이 구해낸 것이다.

『구조』에서 쿤은 단어 '패러다임'을 22가지의 서로 다른 의미로 사용했다고 이야기되어 왔다. 그는 후에 두 가지 의미에 초점을 맞췄다. 하나는 성취로서 패러다임(paradigm-as-achievement)이다. 혁명의 시기에 새로운 개념을 사용해 오래된 문제를 완전히 새로운 방식으로 풀어내는 몇몇 성공 사례가 보통 존재한다. 이러한 성공은 다음 세대의 연구자들을 위한 모형으로 봉사하며, 그 연구자들은 똑같은 방식으로 그밖의 문제와 씨름하려고 한다. 여기에 외우기의 요소가 존재하는데, 마치 *-are*에서 라틴어 동사의 어미변화처럼 말이다. 또한 모형 뜨기(modelling)의 더 자유로운 요소가 존재하는데, 이는 마치 어떤 사람이 성인을 자신의 패러다임이나 역할 모형(role-model)으로 취할 때와 같다.

성취로서 과학의 관념 속에 있는 어떤 것도 과학적 합리성에 반해서 이야기하지 않는다. 오히려 사정은 완전히 그 반대다.

공유된 가치로서 패러다임

과학에 대해 쓸 때, 쿤은 보통 근대 과학이라는 거대한 기관을 의미하지 않고 오히려 탐구의 한 노선을 향해 일을 진척시키는 연구자의 작은 집단을 가리켰다. 그는 이를 분야 매트릭스(disciplinary matrix)라고 불렀는데, 공통의 문제와 목표를 지니며 상호 작용하는 연구 집단으로 구성된다. 선두에 선 백 명 안팎의 사람과 이에 더해 학생과 조수가 포함될 것이다. 그런 집단은 과학에 대해서 아무것도 모르는 문외한 또는 사회학자에 의해서 종종 파악된다. 아무것도 모르는 이는 단순히 누가 누구하고 의사교환을 하는지, 누가 전화하는지, 누가 출간 이전 목록에 오르는지, 선두의 정보가 출간되기 이전에 교환되는 장소인 전문 분야의 수많은 회합에 누가 초청되는가에 주목한다. 출간된 논문의 끝에 위치한 공유된 인용물의 숲은 훌륭한 단서다. 돈을 신청한 이는 '동료 심사자(peer reviewers)'에 의해서 심사된다. 이들 동료는 한 나라 안에서 분야 매트릭스로의 거친 안내자이지만, 그러한 매트릭스는 종종 국제적이다.

그러한 집단 안에는 방법, 기준, 기초적 가정의 공유되는 집합이 존재한다. 이것들은 학생에게 전수되고, 교과서에서 반복적으로 이야기되며, 어떤 연구가 지원될지, 어떤 문제가 중요한지, 어떤 해답이 수용 가능한 것인지, 누가 승진할지, 누가 논문을 심사할지, 누구의 연구를 출간할지, 누가 사라질지를 결정하는 데에 쓰인다. 이것이 공유된 가치로서 패러다임(paradigm-as-set-of-shared-values)이다.

공유된 가치로서 패러다임은 성취로서 패러다임과 아주 밀접하게 연결되어 있어서 단독 단어 '패러다임'은 사용하기에 자연스런 단어로 남아 있다. 공유된 가치의 하나가 성취다. 성취는 우수성의 기준, 연구의 모형, 풀어내면 보상이 있을 일군의 변칙 사례를 지정한다. 여기서 '보상이 있을'은 모호하다. 그것은 독창적 성취에 의해서 지정되는 개념적 구속 안에서 이런 종류의 연구가 지적으로 보상됨을 의미한다. 또한 그 분야가 승진, 재정, 연구할 학생 등으로 보상해주는 것은 이런 종류의 연구임을 의미한다.

우리는 마침내 비합리성의 냄새를 맡는 것인가? 이 가치들은 그저 사회적 구성물일 뿐인가? 그 입회와 통과의 의례는 사유할 만한 아무런 거대한 주장도 만들어내지 않는 우리 자신의 문화와 다른 문화의 일부 속에서 사회인류학자가 연구하는 그런 종류일 뿐일까? 어쩌면 그럴 수도 있겠지만 그래서 뭐란 말인가? 진리와 이성의 추구는 의심의 여지없이 행복 또는 대량학살과 같은 다른 추구처럼 똑같은 사회적 공식에 따라서 조직화될 것이다. 그러나 과학자가 사람이라는 사실, 과학자 사회가 사회라는 사실이 과학적 합리성에 회의를 던져주는 것은 아니다.

전향

합리성에 대한 위협은 주로 패러다임의 혁명적 전이라는 개념에서 온다. 그는 그것을 종교적 전향(conversion), 형태 전환(gestalt-switch) 현상에 비유한다. 여러분이 종이 위에 사면체의 투시적인 모습을 그리면 때로 한 방식으로 접하는 모습, 때로는 다른 방식으로 접하는 모습을 볼 수 있다. 때로 토끼로 보일 수 있고 때로는 오리로 보일 수 있는 모습을 비트겐슈타인(Wittgenstein)은 사용했다. 종교적 전향은 유사한 현상의 중대한 변형이라고 이야기되는데, 이는 어떤 이가 삶에 관해 느끼는 방식에서 급진적인 변화를 초래한다.

형태 전환은 아무런 추론도 개입시키지 않는다. 이유 있는 종교

표상하기와 개입하기

적 전향이 존재할 수 있고, 이는 아마도 개신교보다는 가톨릭 전통에서 더 강조될 것이다. 쿤은 이 대신에 '거듭난다'는 견해를 갖고 있는 것으로 보인다. 그는 또한 파스칼(Pascal)을 상기할 수 있었을 텐데, 파스칼은 신자가 되는 좋은 길은 신자 사이에서 사는 것이며, 이는 아무 생각 없이 의례가 참이 될 때까지 의례에 참여하는 것이라고 생각했다.

믿음의 비합리적인 변화가 덜 합당한 학설에서 더 합당한 학설로의 전환이 아닐 수도 있음을 그러한 반성이 보여주지는 않는다. 쿤 스스로 우리에게 형태를 전환하도록 고무시키는데, 이는 합리성과 논리라는 오래된 규준에 종속된 것으로서 과학의 발전을 바라보는 일을 중단시키려 한다. 가장 중요한 것으로 그는 다음의 새로운 구도를 제안한다. 패러다임 전이 이후에 새로운 분야 매트릭스의 구성원들은 그들의 선배들과는 '다른 세상에서 살게 된다'.

공약 불가능성

다른 세상에서 살기는 중요한 귀결을 함축하는 것으로 보인다. 우리는 옛 패러다임의 장점을 그 계승자의 그것과 비교하고 싶어할 수 있다. 혁명은 오직 새로운 이론이 오래된 이론보다 알려진 사실과 더 잘 맞을 때에만 합당했다. 쿤은 그 대신에 여러분이 새로운 이론의 언어로 오래된 이론의 관념을 표현조차 할 수 없을 수도 있다고 제안한다. 새로운 이론은 새로운 언어다. 둘을 표현하고 이어 둘을 비교하게 해줄 이론 중립적(theory-neutral) 언어를 찾아내는 아무런 방도가 글자 그대로 없다.

자기만족적으로, 우리는 계승하는 이론이 그것의 날개 아래 앞서 있던 이론의 발견을 취할 것이라고 가정하곤 한다. 쿤의 시각에서, 그러한 발견을 표현하는 것조차 불가능할 수가 있다. 이따금의 좌

절에도 불구하고, 지식의 성장에 관한 우리의 오래된 구도는 지식의 누적에 관한 구도였다. 쿤은 어떤 하나의 정상 과학은 누적적일 수가 있겠지만, 과학은 일반적으로 그런 방식으로 존재하는 게 아니라고 말한다. 전형적으로 혁명 이후에 몇몇 화학, 생물학 또는 그 무엇의 상당히 큰 덩어리는 잊혀지게 될 것이고, 포기된 세계관을 고통스럽게 습득하는 역사가에게만 접근 가능한 것이 된다. 비판자는 물론 이것이 얼마나 '전형적'이냐에 대해서 의견일치를 보이지 않을 것이다. 조금은 정당하게 그들은 더 전형적인 경우는 이를테면 고전적 상대성(classical relativity)을 자신의 날개 아래 취하는 양자 상대성 이론(quantum theory of relativity)의 경우라고 주장할 것이다.

객관성

쿤은 그의 연구(와 다른 사람의 연구)가 합리성의 위기를 산출해냈던 그 방식에 의해서 역풍을 맞았다. 그후 그는 자신이 결코 과학 이론의 통상적 장점을 부정하려 한 바 없다고 썼다. 즉 이론은 정확해야, 다시 말해 존재하는 실험적 자료와 대체로 들어맞아야 한다. 이론은 내적으로 일관되어야 하며 받아들여진 그밖의 이론과 모순되지 않아야 한다. 이론은 영역이 넓어야 하며 풍부한 귀결이 있어야 한다. 이론은 다산적(多産的)이어야 하며, 새로운 사건, 새로운 기법, 새로운 관계를 밝혀내야 한다. 한 정상 과학 안에서 똑같은 개념을 사용하면서 경쟁하는 가설 사이에서 결정을 내려주는 결정적 실험(crucial experiments)이 드물 수도 있겠지만, 결정적 실험이 불가능한 것은 아니다.

이러한 이야기는 『구조』에 나타난 쿤에 대한 대중화된 이미지와 상당히 거리가 있어 보인다. 그러나 그는 계속 나아가서 두 가지의 근본적인 요점을 만들어낸다. 첫째, 그의 5가지 가치와 이와 똑같은

표상하기와 개입하기

종류의 여타 사항은 경쟁하는 이론들 사이에서 결정적인 선택을 하는 데에 결코 충분치가 않다. 판단의 여타 성질들이 작용하고, 이러한 성질들에 대해서는 원리적으로 어떠한 형식적 알고리듬도 존재할 수가 있다. 둘째는 다음과 같다.

> 내가 주장하듯 서로 다른 이론을 지지하는 이들은 상이한 언어의 원어민과 같다. …… 나는 서로 다른 이론을 지지하는 이들이 서로 의사소통을 하는 데 중요한 한계가 존재한다고 단순히 주장할 뿐이다. …… 그렇지만 그들의 의사소통의 불완전성에도 불구하고, 서로 다른 이론을 지지하는 이들은, 항상 쉬운 것은 아니더라도 서로 각각의 이론 안에서 실천하는 이들에게 쓸모가 있는 구체적인 기술적(技術的) 결과를 나타내 보일 수 있다.[2]

쿤이 계속 이야기하기로, 여러분이 어떤 이론의 주주가 될 때, 여러분은 '그 언어를 마치 원어민처럼 말하기 시작한다. 선택과 같은 어떤 과정도 일어나지 않았지만', 그럼에도 불구하고 여러분은 결국에는 원어민처럼 그 언어를 말하게 된다. 여러분은 정신 속에 두 가지 이론을 갖고 있지 않으며 그들을 사안별로 비교하지 않는다. 그러기에는 그들이 너무나도 다르다. 여러분은 점진적으로 전향하고, 그것은 새로운 언어 공동체 속으로 이사해 들어감으로써 그 자체를 보여준다.

2_ "Objectivity, value judgement, and theory choice", in T. S. Kuhn, *The Essential Tension*(Chicago, 1977), pp.320~339.

아나키즘적 합리주의(Anaco-rationalism)

내가 생각하기에, 쿤은 원래 이성을 전혀 문제 삼으려 하지 않았다. 그와 같은 시대 사람인 파이어아벤트(Paul Feyerabend)는 다르다. 그의 급진적인 관념은 종종 쿤의 관념과 중첩되지만, 그는 독단적 합리성의 오랜 적수다. 그는 자신을 아나키스트라 불러왔지만, 아나키스트는 종종 사람을 해치기 때문에, 그는 다다이스트(Dada-ist)라는 이름을 선호한다. 합리성의 어떠한 규준도 있게 하지 말고, 훌륭한 이성의 어떤 특권화된 집합도 있게 하지 말며, 정신을 묶는 어떤 선호된 과학 또는 패러다임도 있게 하지 말자. 이러한 도덕적 금지는 부분적으로 인간 본성에 관한 한 개념에서 흘러나온다. 합리주의자는 인간 정신의 자유로운 기풍을 체계적으로 구속하려 한다. 이성이라 불릴 가치가 있는 그 어떤 것도 그 안에서는 그다지 큰 문제가 되지 않을 여러 가지의 합리성들, 여러 스타일의 이성, 또한 여러 가지의 훌륭한 삶의 양식이 존재한다. 반면 파이어아벤트는 어떠한 스타일의 이성의 사용도 배제하지 않으며, 확실히 자신의 이성의 스타일을 갖고 있다.

반작용

파이어아벤트의 일부 반론과 달리, 쿤의 책에서 주된 요소들은 과학적 합리성을 명시적으로 반대하지 않는다. 그것들은 과학에 관한 다른 구도를 제공한다. 과학은 모든 점에서 도전을 받아 왔다. 쿤이 제시한 역사는 문제 제기를 당했고, 일반화는 의혹을 받았으며, 언어와 공약 불가능성에 대한 그의 견해는 사납게 비판받았다. 어떤 철학자는 방어적 자세를 취하면서, 오래된 관념을 보존하려고 했다.

다른 철학자는 새로운 관념으로 공격하면서, 쿤보다 더 나아지기를 희망했다. 임레 라카토슈(Imre Lakstos)가 그런 이 가운데 하나다. 그의 연구는 뒤에 나오는 8장에서 논의된다. 라카토슈는 자신이 쿤에 직면해 포퍼를 수정하고 있다고 생각했다. 또 쿤의 '군중 심리학(mob psychology)'에서 자유로운 과학적 합리성을 원했다. 그는 흥미를 돋우는 '과학적 연구 프로그램의 방법론(Methodology of Scientific Research Programmes)'을 발명했는데, 이는 쿤을 논박하기보다는 과학에 관한 대안적·합리주의적 시각을 제공하기 위해서였다.

좀더 토의하자면, 합리성에 대한 나 자신의 태도는 파이어아벤트의 태도와 아주 많이 닮았다. 뒤이어 나오는 내용은 과학적 실재론에 관한 것이며, 합리성에 관한 게 아니다. 합리성의 현재적 상태에 대한 최선의 짧은 요약은 래리 라우든(Larry Laudan)에서 나온다.

우리는 현존하는 역사적 증거에서 다음과 같은 결론을 내릴 수가 있을 것이다.

(1) 이론 전환은 일반적으로 비점증적인데, 즉 앞서 있던 이론들의 논리적 내용 또는 경험적 내용은 (혹은 입증된 귀결조차도) 그 이론들이 새로운 이론에 의해서 자리에서 밀려났을 때 전체적으로 보존되지는 않는다.

(2) 이론은 단순히 그것이 변칙 현상을 지닌다고 해서 일반적으로 거부되지는 않으며, 단순히 그것이 경험적으로 입증되었다고 해서 일반적으로 수용되지도 않는다.

(3) 과학 이론의 변화와 과학 이론에 관한 논쟁은 종종 경험적 지지에 관한 질문보다는 개념적 쟁점에 달려 있다.

(4) 과학자가 이론을 평가하는 데에 활용하는 과학적 합리성의 특수하고 '국소적인(local)' 원리는 항구적으로 고정되어 있지 않으며, 과학의 경과를 통해 의미심장하게 변화되었다.

(5) 과학자가 이론을 향해 취하는 인지적 입지의 넓은 스펙트럼이 존

재하며, 이는 수용하기, 거부하기, 추구하기, 즐기기 등을 포함한
다. 앞쪽의 두 가지만을 토의하는 합리성에 관한 어떤 이론은 과
학자들이 직면하는 대부분의 상황을 다룰 수가 없게 될 것이다.

(7) '근사적 진리(approximate truth)'의 의미에 대해서 의미론적 수준
과 인식론직 수준에서 익명 높은 난점들이 제기되면, 진화는 과학
의 중심적 목표로서 진리 가능성을 향하는 것이라고 보는 과학적
진보에 대한 성격묘사는 그럴듯하지 못하다.

(8) 경쟁하는 이론의 공존은 예외라기보다는 규칙이다. 그러므로 이론
평가는 일차적으로 비교하는 일이다.3

라우든은 과학적 합리성이 문제를 푸는 과학의 힘에 있다고 생각
한다. 이론 T는 T가 이론 T^*보다 더 많은 문제를 풀 때 T^*보다
선호되어야 한다. 우리는 T가 T^*보다 진리에 더 가까이 있느냐를
염려해서는 안 된다(논점 7). 이론은 문제를 푸는 그것의 능력에 의
해서만 평가될 수 있을 뿐이다(논점 8). 실험적 사실과의 맞물림뿐
아니라 개념적 문제를 해결하는 능력도 고려해야 한다(논점 3). 현재
적 정보를 공유하지 않는 관념에 기초하는 연구를 추구하는 것이
합리적일 수도 있다. 왜냐하면 그 연구는 전진해 가는 문제풀이에
서 그것의 가치를 획득할 수 있기 때문이다(논점 2).

우리가 라우든의 모든 논점에 동의할 필요는 없다. 우리가 문제
풀이 능력을 비교할 수 있다는 데 대한 의혹을 나는 라우든에 대한
비판자들과 공유한다. 나에게 라우든의 가장 중요한 관찰은 논점
5다. 이론 수용하기와 거부하기는 오히려 과학의 작은 부분이라는
것이다. 어느 누구도 좀처럼 그것을 하지 않는다. 나는 라우든의 결
론과 반대로 결론을 내린다. 합리성은 과학에서 별로 중요치 않다.

3_ L. Laudan, "A problem solving approach to scientific progress", in I. Hacking(ed.),
Scientific Revolutions(Oxford, 1981), pp.144f.

언어철학자 길버트 라일(Gilbert Ryle)은 우리에게 작동하는 것은 단어 '합리적(rational)'이 아니라 오히려 단어 '비합리적(irrational)'이라고 오래 전에 주목했다. 나는 내 현명한 아주머니 퍼트리셔(Patricia)에 대해서 그녀가 합리적이라고 결코 말하지 않는다. (오히려 양식이 있고 현명하며, 상상력이 풍부하고, 지각이 있다고 말할 것이다.) 나는 바보 같은 아저씨 패트릭(Patrick)에 대해서 때로 비합리적이라고 (또한 게으르고 위험하며, 뒤죽박죽이고, 신뢰할 수 없다고) 말한다. 아리스토텔레스는 인간이 합리적 동물이라고 가르쳤고, 이는 인간이 사유할 수 있음을 의미했다. 우리는 '합리적'이 평가적 단어임을 생각하지 않고도 이에 동의할 수 있다. 우리의 현재적 언어 속에서 오직 '비합리적'만이 평가적이며, 그것은 우둔함, 믿을 수 없음, 변덕스러움, 불확실함, 자기 인식의 결여 등 그밖에도 많은 것을 의미할 수 있다. 과학철학자들이 연구한 '합리성'은 파이어아벤트에게 그런 것처럼 내게도 별다른 매력이 없다. 실재(reality)는 더 재미있는데, '실재'라는 단어가 어떤 더 나은 단어가 아님에도 말이다. 실재란…… 무슨 개념인가.

그건 그렇고, 우리가 어떻게 역사주의자가 되어왔는지를 보라. 라우든은 '현존하는 역사적 증거로부터' 그의 결론을 이끌어낸다. 과학철학이라는 담론은 쿤이 썼던 때 이래로 변형되어 왔다. 니체가 진술했듯이, 우리가 과학을 탈역사화함으로써 과학에 대한 우리의 존중을 보여주는 일이 더 이상 없게 될 것이다.

합리성과 과학적 실재론

과학철학의 표준적·도입적 주제에 관한 이야기는 이쯤 해두고 이에 대해서는 뒤에 나오는 내용에서 더 이상 논의하지 않을 것이다. 그러나 물론 이성과 합리성은 그다지 분리 가능한 것이 아니다. 내가 이 도입에서 언급한 문제를 취급할 때, 강조는 항상 실재론에 있다. 5장은 공약 불가능성에 대해서 다루지만, 그것은 공약 불가능성이 비실재론(irrealism)의 배종(胚種)을 포함하기 때문일 뿐이다. 8장은 라카토슈에 대해서 다룬다. 때때로 그는 합리성의 챔피언으로 여겨지지만, 내 생각에 진리 대응설 없이도 실재론자가 될 수 있는 한 가지 방식을 보여주기 때문에 그가 8장에 나타나는 것이다.

그밖의 철학자들은 이성과 실재를 모아서 더 가깝게 한다. 예를 들어 라우든은 실재론을 주장하는 이론을 공격하는 합리주의자다. 이는 많은 사람들이 실재론을 합리성에 관한 이론의 기초로 삼기를 희망하기 때문이며, 라우든은 이것이 가공할 실수라고 주장한다. 결국 나는 일종의 실재론을 들고 나올 것이지만, 이는 라우든에 반대되는 게 아니다. 왜냐하면 나는 결코 실재론을 '합리성'의 토대로 사용하지 않을 것이기 때문이다.

이와 반대로 힐러리 퍼트넘(Hilary Putnam)은 '진리와 합리성의 관념 간에는 극도로 밀접한 관계가 있다'로 주장하면서 1982년에 출간한 저서 『이성, 진리, 역사(Reason, Truth, and History)』를 시작한다. (진리는 그 아래서 과학적 실재론이 논의될 하나의 표제어다.) 그는 계속하여, '더 거칠게 말해서, 사실이 무엇이냐에 대한 유일한 기준은 무엇을 받아들이는 것이 **합리적이냐다**(p.x)'라고 이야기한다. 퍼트넘이 옳든 그르든, 니체는 다시 한번 정당성을 입증 받은 것으로 보인다. 영어로 쓰인 철학책들은 한때 A. J. 에이어(Ayer)가 쓴 1936년 책 『언어, 진리, 논리(Language, Logic, and Truth)』와 같은 제목이었다. 1982년에 우리는 『이성, 진리, 역사』를 갖고 있다.

그럼에도 불구하고 우리가 이제 관계하려는 것은 역사가 아니다. 나는 교훈을 가르치기 위해서 역사적 사례를 이용하게 될 것이고, 지식 자체가 역사적으로 진화해 온 존재자임을 가정하게 될 것이다. 상당히 많은 것이 관념의 역사 또는 지성사의 일부일 수도 있다.

우리가 사고하는 바에 대해서가 아니라 하는 것에 대한 역사처럼 더 단순하고 더 고풍스런 역사 개념이 존재한다. 그것은 관념의 역사는 아니지만 (조건 없이) 역사다. 나는 라우든과 퍼트넘보다 더 날카롭게 이성과 실재를 분리하는데, 이는 실재란 우리가 그것에 관해 생각하는 바보다는 세계 안에서 우리가 하는 바와 더 관계가 있다고 생각하기 때문이다.

A부 표상하기

1 과학적 실재론이란 무엇인가?

2 세우기와 일으키기

3 실증주의

4 프래그머티즘

5 공약 불가능성

6 지시

7 내재적 실재론

8 진리의 대리물

●●● 1 과학적 실재론이란 무엇인가?

과학적 실재론은 올바른 이론에 의해서 기술되는 존재자, 상태, 구조가 실제로 존재한다고 이야기한다. 양성자, 광자, 역장(力場), 블랙홀은 손톱, 터빈, 개울의 소용돌이, 화산처럼 실재한다. 소립자 물리학의 약한 상호작용(weak interactions)은 사랑에 빠지는 일처럼 실재한다. 유전 부호를 운반하는 분자 구조에 관한 이론은 참이거나 거짓이며, 진정으로 올바른 이론은 참인 이론이 될 것이다.

우리의 과학이 아직 사태를 올바로 파악하지 못했을 때조차도, 실재론자는 종종 우리가 진리 가까이에 있다고 주장한다. 우리는 사물의 내부 구성을 발견해내는 일, 우주의 가장 먼 곳에 무엇이 살고 있는지를 알아내는 일을 목표로 한다. 너무 겸손할 필요도 없다. 우리는 이미 상당한 정도로 알아내 왔기 때문이다.

반실재론(anti-realism)은 정반대로 말한다. 전자와 같은 것은 존재하지 않는다. 확실히 전기 현상과 유전 현상은 존재하지만 우리는

A부 표상하기

우리의 관심을 끄는 사건을 예측하고 산출시키기 위해서만 아주 작은 상태, 과정, 존재자에 관한 이론을 구성하는 것이다. 전자는 허구다. 전자에 관한 이론은 사고를 위한 연장일 뿐이다. 이론은 적절하거나 유용하거나 보장되었거나 적용 가능하겠지만, 우리가 자연과학의 사변적 승리와 기술적(技術的) 승리를 아무리 많이 숭배할지라도, 자연과학의 가장 유효한 이론조차도 참이라고 여겨서는 안 된다. 어떤 반실재론자는, 이론은 세계가 어떠한가에 관한 글자 그대로의 진술로서 이해될 수 없는 지적 연장이라고 믿기 때문에, 주저하는 것이다. 다른 반실재론자는 이론을 글자 그대로 취해야 한다, 즉 이론을 이해하는 다른 방법은 없다고 말한다. 그러나 그러한 반실재론자는 우리가 이론을 아무리 많이 사용할 수 있을지라도 이론이 올바르다고 믿게 할 확신을 주는 이유가 우리에게 없다고 주장한다. 게다가 양쪽의 반실재론자는 세계 안에 실제로 존재하는 것의 종류 속에 이론적 존재자(theoretical entities)를 포함시키지 않을 것이다. 터빈은 실재하지만, 광자(photons)는 그렇지 않다.

우리는 자연 속의 여러 사건을 정말로 정복해 왔다고 반실재론자는 말한다. 유전공학은 제강 작업처럼 상식적인 것이 되어가고 있지만, 현혹되지 말라. 분자의 긴 사슬이 실제로 꼬리에 꼬리를 물고 있다고 가정하지 말라. 생물학자는 철사와 색이 칠해진 공으로 분자 모형을 만들면 아미노산에 관해서 더 명확하게 사고할 수도 있을 것이다. 그 모형은 우리의 정신 속에서 현상을 배치하는 것을 도와준다. 그것은 새로운 미시기술을 제안해줄 수도 있겠지만, 실제로 사물이 어떻게 존재하느냐에 관한 글자 그대로의 그림이 아니다. 나는 도르래, 지레, 볼 베어링, 저울추로 경제에 관한 모형을 만들어낼 수 있을 것이다. 저울 추 M('돈 공급')의 모든 감소는 각도 I('인플레이션율')의 감소와 저울 접시 안의 볼 베어링의 수 N(실업 노동자의 수)의 증가를 산출한다. 우리는 올바른 입력과 출력을 얻을

수 있지만, 어떤 이도 이것이 경제가 실제로 존재하는 방식이라고
제안하지 않는다.

여러분이 그것들을 흩뿌릴 수 있다면, 그것들은 실재한다

내 사정을 말하자면 한 친구가 내게 분수 전하(fractional electric charges)
의 실재를 탐지하기 위해서 계속 수행되고 있던 실험에 대해서 이
야기해줬을 때까지 나는 과학적 실재론에 관해서 전혀 재고하지 않
았다. 그것은 쿼크(quarks)라 불린다. 현재 나를 실재론자가 되게 했
던 것은 쿼크가 아니라 전자다. 그 이야기를 했으면 한다. 그것은
단순한 이야기여서는 안 되며, 실제 이야기, 일상적인 과학 연구와
연결 짓는 이야기여야 한다. 전자에 관한 오래된 실험에서 출발하기
로 하자.

   전하의 근본 단위는 오랫동안 전자라고 여겨졌다. 1908년 R. A.
밀리컨(Millikan)은 그 양을 측정하는 아름다운 실험을 고안했다. 음
전하를 띠는 아주 작은 기름방울이 하전된 판 사이에 떠 있다. 먼저
전기장을 꺼서 기름방울이 떨어지게 한다. 이어 떨어지는 속도를
크게 하기 위해 전기장을 가한다. 기름방울을 관찰한 두 가지 종결
속도는 공기의 점성 계수, 공기와 기름의 밀도와 결합되어 있다. 이
것들은 알려진 중력의 값과 전기장의 값과 함께 어떤 이로 하여금
기름방울의 전하를 계산하도록 해준다. 반복된 실험에서 기름방울
의 전하는 일정한 양의 작은 정수배가 된다. 이 일정한 양을 최소
전하, 즉 전자의 전하로 취하게 된다. 모든 실험처럼, 이 실험은 대
충만 옳은 가정을 만들어낸다. 즉 기름방울은 구형이라는 것이 그
예다. 밀리컨은 맨 처음에는 기름방울이 공기 분자의 평균 자유 행
로(mean free path)에 비해 크지 않기 때문에 기름방울이 약간 충돌하
게 된다는 사실을 무시했다. 그러나 실험의 착상은 최상이다.

전자는 오랫동안 전하의 기본 단위로 주장되었다. 우리는 그 전하의 이름으로 e를 사용한다. 그럼에도 불구하고 소립자 물리학은 $1/3\ e$의 전하를 갖는 쿼크라 불리는 한 존재자를 점증적으로 제안해준다. 이론 속의 어떤 내용도 쿼크에 독립적 존재성이 있다고 제안해주지 않는다. 이론이 함축하듯 만일 쿼크가 실재한다면, 쿼크는 즉각적으로 반응할 것이고 즉시 없어질 것이다. 이것이 스탠퍼드 대학교의 라뤼(LaRue), 페어뱅크(Fairbank), 헤버드(Hebard)가 시작한 교묘한 실험을 그만두게 하지는 못했다. 그들은 밀리컨의 기본 착상을 이용해 '자유' 쿼크를 사냥하게 된다.

쿼크는 희귀하거나 짧은 시간 동안만 존재할 수가 있으므로, 아주 작은 방울보다는 커다란 공이 있으면 도움이 된다. 왜냐하면 그 때 쿼크가 공을 때리게 되는 기회가 더 많기 때문이다. 사용된 방울은 질량이 10^{-4}그램보다도 작았지만 이는 밀리컨의 방울보다 10^7배나 큰 것이다. 만일 그것이 기름으로 만들어진다면 그것은 거의 돌처럼 떨어질 것이다. 그 대신에 그것은 니오브(niobium)라고 하는 물질로 만들어지는데, 니오브는 그것의 초전도 전이 온도인 $9°K$ 이하로 냉각된다. 하나의 전하가 이 몹시도 차가운 공 둘레를 일단 회전하게 되면, 그것은 영원히 도는 채로 있게 된다. 이렇게 해서 방울은 자기장 속에 떠 있을 수 있고, 장을 변화시킴으로써 실제로 앞뒤로 움직이게 할 수 있다. 또한 자력계를 사용해 어디에 방울이 존재하며 얼마나 빠르게 움직이는지를 정확하게 판별할 수 있다.

공에 있는 최초의 전하는 점차 변화하며, 밀리컨과 같은 방식으로 현재의 우리의 기술을 적용하면 양전하에서 음전하로 가는 경로가 0 또는 $±1/3\ e$에서 일어나는지를 결정해낼 수 있다. 만일 후자의 경우가 확인된다면, 공에 매여 있지 않은 하나의 쿼크가 확실히 존재해야 한다. 가장 최근의 출간 이전 원고에서, 페어뱅크와 그의 동료는 $+1/3\ e$와 일치하는 4개의 분수 전하, $-1/3\ e$와 일치하는 4개의 분수 전하, 0의 전하를 갖는 13개를 보고했다.

이제 어떻게 니오브 공 위에 있는 전하를 바꿀 것인가? 내 친구가 말하기를, "음, 이 단계에서 우리는 전하를 증가시키기 위해 그것에 양전자(positrons)를 흩뿌리거나 전하를 줄이기 위해 전자를 흩뿌리지요." 그날 이후로 나는 과학적 실재론자가 되었다. **나에 관한 한, 여러분이 그것들을 흩뿌릴 수 있다면 그것들은 실재하는 것이다.**

오래 살아 있는 분수 전하는 논쟁거리다. 나로 하여금 실재론을 확신하도록 한 것은 쿼크가 아니다. 아마도 내가 1908년의 전자에 관해서 확신하게 되었던 것도 아닐 것이다. 의심 많은 사람이 찾아내고자 하는 훨씬 더 많은 것들이 존재했다. 기름방울에 영향을 미치는 분자간 힘에 관한 떨어지지 않는 고민거리가 존재했던 것이다. 그것은 틀림없이 밀리컨이 실제로 측정하려 했던 것인가? 그러므로 그의 숫값은 이른바 전자에 관해서 아무것도 보여주지 않은 것인가? 만일 그렇다면 밀리컨은 전자의 실재성을 보여주는 쪽으로 가고 있지 않다. 최소 전하가 있을 수 있다 해도, 그것은 전자가 아닌가? 우리의 쿼크 사례에서도 똑같은 종류의 고민거리가 있다. 마리넬리(Marinelli)와 모르푸르고(Morpurgo)는 최근의 한 출간 이전 원고에서, 페어뱅크 집단은 쿼크가 아니라 어떤 새로운 전자기력을 측정하는 것이라고 제안한다. 나로 하여금 실재론을 확신하도록 한 것은 쿼크와 관계가 없다. 그것은 현재에 이르러 우리가 양전자와 전자를 흩뿌릴 수 있는 표준적인 방출기가 존재한다는 사실이었으며, 즉 그것은 정확하게 우리가 양전자와 전자를 갖고 하는 바다. 우리는 결과를 이해하고, 원인을 이해하며, 원인과 결과를 그밖의 어떤 것을 알아내는 데 사용한다. 물론 똑같은 이야기가 그 일에 관계되는 모든 종류의 여타의 연장, 즉 과냉각된 니오브 공 위에 회로를 만드는 장치와 '이론적인 것'에 관한 거의 끝없는 여타의 '조작(manipulation)'을 위한 장치에 대해서도 통용된다.

A부 표상하기

이 논변은 무엇에 관한 것인가?

실천적인 사람은 다음과 같이 말한다. 여러분이 하는 바를 하기 위해 여러분이 사용하는 것에 관해서 숙고하라. 여러분이 전자를 흩뿌릴 수 있다면, 전자는 실재하는 것이다. 이는 건강한 반응이지만 불행히도 그 쟁점들이 그렇게 청산유수로 기각될 수는 없다. 반실재론은 실험주의자(experimentalist)에게 미친 소리로 들릴 수도 있겠으나, 실재론에 관한 질문은 지식의 역사에서 몇 번이고 되풀이된다. '참된'과 '실재하는'의 의미에 관한 심각한 언어적 난점에 더해 실질적인 질문이 존재한다. 몇몇 질문은 실재론을 다른 철학들과 서로 얽히게 하는 데서 생겨난다. 예를 들어 실재론은 역사적으로 유물론(materialism)과 혼합되어 왔는데, 유물론은 그 한 가지 버전에서 존재하는 모든 것은 아주 작은 물질적인 건축용 벽돌로 세워진다고 말한다. 그와 같은 유물론은 원자에 관해서는 실재론적이겠지만, '비물질적인' 역장에 관해서는 반실재론적일 것이다. 몇몇 정통 마르크스주의자(orthodox Marxists)의 변증법적 유물론(dialectical materialism)은 현대의 많은 이론적 존재자에게 아주 힘든 시간을 부여했다. 리센코(Lysenko)는 부분적으로 그가 가정되었던 '유전자'를 의심했기 때문에 멘델 유전학을 부정했다.

실재론은 또한 인과(causation)에 관한 몇몇 철학에 반대하는 방향으로 달려간다. 이론적 존재자는 종종 인과적 힘(causal powers)을 갖는다고 가정한다. 전자는 니오브 공에서 양전하를 중화한다. 19세기의 원조 실증주의자는 '원인'에 대해서 이야기하지 않고서 과학을 연구하기를 원했다. 따라서 그들은 이론적 존재자를 거부하는 경향이 있었다. 이런 종류의 반실재론이 오늘날 범람하고 있다.

또한 반실재론은 지식에 관한 관념을 먹이로 해서 산다. 때로 그것은 우리가 감각 경험의 대상만을 진정으로 알 수 있다는 학설에서 생겨난다. 심지어 논리학의 근본적인 문제들도 관계된다. 즉 '이론이 참이거나 거짓이라는 것은 무엇인가'라는 질문을 제기하는 반실재론이 있다.

특수 과학에서 나오는 질문 역시 논쟁을 부추겨 왔다. 구식 천문학자는 코페르니쿠스(Copernicus)에 대해 실재론적 입장을 채택하기를 원치 않았다. 태양계라는 관념은 계산에 도움이 될 수는 있어도, 세계가 진정으로 어떠한가에 대해서는 말해주지 않는다. 왜냐하면 그들의 주장에 따르면 태양이 아니라 지구가 우주의 중심이기 때문이다. 게다가 우리는 양자 역학에 관해서 실재론자가 되어야 하는가? 입자는 일정하되 알 수가 없는 위치와 운동량을 갖는다고 우리는 실재론적으로 말해야 하는가? 아니면 이와는 극단적인 반대로 미시물리학적 측정이 있는 동안에 일어나는 '파속(波束) 붕괴(collapse of the wave packet)'는 인간 정신과의 어떤 상호 작용이라고 말해야 하는가?

우리가 특수한 자연과학 안에서만 실재론적 질문을 찾아야 하는 것도 아니다. 인문과학은 더 많은 논쟁의 영역을 부여한다. 프로이트(Freud)가 가르쳐주는 리비도(libido), 초자아(super ego), 전이(transference)에 관한 질문이 존재할 수 있다. 어떤 이가 심리분석을 자신 또는 다른 사람을 이해하는 데 쓸 수는 있지만, 그 무엇도 그 이론 안에서 나타나는 용어의 망에 대해서 답해주지 않는다고 냉소적으로 생각할 수도 있는가? 중력의 법칙만큼이나 냉혹하게 우리에게 작용하며, 사회를 구성하는 개인들의 속성을 넘어 그 위에 독자적으로 존재하는, 실재하되 결코 뚜렷하게 식별할 수 없는 사회적 과정(social processes)이 있다는 뒤르켐(Durkheim)의 가정에 대해 우리는 무슨 이야기를 해야 하는가? 어떤 이는 일관성 있게 사회학에 대해서는 실재론자이며 물리학에 대해서는 반실재론자일 수가 있는가, 아니면 그 역일 수가 있는가?

게다가 메타쟁점(meta-issues)이 존재한다. 아마도 실재론은 기초적인 철학적 반성의 무익한 하찮음을 보여주는, 우리가 원할 수 있을 만큼의 꽤 괜찮은 예가 될 것이다. 그 질문은 고대에 맨 처음으로 정신으로 들어왔는데, 그것은 상당히 심각하다. 일단 원자가 실재하느냐고 물어보는 일에 잘못은 없다. 그러나 그런 토의를 계속하는 것은 물리적 세계에 관한 심각한 사고의 단지 약한 대리물이 될 뿐이다.

이러한 고민은 반철학적 냉소주의다. 또한 철학적인 반철학(anti-philosophy)이 존재한다. 그것은 실재론과 반실재론에 관한 모든 쟁점은 쓸데없으며, 이는 우리의 문명을 끝없이 따라다녀 온 어떤 원형, 즉 실재를 '표상하는' 지식이라는 구도 위에 토대해 있다고 제안한다. 사고와 세계의 대응이라는 관념이 그것의 올바른 자리, 즉 무덤에 던져질 때, 실재론과 반실재론도 재빨리 그 뒤를 잇지 않겠느냐고 질문할 수 있을 것이다.

학설이 아니라 운동

'과학적 실재론'에 대한 정의는 그저 길을 가리켜줄 뿐이다. 그것은 명확하게 진술된 학설이라기보다는 하나의 태도다. 자연과학의 내용에 관해서 사고하는 한 방식이다. 예술과 문학은 좋은 비교거리가 되는데, 이는 단지 단어 '실재론'이 여러 철학적 함축을 뽑아냈기 때문만은 아니다. 그보다 그것이 몇 가지 예술 운동을 뜻하기 때문이다. 19세기 동안에 많은 화가들은 커다랗고 활기가 넘치는 캔버스 위에 이상적·낭만적·역사적이거나 종교적인 주제만을 그리도록 그들을 구속했던 관례에서 탈출하려 했다. 그들은 일상생활의 모습을 그리는 것을 선택했다. 그들은 모습을 '미화'하기를 거부했다. 그들은 별것이 아니거나 흔해 빠진 소재를 받아들였다. 그리고 이상화하거나 고상하게 만드는 것을 거부했다. 즉 그들은 그림을 그림처럼 만들려고도 하지 않았을 것이다. 소설가는 이러한 사실주의적 입장(realist stance)을 채택했고, 결과적으로 우리는 플로베르(Flaubert)를 거쳐, 산업화가 진행되던 유럽에 대한 졸라(Zola)의 비참한 묘사에서 나타나는 프랑스문학 속의 위대한 전통을 갖게 되었다. 오래 전의 냉담한 정의를 인용하면, '사실주의자(realist)는 아름답거나 조화로운 것에서 나오는 주제를 선택하는 일을 의도적으로 사절하고 추한 것들을 더욱 특별하게 묘사하며 즐겁지 않은 것들의 세부적인 내용을 그려낸다.'

　　그러한 운동이 학설을 결여하는 것은 아니다. 많은 운동은 선언을 제시했다. 모두 당시의 철학적 민감성에 고취되어 있었으며, 거기에 기여했다. 문학에서 다음 대의 몇몇 사실주의(realism)는 실증주의라 불렸다. 그러나 우리는 학설보다는 운동, 일군의 동기를 공유하는 창조적 작업, 부분적으로는 다른 사고방식에 반대해 자신을 정의하는 일에 관해 이야기한다. 과학적 실재론과 반실재론이 이와 같다. 즉 그들 역시 운동이다. 우리는 한 쌍의 한 문단으로 된 정의로 무장한 그들의 논의 속으로 들어갈 수 있지만 일단 들어가면 현재의 흥분된 상태에 있는 과학철학을 포함해 경쟁하고 발산하는 여러 견해들을 만나게 될 것이다.

진리와 진정한 존재

혼동하게 만들 수도 있겠지만 짧게 말해서, 나는 용어 '이론적 존재자'를 이론에 의해서 가정되었으나 우리가 관찰할 수는 없는 것의 모든 집단에 대해 쓰는 혼성어로 사용할 것이다. 그것은 특히 입자, 장, 과정, 상태, 구조 등을 의미한다. 두 가지 종류의 과학적 실재론이 존재하는데, 하나는 이론에 관한 실재론이고 다른 하나는 존재자에 관한 실재론이다.

이론에 관한 질문은 이론이 참이냐 혹은 참 또는 거짓이냐 혹은 진리의 후보자냐 혹은 진리를 목표로 하느냐의 여부다.

존재자에 관한 질문은 그들이 실재하느냐의 여부다.

최근 다수의 과학철학자들은 이론과 진리에 관해 가장 많이 고민한다. 여러분이 한 이론을 참이라고 믿는다면, 여러분은 그 이론의 존재자들이 실재한다고 자동적으로 믿게 되는 것으로 보일 수가 있다. 쿼크에 관한 어떤 이론이 참이라고 생각하면서도, 어떠한 쿼크가 존재한다는 점을 부정하는 것은 무엇 때문인가? 오래 전에 버트런드 러셀(Bertrand Russell)은 어떻게 그럴 수 있는지를 보여줬다. 그는 당시에 이론의 참 때문에 괴로움을 당한 것이 아니라 관찰 불가능한(unobservable) 존재자 때문에 고민하게 되었다. 그는 가정된 존재자가 논리적 구성물로 판명 나도록 하기 위해 우리가 논리학을 사용해서 이론을 다시 써야 한다고 생각했다. 용어 '쿼크'는 쿼크를 표시하는 것이 아니라 논리학을 거쳐서 오직 관찰된 현상에 관한 지시(reference)만을 만들어내는 복잡한 표현의 속기가 될 것이다. 러셀은 그 당시에 이론에 관한 실재론자였지만 존재자에 관해서는 반실재론자였다.

또한 존재자에 관해서는 실재론자이나 이론에 관해서는 반실재론자가 되는 것도 가능하다. 많은 교부(教父)들이 이러한 예다. 그들은 신이 존재한다고 믿었지만, 신에 관해서 참이고 실증적으로 이해 가능한 이론을 형성해내는 것은 원리적으로 불가능하다고 믿었다. 어떤 이는 기껏 해봐야 신이 무엇은 아니라는 것 — 유한하지 않고, 한계가 없으며 등 — 을 이야기해주는 목록을 단숨에 써 내려갈 수 있을 것이다. 이것의 과학적 존재자 버전은 전자가 존재한다고 가정할 좋은 이유를 갖고 있으나, 그럼에도 불구하고 전자에 관한 어떠한 완전한 기술도 참이 될 가능성은 없다고 말한다. 우리들의 이론은 계속 수정된다. 서로 다른 목적을 위해서, 우리는 어떤 이가 글자 그대로 참이라고 생각하지는 않는, 서로 다르고 양립될 수 없는 전자에 관한 모형을 사용한다. 그럼에도 불구하고 전자는 존재한다.

두 가지 실재론

존재자에 관한 실재론(realism about entities)은 상당수의 이론적 존재자가 진정으로 존재한다고 말한다. 반실재론은 이를 부정하며, 이론적 존재자는 허구이거나 논리적 구성물이거나 세계에 관해 사유하기 위한 지적 도구라고 말한다. 또는 덜 교조적으로 이론적 존재자는 허구가 아니라고 가정할 어떠한 이유도 없으며 있을 수 없다고 말할 수도 있을 것이다. 이론적 존재자가 있을 수도 있지만, 세계를 이해하기 위해 이를 가정할 필요는 없다.

이론에 관한 실재론(realism about theories)은 우리가 알고 있는 바와 독립적으로 과학 이론은 참이거나 거짓이라고 말한다. 즉 과학은 적어도 진리를 목표로 하고, 진리는 세계가 어떠하냐다. 반실재론은 이론은 기껏해야 보장된 것이거나 적절하거나 계속 연구하기에 좋거나 받아들일 수 있지만 믿을 수 없거나, 그밖의 이같은 유의 여러 가지 것이라고 말한다.

세분

나는 실재에 관한 주장과 우리가 아는 바에 관한 주장을 방금 함께 다뤄 왔다. 존재자에 관한 나의 실재론은 만족스런 이론적 존재자가 실재했던 존재자일 것이라는 점 (그리고 편리한 지적 연장인 것만은

A부 표상하기

아니었다는 점) 둘 다를 함축한다. 이는 존재자와 실재에 관한 주장이다. 그것은 또한 우리가 현재의 과학 안에서 적어도 몇몇의 그러한 존재자를 실질적으로 알고 있음을 또는 믿을 만한 좋은 이유가 있음을 함축한다. 이는 지식에 관한 주장이다.

만일 우리 가운데 몇몇이 진정으로 존재한다고 생각하는 몇몇 존재자가 **현재** 없다면 전체적 쟁점의 가치가 사라지기 때문에, 나는 지식과 실재를 함께 다룬다. 만일 우리가 어떠한 미래의 과학적 유토피아에 대해 이야기하고 있다면 나는 그 토론을 철회할 것이다. 내가 동시에 다루는 그 두 가닥은 아래의 W. 뉴튼-스미스(Newton-Smith)의 틀에서처럼 손쉽게 다시 정리될 수 있다.[1]

1. **존재론적** 성분: 과학 이론은 참이거나 거짓이며, 한 이론이 어떠한 것이냐는 세계가 어떠하냐에 달려 있다.

2. **인과적** 성분: 한 이론이 참이면, 그 이론의 이론적 용어는 관찰 가능한 현상에 대해서 인과적 책임이 있는 이론적 존재자를 표시한다.

3. **인식론적** 성분: 우리에게는 이론 또는 존재자에 대해서 (적어도 원리적으로) 보장된 믿음이 있을 수 있다.

대략 말해서, 뉴튼-스미스의 인과적 성분과 인식론적 성분은 결국 존재자에 관한 나의 실재론이 된다. 두 가지 성분이 존재하므로 두 가지의 반실재론이 존재할 수 있다. 하나는 (1)을 거부한다. 다른 하나는 (3)을 거부한다.

여러분이 존재론적 성분을 부정할 수도 있다. 여러분은 이론이 글자 그대로 취해져야 한다는 점을 부정한다. 이론은 참이거나 거짓이 아니다. 현상을 예측하기 위한 지적 연장이다. 특수한 경우에

1_ W. Newton-Smith, "The underdetermination of theory by data", *Proceedings of the Aristotelian Society*, Supplementary Volume 52(1978), p.72.

무엇이 일어날지를 생각해 내기 위한 규칙이다. 이것의 여러 버전이 있다. 종종 이런 종류의 관념은 **도구주의**(instrumentalism)라 불리는데, 도구주의는 이론이 단지 도구라고 말하기 때문이다.

도구주의는 (1)을 부정한다. 여러분은 이 대신에 (3)을 부정할 수도 있다. 한 예가 바스 반 프라센(Bas van Fraassen)의 책 『과학적 이미지(The Scientific Image)』(1980)에 나타나는 입장이다. 그는 이론을 글자 그대로 취해야 한다고 생각한다. 이론을 다르게 취할 방도는 없다는 것이다. 이론은 참이거나 거짓이며, 그것은 이론이 세계에 의존한다는 것이다. 어떠한 대안적 의미론(semantics)도 존재하지 않는다. 그러나 우리는 과학을 의미 있게 하기 위해 관찰 불가능한 것(unobservables)에 관한 어떤 이론을 믿게 하는 아무런 보장이 없거나 그런 이론을 믿을 필요가 없다.

그렇다면 이론에 관한 나의 실재론은 대략 (1)과 (3)이지만, 존재자에 관한 나의 실재론이 정확히 (2)와 (3)은 아니다. 뉴튼-스미스의 인과적 성분은 한 이론이 참이면, 그 이론적 용어는 우리가 관찰할 수 있는 것에 관해 인과적으로 책임이 있는 존재자를 표시한다고 말한다. 그는 그러한 존재자에 대한 믿음이 그 존재자가 끼어 들어가 있는 이론에 대한 믿음에 의존한다는 점을 함축해낸다. 그러나 어떤 이는 몇몇 존재자를 그 존재자가 끼어들어 있는 어떠한 특수한 이론에 대한 믿음 없이도 믿을 수 있다. 어떤 이는 존재자에 관한 어떤 심오한 일반적 이론도 아마 참일 수 없으리라고 주장할 수조차 있을 것이다. 왜냐하면 그러한 참은 존재하지 않기 때문이다. 낸시 카트라이트(Nancy Cartwright)는 이 관념을 저서 『물리학의 법칙은 어떻게 거짓말을 하는가(How the Laws of Physics Lie)』에서 설명한다. 그녀는 책 제목을 글자 그대로 의미하고 있다. 법칙은 사기적이다. 현상 법칙(phenomenological laws)만이 아마도 참이겠지만, 우리는 인과적으로 효과를 지니는 이론적 존재자를 변함없이 잘 알 수가 있다.

당연히 이 모든 복잡한 관념이 뒤에 나오는 내용에서 공표될 것이다. 반 프라센은 특히 3장의 여러 곳에서 언급된다. 이 책의 전반적 경향은 이론에 관한 실재론에서 멀어져서 우리가 실험적 작업에서 사용하는 존재자에 관한 실재론 쪽으로 향한다. 즉 그것은 표상하기(representing)에서 멀어져서 개입하기(intervening) 쪽으로 가는 경향이다.

형이상학과 특수 과학

우리는 또한 일반적 실재론과 특수한 실재론을 구별해야 한다.

낸시 카트라이트의 예를 사용해보면, 광전 효과(photoelectric effect)에 관한 아인슈타인(Einstein)의 연구 이래 줄곧 광자(photon)는 빛에 관한 우리의 이해에서 필수적인 부분이 되어왔다. 그러나 윌리스 램(Willis Lamb)과 그의 동료와 같은 심각한 광학 연구자들이 있으며, 이들은 광자의 실재성에 도전하여, 더 심층적 이론이 광자는 주로 우리의 현재 이론의 인공물(artifact)임을 보여줄 것이라고 가정한다. 램은 빛에 관한 현존하고 있는 이론이 명백히 거짓이라고 말하고 있는 것은 아니다. 더 심오한 이론은 우리가 지금 빛에 관해서 믿고 있는 대부분의 내용을 보존시키겠지만, 우리가 광자와 연합시키는 분석중에 있는 효과는 자연의 다른 측면을 산출시킨다는 점을 보여줄 것이다. 그러한 과학자는 일반적으로 적절히 실재론자가 될 수 있겠지만, 특수하게 광자에 관해서는 반실재론자가 될 수 있을 것이다.

그러한 국소화된 반실재론은 철학의 문제가 아니라 광학의 문제다. 게다가 N. R. 핸슨(Hanson)은 자연과학 내의 새로운 출발이 갖는 호기심을 끄는 특성에 주목했다. 처음에 한 관념은 세계가 어떠하냐에 관한 글자 그대로의 표상으로서보다는 주로 계산하는 장치로서 제안된다. 나중 세대는 그 이론과 그것의 존재자를 점점 더 실재론적인 방식으로 다루게 된다. (램은 그 반대 방향으로 나아가는 회의주의자다.) 때때로 최초의 저자들은 그들의 존재자에 대해서 양면 가치적이다. 그래서 통계 역학의 창시자 가운데 한 사람인 제임스 클러크 맥스웰(James Clerk Maxwell)은 처음에는 기체가 정말로 온도 압력의 효과를 산출시키는 탄력 있는 작은 공으로 되어 있는가에 대해 말하기를 싫어했다. 그는 이같은 설명을 '그저' 모형으로 여기면서 시작했는데, 그 모형은 점점 더 많은 거시적 현상을 즐겁게 조직해낸다. 맥스웰은 점점 실재론자가 되어갔다. 나중 세대는 운동론(kinetic theory)을 사물이 진정으로 어떻게 존재하느냐에 관한 훌륭한 스케치로 명백하게 여긴다. 과학 안에서 한 특수 이론에 관한 또는 그것의 존재자에 관한 반실재론이 실재론에게 지는 일은 아주 흔하다.

기체 분자에 대한 맥스웰의 유의는 원자론에 관한 전반적 불신의 일부였다. 물리학자 사회와 화학자 사회는 우리의 세기에서만 원자의 실재성에 관해 완전히 설득 당하게 되었다. 마이클 가드너(Michael Gardner)는 이 이야기로 들어가는 몇몇 가닥을 잘 요약했다.[2] 그것은 아마도 브라운운동(Brownian motion)이 분자적 궤적으로 완전히 분석되었을 때, 끝났을 것이다. 이 위업은 그것이 어떻게 분자가 꽃가루 알갱이와 부딪치게 되는지를, 그래서 관찰 가능한 운동을 만들어내는지를 자세하게 제안했기 때문만은 아니기에 중요하다. 진정한 업적은 브라운운동에 대한 아인슈타인(Einstein)의 분석과 장 페랭(Jean Perrin)의 실험적 기법을 사용해 아보가드로 수(Avogadro's number)를 결정하는 새로운 방법이었다.

2_ M. Gardner, "Realism and instrumentalism in 19th century atomism", *Philosophy of Science* 46(1979), pp.1~34.

그것은 물론 '철학적' 발견이 아니라 '과학적' 발견이었다. 게다가 원자와 분자에 관한 실재론은 한때 과학철학의 중심적 쟁점이었다. 한 가지 종류의 존재자에 관한 국소적 질문이기는커녕, 원자와 분자는 실재하는 (또는 단지 허구적인) 이론적 존재자의 주요 후보자였던 것이다. 과학적 실재론에 관한 오늘날 우리의 여러 가지 입장은 그 당시에 이 논쟁과 연결되어 만들어진 것이다. 바로 그 이름 '과학적 실재론'은 그때 사용되기 시작했다.

특수한 실재론이 논의를 그렇게 지배해 일반적 실재론의 경로를 결정한다는 조건에 따라 일반적 실재론은 특수한 실재론과 구별될 것이다. 특수한 실재론의 어떤 질문은 특수 과학의 연구와 발전에 의해서 정해질 것이다. 결국 광자 또는 블랙홀을 회의하는 이는 배겨내든지 입을 닫든지 해야 한다. 일반적 실재론은 오래된 형이상학, 최근의 언어 철학과 함께 울려 퍼지고 있다. 그것은 어떤 특수한 실재론보다도 자연의 사실에 엄청나게 덜 의존한다. 그러나 그 둘은 완전히 분리될 수 없으며, 우리의 과거의 형성 단계에서 때때로 밀접하게 결합되어 왔다.

표상과 개입

과학에는 두 가지 목표가 있다고 이야기된다. 이론과 실험이 그것이다. 이론은 세계가 어떠한가에 관해 말하고자 한다. 실험과 그 결과로 생겨나는 기술은 세계를 변화시킨다. 우리는 표상하고 개입한다. 우리는 개입하기 위해 표상하고, 표상에 비춰 개입한다. 오늘날 과학적 실재론 논쟁의 대부분은 이론, 표상, 진리로 표현된다. 이러한 토론은 계몽적이되 결정적이지 못하다. 이는 부분적으로 이들 논쟁이 다루기 힘든 형이상학에 감염되어 있기 때문이다. 나는 표상의 수준에서 실재론의 옹호를 위한 또는 반대를 위한 어떠한 궁극적 논의도 있을 수 없다고 생각한다. 우리가 표상에서 개입으로 전환할 때, 니오브 공 위에 양전자 흩뿌리기로 전환할 때, 반실재론은 지배력이 약해진다. 뒤에 나오는 내용에서 나는 존재자에 관한 실재론에 대한 다소 고풍의 관심사로부터 출발할 것이다. 이것은 곧 진리와 표상, 즉 실재론과 반실재론에 대한 현대의 주요한 연구로 이끌 것이다. 끝 무렵에서 나는 개입, 실험, 존재자로 되돌아가게 될 것이다.

철학의 최종적 중재자는 우리가 어떻게 사고하느냐가 아니라 우리가 무엇을 하느냐다.

●●● 2 세우기와 일으키기

'실재하는(real)'이라는 단어는 자연과학에서 어떤 용도가 있을까? 분명히 있다. 실험에 관한 몇몇 대화는 이 단어로 가득 차 있다. 여기 두 가지 실례가 존재한다. 세포 생물학자는 일정한 방식으로 준비된 세포 현미경사진에서 정규적으로 볼 수 있는 섬유상 네트워크를 지적한다. 그것은 염색질(chromatin), 즉 기본 단백질로 가득 찬 세포핵 내의 물질과 비슷해 보인다. 그것은 염색질처럼 착색된다. 그러나 그것은 실재하는 것이 아니다. 그것은 단지 글루탈알데하이드(glutaraldehyde)에 의해 핵의 수액(nucleic sap)이 고정됨으로서 생겨나는 인공물이다. 우리는 뚜렷한 모조 패턴을 얻어내지만, 그것은 세포와는 무관하다. 그것은 준비과정에 의한 인공물이다.[1]

생물학에서 물리학으로 이야기를 돌리면, 쿼크 사냥을 부정적으

1_ 예를 들어 R. J. Skaer and S. Whytock, "Chromatin-like artifacts from nuclear sap", *Journal of Cell Science* 26(1977), pp.301~305.

로 보는 몇몇 비판자는 페어뱅크와 그의 동료가 영속하는 분수 전하를 분리해냈음을 믿지 않는다. 그 결과가 중요할 수도 있겠지만, 자유 쿼크는 실재하지 않는다. 사실은 어떤 이가 아주 다른 어떤 것을 발견했는데, 그것은 지금까지 알려지지 않았던 새로운 전자기력이다.

여하튼 '실재하는'은 무엇을 의미하는가? 이 단어에 관한 가장 간결한 사고는 J. L. 오스틴(Austin)의 설명이다. 한때 옥스퍼드 대학교에서 가장 유력한 철학자였던 오스틴은 거기서 1960년에 49세의 나이로 생을 마감했다. 그는 일상적 발화(發話)에 깊이 유의했으며, 우리가 자신이 말하고 있는 바에 대해서 상기하지 않는 채 실체가 없는 철학적 이론 속으로 종종 의기양양하게 걸어 들어간다고 생각했다. 자신의 강의 내용을 모은 『감각과 감각 자료(Sense and Sensibilia)』의 7장에서 오스틴은 실재에 관해서 다음과 같이 쓴다. "우리는 '진짜 크림이 아닌(not real cream)'과 같은 평범하되 친숙한 구절을 경멸거리조차 되지 못한다고 간단히 처리해버려서는 안 된다." 이것이 그의 첫 번째 방법론적 규칙이었다. 두 번째 규칙은 '하나의 단일하며 규정 가능한 항상 동일한 의미'를 찾고자 하지 않는 것이었다. 오스틴은 동의어를 찾는 것에 반대하면서 우리에게 경고하는데, 이와 동시에 어떤 단어의 용법에서 규칙성들을 체계적으로 자세히 조사하라고 촉구한다.

오스틴은 단어 '실재하는'에 관해서 네 가지 주요한 관찰을 한다. 그 가운데 둘은 약간 장난스럽게 표현되었음에도 불구하고 내게는 중요해 보인다. 두 가지 올바른 이야기는 단어 '실재하는'이 실사에 굶주려(substantive-hungry) 있다는 것, 즉 명사에 굶주려 있다는 것이다. 그 단어는 또한 오스틴이 '친절한 성차별주의적 방식으로' 바지 단어(trouser-word)라고 부른 것이기도 하다.

'그것은 실재한다'가 적절히 이해되어야 하는 단어를 요구하기 때문에 그 단어는 명사에 굶주려 있다. 즉 진짜 크림, 진짜 경관, 진짜 컨스터블(Constable) 그림과 같은 경우에서처럼 말이다.

'실재하는'은 단어들 '바지를 입는다'의 소극적 용법들 때문에 바지 단어라고 불린다. 분홍 크림은 분홍색이고, 분홍 플라밍고와 똑같은 색이다. 그러나 어떤 것을 진짜 크림이라고 부르는 것이 이와 똑같은 종류의 적극적 주장을 펴는 것은 아니다. 진짜 크림은 아마도 우유를 함유하지 않은 커피 제품이 아닐 것이다. 진짜 가죽은 피혁이지 비닐을 입힌 물질이 아니고, 진짜 다이아몬드는 풀(paste)이 아니며, 진짜 오리는 미끼가 아니다 등. '진짜 S(Real S)'의 힘은 소극적인 '진짜 S가 아닌[not (a) real S]'에서 유도된다. 단어에 굶주려 있다는 것과 바지 단어가 되는 것은 연결되어 있다. 무엇이 바지를 입느냐를 알기 위해서, 우리는 명사를 알아야만 하는데, 이는 소극적 용법에서 부정되는 것이 무엇인지를 우리가 판별해낼 수 있도록 하기 위해서다. 진짜 전화는 일정한 맥락에서 장난감이 아니고, 다른 맥락에서는 모조품 또는 순수한 장식품이 아니다. 이것은 그 단어가 애매해서가 아니라 어떤 것이 진짜 N이냐 아니냐가 문제의 N에 의존하기 때문이다. 단어 '실재하는'은 정규적으로 똑같은 일을 하지만 어떤 일을 하는지 알려면 N을 보아야 한다. 단어 '실재하는'은 자신의 일이 분명한 이주하는 농장 노동자와 같다. 즉 그의 일은 현존하는 농작물을 수확하는 것이다. 그러나 무엇을 수확하는가? 어떻게 수확하는가? 그것은 그 농작물에 의존하는데, 그것이 양상추든지 호프든지 체리든지 목초든지 말이다.

이 견해에서 단어 '실재하는'은 '실재하는 염색질', '실재하는 전하'와 '진짜 크림' 사이에서 애매하지 않다. 이런 문법적 논점을 강조하는 한 가지 중요한 이유는, 단지 그 단어가 아주 다양한 방식으로 사용되기 때문에 서로 다른 종류의 실재가 존재해야 한다는 그런 상식적 관념에 찬성하지 않으려는 데 있다. 어쩌면 상이한 종류의 실재가 존재할 수도 있을 것이다. 잘 모르겠지만 성급한 문법 때문에 서로 다른 종류의 실재가 존재한다고 결론 내리지는 말자. 더욱이 우리는 이제 철학자로 하여금 어떤 특수한 논쟁에서 단어 '실재하는'이 어떤 대조를 이루는지에 대해 명백히 알도록 해야 한다. 만일 이론적 존재자가 실재하는 존재자이거나 실재하는 존재자가 아니라면, 어떤 대조를 이룰까?

유물론

J. J. C. 스마트(Smart)는 저서 『철학과 과학적 실재론(Philosophy and Scientific Realism)』(1963)에서 이 도전에 잘 대응한다. 그렇다, 스마트가 말하는 것처럼, '실재하는'은 대조를 이뤄야 한다. '전자와 달리, 역선은 이론적 허구다. 마치 이 벽이 벽돌로 구성되어 있듯이, 나는 이 탁자가 전자 등으로 구성되어 있다고 말하려고 한다(p.36).' 벌떼는 벌로 구성되었지만 어떤 것도 역선으로 되어 있지 않다. 어떤 벌떼에는 일정한 수의 벌이 있고, 어떤 병에는 일정한 수의 전자가 있지만, 한 공간에는 일정한 수의 역선이 존재하지 않는다. 어떤 규약만이 우리가 역선의 수를 헤아리도록 인허할 뿐이다.

물리학자 막스 보른(Max Born)을 염두에 두고, 스마트는 반실재론자들이 '별, 행성, 산맥, 집, 탁자, 나무의 결, 현미경으로 보이는 결정, 미생물'의 연쇄 속에 전자가 나타나지 않음을 주장한다고 말한다. 이와 반대로 스마트는 결정은 분자로 되어 있고, 분자는 원자로, 원자는 그밖의 것 가운데에서 전자로 만들어져 있다고 이야기한다. 따라서 스마트는 반실재론자가 틀렸다고 추론한다. 적어도 몇몇 이론적 존재자는 실재한다. 다른 한편으로 단어 '실재하는'은 유의미한 구별을 이뤄낸다. 스마트의 설명에서, 자력선은 실재하지 않는다. 마이클 패러디(Michael Faraday)는 우리에게 역선에 대해 최초로 가

A부 표상하기

르쳐줬는데, 그는 스마트에 동의하지 않았다. 처음에는 역선이 정말로 그저 지적 도구, 곧 어떤 물리적 유의미성이 없는 기하학적 장치라고 생각했다. 1852년 60세가 넘었을 때 패러디는 마음을 바꿨다. '그 매개하는 공간 속의 물리적 실존이라는 조건 없이, 굽은 역선을 상상해볼 수 없다.'[2] 역선에 변형력을 가하는 것이 가능하므로, 역선은 진정한 존재를 그의 마음속에서 지녀야 한다고 깨닫게 되었다. 패러디에 대해서 쓴 전기 작가는 '패러디가 역선이 실재한다는 것을 강하게 확신하고 있었음에 의혹이 있을 수 없다'라고 쓴다. 이것이 스마트가 틀렸음을 보여주지 않는다. 하지만 이것은 실재에 관한 몇몇 물리적 관념이 건축용 벽돌이라는 좀 단순한 수준을 넘어가고 있음을 우리에게 상기시켜 준다.

스마트는 **유물론자**인데, 그 자신은 이제 물리주의자(physicalist)라는 용어를 선호한다. 나는 전자가 기초 물질임을 그가 주장한다는 뜻으로 말하는 게 아니다. 현재에 이르기까지 물질에 관한 오래된 관념들은 더 미묘한 관념들로 대체되어 왔다. 그러나 스마트의 사고는 별과 탁자와 같은 물질적 사물이 전자와 기타 등등의 것으로 세워진 것이라는 관념에 여전히 기반을 두고 있다. 반유물론자였던 버클리(Berkeley)는 로버트 보일(Robert Boyle)과 아이적 뉴튼(Isaac Newton)의 미립자(corpuscles)에 반대하면서 바로 그러한 구도를 거부하고 있었다. 실제로 스마트는 그 자신이 현상론(phenomenalism), 곧 버클리의 비유물론의 현대적 버전에 반대한다고 본다. 아마도 패러디가 유물론자가 아니었음은 중요한 사실일 것이다. 그는 물질을 중시하지 않고 역장과 에너지를 강조하는 물리학의 그러한 전통의 일부다. 어떤 이는 스마트의 유물론이 경험론적 논제인지에 대해서

2_ 모든 인용과 패러디에 대한 진술은 다음에서 온 것이다. L. Pearce Williams, *Michael Faraday, A biography*(London and New York, 1965).

조차도 의문을 품을 수 있을 것이다. 라이프니츠(Leibniz), 보스코비치(Boscovič), 젊은 칸트, 패러디, 19세기 에너지론자에 기인하는 물리적 세계에 관한 모형을 상상해보라. 건축용 벽돌에 대한 이야기가 얼마 후에 힘을 다한다고 가정해보라. 그리고 나면 스마트는 물리학의 기본적 존재자들이 이론적 허구라고 결론 내릴 것인가?

철학적 양자 이론가인 베르나르 데스파냐(Bernard d'Espagnat)가 가장 최근에 쓴 책인 『물리적 실재(La Realité Physique)』는 우리가 유물론자가 되지 않고도 계속 과학적 실재론자가 될 수 있다고 논변한다. 이 때문에 '실재하는'은 스마트가 선택한 것 이상의 대조를 이뤄낼 수 있어야 한다. 또한 스마트의 구별이 사회과학 또는 심리과학의 이론적 존재자들이 실재하는지의 여부에 대해 우리가 이야기하는 데에 도움을 주지 않음에도 주목하라. 물론 어떤 이는 어느 정도 유물론적인 길로 나아갈 수 있다. 그래서 우리는 언어학자 노엄 촘스키(Noam Chomsky)가 저서 『규칙과 표상(Rules and Representations)』(1980)에서 인지 심리학 내의 실재론을 역설하고 있음을 발견하게 된다. 이 주장의 한 부분은, 뇌 안에서 발견되고 세대에서 세대로 전달되는 구조화된 물질이 언어 획득을 설명하는 데에 도움을 준다는 점이다. 그러나 촘스키는 뇌가 조직화된 물질로 만들어져 있다는 점만을 단언하고 있지는 않다. 그는 사고라는 현상의 일부에 대해서 구조가 책임이 있다고 생각한다. 우리 머릿속의 살과 피의 구조는 우리가 일정한 방식으로 사고하도록 원인을 제공한다. 이 단어 '원인'은 과학적 실재론의 또 다른 버전을 고무한다.

인과론

스마트는 유물론자다. 이와 유비해서, 실재하는 것의 인과적 힘을 강조하는 어떤 이를 **인과론자**라고 하자. 데이빗 흄은 인과성을 원인과 결과 간의 규칙적 연합(regular association)으로 분석하기를 원했을 수 있다. 그러나 훌륭한 흄주의자는 단순한 상관관계(correlation) 이 상의 것이 존재해야 한다는 것을 안다. 매일 우리는 다음과 같은 종류의 내용을 읽는다.

> 미국 산부인과 대학은 독성 쇼크 증후군과 월경시 탐폰 사용 간의 연관성이 있다고 인정했다. 그런데 우리는 이 조건을 만들어내는 기제를 더 잘 이해하기 전까지는 이것이 일정한 원인과 결과의 관계가 존재함을 의미한다고 가정해서는 안 된다(언론 기사, 1980년 10월 7일).

새로운 상품('여러분이 탐폰 …… 혹은 냅킨에서 이제껏 원했던 모든 것')을 쓰는 몇 명의 젊은 여자가 구토를 하고, 설사, 고열, 어떤 피부 발진을 겪고 죽는다. 그 대학이 원인에 대해 이야기하기에 앞서, 기제에 관한 더 나은 이해를 원하도록 만드는 것은 명예훼손 소송에 대한 두려움 때문만은 아니다. 가끔씩 한 흥미로운 집단은 연합이 어떤 것을 보여준다는 점을 부정해버린다. 예를 들어 1980년 9월 19일 핵탄두를 장착한 미사일이 어떤 이가 렌치를 지하 미사일 격납고에 떨어뜨린 후에 폭발했다. 그 탄두는 발사되지 않았지만, 화학적 폭발이 있은 후 곧 아칸소 주 가이라는 마을 인근은 적갈색 연기로 뒤덮였다. 폭발 후 한 시간 이내에 가이 시민들은 입술 건조, 호흡 곤란, 가슴 통증, 욕지기를 겪었다. 이 증후들을 4주간 계속되었지만 세계의 다른 어떤 곳에 사는 이도 똑같은 일을 겪지 않았다. 원인과 결과? '미국 공군은 어떤 상관관계도 없었다고 주장해 왔다(언론 기사, 1980. 10. 11.).'

그 산부인과 대학은 독성 쇼크 증후군의 원인이 어떻게 실제로 작동하는지를 우리가 알아내기 전까지 원인에 대해서 말할 수 없다고 주장한다. 이와 대조적으로 미 공군은 뻔뻔스럽게 거짓말을 한다. 그러한 구별이 자연스런 방식으로 생겨난다는 점은 인과론자에게 중요하다. 우리는 어떠한 상관관계에 대한 우스꽝스런 부정을 상관관계에 대한 단언과 구별한다. 우리는 또한 상관관계를 원인과 구별한다. 철학자 C. D. 브로드(Broad)는 한때 다음과 같은 방식으로 이같은 반흄적인 논점을 제시했다. 우리는 아마 날마다 맨체스터의 한 공장에서 정오에 경적이 울리는 것과 리즈에 있는 한 공장의 노동자들이 정확하게 정오에 한 시간 동안 그들의 연장을 내려놓는 것을 관찰할 수 있을 것이다. 완벽한 규칙성이 존재하지만, 맨체스터의 그 경적이 리즈에서의 점심시간의 원인은 아니다.

　낸시 카트라이트는 인과를 변호한다. 그녀의 견해에 따르면, 어떤 이는 무언가를 원인이라고 부를 만한 아주 강한 이유를 만든다. 우리는 왜 일정한 유형의 사건이 규칙적으로 어떤 결과를 산출하는지 이해해야 한다. 아마도 그러한 이해에 대한 가장 깨끗한 증명은 우리가 한 종류의 사건을 다른 종류의 사건을 산출시키는 데 실제로 쓸 수 있다는 것이리라. 따라서 카트라이트의 어휘로 양전자와 전자는 실재한다고 불릴 것이다. 예를 들어 우리는 그들을 니오브 방울에 흩뿌릴 수 있으며, 그럼으로써 니오브 방울의 하전량을 바꿀 수 있기 때문이다. 왜 이러한 결과가 흩뿌리기에서 따라 나오는지는 잘 이해된다. 어떤 이는 한 실험적 장치가 이 효과를 산출할 것이라는 것을 알았기 때문에 그 실험 장치를 만들었다. 서로 아주 다른 엄청난 수의 인과적 사슬이 이해되고 채용된다. 전자가 건축용 벽돌이라서가 아니라 전자에 상당히 특정한 인과적 힘이 있음을 알기 때문에 우리는 전자의 실재성에 관해서 이야기할 자격을 부여받는다.

　실재론의 이 버전은 패러디를 의미 있게 만든다. 전기 작가가 그에 대해 다음과 같이 쓰는 것처럼 말이다.

자기력선은 쇳가루가 자석 주위에 퍼져 있게 되면 그리고 퍼져 있을 때 가시화되며, 그 선은 쇳가루가 두꺼울수록 더 조밀하다. 그러나 아무도 역선이 실제로 거기에 있다고 가정하지 않았었는데, 심지어 쇳가루가 움직이더라도 그랬다. 패러디는 이제 이렇게 가정했다. 우리는 역선을 끊을 수 있고 (예를 들어 패러디가 발명한 전동기로) 실제 효과를 얻을 수 있다. 그러므로 그것은 실재하는 것이다.

패러디에 관한 참된 이야기는 좀더 복잡하다. 전동기를 발명한 지 오랜 후에야 비로소 그는 역선 실재론 출간 작업에 착수했다. '나는 이제 한동안 엄격한 추론의 노선을 떠나려 하며, 자력선의 물리적 특성에 관한 몇 가지 사변 속으로 들어가려 한다'고 말하면서 시작했다. 그러나 패러디 사고의 엄밀한 구조가 무엇이었든, 우리는 계산을 위한 연장과, 원인과 결과라는 관념 사이에서 명백히 구별하게 된다. 스마트를 따르는 어떠한 유물론자도 역선을 실재하는 것으로 여기지 않을 것이다. 비유물론에 물들었고, 훌륭한 인과론자였던 패러디는 바로 그런 단계를 밟았다. 그것은 과학사에서 근본적인 움직임이었다. 우리를 여전히 감싸고 있는 맥스웰의 전기동역학(electrodynamics)은 그 다음에 왔다.

이론이 아니라 존재자

나는 존재자에 관한 실재론과 이론에 관한 실재론을 구별했다. 인과론자와 유물론자 둘 다 이론보다는 존재자에 신경을 쓴다. 어느 쪽도 전자에 관한 최선의 참인 이론이 존재한다고 상상해야 할 필요는 없다. 카트라이트는 더 나아간다. 그래서 물리학의 법칙이 사실에 관해 진술한다는 점을 부정한다. 그리고 응용 물리학에서 중심적 역할을 맡는 모형(models)은 사물이 어떠한가에 대한 글자 그대로의 표상이라는 점을 부정한다. 그녀는 이론에 관해서 반실재론자이며 존재자에 관해서는 실재론자다. 만일 스마트가 선택할 수 있다면 스마트는 유사한 입장을 취할 수 있을 것이다. 어떻게 전자가 원자를 이루는가, 이어 분자를 이루고, 이어 세포를 이루는가에 관해서 참인 어떠한 이론도 우리에게 없을 수 있다. 우리는 모형과 이론 스케치(theory sketches)를 갖게 될 것이다. 카트라이트는 양자 역학의 몇 가지 갈래 분야에서 탐구자는 동일한 현상에 대해 수많은 모형을 정규적으로 사용한다는 점을 강조한다. 누구도 이들 가운데 하나가 완전히 참이라고 생각하지 않으며, 그것들은 서로 일관되지 않을 수도 있다. 그것들은 우리가 현상을 이해하는 일과 이런저런 실험 기술을 세우는 일을 도와주는 지적 연장이다. 그것들은 우리가 과정들에 개입하는 일을, 그리고 새로우며 이제껏 상상할 수 없었던 현상을 창조하는 것을 가능하게 해준다. 그러나 실제로 '어떤 것이 일어나도록 만들기'가 무엇이냐는 법칙 또는 참인 법칙의 집합이 아니다. 어떤 것을 일어나도록 해주는 정확하게 참인 법칙은 존재하지 않는다. 효과를 산출하는 것은 전자와 그것의 동류(同類)다. 전자는 실재하는 것이며, 전자는 효과를 산출한다.

이는 흄에게로 거슬러 올라가는 경험주의 전통의 놀랄 만한 반전이다. 그 흄적인 학설 속에는 규칙성(regularities)만이 실재한다. 카트라이트는 자연에 심오하고 완전히 단일한 규칙성이란 존재하지 않는다고 말한다. 그 규칙성은 우리가 그 안에서 사물에 대해 사고하기 위해서 이론을 구성하는 방식의 특징이다. 그러한 급진적 교의는 카트라이트의 저서 『물리학의 법칙은 어떻게 거짓말을 하는가』 속의 세부적 논급의 관점에서만 평가될 수 있다. 그녀의 접근의 한 가지 측면은 뒤의 12장에서 기술할 것이다.

그러한 반전의 가능성은 상당 부분 힐러리 퍼트넘 덕택이다. 6장과 7장에서 알게 되겠지만 그는 자신의 견해를 곧 바꿔버렸던 것이다. 여기서 중요한 것은, '전자'와 같은 이론적 용어(theoretical terms) 가 한 특수한 이론 안에서 의미를 갖게 된다는 그럴듯한 관념을 그가 거부한다는 점이다. 그 대신에 카트라이트는 현상이 탐구적이 며 발명하려는 정신에게 제안해주는 사물의 종류를 이름 지을 수 있다고 우리에게 제안한다. 때로 우리는 어떤 것도 이름 지을 수 없게 되겠지만, 종종 어떤 이는 이론의 잇따른 정교화 속에서 유지 되는 사물의 종류에 관한 관념을 정식화하는 데에 성공한다. 더 중 요한 것은 어떤 이가 이론적 존재자로 사물을 다룰 수 있게 된다는 점이다. 초기에는 어떤 이가 전자를 측정할 수가 있다. 훨씬 뒤에 어떤 이는 그것을 흩뿌릴 수도 있다. 우리는 전자에 관한 모든 종류 의 양립 불가능한 해명을 갖게 될 것이고, 우리가 자연에 개입하면 서 실질적으로 채용할 수 있는 다양한 인과적 힘을 기술하는 데 그러한 설명 모두가 일치하게 된다. [퍼트넘의 관념은 솔 크립키(Saul Kripke)에 더 많이 기인하는 본질과 필연성에 대한 관념과 종종 나란히 달 려간다. 나는 지칭(naming)에 관한 퍼트넘의 설명에서 실제적이고 실용적 인 부분에만 유의할 것이다.]

물리학을 넘어서

유물론자와 달리, 인과론자는 초자아(superego) 또는 후기 자본주의 (late capitalism)가 실재하는가의 여부를 고려할 수 있다. 각각의 경우 는 그 자체로 설 수 있어야 한다. 곧 어떤 이는 융(Jung)의 집단적 무의식(collective unconscious)은 실재하지 않으나 뒤르켐(Durkheim)의 집단적 무의식은 실재한다고 결론 내릴 수도 있을 것이다. 우리는 이들 대상 또는 과정이 의미하는 바를 충분히 이해하는가? 우리는 그들에 개입하고 그들을 재배치할 수 있는가? 측정은 충분하지 않 다. 우리는 IQ를 측정할 수 있고 여러 가지의 서로 다른 기법이 똑같이 안정된 숫값을 배치해준다고 자랑할 수는 있지만, 최소한의 인과적 이해도 없다. 최근의 비판에서, 스티븐 제이 굴드(Stephen Jay Gould)는 IQ의 역사 속에 있는 '물상화의 오류(fallacy of reification)'에 대해 이야기한다. 나는 이에 동의한다.

인과론은 사회과학에도 알려져 있다. 사회과학의 창시자 가운데 한 사람인 막스 베버(Max Weber, 1864~1920)를 취하기로 한다. 그는 이념형(ideal types)이라는 유명한 학설을 주장한다. 그는 '이상적(ideal)'이라는 단어를 그것의 철학적 역사를 충분히 의식하면서 사용하고 있었다. 베버의 용법에서 그것은 '실재하는'과 대조된다. 이상적인 것은 인간 정신의 개념작용, 즉 사고의 도구다. (그리고 인간 정신에서 나쁜 영향을 받지 않는다.) 마치 우리 시대의 카트라이트처럼, 베버는 "사회과학의 목표는 실재의 '법칙'에로의 환원이어야 한다는 자연주의적 편견에 꽤나 반대했다." 마르크스(Marx)에 대해서 조심스럽게 관찰하면서, 베버는 이렇게 쓴다.

> 그것들이 이론적으로 건전한 선에서, 모든 특히 마르크스적 '법칙'과 발전적 구성물은 이상형이다. 이들 이상형의 잘 알려지고 진정으로 **발견적 가치를 갖는** 유의미성은, 그것이 실재의 **평가**에 사용될 때 마르크스적 개념과 가설을 이제껏 채용해 온 누구에게나 알려진다. 이와 유사하게 그것들이 경험적으로 타당하거나 실재적인 (즉 진정으로 형이상학적인) '효력', '경향' 등을 갖는다고 여기자마자 그것들을 사용해 온 이에게 해로움이 마찬가지로 알려진다.3

동시에 마르크스와 베버를 인용하는 것 이상으로 더 많은 논쟁을

3_ "Objectivity in social science and social policy", in Max Weber(German original, 1904), *The Methodology of the Social Sciences*, E. A. Shils and H. A. Finch(eds. and trans.)(New York, 1949), p.103.

일으키기는 어려울 것이다. 그럼에도 불구하고 설명의 논점은 신중하다. 우리는 교훈을 나열할 수 있다.

1. 스마트와 같은 유물론자는 사회과학적 존재자의 실재성에 어떤 직접적인 의미를 부가할 수 없다.
2. 인과론자는 부가할 수 있다.
3. 인과론자는 이제껏 이론적 사회과학에서 제안된 어떠한 존재자의 실재성을 사실상 거부할 수 있다. 유물론자와 인과론자는 똑같이 회의적일 수 있겠지만 사회과학의 창시자들 이상으로 그럴 수는 없다.
4. 이상형에 대한 베버의 학설은 사회과학의 법칙에 대한 인과론적 태도를 나타낸다. 그는 자신의 학설을 부정적인 방식으로 사용한다. 예를 들어 마르크스의 이념형은 정확히 말해서 인과적 힘이 없기 때문에 실재하지 않는다고 주장한다.
5. 인과론자는 인과적 힘이 잘 이해되어 있는 몇몇 존재자가 물리 과학(physical science)에는 있지만 사회과학에는 없다는 토대 위에서 몇몇 사회과학을 몇몇 물리 과학과 구별할 수가 있을 것이다.

여기서 나의 주요 교훈은 적어도 몇몇 과학적 실재론이 단어 '실재하는'을 오스틴이 표준적이라고 주장하는 방식과 아주 똑같이 사용할 수 있다는 점이다. 그 단어는 두드러지게 애매하지 않다. 그것은 실사에 굶주린 바지 단어다. 그것은 대조를 이룬다. 그것이 이루는 대조는 수식하거나 수식하기 위해 취하는 명사 또는 명사구 N에 의존한다. 그러므로 N이 되려는 다양한 후보자가 N이 되는데 실패할 수도 있는 방식에 의존한다. 만일 철학자가 새로운 학설 또는 새로운 맥락을 제안하고 있다면 왜 역선 또는 이드(id)가 실재하는 존재자가 되는 데 실패하는지를 규정해야 할 것이다. 스마트는 존재자가 세우기(building)를 위한 것이라고 말한다. 카트라이트는 존재자가 일으키기(causing)를 위한 것이라고 말한다. 두 저자 모두 비록 다른 이유이긴 하지만 실재하는 존재자가 되려는 다양한 후보자가 사실상 실재한다는 점을 부정할 것이다. 두 사람 모두 몇몇 존재자에 관해서는 실재론자이지만, 서로 다른 대조를 이루기 위해 단어 '실재하는'을 사용한다. 그러므로 그들의 '실재론'은 내용상 서로 다르다. 우리는 이제 반실재론자에게도 똑같은 일이 발생한다는 점을 알게 될 것이다.

••• 3 실증주의

한 가지 반실재론적 전통이 오랫동안 존재해 왔다. 첫눈에 그것은 단어 '실재하는'이 의미하는 바에 관해서 우려하는 것으로 보이지 않는다. 그것은 단순히 다음과 같이 말한다. 아무런 전자도 **없으며**, 그밖의 어떠한 이론적 존재자도 없다. 덜 교조적인 분위기로 그것은 그런 어떠한 것이 존재한다고 가정할 아무런 좋은 이유가 없다고 이야기한다. 우리는 그것들이 존재함을 보여주게 되리라는 어떤 기대도 하지 않는다. 관찰할 수 있는 것을 빼고 어떤 것도 실재한다고 알릴 수 없다.

이 전통은 데이빗 흄의 『인간 본성에 관한 논고(A Treatise of Human Nature)』(1739)를 포함할 것이다. 이 전통의 유명한 가장 최근의 예는 바스 반 프라센의 『과학적 이미지(The Scientific Image)』(1980)다. 심지어 우리는 고대에서도 흄의 선배를 발견하게 되며, 그 전통이 미래에 오랫동안 계속 이어지는 것을 발견하게 될 것이다. 나는 그것을 **실증주의**(positivism)라 부를 것이다. 그 이름 안에는 그것이 약간의 생각을 일으킨다는 점을 빼면 아무것도 없다. 그 이름은 흄이 살던 시절에 발견조차 되지 않았다. 흄은 보통 경험론자로 분류된다. 반 프라센은 자신을 구성적 경험론자(constructive empiricist)라 부른다. 확실히 실증주의적인 정신의 틀을 지닌 각 세대의 철학자들은 그 바닥에 놓여 있는 관념에 새로운 형태를 부여했고, 종종 새로운 딱지를 선택했다. 나는 이러한 관념을 지시하기 위한 간편한 방식만을 원하며, 어떤 것도 내게 '실증주의' 이상으로 봉사하지 못한다.

여섯 가지 실증주의적 본능

핵심적 관념은 다음과 같다. (1) **검증**(또는 반증과 같은 몇몇 변종)에 대한 강조. 의미 있는 명제는 그들의 참 또는 거짓을 몇몇 방식으로 정할 수 있는 명제다. (2) **찬관찰**(pro-observation). 우리가 볼 수 있고, 느낄 수 있으며, 만질 수 있는 것 등은 수학이 아닌 우리의 여타 모든 지식을 위한 최상의 내용 또는 토대를 제공한다. (3) **반원인** (anti-cause). 한 가지 종류의 사건에 다른 종류의 사건이 따라오는 항구성을 훨씬 넘어서는 인과성은 자연 안에 없다. (4) **설명**(explanation) **평가절하**. 설명은 현상을 조직화하는 데 도움이 될 수 있지만 현상이 이러저러한 방식으로 규칙적으로 일어난다고 말하는 것을 빼고는 '왜'라는 질문에 더 깊이 있는 답을 제공하지 않는다. (5) **반이론적 존재자**. 실증주의자는 비실재론자(non-realists)인 경향이 있다. 그들이 실재를 관찰 가능한 것에 국한하기 때문만이 아니라 원인에 반대하고 설명에 관해서 의심하기 때문이다. 그 원인을 거부하기 때문에 전자의 인과적 효과에서 전자의 존재를 추론하지 않을 것이며, 현상 사이에는 항구적인 규칙성만이 존재한다고 주장한다. (6)

실증주의자들은 (1)에서 (5)에 이르는 항목이 **형이상학에 반대하는** 것이라고 요약한다. 실증주의자가 말하기를 시험 불가능한 명제, 관찰 불가능한 존재자, 원인, 깊이 있는 설명 이들은 형이상학의 재료며 이에 대해서는 생각하지 말아야 한다.

나는 이 여섯 가지 주제의 버전을 다음의 네 시기에서 설명할 것이다. 흄(1739), 콩트(1830~1842), 논리 실증주의(logical positivism, 1920~1940), 반 프라센(1980).

스스로 공언하는 실증주의자

'실증주의'라는 명칭은 프랑스의 철학자 오귀스트 콩트(Auguste Comte)가 발명했다. 그의 저서 『실증 철학 강의(Course of Positive Philosophy)』는 1830년과 1842년 사이에 두꺼운 연속물로 출간되었다. 나중에 콩트는 '실증적'이라는 단어를 그 당시에 강조해야 했던 수많은 가치를 붙잡기 위해서 선택했다고 말했다. 그는 '실증적'이라는 단어를 그것의 유쾌한 함축 때문에 선택했다고 했다. 주요한 서유럽의 언어들 속에서 '실증적'은 실재성, 유용성, 확실성, 엄밀성, 콩트가 존경스럽게 주장한 그밖의 성질에 관한 함축을 지녔던 것이다.

요즘에는 철학자들이 '실증주의자'에 관해서 말할 때 보통 콩트 학파가 아니라 1920년대에 빈에 있었던 유명한 철학 토론 집단을 형성한 논리 실증주의자 집단을 의미한다. 모리츠 슐릭(Moritz Schlick), 루돌프 카르납, 오토 노이라트(Otto Neurath)는 그 가운데서도 가장 유명한 구성원이다. 칼 포퍼, 쿠르트 괴델(Kurt Gödel), 루트비히 비트겐슈타인 또한 몇몇 회합에 참여했다. 빈 학단(Vienna Circle)은 한스 라이헨바흐가 그 중심적 인물로 있었던 베를린의 한 집단과 밀접히 연계되어 있었다. 나치 집권기에 이들 연구자는 미국 또는 영국으로 갔으며, 거기서 완전히 새로운 철학적 전통을 형성시킨다. 내가 이미 언급한 인물에 보태 헤르베르트 파이글(Herbert Feigl)과 C. G. 헴펠(Hempel)이 있다. 또한 젊은 영국인 A. J. 에이어는 1930년대 초반에 빈으로 갔으며, 돌아와서 영국 논리 실증주의의 경이로운 소책자『언어, 진리, 논리(Language, Truth and Logic)』(1936)를 썼다. 똑같은 시기에 윌러드(Willard) V. O. 콰인(Quine)이 빈을 방문했고, 이 방문은 몇몇 논리 실증주의적 논제에 관한 의혹의 씨앗, 곧 분석적-종합적(analytic-synthetic) 구별에 대한 콰인의 유명한 거부와 번역의 비결정성(indeterminacy of translation)이라는 학설로 꽃피웠던 씨앗을 뿌려줬다.

그런 광범위한 영향이 논리 실증주의자를 단순히 실증주의자라고 부르는 것을 당연하게 만든다. 누가 장황하고, 답답하며, 인생의 성공자가 아닌 불쌍하고 늙은 콩트를 기억할까? 그러나 내가 엄격하게 이야기하고 있을 때, 나는 완전한 딱지인 '논리 실증주의'를 사용하게 될 것이며, 이것이 '실증주의'의 더 오래된 의미를 유지시킬 것이다. 논리 실증주의를 구별하는 특성 가운데 (1)에서 (6)항까지에 더해, 논리, 의미, 언어 분석에 대한 강조가 있다. 이들 관심은 원래의 실증주의자에게는 낯선 것이다. 사실 과학철학에 관해서 말하자면 나는 옛 실증주의를 선호한다. 왜냐하면 그것은 의미 이론(theory of meaning)에 사로잡혀 있지 않기 때문이다.

보통의 오이디푸스적 반응이 자리 잡았다. 영어권 철학에의 논리 실증주의의 충격에도 불구하고, 오늘날에는 누구도 실증주의자로 불리기를 원치 않는다. 심지어 논리 실증주의자조차도 '논리 경험주의자(logical empiricist)'라는 딱지를 선호하게 되었다. 독일과 프랑스의 경우 '실증주의'는 여러 집단에서 불명예의 용어이며, 이는 자연과학에의 강박관념과 사회과학 안에서의 이해로 가는 대안적 통로의 기각을 표시한다.

테오도어 아도르노(Theodore Adorno)가 편집한『독일 사회학 속의 실증주의 논쟁(The Positivist Dispute in German Sociology)』에서 우리는 독일 사회학 교수들과 그들의 철학적 동료인 아도르노(Adorno), 위르겐 하버마스(Jürgen Habermas) 등이 칼 포퍼에 맞서 정렬하는 것을 볼 수 있는데, 그들은 포퍼를 실증주의자라 부른다. 포퍼는 실증주의자라 부를 만큼 내가 기술한 (1)에서 (6)에 이르는 특징을 충분히 공유하지 않는다. 그는 이론적 존재자에 관한 실재론자로, 과학이 설명과 원인을 발견하려고 한다고 주장한다. 그는 관찰과 날(raw) 감각 자료에의 실증주의적 강박관념을 결여하고 있다. 논리 실증주의자와 달리, 그는 의미 이론이 과학철학에서 하나의 재앙이라고 생각했다. 진실로, 그는 과학을 시험 가능한 명제의 집합으로 정의하지만, 형이상학을 비난하기는커녕 시험 불가능한 형이상학적 사변은 더욱 시험 가능하며 대담한 추측을 형성하는 첫 단계라고 여긴다.

그렇다면 왜 반실증주의적인 사회학 교수들이 포퍼를 실증주의자라고 부르는가? 그것은 그가 과학적 방법의 단일성(unity)을 믿기 때문이다. 가설을 만들고, 귀결을 연역하며, 그것을 시험하라. 이것이 포퍼의 추측과 논박의 방법이다. 그는 사회과학을 위한 어떤 특수한 기법, 자연과학에 최선인 것과는 다른 어떠한 *Verstehen*이 존재한다는 것을 부정한다. 여기서 그는 논리 실증주의자와 일치한다. 그러나 나는 과학적 방법론의 단일성에 관한 교의보다는 (1)에서 (6)까지의 반형이상학적 관념의 모음에 관한 이름으로 '실증주의'를 유지하게 될 것이다. 이와 동시에 나는 과학적 엄격성을 향한 열망을 꿈꾸는 어떤 이가 포퍼와 빈 학단의 구성원 사이에서 별 다른 차이를 발견하지 못할 것임을 인정한다.

반형이상학

실증주의자는 표어를 제시하는 데에 능했다. 흄은 저서 『인간 오성에 관한 탐구(An Enquiry Concerning Human Understanding)』를 결론짓는 데 다음과 같은 기세등등한 문구로 논조를 제시한다.

> 이러한 원리에 설득당해 도서관을 대략 훑어볼 때, 우리는 어떤 대파괴를 이뤄 내야 하는가? 만일 우리가 어떤 책, 예를 들어 신에 관한 형이상학이나 학교에서 배우는 형이상학 책을 손에 쥔다면, '그것이 **양 또는 수에 대한 어떤 추상적인 추론을 포함하는가**'라고 묻자. 답은 '**아니오**'다. 그것은 **어떤 실험적 추론을 포함하는가**? 아니다. 그렇다면 그것을 불 속으로 집어던져라. 왜냐하면 그것은 다름 아닌 궤변과 환영(幻影)만을 포함하기 때문이다.

A. J. 에이어는 그가 편집한 논문 선집 『논리 실증주의(Logical Positivism)』의 도입에서, 이것이 '실증주의 입장에 관한 뛰어난 진술'이라고 이야기한다. "논리 실증주의자의 경우 수식어인 '논리'가 덧붙여졌는데, 그들은 현대 논리학의 발견을 첨가하려고 했기 때문이다." 그렇다면 흄은 무의미한 담론(형이상학)과 의미 있는 담론(주로 과학)을 구별하려고 의도했던 검증 가능성(verifiability) 기준의 시초다. 에이어는 저서 『언어, 진리, 논리』를 '형이상학의 제거'라 부른 강력한 장으로 시작했다. 논리 실증주의자는 언어와 의미를 향한 정열로 나태한 형이상학에 대한 그들의 경멸을 '검증 원리(verification principle)'로 불린 의미 지향적 학설과 결합시켰다. 슐릭은 진술의 의미가 그것의 검증 방법이라고 선언했다. 대충 말해서, 진술은 그것이 검증 가능한 경우에만 의미 있게 되거나 '인식적 의미'를 갖게 된다. 놀랍게도 이제껏 그 누구도 검증 가능성을 모든 나쁜 형이상학적

대화를 배제하고 모든 좋은 과학적 이야기를 포함하도록 정의하지 못했다.

반형이상학적 선입관과 의미의 검증 이론은 주로 역사적 우연에 의해서 연결된다. 확실히 콩트는 '의미'에 관한 연구에 아무런 관심도 없었던 위대한 반형이상학자였다. 이와 마찬가지로 우리 시대에 반 프라센은 형이상학에 반대한다. 내가 보기에 언어철학에 대한 관심이 무엇이든지 그것은 과학을 이해하는 데 거의 아무런 가치가 없다는 입장에 반 프라센은 서 있다. 『과학적 이미지』의 첫 부분에서 그는 다음과 같이 쓴다. '나 자신의 견해는 경험론이 옳지만 (논리) 실증주의가 그것에 부여했던 언어적 형식 안에서는 살 수 없다는 것이다.'

콩트

오귀스트 콩트는 몹시도 19세기 전반기의 자식이었다. 경험론을 언어적 형태 속으로 집어던지기는커녕, 그는 역사주의자였다. 즉 그는 인간의 진보와 역사 법칙의 근(近)불가피성(near-inevitability)을 굳게 믿었다. 실증주의와 역사주의(historicism)는 때로 서로 짝이 안 맞는다고 여겨졌다. 이와는 아주 반대로, 콩트에게 그것은 똑같은 관념의 상보적인 부분들이다. 확실히 역사주의와 실증주의는 실증주의와 의미 이론이 필연적으로 연결되는 것 이상으로 필연적으로 분리되는 것은 아니다.

콩트의 모델은 급진적 귀족 콩도르세(Condorcet, 1743~1794)에 의해서 진보적 인류에게 유산으로 남겨진, 정열적인 『인간 정신의 발전에 관한 에세이(Essay on the Development of the Human Mind)』였다. 이 문서는 그 다음날 단두대로 끌려 나가기로 예정된 콩도르세가 갇혀 있었던 감방 안에서 자살하기 직전에 썼다. 1794년의 프랑스

혁명의 공포조차도 진보에 대한 믿음을 정복할 수 없었던 것이다. 콩트는 콩도르세로부터 인간 영혼의 진화 구조를 계승했다. 그것은 삼단계 법칙에 의해서 정의된다. 첫째 우리는 신학적 단계를 통과했는데, 이 단계는 제일 원인 그리고 신성한 것들이라는 허구를 위한 탐색에 의해서 특징된다. 이어 조금 불확실한 형이상학적 단계를 통과했는데, 이 단계에서 절반만 완성된 과학의 이론적 존재자로 신성한 것들을 점차 대체시켰던 것이다. 마지막으로 우리는 이제 실증적 과학의 단계로 진전해 간다.

실증적 과학은 그들의 진리값을 결정하는 몇몇 방식이 존재할 때에만 명제를 참 또는 거짓으로 여기는 것을 허락한다. 콩트의 『실증철학 강의』는 과학의 발전에 관한 거대한 인식론적 역사다. 점점 더 많은 과학적 추론의 스타일(styles of scientific reasoning)이 존재하게 될수록, 과학은 그것에 의해서 점점 더 많은 실증적 지식의 영역을 구성하게 된다. 명제의 진리값에 영향을 미치며 적어도 원리적으로 진리값을 결정할 수 있는 몇몇 추론의 스타일이 존재하지 않는 한, 명제는 '실증성(positivity)'을 가질 수 — 즉 참 또는 거짓의 후보자가 될 수 — 없다. 콩트는 '사회학(sociology)'이라는 바로 그 단어를 발명해 냈으며, 사회와 '도덕 과학(moral science)'을 위한 새로운 방법론, 즉 새로운 추론의 스타일을 고안해 내려고 했다. 사회학에 대한 콩트 자신의 시각은 잘못되었지만 그가 하고 있었던 것에 관한 메타개념(meta-conception)에서는 옳았다. 그가 하고 있었던 것은 담론(discourse)의 새로운 영역에 실증성 — 참 또는 거짓 — 을 가셔나주는 새로운 추론의 스타일을 창조하는 것이었다.

콩트가 말하기로 신학과 형이상학은, 인간 발전의 초기 단계며, 그것들은 유치한 것들처럼 우리의 뒤쪽에다 놓아야 한다. 이것은 우리가 가치를 읽어버린 세계에서 살아가야 함을 말하지는 않는다. 콩트는 삶의 후반기에 인간주의적 덕목을 확립시킬 실증주의적 교회(Positivist Church)를 설립했다. 이 교회는 완전히 소멸되지 않은 상태다. 아직도 파리에 몇몇 건물이 초라하게 남아 있으며, 나는 브라질이 이 단체의 거점을 여전히 소유하고 있다고 들었다. 오래 전에 그것은 그밖의 인간주의적 사회 집단과 협력하면서 세계의 여러 곳에서 번성했다. 그러므로 실증주의는 과학주의(scientism)의 철학인 것만이 아니라 인간주의적 종교이기도 했던 것이다.

반원인

주지하듯 흄은 원인이 단지 항상적 연합(constant conjunction)일 뿐이라고 가르쳤다. A가 B를 일으켰다고 말하는 것은 A가 그 자체 안에 들어 있는 어떤 힘 또는 특성에서 B를 초래해냈음을 말하는 것은 아니다. 그것은 단지 A유형의 사물을 B유형의 사물이 규칙적으로 따라온다고 말할 뿐이다. 흄의 논변의 세부내용은 수많은 철학 책에 분석되어 있다. 그럼에도 불구하고 우리가 흄을 역사적 맥락 밖에서 읽으면 상당한 것들을 놓칠 수 있다.

흄은 사실상 인과에 대한 항상적 연합 태도의 광범위한 철학적 수용에 책임이 없다. 아이적 뉴튼이 비고의적으로 그것에 책임이 있었다. 흄의 시절에 인간 정신의 가장 위대한 승리는 중력에 관한 뉴튼적 이론이라고 주장되었다. 뉴튼은 중력의 형이상학에 관해서 아주 신중했기에 학자들은 그가 실제로 생각했던 바에 대해서 끝까지 논쟁하게 될 것이다. 뉴튼에 바로 앞서, 모든 진보적 과학자는 세계가 기계적 밀기와 당기기로 이해되어야 한다고 생각했다. 그러나 중력은 '기계적인' 것으로 보이지 않았다. 왜냐하면 그것은 원격작용이었기 때문이다. 바로 그런 이유 때문에 뉴튼의 유일한 동배(同輩) 라이프니츠는 뉴튼적 중력을 전적으로 거부했다. 그것은 해명할 수 없는 신비한 힘으로 향하는 반동적 복귀였다. 실증주의적 정신은 라이프니츠를 이겨냈다. 우리는 중력의 법칙이 세계 안에서 일어나는 것을 기술하는 규칙성이라고 사고하는 법을 배웠다. 그 당시에 우리는 모든 인과적 법칙이 그저 규칙성일 뿐이라고 결정했던 것이다.

당시 경험적 정신을 가진 사람들에게 포스트뉴튼적(post-Newtonian) 태도는 이러했다. 우리는 자연에서 원인이 아니라 규칙성만을 추구해야 한다. 우리는 자연의 법칙이 우주에서 일어나야 하는 바를 노출시킨다고 생각해서는 안 되며, 일어나는 것만을 노출시킨다고 생각해야 한다. 자연과학자는 모든 현상을 특수한 경우로서 포괄하는 보편 진술 — 이론과 법칙 — 을 알아내려고 한다. 한 사건의 원인을 우리가 알아냈다고 말하는 것은 단지 그 사건을 일반적 규칙성에서 연역할 수 있다고 말하는 것일 뿐이다.

이 관념에 대한 여러 고전적인 진술이 존재한다. 토머스 리드(Thomas Reid)의 『인간 정신의 능동적 능력에 관한 에세이(Essays on the Active Powers of the Human Mind)』에 나온 진술이 있다. 리드는 종종 스코틀랜드 상식 철학 학파(Scottish School of Common Sense Philosophy)의 창시자로 불렸으며, 이것은 19세기 말에 프래그머티즘(pragmatism)이 등장하기 전까지 미국 철학을 형성시키기 위해 수입되었다.

> 자연철학자는 정확하게 사고하는데, 그들은 과학에서 그들이 사용하는 용어에 관해서 엄밀한 의미를 지니고 있다. 그리고 그들이 어떤 자연 현상의 원인을 보여주는 체 할 때, 현상이 그것의 필연적 귀결이 되는 그러한 자연의 법칙을 원인으로 의미한다.
>
> 뉴튼이 가르쳐주듯 자연철학의 전 대상은 두 가지 항목으로 환원될 수 있다. 먼저 실험과 관찰로부터 올바른 귀납에 의한 자연의 법칙 발견하기, 이어 그러한 법칙을 자연 현상의 풀이에 적용하기. 이것은 이 위대한 철학자가 기도한 모든 것이었고, 자신이 얻을 수 있다고 생각

한 모든 것이었다(Ⅰ. ⅶ. 6.).

콩트는 저서 『실증 철학 강의』에서 비슷한 이야기를 한다.

실증 철학의 첫 번째 특성은 그것이 모든 현상을 불변적인 자연 법칙
에 복속된 것으로 여긴다는 점이다. 우리의 용무는 — 원인이라 불리
는 것에 관한 어떠한 탐구는 그것이 최초의 것이든 최후의 것이든 얼
마나 텅 비어 있는지를 알게 되면 — 이들 법칙을 가능한 최소의 수효
로 줄인다는 견해와 더불어 이들 법칙의 정확한 발견을 추구하는 것
이다. 원인에 대해서 추측해서는 원인과 목적에 관한 난점을 전혀 해
결할 수 없다. 우리의 진정한 용무는 현상의 사정을 정확하게 분석하
는 것이고, 그 사정을 연속(succession)과 닮음(resemblance)이라는 자연
적 관계로 연결시키는 것이다. 이에 대한 최선의 예증은 중력이라는
학설의 경우다. 우리는 우주의 일반적 현상이 그것에 의해서 **설명된다**
고 말한다. 왜냐하면 그것이 하나의 항목 아래에서 천문학적 사실의
전체적이고 엄청난 다양성을 연결시키기 때문이다. 이는 그들의 질량
에 직접적으로 비례하고 그들의 거리의 제곱에 반비례해 서로를 향하
는 원자들의 항상적 경향을 나타내준다. 한편 일반적 사실 그 자체는
우리에게 완벽하게 친숙하므로 우리가 안다고 이야기하는, 즉 지구
표면에서 물체의 무게를 안다고 이야기하는 어떤 것의 단순한 연장(延
長)이다. 무게와 인력이 무엇인가에 대해서 말하자면, 이것들은 우리
가 풀 수 없다고 여기는 질문이며, 실증 철학의 일부가 아니다. 우리
는 이것들을 신학자의 상상력이나 형이상학자의 민감함에 올바르게
내맡기는 것이다(Paris, 1830, pp.14~16).

논리 실증주의 또한 원인에 관한 흄의 항상적 연합 설명을 받아들
이게 되어 있었다. 모리츠 슐릭의 금언에서, 자연의 법칙은 일어나
는 것을 **기술하는**(describe) 것이지, 그것을 **규정하는**(prescribe) 것이 아

니다. 그들은 규칙성에 관한 해명일 뿐이다. 설명에 대한 논리 실증주의적 해명은 C. G. 헴펠의 '연역 법칙적(deductive-nomological)' 설명 모형에서 최종적으로 요약되었다. 그것의 발생이 문장 S에 의해서 기술되는 한 사건을 설명하는 일은 몇몇 자연의 법칙(즉 규칙성) L과 몇몇 특수 사실 F를 제시하고 문장 S가 L과 F를 진술하는 문장으로부터 연역될 수 있음을 보여주는 것이다. 반 프라센은 설명에 대해서 흥미롭고 더욱 정교하며 치밀한 해명을 갖고 있는데, 그는 원인에 대한 전통적인 실증주의적 적대성을 공유한다. 그는 자신의 책에서 원인을 기각해 '공상의 비행'이라고 부른다(왜냐하면 그의 책에서 원인은 설명보다 훨씬 더 나쁘기 때문이다).

반이론적 존재자

관찰 불가능한 존재자에 대한 반대는 원인에 대한 반대와 협조한다. 존재자를 가정하는 자신이 살던 시절의 과학에 대한 흄의 경멸은 늘 그렇듯 아이러니한 산문으로 진술된다. 그는 17세기 화학자 로버트 보일(Robert Boyle)을 실험과 추론 때문에 숭배하지만, 세계가 탄성이 있는 작은 공 또는 용수철과 같은 톱기어로 만들어져 있다고 상상하는 보일의 미립자적이며 기계적인 철학 때문에 숭배하지는 않는다. 흄은 유명한 저서 『영국사(History of England)』의 LXⅡ장에서 우리에게 '보일은 기계적 철학의 위대한 열성 당원이었으며, 그 이론은 자연의 몇몇 비밀을 발견함으로써 그리고 우리로 하여금 그 나머지에 대해서 상상하도록 허락함으로써 인간의 천성적 허영심과 호기심에 잘 맞는 이론이다'라고 말한다. 아이적 뉴튼은 '인류의 장식과 교육을 위해서 이제껏 나타났던 가장 위대하고 가장 보기 드문 천재이며', 보일보다 더 나은 대가다. '뉴튼은 자연의 몇몇 신비의 베일을 벗겨낸 것으로 보였던 한편, 동시에 기계적 철학의 불완전성을 보여줬으며, 그럼으로써 자연의 궁극적 비밀을 그 비밀이 이제껏 있어 왔으며 영원히 남아 있을 어둠 속에 되돌려 놓았다.'

흄은 세계가 숨겨진 비밀스런 원인에 의해서 돌아간다는 점을 좀처럼 부정하지 않는다. 그는 그 비밀이 우리의 어떠한 용무가 된다는 점을 부정한다. 인간의 천성적 허영심과 호기심은 우리로 하여금 근본적 입자를 찾도록 할 수도 있겠지만, 물리학은 성공하지 못할 것이다. 근본적 원인은 어둠에 쌓인 채 이제껏 있어 왔고 앞으로도 계속 그렇게 남아 있을 것이다.

이론적 존재자에 대한 반대는 모든 실증주의에 퍼져 있다. 콩트는 우리가 단지 관찰로부터 일반화해낼 수는 없으며, 가설을 통해서 전진해야 한다는 점을 인정했다. 그럼에도 불구하고 가설은 가설로만 여겨져야 하며, 가설이 더 많이 가정할수록 가설은 실증 과학에서 점점 더 멀어진다. 실제적 측면에서 콩트는 모든 공간을 채우고 있으며, 곧 전자기적 에테르(aether)가 되는 뉴튼적 에테르에 반대했다. 마찬가지로 콩트는 원자 가설에도 반대했다. 여러분은 하나에서 승리하고, 하나에서는 패배한다.

논리 실증주의자는 서로 다른 정도로 이론적 존재자를 불신했다. 그 일반적 전략은 논리학과 언어를 채용하는 것이었다. 그들은 버트런드 러셀의 공책에서 한 잎을 따냈다. 러셀은 가능하면 언제나 추론된 존재자는 논리적 구성(logical constructions)으로 대체되어야 한다고 생각했다. 즉, 그 존재가 자료로부터 단지 추론되는 존재자와 연루되는 진술은 자료에 대해서 논리적으로 동치인 진술로 대체되어야 한다. 일반적으로 이들 자료는 관찰과 밀접하게 연결되어 있다. 그에 의해서 논리 실증주의자를 위한 거대한 환원주의(reductionism) 프로그램이 생겨났고, 논리 실증주의자는 이론적 존재자와 연루된 모든 진술이 논리학에 의해서 그러한 존재자에 관한 지시를 만들어내지 않는 진술로 '환원'될 것이라고 희망했다. 이 프로젝트의 실패는 검증 원리를 진술하는 데에서의 실패보다 훨씬 더 컸다.

반 프라센은 이론적 존재자에 대한 실증주의적 반감을 이어가고 있다. 실제로 그는 우리가 이론적 존재자에 관해서 말하는 것조차 허용하지 않을 것이다. 즉 그가 쓰기로, 우리는 단순히 관찰 불가능한 존재자를 의미한다. 이들 존재자는 보이지 않기 때문에 추론해야 한다. 우리 이론의 참으로 또는 그 이론의 존재자의 실존으로 향하는 모든 추론을 막아버리는 것이 반 프라센의 전략이다.

믿기

흄은 볼 수 없는 탄성을 지닌 공 또는 로버트 보일의 기계적 철학의 원자를 믿지 않았다. 뉴튼은 우리가 현상을 연결하는 자연 법칙을 찾아야 한다는 것만을 우리에게 보여줬다. 우리는 자신의 천성적 허영심이 우리가 원인을 성공적으로 찾아낼 수 있다고 상상하는 것을 허락해서는 안 된다.

이와 마찬가지로 콩트도 자신이 살던 시절의 과학에 나타나는 원자와 에테르를 불신했다. 우리는 어디서 자연을 탐구할지를 우리에게 말해주기 위해 가설을 만들 필요가 있지만 실증적 지식은 그것의 법칙을 우리가 엄밀하게 결정할 수 있을 현상의 수준에 놓여 있어야 한다. 이것은 콩트가 과학에 무지했음을 말하는 것이 아니다. 그는 프랑스의 위대한 이론 물리학자와 응용 수학자에게 훈련받았다. 그리고 현상의 법칙을 믿었으며 새로운 존재자를 가정하려는 어떠한 충동도 신뢰하지 않았다.

논리 실증주의는 그렇게 극단적으로 단순화하는 아무런 호기를 갖지 못했다. 빈 학단의 성원들은 그 시절의 물리학을 믿었다. 몇몇 사람은 그것에 기여했다. 원자론과 전자기학은 오랫동안 확립되어

A부 표상하기

왔고, 상대성 이론은 증명된 성공이었으며 양자 이론은 비약적으로 진전해 갔다. 이 때문에 논리 실증주의의 극단적 버전인 환원주의라는 학설이 생겨났다. 이론의 문장을 현상에 관한 문장으로 환원시킬, 이론의 문장에 대한 논리적·언어적 변환이 원리적으로 존재한다고 제안되었다. 어쩌면 우리가 원자, 전류, 전하에 관해서 말할 때 우리는 글자 그대로 완전히 이해하지는 못할 것인데, 왜냐하면 우리가 사용하는 문장은 현상에 관한 문장으로 환원할 수 있기 때문이다. 논리학자들은 어느 정도 은혜를 베풀었다. F. P. 램지(Ramsey)는 이론 속의 이론적 존재자의 이름을 그 대신에 양화사(量化辭, quantifiers)의 체계를 사용해 생략하는 법을 보여줬다. 윌리엄 크레이그(William Craig)는 관찰 가능한 용어와 이론적 용어 둘 다 포함하는 어떤 공리화할 수 있는 이론에 대해서 관찰 가능한 용어만을 포함하고 공리화할 수 있는 이론이 존재한다는 것을 증명했다. 그러나 이들 결과는 논리 실증주의가 원했던 바를 제대로 해내지 못했으며, 어떤 진짜 과학에 대해 어떤 언어적 환원이 존재했던 것도 아니었다. 이는 더 많은 피상적 과학 이론이 더 심오한 과학 이론으로 환원되어 왔던 두드러진 부분적 성공, 예를 들어 분석 화학이 양자 화학에 기초하거나 유전자 이론이 분자 생물학으로 변화되어 온 방식과는 커다란 대조를 보였다. 과학적 환원 — 한 가지 경험적 이론을 더 심오한 이론으로 환원시키기 — 의 시도는 수많은 부분적 성공을 기록했지만, 언어적 환원의 기도는 어디에도 도달하지 못했던 것이다.

수용하기

흄과 콩트는 근본적 입자에 관한 그 모든 재료를 취했으며 이렇게 말했다. 우리는 그것을 믿지 않는다는 것이다. 논리 실증주의는 그것을 믿었지만, 어떤 의미에서 글자 그대로 취해서는 안 된다고 말했다. 우리의 이론은 실제로는 현상에 관해서 이야기하고 있다. 어떤 선택지도 오늘날의 실증주의자에게 열려 있지 않은데, 왜냐하면 언어적 환원 프로그램은 실패했으며, 한편 누구도 현대의 이론과학의 전체 덩어리를 좀처럼 거부할 수 없기 때문이다. 그러나 반 프라센은 믿음(belief)과 수용(acceptance)을 구별함으로써 이 궁지를 벗어나는 길을 찾는다.

논리 실증주의자에 반대해서, 반 프라센은 이론을 글자 그대로 취해야 한다고 말한다. 이론을 달리 취할 방도란 없다! 실재론자에 반대해 그는 이론을 참이라고 믿을 필요가 없다고 한다. 그 대신 우리에게 두 가지 더 나아가는 개념의 사용을 권한다. 바로 **수용과 경험적 적합성**(empirical adequacy)이다. 그는 과학적 실재론을 다음을 주장하는 철학으로 정의한다. '과학은, 그것의 이론 안에서, 세계가 무엇과 같은지에 대한 글자 그대로의 참인 이야기를 우리에게 제공하는 것을 목표로 한다. 그리고 과학 이론의 수용은 그것이 참이라는 믿음과 연루된다(p.8).' 그 자신의 **구성적 경험론**(constructive empiricism)은 이것 대신에 다음을 주장한다. '과학은 경험적으로 적합한 이론을 우리에게 제공하는 것을 목표로 한다. 그리고 이론의 수용은 오직 그것이 경험적으로 적합하다는 믿음과만 연루된다(p.12).'

그가 쓰기로, '좋은 이론을 참이라고 믿을 필요가 없으며, **바로 그 사실에 의해서**(ipso facto) 그들 이론이 가정하는 존재자가 실재한다고 믿을 필요도 없다.' '**바로 그 사실에 의해서**'는 반 프라센이 이론에 관한 실재론을 존재자에 관한 실재론과 크게 구별하지 않고 있음을 우리에게 상기시킨다. 나는 어떤 이가 그가 어떤 이론을 참이라고 믿는 '그 사실에 의해서'가 아니라, 다른 이유 때문에 존재자는 실재한다고 믿을 수 있을 것이라고 이야기한다.

조금 뒤에 반 프라센은 다음과 같이 설명한다. '이론을 수용하는 것은 (우리가) 그것이 경험적으로 적합하다고, 즉 이론이 **관찰 가능**

한 것에 관해서 (우리에게) 말하는 것이 참이라고 믿는 것이다(p.18).' 이론은 예측, 통제, 연구, 순전한 즐거움을 위한 지적 도구다. 수용은 다른 것보다 위임을 의미한다. 여러분의 연구 분야에서 한 이론을 수용하는 것은 그것이 제안하는 탐구의 프로그램을 발전시키는 일을 위임하는 것이다. 여러분은 그것이 설명을 제공한다는 점을 수용할 수조차 있을 것이다. 그러나 여러분은 최선의 설명에로의 추론(inference to the best explanation)이라 불리는 바를 거부해야 한다. 한 이론이 명백한 어떤 것을 이루기 때문에 그 이론을 수용한다는 것이 그 때문에 그 이론이 말하는 바가 글자 그대로 참이라고 생각하는 일은 아니다.

　반 프라센의 실증주의는 가장 일관성 있는 현대의 실증주의다. 그것은 내가 실증주의를 정의하는 그리고 흄, 콩트, 논리 실증주의자가 공유하는 여섯 가지 특징 모두를 지닌다. 당연히 그것은 흄의 심리학, 콩트의 역사주의, 논리 실증주의의 의미 이론을 결여하고 있는데, 그것들은 실증주의 정신에 본질적인 아무것도 갖고 있지 않기 때문이다. 반 프라센은 자신의 선배들과 **반형이상학**을 공유한다. '경험적 적합성에 관한 단언은 진리에 대한 단언보다 훨씬 더 약하며, 수용까지만으로 한 제한은 우리를 형이상학에서 해방시킨다(p.69).' 그는 **찬관찰적**이며 **반원인적**이다. 그는 설명을 **평가절하**한다. 그는 설명이 진리로 이끌어준다고 생각하지 않는다. 실제로 흄, 콩트와 마찬가지로, 과학이 본질적으로 설명의 문제가 아니라는 데 대한 증명으로서 중력을 설명하지 못하는 뉴튼의 무능력이라는 고전적 사례를 그는 인용한다(p.94). 분명히 그는 **이론적 존재자에 반대한다**. 그러므로 그는 우리의 여섯 가지 실증주의적 학설 가운데 다섯 가지를 주장하고 있다. 유일하게 남은 하나는 검증 또는 몇몇의 그 변종에 대한 강조다. 반 프라센은 논리 실증주의적 의미의 검증 이론에 동의하지 않는다. 콩트도 동의하지 않았다. 내 생각에는 흄도 그랬는데, 그럼에도 불구하고 흄에게는 책 불사르기를 위한 검증 불가능성(unverifiability) 금언이 있었다. 검증 가능성을 향한 실증주의적 열광은 논리 실증주의 시절에 잠정적으로만 의미와 연결되었을 뿐이다. 더 일반적으로 볼 때 그것은 실증 과학을 향한 욕구를, 진리로 낙착될 수 있는 지식을 향한 욕구를, 그것의 사실이 정확하게 결정될 수 있는 그러한 지식을 향한 욕구를 표상한다. 반 프라센의 구성적 경험론은 이러한 열광을 공유한다.

반설명

여러 가지 실증주의적 논제는 우리 자신의 시절보다는 콩트 시절에 더 매력적이었다. 1840년에 이론적 존재자는 철저하게 가설적인 것이었으며, 그저 가정된 것에 대한 혐오는 몇몇 건전한 철학을 위한 출발점이었다. 그러나 점증적으로 우리는 한때 그저 가정되었던 것을 볼 수조차 있게 되었다. 미생물, 유전자, 심지어 분자가 그것이다. 또한 우리는 세계의 여타 부분을 조작하기 위해서 여러 이론적 존재자를 사용하는 법을 배웠다. 존재자에 관한 실재론을 위한 기반은 10장과 16장에서 논의된다. 그럼에도 불구하고 한 가지 실증주의적 주제는 좀더 잘 서 있다. 설명에 대한 신중이 그것이다.

　'최선의 설명에로의 추론'이라는 관념은 꽤 오래된 것이다. C. S. 퍼스(Peirce, 1839~1914)는 그것을 가설의 방법 또는 가설상정(abduction)이라 불렀다. 그 관념은 몇몇 현상에 직면해 여러분이 달리 설명하기 어려운 것을 의미 있게 해주는 하나의 설명[아마도 몇몇 초기적 그럴듯함(initial plausibility)과 더불어]을 발견하면, 여러분은 그 설명이 아마도 올바르리라고 결론 내려야 한다는 것이다. 자신의 이력의 출발점에서 퍼스는 다음 세 가지의 과학적 추론의 양식이 존재한다고 생각했다. 연역, 귀납, 가설이 그것이다. 늙어감에 따라 그는 세 번째 범주에 관해서 점점 더 회의적이 되어갔고, 삶의 끝에 이르러 '최선의 설명에로의 추론'에 아무런 무게를 두지 않았다.

퍼스는 올바르고 아주 철저하게 자기 진술을 철회했었나? 나는 그렇다고 생각하지만, 우리가 그것을 지금 결정할 필요는 없다. 우리는 실재론을 옹호하는 논변으로서 최선의 설명에로의 추론에만 관여할 것이다. 그 기본적 관념은 생리학, 광학, 전기역학, 그밖의 과학에 대한 19세기의 위대한 기여자 H. 헬름홀츠(Helmholtz, 1821~1894)가 공표했다. 헬름홀츠는 실재론을 '경탄할 만큼 쓸모 있고 명확한 가설'[1]이라 부른 철학자였다. 오늘날에 이르러서는 유포되어 있는 세 가지 뚜렷한 논변이 존재하는 것으로 보인다. 나는 그것들을 단순한 추론(simple inference) 논변, 우주적 우연(cosmic accident) 논변, 과학의 성공(success of science) 논변이라 부를 것이다.

나는 세 가지 모두에 대해서 회의적이다. 나는 설명이 몇몇 철학자가 상상하는 것 이상으로 과학적 추론에서 덜 중심적인 역할을 맡을 수도 있음을 이야기하면서 시작해야 한다. 마치 자연의 지은이가 세계에 관한 책에 다양한 것들 — 존재자, 현상, 양, 질, 법칙, 수로 표시되는 상수 또한 사건에 대한 설명 — 을 써 내려갔던 것처럼, 현상에 관한 그 설명이 우주의 요소들 가운데 하나인 것도 아니다. 설명은 인간의 관심에 대해서 상대적이다. 설명하기 — 퍼스가 제시하듯 '자물통 안에서 열쇠가 돌아가는 것을 느끼기' — 가 우리의 지적 삶 안에서 일어난다는 점을 나는 부정하지 않는다. 그러나 그것은 주로 어떤 순간의 역사적 상황 또는 심리적 상황의 특징이다. 우리가 설명에 도움이 되는 새로운 가설을 조직화함으로써 이해하는 일에서

1_ "On the aim and progress of physical science" in H. von Helmholtz(German original, 1871), *Popular Lectures and Addresses on Scientific Subjects* in D. Atkinson(trans.)(London, 1873), p.247.

커다란 소득이 있다고 느낄 때가 있다. 그러나 그 느낌이 그 가설을 참이라고 가정하기 위한 기반은 아니다. 반 프라센과 카트라이트는 설명이 결코 믿음의 기반일 수 없다고 주장한다. 나는 그들보다 덜 엄중하다. 즉 취약한 기반이 될 뿐이라는 점은 내게 퍼스처럼 보인다. 1905년에 아인슈타인은 광자 이론으로 광전 효과(photoelectric effect)를 설명했다. 그리고 빛의 양자화된 다발에 관한 매력적인 개념을 만들어냈다. 그러나 그 이론을 믿기 위한 근거는 그것의 예측적 성공(predictive success) 등이지 설명력이 아니었다. 자물통 안에서 열쇠가 돌아가는 것을 느끼는 일은 연구할 만하고 흥분시키는 새로운 관념이 여러분에게 있음을 스스로 느끼게 한다. 그것은 그 관념의 참을 위한 기반이 아니다. 그것은 나중에 온다.

단순한 추론

단순한 추론 논변은 예를 들어 광전 효과가 광자가 없는데도 계속해서 작동한다면 그것은 절대적 기적이 될 것이라고 이야기한다. 이 현상 — 텔레비전 정보가 그림에서 전기적 펄스로 바뀌어 전자기파로 전환되고 다시 가정의 수상기에 잡히는 현상 — 의 지속에 대한 설명은 광자가 존재한다는 것이다. J. J. C. 스마트는 그 관념을 다음과 같이 표현한다. '어떤 이는 관찰 가능한 어휘로 언급된 거동에 관한 헤아릴 수 없는 행운의 사건이 존재한다고 가정해야 할 것이며, 그래서 그 사건들은 표면상으로는 이론적 어휘로 이야기된 존재하지 않는 것들이 초래한 것처럼 기적적으로 행동했던 것이다.'[2] 실재론

2_ J. J. C. Smart, "Difficulties for realism in the philosophy of science", in *Logic, Methodology and Philosophy of Science VI*, Proceedings of the 6th International Congress of Logic, Methodology and Philosophy of Science(Hannover, 1979), pp.363~375.

자는 이어 광자가 실재하지 않는 경우 어떻게 화면이 전자적 메시지로 전환되는지를 이해할 수가 없기 때문에 광자는 실재한다고 추론한다.

내가 말한 것과 반대로 설명이 믿음을 위한 기반이었다고 할지라도, 이는 전혀 최선의 설명을 위한 추론으로 보이지 않는다. 광자의 **실재성**은 설명의 일부가 아니기 때문이다. 아인슈타인 이후에 몇몇 좀더 나아가는 설명, 즉 '그리고 광자는 실재한다' 또는 '광자가 존재한다'는 없다. 나는 칸트에 공명하는 쪽으로 기울어 있으며, 존재는 탐구 주제에 아무것도 보태지 못하는 그저 논리적인 술어일 뿐이라고 말한다. 아인슈타인이 끝낸 이후 '그리고 광자는 실재한다'를 덧붙이는 일은 이해하는 데 아무것도 더하지 못한다. 그것은 어떤 식으로 설명을 증가시키거나 강화시키는 것이 아니다.

만일 설명하는 이가 아인슈타인은 광자의 존재를 단언했다고 말하면서 저항한다면, 그는 선결 문제를 요구하는 셈이다. 왜냐하면 실재론자와 반실재론자 사이의 논쟁은 아인슈타인의 광자 이론의 적합성이 광자가 실재한다는 것을 요구하느냐의 여부이기 때문이다.

우주적 우연

단순한 추론 논변은 하나의 이론, 하나의 현상, 한 종류의 존재자만을 고려한다. 때때로 우주적 우연 논변은 지식의 성장 속에서 좋은 이론이 이제껏 연결된 것으로 생각되지 않았던 다양한 현상을 설명하게 될 것임에 주목한다. 그와 반대로 우리는 종종 상당히 다른 추론의 양식으로 똑같이 순수한 존재자를 얻게 된다. 한스 라이헨바흐는 이를 공통 원인(common cause) 논변이라 불렀으며, 웨슬리 새먼3 (Wesley Salmon)이 이를 부활시켰다. 그가 호감을 가진 예는 광전효과가 아닌 아인슈타인의 또 다른 승리였다. 1905년에 아인슈타인은 브라운운동(Brownian movement) — 오늘날 말하자면, 꽃가루 입자가 운동하는 분자에 의해서 충돌되어 임의의 방향으로 이리저리 튀는 방식 — 도 설명했다. 아인슈타인의 계산이 주의 깊은 실험자의 결과와 결합될 때, 예를 들어 아보가드로 수(Avogadro's number), 즉 일정한 온도와 압력에서 부피 안에 포함되는 임의의 기체 분자 수를 우리는 계산할 수 있다. 이 수는 1815년 이래로 줄곧 상당히 서로 다른 수많은 출처에서 계산되어 왔다. 주목할 만한 점은 우리가 항상 본질적으로 똑같은 수를 얻는다는 것인데, 서로 다른 통로로 그것에 도달하는데도 말이다. 어떤 기체의 그램몰(grammole) 당 6.023×10^{23}개쯤의 분자들이 **존재한다**는 게 유일한 설명이어야 한다.

이것은 내게 다시 한번 실재론 / 반실재론 쟁점을 요구하는 것으로 보인다. 반실재론자는 분자의 평균 자유 행로(mean free path)에 대한 아인슈타인과 여타 사람들에 기인하는 해명이 승리임에 동의한다. 그것은 경험적으로 적합하며, 경이롭게 그러하다. 실재론자는 왜 그것이 경험적으로 적합하냐고, 단지 분자가 존재하기 때문에 그런 것은 왜 아니냐고 묻는다. 반실재론자는 설명이 진리의 각인은 전혀 아니며, 우리의 모든 증거는 경험적 적합성을 가리키는 것일 뿐이라고 되받아친다. 간단히 말해서 그 논변은 (내가 생각할 때 이론에 관한 이러한 수준의 토론에서 수행된 모든 논변이 그렇듯이) 원둘레를 돌고 있다.

성공 이야기

앞의 고려는 존재자의 실재와 더 많은 관계가 있다. 이제 우리는 이

3_ Wesley Salmon, "Why ask, 'Why?' An Inquiry Concerning Scientific Explanation", *Proceedings and Addresses of the American Philosophical Association* 51(1978), pp.683~705.

론의 진리에 대해서 고려한다. 힐러리 퍼트넘이 말한 것처럼, 우리는 과학의 한 조각이 아니라 성공(Success)인 '과학(Science)'에 대해서 숙고한다. 이는 과학이 진리로 수렴해 가고 있다는 주장과 연결되는데, W. 뉴튼-스미스의 저서 『합리성(Rationality)』에 나타나는 뉴튼-스미스를 포함해 여러 사람에 의해서 주장된 것처럼 말이다. 왜 과학은 성공적인가? 바로 우리가 진리로 수렴해 가고 있기 때문에 그래야 한다. 이 논점은 이제 잘 알려져 있고, 나는 여러분에게 최근의 여러 논의를 언급하겠다.[4] 여기서 우리에게 '논변'이 있다는 주장은 나로 하여금 다음의 추가적인 충고를 하게끔 한다.

1. 성장 현상은 기껏해야 지식의 단조로운 증가이지, 수렴(convergence)이 아니다. 이러한 사소한 관찰은 중요한데, 왜냐하면 '수렴'은 그곳으로 수렴될 하나의 것이 존재함을 어느 정도 함축하지만, '증가'는 그러한 함축이 없다. 지식 더미는 그것 모두를 더해 만드는 과학의 단일성 없이도 존재할 수 있다. 수렴이라고 적당하게 불릴 어떤 것 없이도 점증하는 이해의 깊이와 점증하는 일반화의 폭 또한 있을 수 있다. 20세기 물리학은 이에 대한 목격이다.

2. 지식의 성장에 관한 단지 사회학적인 수많은 설명이 존재하며, 이들은 실재론적 함축에서 자유롭다. 이들 가운데 몇몇은 의도적으로 '지식의 성장'을 위장으로 전환시킨다. 『구조』에서의 쿤의 분석에 의하면, 정상 과학이 천천히 잘 움직일 때 그것은 그것이 해결 가능한 것으로서 창조해내는 퍼즐을 풀고 있는 것이며, 따라서

4_ 수렴에 대한 이러한 관념을 선호하는 여러 논의 가운데 R. N. Boyd, "Scientific realism and naturalistic epistemology", in P. D. Asquith and R. Giere(eds.), *PSA 1980*, Vol. 2, Philosophy of Science Assn.(East Lansing, Mich.), pp.613~662와 W. H. Newton-Smith, *The Rationality of Science*(London, 1981)[양형진·조기숙 옮김, 『과학의 합리성』(서울: 민음사, 1998)]를 볼 것. 이에 반대되는 입장에 관한 매우 강력한 진술에 대해서는 L. Laudan, "A confutation of convergent realism", *Philosophy of Science* 48(1981), pp.19~49를 볼 것.

성장은 이루어진다. 혁명적 전이 이후에 역사는 다시 쓰여 앞서 있던 성공은 때로 흥미 없는 것으로 무시되고, 반면 '흥미로운 것'은 정확히 대변동 이후의 과학이 잘 해낼 수 있는 게 된다. 그러므로 기적적으로 균일한 성장이란 교육과 교과서의 인공물이다.

3. 성장하는 것이 특별히 (거의 참인) **이론**의 엄밀하게 성장하는 덩어리인 것은 아니다. 이론에 열심인 철학자는 이론적 지식의 누적에 고정되어 있는데, 이것은 매우 의심스런 주장이다. 몇 가지가 누적된다. (a) 현상은 누적된다. 예를 들어 윌리스 램(Willis Lamb)은 광자 없이 광학을 연구하려 한다. 램이 광자를 무찌를 수도 있겠지만 광전 효과는 여전히 존재할 것이다. (b) 조작적 숙련과 기술적 숙련은 누적된다. 광전 효과는 여전히 슈퍼마켓의 출입문을 열리게 할 것이다. (c) 철학자에게 더욱 흥미로운 것으로, 과학적 추론의 스타일은 누적되는 경향이 있다. 우리는 방법의 무리를 점진적으로 발전시켜 왔으며, 기하학적·공준적·모형 세우기적·통계적·가설연역적·발생적(genetic)·진화적 방법, 아마 역사주의적 방법까지도 포함해서일 것이다. 확실히 (a), (b), (c) 유형의 성장이 존재하지만, 이 가운데 어느 것에도 이론적 존재자 또는 이론의 진리에 관한 아무런 함축이 들어 있지 않다.

4. 아마도 훌륭한 관념이 존재할 것이고, 나는 이를 임레 라카토슈에게 돌리며, 이는 곧 기술될 퍼스와 프래그머티즘에서 예고된 것이다. 그것은 포스트칸트주의자(post-Kantian), 포스트헤겔주의자(post-Hegelian)로 가는 열린 통로인데, 이들은 진리 대응설을 포기해버렸다. 어떤 이는 지식의 성장을 사실로 취하며, 그것으로 진리를 특징지으려 한다. 이것은 실재를 가정하는 설명이 아니라, '그것을 향해 우리가 성장해 가는 것'으로서의 실재에 대한 정의다. 이는 실수가 될 수도 있으나, 적어도 그것은 초기적 설득력이 있다. 나는 그것을 8장에서 기술한다.

5. 더욱이 지식의 성장에서 유도될 진짜 추측적 추론이 존재한다. 퍼스를 다시 인용하면, 인간화된 세계에 관한 대체로 올바른 기대를 만드는 우리의 재능은 진화론으로 설명할 수가 있을 것이다. 만일 우리가 잘못된 기대를 규칙적으로 만든다면, 우리 모두는 죽을 것이다. 그러나 우리에게는 자연의 내부 구성과 가장 멀리 떨어진 우주론의 영역 둘 다를 설명·예측하는 구조를 고안해내는 불가사의한 능력이 있는 것으로 보인다. 우리가 더 작고 더 큰 우주를 위한 도구가 된 뇌를 갖고 있다는 것이 생존의 견지에서 우리에게 어떤 도움이 될 수 있을까? 아마도 우리는 사람이 합리적 우주 속에 사는 정말로 합리적인 동물이라고 짐작해야 할 것이다. 퍼스는 비록 그럴듯하지는 않더라도 더 교육적인 제안을 했다. 그는 엄격한 유물론과 필연론(necessitarianism)은 거짓이라고 단언했다. 전체 세계는 그가 '무기력한 정신'이라 부른 것인데, 이는 습관을 형성시키고 있다. 우리가 세계에 관해서 만들어내는 추론의 습관은 세계가 그것의 규칙성의 증가된 스펙트럼을 얻으면서 사용했던 그 동일한 습관에 따라 형성된다. 이것은 '과학의 성공'에 대한 설명으로 전환될 수도 있을 별나고 매혹적인 형이상학적 추측이다.

퍼스의 상상은 실재론을 위한 성공 이야기(Success Story) 또는 수렴 논변의 진부한 공허함과 얼마나 대조적인가! 내 생각에 포퍼가 우리의 성공에 대한 설명을 요청하는 것은 무의미하다고 쓸 때, 그는 대부분의 실재론자보다 더 현명한 스스로 공언하는 실재론자다. 우리는 그것이 계속될 것이라는 믿음만을 가질 수 있을 뿐이다. 만일 여러분이 과학의 성공을 설명해야 한다면, 아리스토텔레스가 말했던 바를, 즉 우리는 합리적 우주 안에 사는 합리적 동물이라고 말하라.

●●● 4 프래그머티즘

프래그머티즘은 찰스 산더스 퍼스(Charles Sanders Peirce, 1839~1914)가 창시한 미국 철학으로, 윌리엄 제임스(William James, 1842~1914)가 대중화했다. 퍼스는 성미가 고약한 천재로 하버드 대학교 관측소(Harvard Observatory)와 미국 연안 및 측지 조사국(US Coast and Geodesic Survey)에 얼마 동안 채용되었지만 둘 다 당시 미국의 몇 안 되던 저명한 수학자 가운데 한 사람이었던 아버지 덕택이었다. 철학자들이 교수로 채용되던 시기에 제임스는 퍼스에게 존스 홉킨스 대학교 자리를 얻어줬다. 그는 거기서 공공연한 그릇된 행동(거리에서 애인에게 벽돌을 던지는 것과 같은)으로 큰 소동을 일으켜서 대학 총장은 철학과 전체를 폐과시켜 버렸고, 이어 새로운 학과를 만들어 퍼스를 제외한 모두를 재임용했다. 퍼스는 프래그머티즘의 제임스식 대중화를 싫어했다. 그래서 자신의 착상을 위해서 새로운 이름인 프래그매티시즘(pragmaticism)을 발명해냈는데, 이 명칭은 별

볼일 없어서 그 누구도 그것을 훔쳐가지 않을 것이라고 스스로 말할 정도였다. 프래그매티시즘과 실재의 관계는 여러 곳에 널리 실렸던 퍼스의 논문 「네 가지 무능력의 몇몇 귀결("Some consequences of four incapacities")」(1868)에 잘 진술된다.

> 그리고 여러분은 실재하는 것으로 무엇을 의미하는가? 그것은 우리가 실재하지 않는 것, 곧 환영(幻影)을 발견했을 때, 즉 처음으로 우리 자신을 교정했을 때 가장 먼저 지녀야 하는 개념이다. …… **그렇다면 실재하는 것은 조만간 어떤 정보와 추론이 최종적으로 귀착되는가이다.** 따라서 그것은 나와 여러분의 변덕과 독립적이다. 그러므로 실재라는 개념의 바로 그 기원은 일정한 한계가 없으며 지식의 일정한 증가를 가능케 하는 **공동체**(COMMUNITY)의 관념을 이 개념이 본질적으로 연루시킨다는 점을 보여준다. 따라서 인지의 그 두 계열 — 실재하는 것과 실재하지 않는 것 — 은 미래의 충분한 어떤 시점에 그 공동체가 늘 계속해 재확인할 것들과 동일한 조건 아래에서 이후 줄곧 부정될 것들로 구성된다. 이제 그것의 거짓이 결코 발견될 수 없고 그것의 오류가 절대로 인지될 수 없는 어떤 명제는 우리의 원리 위에서 아무런 오류를 절대로 포함하지 않을 것이다. 결과적으로 이런 인식 속에서 사유되는 바가 실재하는 것이며, 그것은 정말로 실재하는 것으로서 그러하다. 그렇다면 정말로 그러한 것으로서 외부 사물에 관한 우리의 앎을 방해할 아무것도 없고, 그래서 우리는 수많은 경우에 그것들을 알게 될 가능성이 매우 높다. 그럼에도 불구하고 우리가 어떤 특수한 경우에 그렇게 할 수 있는지를 절대적으로 확신할 수는 없다[*The Philosophy of Peirce*, J. Buchler(ed.), pp.247f.].

정확히 이러한 관념을 오늘날 힐러리 퍼트넘이 되살리고 있는데, 그의 '내재적 실재론(internal realism)'은 7장의 수제다.

퍼스로 가는 길

퍼스와 니체는 1세기 전에 글을 쓴 가장 기억할 만한 두 철학자다. 둘 다 칸트와 헤겔의 계승자다. 그들은 이들 철학자에 반응하기 위한 대안적 방식을 나타낸다. 칸트가 진리는 외적 실재와의 어떤 대응에 있을 수 없음을 보여줬던 점을 둘 다 당연하게 여겼다. 또한 과정과 아마도 진보가 인간 지식의 본질적 특징임을 당연하게 여겼다. 그들은 헤겔한테서 배웠던 것이다.

니체는 어떻게 참된 세계가 우화가 되었는지를 놀랍게 상기시킨다. 저서 『우상의 황혼』의 한 경구는 플라톤의 '참된 세계 — 현자, 덕이 있는 인간에게 도달될 수 있는 것'에서 시작된다. 칸트와 더불어 우리는 '붙잡기 어렵고, 창백하며 북유럽인적·쾨니히스베르크적인' 어떤 것에 도달한다. 이어 주관성과 차라투스트라(Zarathustra)의 이상한 비슷함이 온다. 그것이 유일한 포스트칸트적 통로는 아니다. 퍼스는 진리를 방법으로 대체하려고 했다. 진리는 결국 일정한 방식으로 일정한 끝을 추구하는 탐구자 공동체에게 배달되는 그 무엇이다.

그러므로 퍼스는 진리가 정신 독립적 실재와의 대응이라는 관념에 대한 객관적인 대체물을 찾는 것이다. 그래서 때로 자신의 철학을 객관적 관념론이라고 불렀다. 그는 사람들이 믿음의 안정된 집합을 얻어야 할 필요성에 깊은 인상을 받았다. 믿음의 고정에 관한 한 유명한 논문에서, 그는 우리가 권위를 따르거나 우리의 머리에 가장 먼저 떠오르는 것을 믿고 그것을 고수함으로써 우리의 믿음을 고정할 수도 있다는 관념을 진정으로 심각하게 고찰했다. 현대의 독자는 종종 이 논문과 불화를 겪는데, 왜냐하면 그들은 퍼스가 어떤 확립된 (그리고 강력한) 교회를 믿음을 고정하는 아주 좋은 방법이라고 주장한 점을 한순간도 심각하게 받아들이지 않기 때문이다. 참된 믿음이 대응할 게 아무것도 없다면, 교회가 여러분의 믿음을 고정하도록 하는 게 왜 안 되는가? 여러분이 속한 당파에 진리가 있음을 아는 일은 마음을 매우 편하게 하는 것일 수 있다. 퍼스는 인간 본성(인간에 앞선 진리가 아닌)에 관한 사실로서 궁극적으로 늘 의견을 달리하는 사람이 존재할 것이라고 주장하기 때문에 이 가능성을 거부한다. 따라서 여러분이 내적으로 자기 안정적인 방법을 갖고 있다면, 그것이 항구적인 오류 가능성을 인정하고 그와 동시에 안착될 경향도 갖고 있다면, 여러분은 믿음을 고정시킬 더 나은 방법을 찾아낼 것이다.

추론의 모형으로서 반복된 측정

퍼스는 아마도 그 자신이 아주 훌륭한 실험가였던 현대의 유일한 철학자일 것이다. 그는 중력 상수의 결정 등을 포함해 많은 측정을 했다. 그리고 오차 이론(theory of error)에 관해서 광범위하게 글을 썼다. 그래서 그는 일련의 측정이 한 가지 기본 값으로 정착될 수 있는 방식에 친숙해 있었다. 그의 경험으로 볼 때 측정은 수렴하며, 그것이 수렴해 가는 어떤 값은 정의에 의해 올바르다. 그는 인간의 모든 믿음 역시 그러할 것이라고 사유했다. 충분히 오랫동안 계속된 탐구는 우리가 제기할 수 있는 어떠한 쟁점에 대해서 안정된 의견을 이끌어낼 것이다. 퍼스는 진리가 사실에 대한 대응이라고 생각하지 않았다. 진리는 끝나지 않는 탐구자의 **공동체**에 의해서 도달되는 안정된 결론이다.

진리를 방법으로 대체하려는 이 제안 — 여전히 과학적 객관성을 보장할 — 은 갑작스럽게 다시 인기를 끌게 되었다. 나는 그것이 임레 라카토슈의 연구 프로그램 방법론의 핵심이라고 생각하며, 8장에서 설명했다. 퍼스와 달리, 라카토슈는 과학적 실천의 잡다한 사항에 주의를 기울이기 때문에 시행착오의 반복적이며 약간은 아무 생각

없는 과정에 의해서 정해지는 극단적으로 단순화하는 지식의 구도를 갖고 있지 않다. 더 최근에 힐러리 퍼트넘은 퍼스주의자가 되었다. 퍼트넘은 탐구의 방법에 관한 퍼스의 해명이 최후의 결론이라고 생각하지 않으며, 최후의 결론이 존재한다고 제안하지도 않는다. 그는 진화해 가는 합리적 탐구의 의미가 존재하고, 진리는 그러한 탐구가 향하는 결과에서 일어나는 것이라고 생각한다. 퍼트넘의 견해에는 이중적으로 제한적인 과정이 존재한다. 퍼스에게 연역, 귀납, 약간 작은 정도로 최선의 설명에로의 추론에 기초한 한 가지 탐구의 방법이 존재했다. 진리는 거칠게 보아 가설 만들기, 귀납하기, 시험하기가 그 위에 정착하게 되는 그 무엇이었다. 그것은 하나의 제한적 과정이었다. 퍼트넘에게 탐구의 방법들은 스스로 성장할 수 있으며, 추론의 새로운 스타일은 옛 것 위에 수립될 수 있다. 그러나 그는 한 가지 추론의 스타일이 다른 스타일을 단지 대체하는 급격한 치환보다는 몇몇 종류의 누적이 여기에 있게 될 것이라고 희망한다. 그렇다면 두 가지 제한적 과정이 존재할 수 있다. 누적된 사고 양식의 '합리성'에로의 장기적인 정착과 이들 진화하는 이성의 종류에 의해서 동의되는 사실에로의 장기적인 정착이 그것이다.

시각

퍼스는 전 영역의 철학적 주제에 관해서 썼다. 그는 좀처럼 서로 이야기하지 않는 수많은 친구들을 그 주위에 모았다. 어떤 이는 그를 칼 포퍼의 선배로 여기는데, 왜냐하면 그밖에 어디서도 우리는 과학의 자기교정적 방법에 대한 그토록 날카로운 견해를 찾지 못하기 때문이다. 논리학자들은 그가 현대 논리학이 어떻게 발전할지에 대해서 많은 예고를 했음을 발견한다. 확률 및 귀납의 연구자는 퍼스가 그 당시에 가능했던 것으로서 확률적 추론에 대해서 심도 있는 이해를 하고 있었다고 올바로 보고 있다. 퍼스는 기호에 관한 다소 흐릿하지만 매혹적인 상당한 양의 문헌을 썼으며, 스스로를 기호학(semiotics)이라 부르는 모든 학제가 그를 선구자로 추앙한다. 나는 어떤 이가 어떤 이의 언어일 뿐이라는 그의 별난 제안, 즉 현대 철학의 중심물이 된 제안 때문에 그가 중요하다고 생각한다. 나는 그가 우리는 우연의 우주 속에, 곧 비결정론적인 우연이지만 자연은 규칙적인 법칙에 지배된다는 우리의 잘못된 확신을 확률 법칙 때문에 설명해주는 우연의 우주 속에 살고 있다는 관념을 명확히 한 첫 번째 인물이었기에 그가 중요하다고 생각한다. 이 책 끝에 있는 찾아보기를 얼핏 보기만 해도 그것은 우리가 퍼스에게서 배울 수 있는 다른 여러 가지 것들을 여러분이 알도록 해줄 것이다. 퍼스는 좁은 시각을 지닌 독자 때문에 고통 받았으며, 그래서 그는 논리학에서 이러한 엄밀한 사고를 지녔던 것 또는 기호에 관한 헤아릴 수 없는 관념을 지녔던 것으로 칭송받는다. 우리는 이 대신에 그를 거친 사람, 그의 시대의 철학적 사건들을 이해했으며 그 위에 자신의 족적을 새기고자 했던 몇 안 되는 이의 한 사람으로 보아야 한다. 그는 성공하지 못했다. 그는 거의 아무것도 끝내지 못했지만, 거의 모든 것을 시작했다.

방식 분지하기

퍼스는 합리적 방법과 믿음의 형식을 점차적으로 정착시킬 탐구자의 공동체를 강조했다. 진리는 끝에 가서 귀착되는 그 무엇이다. 두 명의 또 다른 위대한 프래그머티스트 윌리엄 제임스와 존 듀이(John Dewey)는 아주 다른 본능을 지녔다. 그들은 현재를 위해서가 아니라면 적어도 가까운 미래를 위해서 살았다. 그들은 끝에 가서 무엇이,

만일 그것이 존재한다면, 올 것이냐에 관한 질문을 좀처럼 제기하지 않았다. 진리는 우리의 현재적 필요 또는 적어도 손에 놓여 있는 필요에 답하는 그 무엇이다. 그 필요는, 제임스의 훌륭한 강의 『종교적 경험의 다양성(The Varieties of Religious Experience)』에서 잡아낸 것처럼, 심오하며 다양할 수 있다. 듀이는 진리는 보장된 수용 가능성(warranted acceptability)이라는 관념을 우리에게 줬다. 그는 언어를 우리의 목적에 맞도록 우리의 경험을 형성시키고자 우리가 사용하는 도구라고 생각했다. 그러므로 세계와, 그것에 대한 우리의 표상은 듀이의 손에서 대단한 정도로 사회적 구성물이 되는 것으로 보인다. 듀이는 정신 / 물질, 이론 / 실천, 사고 / 행위, 사실 / 가치의 모든 이분법을 경멸했다. 그는 그가 지식 관망자 이론(spectator theory of knowledge)이라 부른 것을 조롱했다. 그는 그것이 유한계급의 존재에 의해서 결과했다고 말했는데, 유한계급은 기업가 및 노동자 계급과는 반대로 철학을 사유했고 철학을 썼으며, 기업가와 노동자 계급은 철학을 단지 쳐다볼 시간도 없었던 것이다. 나 자신의 견해, 곧 실재론이 말과 사고 속에서 세계를 표상하는 문제라기보다는 세계 안에서 개입하기의 문제라는 견해는 확실히 듀이에게 많은 빚이 있다.

그럼에도 불구하고 제임스와 듀이에게는 탐구에 관한 퍼스적 시각에 대한 무관심이 존재한다. 그들은 어떤 믿음이 종국적으로 결정되는가에 유의하지 않았다. 믿음의 최종적인 인간적 고정은 그들에게 망상으로 보였다. 이것이 프래그머티즘에 대한 제임스의 다시 쓰기가 왜 퍼스에 의해서 저항 받았는가를 부분적으로 설명해준다. 이와 똑같은 불일치가 바로 이 순간에도 이루어지고 있다. 힐러리 퍼트넘은 오늘날의 퍼스주의자다. 리처드 로티(Richard Rorty)는 그의 책 『철학과 자연의 거울(Philosophy and the Mirror of Nature)』(1979)에서 제임스와 듀이가 맡았던 역할의 일부를 연기한다. 그는 미국 철학의 최근 역사가 강조점을 잘못 잡아 왔다고 명백히 이야기한다.

퍼스가 칭송되는 곳에서, 그것은 단지 아주 작은 것 때문에 그러하다. (위에서 퍼스의 시각에 관해 내가 쓴 절은 명백히 이와 불일치한다.) 듀이와 제임스는 참된 교사이며 듀이는 하이데거(Heidegger) 및 비트겐슈타인과 함께 20세기의 세 거인으로서 어깨를 나란히 한다. 그럼에도 불구하고 로티가 숭배하기만을 위해서 쓰는 것은 아니다. 그는 합리성의 장기적 규준 또는 성장해 가는 규준에 관한 퍼스 / 퍼트넘 관심사를 갖고 있지 않다. 제임스는 옳았다. 이성은 그것이 무엇이든 간에 우리 시대의 대화 속에서 진행되고 있으며, 그것은 충분히 좋다. 이성은 고상할 수 있는데, 왜냐하면 그것이 우리 안에서 그리고 우리 사이에서 영감을 주는 바 때문이다. 하나의 대화를 다른 대화보다 내재적으로 더 합리적으로 만드는 것은 없다. 합리성은 외래적인 것이다. 곧 그것은 우리가 동의하는 그 무엇이다. 만일 유행하고 있는 화학 이론에서보다 유행하고 있는 문학 이론에서 덜 영속적인 것이 있다면, 그것은 사회학의 문제다. 그것은 화학이 더 나은 방법을 갖고 있다는 기호도 아니며, 화학이 진리에 더 가까이 있다는 기호도 아니다.

이리하여 프래그머티즘은 분지한다. 한 쪽에 퍼스와 퍼트넘이 있고 다른 한 쪽에는 제임스, 듀이, 로티가 있다. 양쪽 모두가 반실재론자이지만, 약간 다른 방식에서 그러하다. 퍼스와 퍼트넘은 정보와 추론이 조만간에 최종적으로 귀착시킬 어떤 것이 존재한다고 낙관적으로 희망한다. 그들에게는 그것이 실재하는 것이고 참이다. 퍼스와 퍼트넘이 실재하는 것을 정의하며, 사물에 관한 우리의 구도 속에서, 무엇이 실재하는 바가 될 것인지를 또한 알고 있음은 흥미가 있다. 이것은 다른 종류의 프래그머티즘에게는 그다지 흥미가 없다. 어떻게 살며 말할 것이냐가 그쪽 진영에서는 문제가 된다. 외적 진리가 없을 뿐만 아니라, 합리성에 대한 외적 또는 심지어 진화해 가는 규준조차 없다. 프래그머티즘에 대한 로티의 버전은 게다가 언어에 기초한 또 다른 철학인데, 이는 우리의 모든 삶을 대화의 문제로 여긴다. 듀이는 지식 관망자 이론을 올바로 경멸했다. 그는 대화로서의 과학에 대해서 무슨 생각을 했었을까? 내 견해로, 듀이의 올바른 궤도는 사고와 표상의 문제로서의 지식 및 실재의 개념을 파괴하려는 기도다. 그는 철학자들의 정신을 실험 과학으로 돌리게 해야 했으나, 이 대신에 그의 새로운 추종자들은 이야기를 칭송한다.

듀이는 더 앞서 존재했던 철학적 프래그머티스트의 철학을 **도구주의**라고 부름으로써 그의 철학과 구별했다. 이는, 그의 견해로, 우리가 만드는 것(모든 연장을 포함하여, 연장으로서의 언어를 포함하여)이 우리가 우리의 경험을 우리의 목적에 봉사하는 사고와 행위로 전환시킬 때 개입하는 도구가 되는 방식을 부분적으로 가리켰다. 그러나 곧 '도구주의'는 한 과학철학을 뜻하게 되었다. 가장 현대적인 철학자의 전문 용어로, 도구주의자는 과학에 관한 특수한 종류의 반실재론자인데, 도구주의자는 이론이 현상에 관한 기술(記述)을 조직화하기 위한, 그리고 과거에서 미래로 추론을 이끌어내는 연장 혹은 연산 장치이라고 주장한다. 이론과 법칙은 그 자체로 진리가 아니다. 그것들은 단지 도구이며, 글자 그대로의 언명으로 이해되어서는 안 된다. 볼 수 없는 존재자를 표시하는 것으로 보이는 용어는 전혀 지시적인 용어로서 기능하지 않는다. 그러므로 도구주의는 반 프라센의 견해, 곧 이론적 표현은 글자 그대로 취해야 하되, 믿겨서는 안 되고, 단지 '받아들여져야 하며', 사용되어야 한다는 견해와 대조되는 것이다.

실증주의와 프래그머티즘은 어떻게 다른가?

차이는 뿌리에서 생겨난다. 프래그머티즘은 그것의 모든 신조를 지식의 과정에 두는 헤겔적인 독트린이다. 실증주의는 보는 것이 믿는 것이라는 관념에서 생겨난다. 프래그머티스트는 상식과는 아무런 다툼이 없음을 주장한다. 만일 우리가 의자와 전자의 우리에 대한 가치를 결코 다시 진정으로 의심하지 않게 된다면, 확실히 의자와 전자는 똑같이 실재하는 것이다. 실증주의자는 전자를 믿을 수 없다고 말하는데, 전자는 결코 볼 수가 없기 때문이다. 그래서 그 모든 실증주의적인 지루한 이야기가 나오는 것이다. 실증주의자가 인과와 설명을 부정하는 곳에서 프래그머티스트는, 적어도 퍼스적 전통 속에서, 즐거이 그것을 받아들이는데, 인과와 설명이 미래의 탐구자를 위해서 유용하고 지속적인 것으로 판명 나는 한 그러하다.

●●● 5 공약 불가능성

왜 과학적 실재론과 같은 오래되어 찌들은 주제가 과학철학에서 다시 한번 두드러지는가? 코페르니쿠스적 세계관과 프톨레마이오스적 세계관이 오래 전에 쟁점이 되었을 때 실재론은 위대한 전투를 치렀다. 19세기 말 무렵 원자론에 관한 우려는 과학철학자들 사이에 존재하던 반실재론에 강력하게 기여했다. 오늘날 이와 비교할 만한 과학적 쟁점이 있을까? 아마도 그럴 것이다. 양자 역학을 이해하는 한 가지 방식은 관념론적 입장을 취하는 것이다. 어떤 사람들은 인간의 관찰이 물리계의 바로 그 본성 안에서 필수적인 역할을 하며, 그 계는 측정될 때 단순히 변한다고 논변한다. '양자 역학의 측정 문제', '무지 해석(ignorance interpretation)', '파속(波束) 붕괴(collapse of wave packet)'에 관한 이야기는 실재론 논쟁에 참여하고 있는 더욱 독창적인 인물들의 저술에서 양자 역학의 철학에 대한 기고가 중요한 역할을 수행하고 있음이 우연이 되지 않게 한다. 힐러리 퍼트넘, 바스 반 프라센 또는 낸시 카트라이트의 수많은 관념은 양자 역학을 모든 과학의 모형으로 취한 데서 오는 결과인 것으로 보인다.

역으로 수많은 물리학자가 차츰 철학적으로 되어가고 있다. 베르나르 데스파냐(Bernard d'Espagnat)는 새로운 실재론에 대한 최근의 가장 중요한 기여를 이룩했다. 그는 부분적으로 현대 물리학의 몇몇 부분에서 있은 물질과 존재자와 같은 오래된 실재론적 개념의 해체에 의해서 동기를 부여받았다. 그는 특히 몇몇의 최근 결과에 의해서 추진력을 받았는데, 그러한 결과는 벨 부등식(Bell's inequalities)이라는 일반적 이름을 낳았으며, 이것이 논리학, 인과의 시간적 순서, 원격 작용과 같은 다양한 개념에 문제를 불러일으킨다고 여겨져 왔다. 결국 그는 이 책에서 토의된 어떤 것과도 다른 실재론을 옹호한다.

그런데 실재론에 관한 현재의 사고에 박차를 가하는 과학 내부의 문제가 있다. 그러나 한 특수 과학의 문제가 철학적 소요의 전체 이야기는 결코 되지 못한다. 널리 알려져 있듯이, 갈릴레오(Galileo)의 파문에서 절정에 오른 프톨레마이오스 / 코페르니쿠스 논쟁은 종교에 뿌리를 두고 있다. 그것은 우주 안에서 인류의 지위라는 개념과 연루되었다. 즉 우리는 우주의 중심에 있는 것인가 주변부에 있는 것인가? 반실재론적 반원자론자는 19세기 실증주의의 일부였다. 이와 마찬가지로, 쿤의 역사적·철학적 작업은 실재론에 관한 재토의에 주요한 요소가 되어왔다. 그가 단독으로 과학사와 과학철학의 변형을 일궈낸 것은 아니다. 그의 책 『과학 혁명의 구조』가 1962년에 나왔을 때, 유사한 논제들이 여러 목소리로 표현되고 있었던 것이다. 더욱이 새로운 학문 분야인 과학사가 그 자체를 형성시키고 있었다. 1950년에 그것은 대부분 재능 있는 아마추어의 영역이었다. 내가 도입에서 이야기했듯이, 철학적 관점의 근본적인 변형은 이것이었다. 즉 과학은 역사적 현상이 되었다.

이 혁명은 철학자들에게 두 개의 상호 연결된 효과를 미쳤다. 내가 기술했던 합리성의 위기가 있었다. 또한 과학적 실재론에 대한 거대한 의혹의 물결이 있었다. 각각의 패러다임 전이와 더불어, 우리는 쿤이 암시하듯 세계를 다르게 보게 되며, 아마도 우리는 다른 세계에 살게 되는 것이다. 우리가 세계에 관한 진정한 그림으로 수렴하고 있는 것도 아닐 텐데, 왜냐하면 우리가 지녀야 할 아무것도 없기 때문이다. 진리를 향한 진보는 없으며, 오직 증진된 기술(技術)과 우리가 매력이 있다고 결코 다시는 볼 수 없을 관념에서 우리가 '멀어지는' 진보만이 있다. 그렇다면 진정한 세계라는 것이 있기는 한 것인가?

이 관념의 집단 안에 있던 한 가지 표어가 특별한 유행을 불러일으켰는데, 그것이 **공약 불가능성**(incommensurability)이다. 동일한 영역 안에서 잇따르며 경쟁하는 이론들은 '다른 언어를 이야기한다'고 설명되었다. 이것들은 서로 엄격하게 비교될 수 없고 서로 번역될 수도 없다. 서로 다른 이론의 언어는 우리가 그 안에서 살 수도 있을 세계들에 관한 언어적 상대물이다. 우리는 형태 전환(gestalt-switch)에 의해서 하나의 세계 혹은 하나의 언어에서 다른 세계나 언어로 옮겨갈 수 있으나, 이해의 어떠한 과정에 의해서는 그럴 수가 없다.

이론에 관한 실재론자는 이러한 견해를 반길 수 없으며, 이 견해에서는 세계에 관한 진리 발견하기라는 목표가 흩어져 없어진다. 존재자에 관한 실재론자가 즐거운 것도 아닌데, 왜냐하면 모든 이론적 존재자가 전적으로 이론에 매인 것으로 보이기 때문이다. 우리의 현재 이론 안에 전자가 존재할 수도 있지만, 우리가 사고하는 바와 무관하게 전자는 그저 존재한다고 주장하기 위해서 남겨진 의미란 없다. 전자에 관한, 저명한 과학자들이 소유했던 매우 많은 이론이 있어 왔다. R. A. 밀리컨, H. A. 로렌츠(Lorentz), 닐스 보어(Niels

Bohr)는 매우 서로 다른 관념을 갖고 있었다. 공약 불가능성주의자는 그들이 단어 '전자'로 각각의 경우에 서로 다른 어떤 것을 의미했다고 이야기한다. 공약 불가능성주의자가 말하기로, 그들은 서로 다른 것에 관해서 이야기하고 있었던 반면에, 존재자에 관한 실재론자는 그들이 전자에 관해서 이야기하고 있었다고 사고한다.

이에 따라 공약 불가능성이 합리성에 관한 토의를 위한 중요한 주제임에도 불구하고, 그것은 또한 과학적 실재론에 반대한다. 하지만 약간 유의하면 그것은 때로 가정되는 것보다는 덜 괴물처럼 보인다.

공약 불가능성의 종류

단어 '공약 불가능한(incommensurable)'의 철학적인 새로운 사용은 1960년 무렵 버클리의 텔리그래프 애비뉴(Telegraph Avenue)에서 있은 폴 파이어아벤트와 토머스 쿤 사이의 논쟁의 산물이다. 두 사람이 그것을 재유행시키기 전에 그것은 무엇을 의미했을까? 그것은 그리스 수학에서 엄격한 의미를 갖고 있다. 그것은 '아무런 공통의 척도가 없는'을 의미한다. 두 개의 길이가 있어 여러분이 첫 번째 길이에 m을 부여하고 두 번째 길이에는 정확히 n을 부여할 수 있으며, 이어 하나를 다른 하나로 측정할 수 있으면, 두 길이는 공통의 척도를 갖는다. 모든 길이가 공약 가능하지는 않다. 정사각형의 대각선은 변의 길이와 아무런 공통의 척도를 갖고 있지 않거나, 우리가 현재 이 사실을 표현하자면, $\sqrt{2}$는 어떤 유리수 비, 즉 m/n이 아닌 것이다.

철학자들이 공약 불가능성이라는 은유를 사용할 때 그들은 마음속에 아주 엄밀한 어떤 것도 갖고 있지 않다. 그들은 과학 이론 비교하기에 대해서 사고하고 있지만, 물론 그러한 목적을 위한 어떠한 **정확한** 척도도 존재할 수가 없는 것이다. 열띤 논쟁이 있은 지 20년이 지난 후, 바로 그 단어 '공약 불가능한'은 세 가지의 구별되는 것을 가리키는 것으로 보인다. 나는 그들을 **주제 공약 불가능성**(topic-incommensurability), **분리**(dissociation), **의미 공약 불가능성**(meaning-incommensurability)이라 부를 것이다. 앞의 두 가지는 상당한 정도로 인정할 수도 있겠으나 세 번째는 그렇지가 않다.

누적과 포섭

어니스트 네이글(Ernest Nagel)의 1961년 책 『과학의 구조(The Structure of Science)』는 영어로 쓰여 온 최근의 여러 가지 과학철학에 관한 고전적인 진술이다. (제목이 많은 것을 말해줄 수 있다. 1962년의 히트는 『과학 혁명의 구조』였다.) 네이글은 안정된 구조와 연속성에 대해서 이야기한다. 그는 지식이 누적되는 경향이 있다는 것을 당연하게 여겼다. 이따금씩 하나의 이론 T는 뒤에 오는 이론 $T^\star$로 대체된다. 이론을 전환시키는 것이 합리적일 때는 언제인가? 네이글의 관념은 새 이론 $T^\star$은 T가 설명하는 현상을 설명할 수 있어야 하며, T가 만들어낸 어떠한 참인 예측도 $T^\star$ 역시 만들어낼 수 있어야 한다는 것이었다. 이에 더하여, $T^\star$은 T의 오류가 있는 몇몇 부분을 배제하거나, 더 광범위한 영역의 현상과 예측을 포괄해야 한다. 이상적으로 $T^\star$은 둘 다 한다. 그 경우 $T^\star$은 T를 **포섭한다**.

$T^\star$이 T를 포섭할 때, 느슨하게 말해서, 그 둘을 비교하는 공통의 척도가 존재한다. 어쨌든, T의 옳은 부분은 $T^\star$에 포함되어 있는 것이다. 따라서 은유적으로 우리는 T와 $T^\star$이 공약 가능하다고 이야기할 수도 있을 것이다. 바로 이러한 공약 가능성이 이론의 합리

적 비교를 위한 기초를 제공한다.

주제 공약 불가능성

파이어아벤트와 쿤은 네이글이 이론 변화의 가능성을 망라하지 않았다는 점을 명백히 했다. 뒤에 오는 이론은 다른 문제를 공격할 수도 있고, 새로운 개념을 사용할 수도 있으며, 옛 이론과는 서로 다른 적용을 가질 수도 있다. 뒤에 오는 이론은 앞서 있던 많은 성공을 단순히 잊을 수도 있다. 뒤에 오는 이론이 현상을 인식하고, 분류하며, 무엇보다도 산출하는 방식은 옛 설명과 잘 들어맞지 않을 수가 있다. 예를 들어 연소와 표백에 관한 산소 이론은 처음에는 플로기스톤(phlogiston)과 잘 들어맞는 모든 현상에 적용되지 못했다. 새 이론이 오래된 이론을 포섭한다는 것은 역사적 사실로서 단지 참이 아니었던 것이다.

네이글의 견해에서 $T^\star$은 T에서와 똑같은 주제를 포괄해야 하며, 적어도 T만큼 잘 포괄해야 하는 것이다. 그것은 또한 몇몇 새로운 주제를 포괄해야 한다. 그러한 주제의 공유와 확장은 T와 $T^\star$ 사이의 공약 가능성에 기여한다. 쿤과 파이어아벤트는 주제의 급진적인 전이가 종종 있다고 말했다. 우리는 뒤의 이론 $T^\star$이 T보다 똑같은 일을 더 잘한다고 말할 수가 없는데, 왜냐하면 그들은 서로 다른 일을 하기 때문이다.

정상 과학, 위기, 혁명, 정상 과학이라는 쿤의 그림은 그러한 주제 공약 불가능성을 상당히 그럴듯하게 만든다. 일군의 반례가 광범위한 관심을 끌되, T에 수정을 가하는 것을 거부할 때, T에 위기가 일어난다. 혁명은 반례를 재기술하며, 새로운 이론을 산출시키는데, 그 새 이론은 앞서 존재하던 골칫거리 문제를 설명해낸다. 만일 새로운 개념이 일정한 옛 문제를 해결하고 탐구할 새 접근법과 주제를 산출시키면 성공한다. 그 결과로 나오는 정상 과학은 앞서 존재하던 정상 과학의 수많은 성공을 무시할 수가 있다. 그러므로 $T^\star$ 과 T 사이에 몇몇 중첩이 존재할 수는 있더라도, 포섭에 관한 네이글의 그림 같은 것은 존재할 수가 없을 것이다. 더욱이 심지어 중첩이 있는 곳에서도, $T^\star$ 이 몇몇 현상을 기술하는 방식은 T가 제공하는 기술과는 매우 달라서 우리는 이들이 똑같은 방식으로 이해조차 되지 않는다고 느낄 수도 있다.

1960년 영어로 글을 쓰는 대부분의 철학자들이 네이글에 동의하고 있었을 때, 쿤과 파이어아벤트는 거대한 충격으로 다가왔다. 그러나 현재에 이르러 주제 공약 불가능성은 자력으로 상당한 정도로 인정될 수 있어 보인다. 산소 이론이 플로기스톤에 의해서 연구된 주제와는 다른 일군의 주제 쪽으로 대부분 옮겨갔는가의 여부는 역사적 질문이다. 순수한 네이글적 포섭이라는 한 끝에서 출발하여, 뒤에 오는 이론이 T의 주제, 개념, 질문을 총체적으로 대체한다고 그 안에서 우리가 말하고자 희망하게 되는 그 반대쪽 극단에 이르는, 광범위한 역사적 사례가 의심의 여지없이 존재할 것이다. 그 극단에서, $T^\star$ 에 관해서 교육받은 나중 세대의 연구자는 그들이 역사가와 해석자의 역할을 수행해 무에서부터 T를 다시 배우게 될 때까지는 T가 단순히 이해 가능하지 않다는 점을 알게 될 것이다.

분리

충분히 긴 시간에 걸친 충분히 급진적인 이론의 전이는 앞서 있던 연구가 나중의 과학 청중에게는 이해되지 않도록 만들 수도 있다. 여기서 구별을 해내는 것이 중요하다. 옛 이론은 잊혀질 수 있으나,

A부 표상하기

그것을 다시 배우려 기꺼이 시간을 보내고자 하는 현대의 독자에게는 여전히 이해 가능할 수도 있다. 한편 몇몇 이론은 아주 급진적인 변화를 지시해주고 있어서 어떤 이는 이론을 그저 배우는 일보다 훨씬 더 힘든 어떤 것을 필요로 한다. 두 가지의 예는 대조를 이루어내는 데에 충분하다.

5권으로 된 『천체 역학(Celestial Mechanics)』은 1800년 무렵 라플라스(Laplace)가 쓴 위대한 뉴튼 물리학 책이다. 현대의 응용 수학 연구자는 그것을 이해할 수 있다. 이는 라플라스가 칼로릭(caloric)에 관해서 쓰고 있는 그 저술의 끝 쪽에 대해서도 참이다. 칼로릭은 물질, 곧 열의 물질이며, 거리에 따라 아주 급격하게 줄어드는 반발력을 갖는 작은 입자로 구성된다고 추정되고 있다. 라플라스는 그의 칼로릭 모형으로 몇몇 중요한 문제를 푸는 것을 자랑스러워한다. 그는 공기 속의 음속을 최초로 유도해낼 수 있다. 라플라스는 관찰된 값을 대략적으로 얻은 반면, 뉴튼의 유도는 아주 틀린 답을 제공했다. 우리는 칼로릭과 같은 물질이 존재한다고 더 이상 믿지 않으며, 우리는 라플라스의 열 이론을 완전히 대체시켜 버렸다. 그러나 우리는 그것을 연구할 수 있고 그가 하고 있는 것을 이해할 수 있다.

이와 대조시키기 위해 파라켈수스(Paracelsus)의 여러 권의 책으로 관심을 돌리기로 하는데, 그는 1541년에 죽었다. 그는 다음과 같은 일군의 헤르메스주의적(hermetic) 관심을 갖는 북유럽 르네상스 전통을 보여주는 좋은 예가 된다. 즉 의학, 생리학, 연금술, 식물지(植物誌, herbals), 점성술, 점이 그것이다. 그 당시 여타의 수많은 '의사'처럼, 그는 그 모든 것을 단일한 기예(技藝)의 부분으로서 실천했다. 역사학자는 파라켈수스에게서 나중의 화학 및 의학에 관한 예견을 발견할 수 있다. 식물지 연구자는 그의 진술에서 몇몇 잃어버린 지식을 되찾을 수 있다. 그러나 여러분이 그를 읽고자 한다면, 여러분은 우리와 전적으로 다른 어떤 이를 발견하게 될 것이다.

우리가 그의 단어를 하나하나씩 이해할 수 없는 것은 아니다. 그는 변칙적 라틴어와 원시 독일어로 글을 썼지만, 심각한 문제는 없다. 그의 글은 현재 독일어로 번역되었으며 그의 몇몇 연구는 영어로 구해서 볼 수 있다. 그 논조는 이와 같은 문구에 의해서 잘 시사되고 있다. '자연은 다른 것, 즉 그림, 돌, 풀, 말(words)과 같은 것을 통해서 작동하거나, 자연이 혜성, 상사물, 무리(halos), 하늘의 이상한 여타 산물을 만들어낼 때 자연은 작동한다.' 우리가 여기서 파악할 수 없는 것은 사고의 순서인데, 왜냐하면 그것이 우리에게는 좀처럼 이해되지가 않는 전 체계의 범주에 기초하고 있기 때문이다.

우리가 그 말을 완전히 잘 이해할 수 있는 것으로 보일 때조차도, 우리는 안개 속에 있다. 르네상스기의 아주 심각하며 지적인 여러 작가는 오리 또는 거위 또는 백조의 기원에 관해서 이상한 진술을 한다. 나폴리 만에 떠 있는 부패한 통나무가 거위를 생겨나게 할 것이다. 오리는 만각류(蔓脚類)에서 생겨난다. 사람들은 당시에 오리와 거위에 관해서 모든 것을 알고 있었다. 그들은 근처의 헛간 앞마당에 그들을 놓아기르고 있었던 것이다. 백조는 지배 계급에 의해서 지속적으로 반(半)사육되고 있었다. 만각류와 통나무에 관한 이러한 어리석은 명제의 힘은 무엇인가? 우리가 이러한 사고를 표현할 문장을 결여하고 있지는 않다. 우리는 존슨(Johnson)의 『사전(Dictionary)』(1755)과 『옥스퍼드 영어 사전(Oxford English Dictionary)』에서 똑같이 발견하게 되는 다음과 같은 단어들을 갖고 있다. 'Anatiferous — 오리 혹은 거위를 생산하는, 즉 만각류를 생산하는, 과거에는 만각류가 나무에서 자라며, 그 아래 있는 물로 떨어져서, 나무 거위(tree-geese)로 변한다고 가정되었다.' 이 정의는 충분히 평이하지만 이 관념의 요지는 무엇일까?

파라켈수스는 닫힌 책이 아니다. 어떤 이는 그를 읽는 법을 배울 수 있다. 어떤 이는 심지어 그를 모방할 수 있다. 그가 살던 시절에

A부 표상하기

는 우리가 지금 사이비파라켈수스(pseudo-Paracelsus)라고 하는 많은 모조물이 있었다. 여러분은 사이비파라켈수스의 또 다른 권을 안출하기 위해서 그의 사고방식 속으로 충분히 들어갈 수 있을 것이다. 그러나 그렇게 하기 위해서는 우리가 현재에는 예를 들어 동종요법 의학에서 단지 가까스로 상기하게 되는 이상한 사고 체계를 여러분이 재창조해야 할 것이다. 문제는 단지 우리가 파라켈수스는 그릇되게 썼다고 생각한다는 점이 아니라, 수많은 그의 문장에 우리가 참과 거짓을 붙일 수 없다는 것이다. 그의 추론의 스타일은 이상하다. 매독은 수은 연고에 의해서 그리고 정신적인 것에 대한 내적 관리에 의해서 치료될 터인데, 왜냐하면 금속 수은은 행성, 곧 수성의 기호이며, 수성은 다시 장터를 표시하고, 매독은 장터에서 걸리기 때문이다. 이를 이해하는 일은 라플라스의 칼로릭 이론을 배우는 것과 전적으로 다른 활동이다.

파라켈수스의 담론은 우리의 담론과 공약 불가능한데, 왜냐하면 그가 말하고자 했던 것을 우리가 말하고자 하는 어떤 것과 들어맞게 하는 방법은 없기 때문이다. 우리는 그를 영어로 표현할 수 있지만 이야기되고 있는 것을 우리가 단언하거나 부정할 수 없다. 기껏해야 어떤 이는 그가 우리 자신의 시대의 사고와 멀어지거나 분리되는 경우에만 파라켈수스의 방식에 관해서 말하기 시작할 수 있다. 그러므로 우리 자신과 파라켈수스 사이의 이 대조가 **분리**(dissociation)라고 나는 말하게 될 것이다.

만일 우리가 파라켈수스는 우리 세계와는 다른 세계에 살고 있다고 말한다면 우리는 은유를 곡해하지 않는 것이다. 분리에 관한 두 개의 강력한 언어적 상관물이 존재한다. 하나는 수많은 파라켈수스적 진술이 우리의 참 또는 거짓의 후보자 안에 있지 않다는 것이다. 다른 하나는 잊혀진 추론의 스타일이 그의 사고의 중심에 있다는 것이다. 나는 다른 곳에서 이 두 측면이 밀접히 연결되어 있다고 논의한다. 흥미로운 명제는 일반적으로 그것의 진리 값을 정하는 일을 도와주는 추론의 스타일이 존재할 때에만 참 또는 거짓이다.1 콰인과 여타 사람들은 개념적 구도(conceptual scheme)에 대해서 쓰는 데, 이것으로 그들은 참이라고 주장되는 일군이 문장을 의미한다. 이는, 내가 생각하기에, 잘못된 특징 묘사다. 개념적 구도는 가능성 들의 망이며, 그것의 언어적 정식화는 참 또는 거짓으로 잡아낼 수 있는 일군의 문장이다. 파라켈수스는 세계를 가능성의 서로 다른 망으로 보았고, 이는 우리의 것과는 다른 추론의 스타일 안에 끼어 있으며, 이것이 바로 우리가 그와 분리되는 이유인 것이다.

폴 파이어아벤트가 과학의 여러 영역에서 공약 불가능성에 대해 서 이야기했음에도 불구하고, 『방법에 반대하여(Against Method)』속 의 그의 성숙된 사고는 주로 내가 분리라고 부르는 것에 관한 내용 이다. 그의 발군의 예는 고대 그리스에서 고전적 그리스로의 전이 다. 주로 서사시와 단지(urns) 위에 그리는 그림을 끌어들여서, 그는 호머의 그리스인은 글자 그대로 아테네 사람들과는 사물을 다르게 보았다고 주장한다. 이것이 옳든 그르든, 그것은 예를 들어 각각의 물리학자 집단은, 전자에 대해서 이야기할 때, 서로 다른 것에 관해 언급해 왔다고 말하는 주장보다는 훨씬 덜 놀랍다.

많은 예가 라플라스와 파라켈수스라는 극단 사이에 놓여 있다. 옛 교과서는 그들이 우리의 사고방식과 분리되는 정도를 우리에게 계속해 숨긴다는 것을 역사가는 곧 알게 된다. 예를 들어 아리스토 텔레스의 물리학은 우리의 것과는 분리된 운동의 관념에 의존하며, 우리는 그의 단어의 망을 인식함으로써만 그를 이해할 수 있다고 우리에게 말한다. 쿤은 우리의 선배들의 업적을 우리의 방식이 아

1_ I. Hacking, "Language, truth and reason", in M. Hollis and S. Lukes(eds.), *Rationality and Relativism*(Oxford, 1982), pp.48~66을 볼 것.

닝, 그들의 방식에서 다시 생각할 필요성을 가르쳐주는 여러 역사가 가운데 한 사람이다.

의미 공약 불가능성

세 번째 종류의 공약 불가능성은 역사적인 것이 아니라 철학적인 것이다. 그것은 이론적 존재자, 곧 비관찰적 존재자를 상징하는 용어의 의미에 관해 묻는 데서 출발한다.

이론적 존재자나 이론적 과정을 위한 이름들은 어떻게 그들의 의미를 얻게 되는가? 어린이가 '손'과 '지팡이'와 '슬픈'과 '무서운'과 같은 단어들의 사용을 이들 단어가 적용되는 (그 자신의 손, 그 자신의 슬픔을 포함하는) 것을 보게 됨으로써 파악할 수 있으리라는 관념을 우리는 지닐 수 있다. 언어 습득에 관한 우리의 이론이 그 무엇이든 간에, 손과 슬픔의 명백한 현존과 부재는 그 단어가 의미하는 바를 잡아내는 데에 도움이 되어야 한다. 그러나 이론적 용어는, 거의 정의에 의해, 관찰될 수 없는 것을 지시한다. 어떻게 그들은 의미를 얻는 것인가?

우리는 정의에 의해 몇몇 의미를 부여할 수 있다. 그러나 깊이 있는 이론의 경우에, 어떠한 정의는 그 자체가 다른 이론적 용어를 포함할 수 있을 것이다. 더욱이 우리는 이해하기 시작하기 위해서 좀처럼 정의를 사용하지 않는다. 우리는 이론에 관해서 이야기함으로써 이론적 용어를 설명한다. 이것은 그 용어의 의미가 그 이론 자체에서 나오는 일련의 단어들에 의해서 주어진다고 오랫동안 제안해왔다. 이론 속의 개별 용어의 의미는 전체 이론의 구조 속의 그들의 위치에 의해서 주어진다는 것이다.

의미에 관한 이러한 견해에서, 뉴튼 이론 속의 '질량'은 상대론적 역학 속에서와 똑같은 '질량'을 의미하지 않게 되리라는 점이 따라 나오게 된다. 코페르니쿠스 이론 속의 '행성'이 프톨레마이오스 이론 속에서 똑같은 '행성'을 의미하지 않을 것이며, 실제로 태양은 프톨레마이오스에게 행성이었지만 코페르니쿠스에게는 그렇지 않았다. 코페르니쿠스가 우리의 행성 체계의 중심에 태양을 위치시켰을 때 태양 자체는 다른 어떤 것을 의미하지 않았나? 사람들이 행성과 질량에 관해서 더 많이 사고하게 되면서 '행성' 또는 '질량'이 새로운 의미를 진화시켜냈다고 우리가 말한다면 왜 그것이 문제가 되는가? 왜 우리는 의미 변화에 대해 법석을 떨어야만 하는가? 왜냐하면 그것은 우리가 이론들을 비교하기 시작할 때 문제가 되는 것으로 보이기 때문이다.

s가 질량에 관한 문장이며, 그것이 상대론적 역학에 의해서는 단언되고 뉴튼 역학에 의해서는 부정된다고 하자. 단어 '질량'이 한 이론 안의 그것의 위치에서 의미를 얻는다면, 그것이 뉴튼 역학에서 사용되었느냐 상대론적 역학 속에서 사용되었느냐의 여부에 의존해 그것은 다른 어떤 것을 의미하게 될 것이다. 이에 따라 아인슈타인이 단언한 문장 s는 뉴튼이 부정한 문장 s와 의미에서 달라야만 한다. 이제 r을 단어 '질량'을 사용하는 문장이되, s와는 달리 뉴튼과 아인슈타인 모두에 의해서 단언되는 문장이라고 하자. 우리는 뉴튼 이론 안에 나타나는 r이 상대론적 이론 안에 포섭된다고 말할 수 없다. 왜냐하면 '질량'이 두 맥락 모두에서 똑같은 것을 의미하지는 않을 것이기 때문이다. 한 가지 명제, 곧 r에 대해 공유된 의미이며, 뉴튼과 아인슈타인 둘 다에게 공유되는 그러한 명제는 존재하지 않을 것이다.

이는 격렬한 공약 불가능성이다. 이론적 용어를 채용하는 어떠한 두 이론을 위한 공통의 척도는 없는데 왜냐하면 원리적으로 그들은 결코 똑같은 쟁점을 토의할 수 없기 때문이다. 네이글의 포섭 학설은 그렇다면 논리적으로 불가능하게 되는데, 이는 단순히 T가 이야기하는 것은 뒤에 오는 이론 $T^\star$ 속에서 단언(되거나 부정)될 수조차 없기 때문이다. 이러한 내용이 의미 공약 불가능성을 위한 두드러진 주장이다. 실험이 이론 사이에서 결정을 내린다면, 하나의 이론이 예측하는 바와 다른 이론이 부정하는 바를 단언하는 문장이 있어야 하는 것 아닌가? 그런 문장이 존재할 수 있는가?

의미 공약 불가능성이라는 학설은 격노한 외침을 만났다. 그 모든 관념은 모순적이라고 이야기되었다. 예를 들어 천문학과 유전학이 공약 불가능하다는 점을, 즉 그것들은 서로 다른 영역에 대한 것이라는 점을 아무도 부정하지 않을 것이다. 그러나 의미 공약 불가능성은 경쟁하는 혹은 잇따르는 이론이 공약 불가능하다고 이야기한다. 우리가 그들은 똑같은 주제에 관한 것이며, 따라서 그들간의 비교가 이루어진다는 점을 인정하지 않는다면, 어떻게 우리는 그들이 경쟁하거나 잇따른다고 할 수조차 있을 것인가? 의미 공약 불가능성에 대한 여타의 똑같이 일천한 반응이 존재한다. 그 다음으로 깊이 있는 반응이 존재하는데, 그 가운데 최선은 도널드 데이빗슨(Donald Davidson)의 것이다. 데이빗슨은 공약 불가능성이 아무런 의미가 없음을 넌지시 내비친다. 왜냐하면 그것이 서로 다르고 비교 불가능한 개념적 구도라는 관념에 의지하기 때문이다. 그러나 그가 주장하기로, 바로 그 개념적 구도라는 관념은 모순적이다.[2]

더 직접적인 수준에서, 예를 들어 더들리 섀피어(Dudley Shapere)에 의하여, 이론 비교를 허락하기에 충분한 잇따르는 이론 사이의 의미의 똑같음이 존재한다고 조심스럽게 논의되어 왔다.[3] 섀피어는

2_ D. Davidson, "On the very idea of a conceptual scheme", *Proceedings and Addresses of the American Philosophical Association* 47(1974), pp.5~20.

3_ D. Shapere, "Meaning and scientific change", in R. Colodney(ed.), *Mind and Cosmos: Essays in Contemporary Science and Philosophy*(Pittsburgh, 1966), pp.41~85.

그러한 문제가 의미라는 관념을 전혀 갖고 들어오지 않음으로써 가장 잘 논의된다고 가정하는, 지금은 파이어아벤트를 포함하는 사람들 가운데 속해 있다. 나는 이에 동의한다. 그러나 의미 공약 불가능성의 뿌리에는 이론적 존재자를 표시하는 용어들이 어떻게 의미를 얻게 되느냐 하는 질문이 존재한다. 그 질문은 의미에 관한 대략적인 개념을 전제로 한다. 그 질문이 제기되어 왔고 그 같은 폭풍이 생겨났으므로, 우리에게는 의미에 관한 더 나은 대략적 개념을 산출해야 할 의무가 있다. 힐러리 퍼트넘은 그 의무에 영광을 안겨줬으며, 우리는 이제 의미 공약 불가능성을 철저하게 교묘히 피해가기 위해 지시(reference)에 관한 그의 이론에 관심을 돌리기로 한다.

●●● 6 지시

과학철학자들만 의미에 관해 전혀 골치를 썩이지 않았더라면, 우리는 의미 공약 불가능성에 관한 어떠한 학설도 갖지 않았을 것이다. 사실상, 우리는 경쟁하는 이론들 혹은 잇따른 이론들을 갖고 있는 사람들이 여전히 똑같은 것에 관해서 이야기하고 있을 수도 있다는 점을 허용하는 의미에 관한 대안적 해명을 필요로 한다. 가장 생존력 있는 대안은 힐러리 퍼트넘의 그것이다.[1] 그는 그것을 그가 앞서 주장했던 과학적 실재론의 일부로서 의도했다. 그는 그 이후로 점점 더 반실재론자가 되어갔지만, 그것은 내가 다음 장을 위해서 남겨 둔 이야기다. 지금은 그의 '의미'의 의미에 대해 고려하기로 한다.

1_ 힐러리 퍼트넘에 관한 모든 참조사항은 자신의 *Philosophical Papers*의 2권인 *Mind, Language and Reality*(Cambridge, 1979)에 재수록된 "The meaning of 'meaning'"과 그 밖의 논문에 근거한다.

의미(sense)와 지시

단어 '의미'는 여러 용법을 지니며, 그것의 다수는 정확하다기보다는 오히려 환기적(喚起的)이다. 시와는 반대로, 단어의 평범한 의미에 아무리 우리가 매달릴지라도, 적어도 두 가지 종류의 구별되는 의미가 존재한다. 이것들은 1892년에 고틀로프 프레게(Gottlob Frege)가 쓴 논문 「의미와 지시에 관하여」("On sense and reference")에서 구별되었다.

당신은 무엇을 의미하는가라는 질문에 대한 두 가지 상이한 대답을 고려해본다. 리처드 오원(Richard Owen)이 부에노스아이레스에서 가져 온 글립토돈(glyptodon)이 이제 복원되었다고 내가 방금 여러분에게 말했다고 가정하자. 대부분의 사람들은 단어 '글립토돈'의 의미를 모르며 따라서 당신은 무엇을 의미하느냐고 물을 수 있을 것이다.

만일 우리가 박물관 안에 서 있다면 나는 조금 크고 비상식적인 모양을 한 골격을 단순히 가리킬 수 있을 것이다. 저것이 내가 의미하는 바다. 프레게의 전문용어로 말하자면, 바로 그 골격이 내가 쓰는 단어들, '리처드 오원이 부에노스아이레스에서 가져 온 글립토돈'의 지시다.

다른 한편, 여러분은 아마도 단어 '글립토돈'이 무엇을 의미하는가에 대한 단서를 갖고 있지 않을 것이므로, 나는 여러분에게 글립토돈은 아르마딜로(armadillo)와 유사하지만 위가 약간 곡면처럼 패인 치아를 갖고 있는 커다랗고, 멸종된 남미의 포유류임을 말해줄 수도 있다. 이러한 정의로, 나는 프레게가 단어 '글립토돈'의 의미(sense)라고 불렀을 바를 가리키고 있다.

만일 지시가 존재한다면, 어떤 구절이 우리로 하여금 지시를 집어내게 해줄 수 있는 어떤 의미를 갖는다고, 즉 우리가 그 구절로 이해하게 되는 바를 갖는다고 생각하는 것은 당연하다. '글립토돈'의 정의를 들으면, 나는 박물관에 갈 수 있고 표본 아래에 붙어 있는 이름표를 보지 않고도 그들의 골격을, 그것이 얼마간 있다면, 찾고자 할 수 있다. 어떤 단어는 표준적 의미를 지닌다고 프레게는 생각했는데 그 표준적 의미는 과학적 전통을 가능하도록 해주는 것이다. 의미는 모든 의사소통자가 공유하는 것이고 한 세대의 연구자에서 다른 세대의 연구자로 전해 내려갈 수가 있다.

의미(sense)와 의미 공약 불가능성

프레게는 의미 공약 불가능성을 경멸했지만 그가 사물을 보는 방식은 그 뒷 안으로 들어가는 것을 도왔다. 그는 우리에게 어떤 표현은 일정하게 고정된 의미를 지녀야 한다고 가르쳐줬는데, 그 의미는 우리가 이해하는 것이며, 우리로 하여금 지시를 집어내도록 해줄 수 있다. 이제 여기에 우리는 이론적 명제들의 망 안에서 이론적 용어를 고려함으로써만 이론적 용어의 의미를 파악할 수 있다는 비프레게적 관념을 더하라. 그러한 용어의 의미는, 이론이 변화를 겪게 되면서, 변화되어야 한다는 점이 따라 나오는 것으로 보인다.

　우리는 이 결론을 몇 가지 방식으로 빠져 나갈 수 있다. 한 방식은 추상적이고, 객관적인 의미로 이루어지는 모든 작업으로 의미를 단지 두 가지 성분, 즉 의미(sense)와 지시로 부수어내는 일을 피하는 것이다. 결국, 의미(meaning)라는 관념은 자연이 의미(sense)와 지시로 딱지를 붙여 놓은 두 개의 괜찮은 묶음으로 오는 것이 아니다. 분류하기와 포장하기는 논리학자와 언어학자의 작업이다. J. S. 밀(Mill)은 그것을 약간 다른 방식으로 했다[내포(connotation)와 외연(denotation)]. 학구적 문법학자도 그렇게 했다[내포(intension)와 외연(extension)]. 언어학자 페르디낭 드 소쉬르(Ferdinand de Saussure)를 따르는 프랑스 저자들은 아주 다른 분리법을 갖고 있다[기표(signifier)와 기의(signified)]. 우리는 프레게의 줄을 느슨하게 할 수도 있을 것이며 꾸러미를 다르게 묶어낼 수도 있을 것이다. 의심의 여지없이 그렇게 하는 많은 방식이 있다. 힐러리 퍼트넘은 특히 유용한데, 왜냐하면 여타의 모든 저자와 달리 그는 '의미'의 성분의 쌍만을 갖고 있는 것은 아니기 때문이다.

퍼트넘의 '의미'의 의미

사전은 정보의 광산이다. 사전이 세계에 관한 경험적인 모든 비언어적 사실을 빠뜨리고, 단지 추상적인 프레게적인 의미만을 말해주는 것은 아니다. 사전 하나를 임의롭게 열어보면 여러분은, 말하자면, 프랑스 금화, 곧 루이 금화가 1640년에 최초로 주조되었으며, 프랑스혁명까지 계속 이어졌음을 배우게 될 것이다. 여러분은 고대 이집트인과 힌두인의 종교적 예술이 연(蓮)이라 하는 물백합에 대한 의례적 표상을 포함하고 있음을 그리고 그 전설적인 연나무의 열매가 놀라운 만족을 산출해낸다고 주장되고 있음을 배우게 될 것이다. 사전은 몇몇 발음과 문법에 대한 언급으로 표제어를 설명하기 시작하고, 과거의 어원 설명으로부터 수많은 정보로 나아가며, 용례를 들어 결론을 맺을 수 있다. 내 소사전은 '그것(it)'이라는 표제어를 다음과 같은 예로 끝을 맺고 있다. '그것은 더러운 사업, 곧 이러한 고기통조림 만들기다.'

퍼트넘은 여러 가지 유비적 성분으로부터 의미에 관한 그의 해명을 세워 나간다. 우리는 그를 사전으로 돌아가기 운동을 이끄는 사람으로 생각할 수도 있을 것이다. 나는 두 단어를 예로 사용하게 된다. 하나는 그의 선택물인 '물'이고 다른 하나는 내가 선택한 단어인 '글립토돈'이다.

A부 표상하기

의미에 관한 퍼트넘의 첫 번째 성분은 문법적인 것이다. 그는 그것을 **구문론적 표시자**(syntactic marker)라고 부른다. '글립토돈'은 가산 명사이고, '물'은 불가산 명사다. 그것은 예를 들어 복수 만들기와 관련된다. 우리는 구덩이에 약간의 물이 있다고 말하지만 구덩이에 한 클립토돈이 있다거나 구덩이에 몇몇 글립토돈들이 있다고 말한다. 단어는 상이한 문법을 갖는다. 퍼트넘은 두 단어 모두 (추상적인 것에 반하는 것으로서) 구체적인 이름이라는 지적을 구문론적 표시자 가운데 또한 포함시킬 것이다.

퍼트넘의 두 번째 성분은 **의미론적 표시자**(semantic marker)다. 우리의 사례에서 이것은 단어들이 적용되는 항목의 범주를 보여줄 것이다. '물'과 '글립토돈' 둘 다 자연에서 발견되는 사물의 이름이며, 그래서 퍼트넘은 의미론적 표시자 중에 '자연종 용어(natural kind term)'를 넣는다. 그는 '물' 아래에다 '액체'를 수록한다. '글립토돈' 아래에다 그는 '포유류'를 놓을 것이다.

전형

퍼트넘의 더 독창적인 기여는 세 번째 성분인 **전형**(stereotype)이다. 전형은 한 단어와 연합되는 관례적인 관념인데, 이는 아마도 부정확할 수가 있을 것이다. 그의 예를 이용하면, 우리 사회에서 단어 '호랑이'를 이해하는 어떤 개인은 호랑이가 줄무늬 져 있는 것으로 생각된다는 점을 알아야만 한다. 어린이가 보는 책 속의 삽화는 호랑이의 줄무늬를 강조한다. 이는 그 삽화가 **호랑이**에 대한 그림임을 보여주는 데에 중요하다. 줄무늬가 져 있음이 일종의 우연이며, 호랑이가 사막에서 그을린 균일한 색깔로 변함으로써 그들이 사는 숲의 파괴에 곧 적응하게 되리라고 어떤 이가 생각하더라도, 우리의 표준적인 호랑이가 줄무늬가 져 있다는 점은 여전히 사실이다. 호랑이에 관해서 길게 의사교환을 하는 것이 중요하다는 점을 여러분은 알 필요가 있다. 그러나 줄무늬를 잃은 호랑이에 대해서 말하는 것이 자기 모순적이지는 않다. 완전히 흰 호랑이가 정말로 보고되어 왔다. 이와 마찬가지로, 개가 네 다리를 갖는다는 것은 개의 전형의 일부인데, 그럼에도 불구하고 나의 개 베어는 세 개의 다리만을 갖고 있다.

'물'에 대한 전형의 일부로서 퍼트넘은 색이 없고, 투명하고, 맛이 없으며, 갈증을 해소시켜 주고 등등을 우리에게 부여한다. '글립토돈' 아래에서 우리는 커다랗고, 멸종되었고, 남미산이며, 아르마딜로와 유사하고, 위가 약간 곡면처럼 패인 치아를 지니고 있음을 갖게 될 수 있을 것이다.

이 요소들의 몇몇은 잘못된 것일 수도 있음에 주목하라. 단어 '글립토돈'은 플루트 + 이(flute + tooth)에 대한 그리스어에서 온 것이다. 그것은 1839년에 글립토돈 유해를 발견한 고생물학자 리처드 오윈에 의해서 발명되었다. 그러나 그 이름의 원조인 위가 약간 곡면처럼 패인 치아는 아마도 단지 몇몇 글립토돈의 특징일 것이다. 전형 속의 모든 단독 요소는 틀릴 수밖에 없다. 아마도 우리는 작은 글립토돈을 발견하게 될 것이다. 북미에도 글립토돈이 존재했다. 아마도 그 종은 멸종하지 않았을 수도 있지만 아마존 지대나 안데스 지대와 같은 먼 곳에 생존할 것이다. 아마도 오윈이 진화 나무에 관해서 잘못을 저질렀을 수가 있고 그 동물은 아르마딜로와 유사하지 않을 수도 있다.

이와 마찬가지로, 우리는 전형에 어떤 것을 더할 수가 있다. 글립토돈은 플라이스토 세(Pleistocene)에 살았다. 틀림없이 곤봉으로 사용되었을, 끝에 옹이가 진 대못같이 생긴 꼬리를 그들은 갖고 있었다. 그들은 위가 약간 곡면처럼 패인 그들의 치아로 물 수 있었을 어떤 것을 먹었다. 나는 70년 전에 쓰인 참고 서적이 오늘날 내가 찾게 되는 것과 아주 다른 특징들을 강조하고 있음에 주목해 왔다.

언어적 노동의 분화

퍼트넘의 요소들이 문제시 되고 있는 단어의 사용을 위한 항구적 기준은 아니다. 어떤 사람이 한 단어의 적용을 위한 최선의 현재적 기준을 알지 못하더라도 그 단어의 의미를 알 수가 있고 그것을 여러 상황에서 사용하는 법을 알 수도 있다. 내가 글립토돈 골격을 볼 때 그것을 식별해내는 법을 나는 알 수 있지만 고생물학자 사이에서 현재 유통되고 있는 기준은 모를 수가 있다. 퍼트넘은 언어적 노동의 분화에 대해서 이야기한다. 우리는 최선의 표준을 알고자 그리고 그것을 적용하는 법을 알고자 전문가에게 의존한다. 그런 종류의 전문가적 지식은 의미를 아느냐의 문제가 아니라 세계를 아느냐의 문제다.

퍼트넘은 우리의 이해 작용 속에 존재하는 어떤 위계를 제안한다. 그것은 라이프니츠가 그의 『진리와 관념에 관한 숙고(Meditations Concerning Truth and Ideas)』(1684)에서 오래 전에 제시했던 것과 유사하다.

최악의 상태에서, 어떤 사람은 어떤 단어가 의미하는 바를 단순히 모를 수가 있다. 그래서 퍼트넘은 그의 논문 가운데 하나에서 '헤더(heather)'를 '고스(gorse)'의 동의어라고 단언한다. 그것은 퍼트넘 자신의 구별을 즐겁게 예시해주는 순진한 실수다. 고스와 헤더는 둘 다 예를 들어 스코틀랜드에서 특징적으로 나타나는 식물이지만 고스는 밝은 노랑색 꽃을 피우는 길고 끝이 뾰족한 큰 관목이다. 헤더는 작고 부드러우며 아주 자그마한 종 모양의 자줏빛 꽃을 갖고 있다. 퍼트넘은 이들 관목의 전형조차 몰랐거나 잊었음에 틀림없다. 그러나 그것은 의심의 여지없는 실수다. 그는 '고스'의 동의

어로 '퍼즈(furze)'를 말했어야 했다. 파울러(Fowler)의 『현대 영어 용법(Modern English Usage)』은 이 두 단어가 아주 드문 쌍이며, 똑같은 지역에서 똑같은 발화자에 의해서 의미상의 어떤 차이도 없이 호환적으로 쓰이는 완벽한 동의어라고 말해준다.

다음으로, 어떤 이는 한 단어가 의미하는 바는 알지만 그것을 올바로 적용하지 못할 수가 있다. 퍼트넘이 그의 숨김없는 식물학적 고백을 계속해 가면서, 자신은 느릅나무(elm)와 너도밤나무(beech tree)를 구별하지 못한다고 우리에게 이야기 한다. 그러므로 그는 라이프니츠가 너도밤나무에 관한 **흐릿한** 관념이라고 부른 것을 갖고 있다. '내가 전에 보았던 꽃이나 동물에 관한 모호한 관념이 내가 어떤 것을 만날 때 그것을 새로운 사례로 인식하기에 족하도록 해주지 못할 때'라는 라이프니츠의 표현에서처럼 말이다.

다음으로, 어떤 이는 그것들을 적용하는 표준적 기준을 모르고서도 느릅나무와 너도밤나무를 구별할 수 있거나 금을 다른 물질로부터 구별할 수 있다. 이는 라이프니츠가 **명백한** 관념을 갖기라고 부르는 것이다. 어떤 이가 기준을 알 때 그리고 그것을 사용하는 법을 알 때 **뚜렷한** 관념을 가지게 된다. 퍼트넘과 라이프니츠는 똑같은 예를 사용한다. 시금자(試金者)는 금을 식별해내는 원리를 아는, 그리고 그것을 검사에 적용할 수 있는 전문가다. 시금자는 금에 관해서 뚜렷한 관념을 갖고 있다.

몇몇 전문가만이 뚜렷한 관념을 지니고 있으며, 즉 어떤 영역에서 타당한 기준을 알고 있다. 그러나 일반적으로 우리 모두는 그에 대해서 일정한 기준이 존재하는 '금' 혹은 '너도밤나무'와 같은 상식적 단어의 의미를 알고 있다. 멀지 않아서 전문가들이 존재하게 되지 않았더라면, 아마도 이들 단어는 사실상 현재와 같은 유통을 보일 수 없었을 것이다. 퍼트넘은 언어적 노동의 분화가 어떤 언어적 공동체의 중요한 일부라고 추측한다. 전문가의 기준이 변할 수

A부 표상하기

있음에도 주목하라. 시금자는 현재 그들이 라이프니츠 시절에 썼던 기법을 쓰지 않는다. 한 종을 정의하려는 맨 첫 번째 찌르기가 허우적거림에 그치는 일 또한 흔하다. 전형적 특징은 인식되지만, 중요한 것을 알고자 할 때 사물에 관해서 충분히 알려지지 않는다. 그렇다면 의미에서 변하지 않는 것은 무엇인가? 퍼트넘은 모든 것이 지시와 외연에 달려 있게 만든다.

지시와 외연

자연종 용어의 **지시**는 문제의 자연종이다. 만일 실제로 그러한 자연종이 존재한다면 말이다. '물'의 지시는 물질의 한 확실한 종류, 즉 H_2O다. 한 용어의 외연은 그 용어가 그에 관해 참이 되는 사물의 집합이다. 그러므로 용어 글립토돈의 외연은 모든 과거, 현재, 미래의 글립토돈의 집합이다. '글립토돈'이 자연종이 아니라면 어떻게 되는가? 고생물학자가 엄청난 실수를 했고, 위가 약간 곡면처럼 패인 모든 치아가 한 가지 종류의 동물에서 왔는데, 그 아르마딜로처럼 생긴 골격이 다른 종에서 왔다고 상상해보라. 글립토돈은 결코 존재하지 않았다. 그렇다면 '글립토돈'은 자연종 용어가 아니며 그것의 외연이라는 문제는 생겨나지 않는다. 만일 그것이 생겨나야만 한다면, 그 외연은 공집합이다.

의미에 관한 퍼트넘적 해명은 그것이 외연 혹은 지시(혹은 둘 다)를 의미의 일부로서 포함시켰다는 점에서 기존의 것과는 다르다. 이것들은 프레게적 의미가 아니며 세대를 통해 변하지 않는 것으로 주장되는 것이다.

'의미'의 의미

단어 '글립토돈'의 의미는 무엇인가? 퍼트넘의 대답은 네 가지 성분을 갖는 벡터다. 구문론적 표시자, 의미론적 표시자, 전형, 외연이 그것이다. 그러므로 실제로 우리는 다음과 같은 내용을 가져야만 한다.

> 글립토돈: [구체 가산 명사]. [자연종인 한 포유류의 이름]. [멸종되었고, 주로 남미 산이며, 커다랗고, 아르마딜로와 유사하며, 움직일 수 있는 고리 혹은 부분을 전혀 지니지 않고 길이가 5피트까지 이르는 거대하고 단단한 골격을 갖고 있으며, 플라이스토세에 살았고, 잡식성이었다]. [……]

여기서 우리는 마지막의 채울 수 없는 괄호를 제외하고 흉하게 된 사전 표제내용 외에는 아무것도 갖고 있지 않다. 우리는 사전의 쪽 위에 모든 글립토돈을 놓을 수가 없다. 우리는 그 자연종을 제출할 수도 없다. 그림 사전이 최선의 노력이 될 것인데, 왜냐하면 그림 사전은 실제 글립토돈 골격의 사진이나 글립토돈이 나타나 보여야만 하는 모습에 대한 스케치를 우리에게 주기 때문이다. 마지막의 [……]를 외연의 점(dots of extension)이라고 부르자.

지시와 공약 불가능성

전형은 우리가 일정한 종류의 사물이나 물질에 관해서 더 많이 알게 되면 바뀔 수도 있다. 우리가 진정한 자연종 용어를 가진다면, 그 용어의 지시는 그 종에 대한 전형적 견해들이 변할 수 있을지라도 똑같이 남아 있게 될 것이다. 따라서 용어를 위한 동일성의 근본 원리는 프레게적 의미에서 퍼트넘적 지시로 옮겨간다.

퍼트넘은 의미 공약 불가능성에 늘 반대해 왔다. 이론이 변할 때마다 우리는 똑같은 사물에 관해서 이야기하는 일을 그치게 된다고 의미 공약 불가능성주의자는 그럴듯하지 않게 말한다. 퍼트넘은 실재론적으로 대응하면서 그것은 불합리하다고 말한다. 물론 우리는 그 똑같은 사물에 관해서, 즉 그 용어의 안정된 외연에 관해서 이야기하고 있다.

퍼트넘이 그의 지시 이론을 발전시켰을 때 그는 여전히 과학적 실재론자였다. 의미 공약 불가능성은 과학적 실재론자에게 나쁜 것이고, 그래서 퍼트넘이 공약 불가능성이라는 함정을 피해 간 의미 이론을 발전시킨 것은 당연한 일이었다. 그것은 소극적인 결과다. 적극적인 결과도 존재한다. 예를 들어 반 프라센은 나 자신처럼 의미 이론이 과학철학에서 아주 작은 위치를 지녀야 한다고 생각하는 반실재론자다. 여전히, 그는 전자가 존재한다고 확신하는 실재론자를 못살게 군다. '밀리컨은 누구의 전자를 관찰했는가, 로렌츠의 것을, 러더퍼드(Rutherford)의 것을, 보어 또는 슈뢰딩어(Schrödinger)의 것을?'(『과학적 이미지』, p.214) 지시에 관한 퍼트넘의 해명은 실재론자에게 명백한 응답을 제공한다. 밀리컨은 전자의 전하를 측정했다는 것이다. 로렌츠, 러더퍼드, 보어, 슈뢰딩어, 밀리컨은 모두 전자에 관해 이야기하고 있었다. 그들은 전자에 관해 서로 다른 이론을 갖고 있었다. 전자에 관해 서로 다른 전형들이 유행해 왔지만 우리가 이야기하고 있는 바의 똑같음을 고정시켜 주는 것은 지시다.

이 응답은 지금까지 이야기해 온 것을 넘어서 하나의 위험한 단계로 나아간다. 물과 글립토돈의 경우에, 단어와 세계를 접속시키는 좋은 방식이 존재하는 것으로 보인다. 우리는 적어도 몇몇의 그런 재료를 가리킬 수 있다. 우리는 가리킬 수 있고, 사진 찍을 수 있거나, 그러한 종인 글립토돈의 성원으로부터 골격을 재구성해낼 수 있다. 우리가 전자를 가리킬 수는 없다. 우리는 퍼트넘의 이론이 이론적 존재자에 관해서 어떻게 작동하는가를 보여주어야 한다.

다음에 나오는 몇 절에서 나는 실생활에 나타나는 몇몇 지칭 (naming)에 대해서 기술한다. 과학 소설로 하여금 대중적 인기를 끌게 만드는 제한된 영역의 상상력이 부족한 사건들에 반하는 것으로서, 과학에서 나타나는 기묘한 것들의 의미를 우리는 가져야만 한다. 사실보다 허구를 퍼트넘이 선호하는 점은 퍼트넘의 글의 흠이다. 그 사실이 '의미'에 관한 퍼트넘의 단순화된 의미의 결함을 노출시킨다. 하지만 그는 의미 공약 불가능성이라는 사이비문제로부터 우리의 부담을 덜어 왔다. 전자에 이름을 붙이기 위해서 우리가 이름에 관한 어떠한 이론을 필요로 하지는 않는다. (나는, 철학적 기반 위에서, 원리적으로 어떠한 완벽하고 일반적인 의미 이론 또는 지칭 이론이 존재할 수 없음을 은밀히 주장한다.) 명백히 거짓인 이론이 유일하게 성립 가능한 이론은 아니라는 점을 우리가 확신할 필요만이 있을 뿐이다. 퍼트넘은 그렇게 했다.

나는 또한 이따금 퍼트넘의 해명에 부가되는 몇몇 선택적 잉여사항에 대해서 경고해야 한다. 퍼트넘의 생각은 솔 크립키(Saul Kripke)가 지금은 독립적으로 『지칭과 필연성(Naming and Necessity)』으로 출간된 주목할 만한 일련의 강의를 했던 시절에 진화되었다. 크립키는 어떤 사람이 자연종인 사물을 지칭하는 데 성공할 때 그런 종의 사물은 그것의 본질의 일부로서, 곧 그것의 본성의 일부로서 그 종이 되어야 한다고 주장한다. 이것은 아리스토텔레스에 기인하는 철학인 본질주의(essentialism)로 되돌아가는 것이다. 크립키에 따르면, 만일 물이 사실상 H$_2$0라면 물은 필연적으로 H$_2$0라는 것이다. 형이상학적 필연성의 문제로서, 그것은 그 외에 다른 것일 수 없다. 물론 우리 모두가 알듯이, 그것은 다른 것일 수도 있지만 그것은 인식적 문제다. 이러한 본질주의는 단지 우연적으로 퍼트넘의 '의

A부 표상하기

미'의 의미와 연결될 뿐이다. 그의 지시가 '본질'일 필요는 없다. D. H. 멜러(Mellor)는 적어도 과학철학과 관련된 한에서 그러한 관념에 저항하기 위해 강력한 이유들을 제시했다.[2] (그것은 과학철학자들이 의미 이론에 대해서 조심해야 할 필요성에 관한 또 다른 예다.) 논리학 연구자에 대해서 갖는 크립키의 관념들의 본질적인 중대성에도 불구하고 여기서는 그의 관념들이 퍼트넘의 생각에 대한 나의 버전에 추가되지 **않을** 것이다.

전자에 이름 입히기

전자와 같은 새로운 자연종은 종종 이론과 실험 속에서 점차 명료화되어 가는 초기 사변의 결과다.

　퍼트넘은 한 자연종을 집어내어 그것에 이름을 붙이는 데에 그 자연종의 어떤 예를 가리키는 일이 필수적이지 않음을 주장한다. 더욱이 가리키기란 결코 충분하지가 않다. 수많은 예를 가리키는 일과 그들을 사과라고 부르는 일이 그 이후에 단어 '사과'를 적용하는 몇 가지의, 혹은 무한정 많은 방식과 일관된다는 점은 종종 비트겐슈타인에게 돌려지는 잘 알려진 주장이다. 더욱이 어떤 사과 정의하기도 원리적으로 단어 '사과'의 사용을 위한 규칙이 무한정 많은 방식으로 가지 쳐 나오게 될 가능성을 배제하지 못하는데, 아담의 사과로 불리는 인간의 목의 부위 또는 참나무 사과, 즉 기생물의 보금자리로 만들어진 캘리포니아 참나무 위의 커다랗고 단단한 공과 같은 호기심 어린 은유는 말할 것도 없고 말이다. 추정되기로 비트겐슈타인적인 이러한 학설에 대해서 우리가 어떻게 느끼던 간

2_ D. H. Mellor, "Natural kinds", *British Journal for the Philosophy of Science* 28(1977), pp.299~312.

에, 가리키기가 결코 충분한 것이 못됨은 적어도 명백하다. 가리키기가 하는 바는 우리의 단어 '사과'와 어떤 일정한 종류의 과일, 즉 사과들 사이의 인과적, 역사적 연결을 우리에게 제공하는 일이다. 그 연결은 단어 '전자'를 둘러싼 이론과 실험의 역사적 전개에 의해서 예시되듯이, 다른 방식으로 수립될 수도 있다.

퍼트넘은 보어(Bohr)와 전자에 관한 이야기를 말해준다. 퍼트넘에 따르면, 보어는 전자에 관해서 한 이론을 갖고 있었다. 그것이 정확히 올바른 이론은 아니었지만, 그는 우리의 주의를 이 자연종 사물로 끌고 갔다. 퍼트넘이 이야기하듯이, 우리는 일종의 자비의 원리(principle of charity)를 적용해야 한다. 퍼트넘은 그것을 의혹 받는 것의 이익(benefit of the doubt)의 원리, 혹은 그가 재미있게 제시하듯, 이름 붙여지는 것의 이익(benefit of the dubbed)의 원리라고 부른다. 우리는 보어가 하고 있던 바에 대해서 의혹을 가질 수도 있겠지만, 우리의 역사적 전통 속에서 그의 위치를 고려하면, 우리는 그가, 부적당한 이론으로 그랬음에도 불구하고, 진정으로 전자에 관해서 이야기하고 있었음을 인허해야 한다.

늘 그렇듯이 나는 과학 소설보다 진리를 선호한다. 보어가 단어 '전자'를 발명하지는 않았지만, 표준적 사용은 이어받았다. 그는 이미 잘 알려진 입자에 관해서 사색했다. 올바른 이야기는 다음과 같다. '전자'는 전기의 자연적 단위를 위해 1891년에 제안되었던 이름이었다. 존스틴 스토니(Johnstone Stoney)는 일찍이 1874년에 그러한 자연적 단위에 대해서 쓰고 있었고, 그는 1891년에 '전자'라고 이름 붙였다. 1897년에 J. J. 톰슨(Thompson)은 음극선(cathode rays)이 최소의 음 전하를 갖는 당시에 '초원자적 입자(ultratomic particles)'라 불리던 것으로 이루어져 있음을 보여줬다. 이 입자는 톰슨에 의해서 오랫동안 '미립자(corpuscles)'라고 불렸는데, 톰슨은 어떤 궁극적인 물질을 그가 잡았다고 올바로 생각했다. 그는 그것의 질량을 결정해냈다. 한편 로렌츠는 그가 전자라고 재빨리 이름 붙인 최소 전하의 입자에 관한 이론을 정교화하고 있었다. 1908년 무렵에 밀리컨은 이 전하를 측정했다. 로렌츠 및 여타 사람들의 전자 이론은 실험적 작업과 그런대로 잘 연결되는 것으로 보였다.

내 견해로 존스턴 스토니가 그가 전하의 최소 단위가 존재한다고 말했을 때 그는 깊이 숙고하고 있었다. 우리가 그에게 의혹 받는 것의 이익 또는 좀더 정확히 말해서 이름 입힌 자의 이익을 수여하는데, 왜냐하면 그가 그 이름을 만들었기 때문이다. 만일 그가 또한 전자에 관해서 이야기하고 있었기를 여러분이 바란다면(이것이 문제가 되는가?) 그럼에도 불구하고 나는 톰슨과 밀리컨의 연결을 전혀 의심하지 않는다. 그들은 초원자적 입자의 질량과 전하를 실험적으로 결정함으로써 이 하전된 초원자적 입자의 실재를 수립시키는 길로 적절히 향해 있었던 것이다. 톰슨은 원자에 관한 틀린 구도, 종종 푸딩 구도라 불리는 구도를 갖고 있었다. 그의 원자는 그 안에 영국 푸딩 속의 씨 없는 건포도와 같은 전자를 갖고 있었다. 그러나 만일 톰슨은 전자 — 우리의 전자, 밀리컨의 전자, 보어의 전자 — 가 아닌 다른 어떤 것의 질량을 측정했다고 그가 말했다면, 공약 불가능주의자는 그의 머리에서 나왔을 것이다.

전자는 지시에 관한 퍼트넘의 견해에 대한 행복한 예화를 제공한다. 우리는 전자에 관해서 톰슨이 알았던 것보다 훨씬 더 많이 알고 있다. 우리는 전자에 관한 사변과 실험이 맞물릴 수 있음을 정규적으로 알아냈다. 1920년대 초반에 O. 슈테른(Stern)과 W. 게를라흐(Gerlach)가 행한 실험은 전자가 각 운동량(angular momentum)을 갖고 있다고 제안했고, 곧이어 1925년에 S. A. 호우트스밋(Goudsmit)과 G. E. 울런벡(Uhlenbech)은 전자 스핀(spin)에 관한 이론을 갖게 되었다. 현재 누구도 전자가 근본적 중요성을 지니는 자연종임을 의심하지 않는다. 많은 이들은 이제 전자가 전하의 최소 단위로 하전되어 있지 않다고 상상한다. 쿼크는 추측되기로 1/3 e의 전하를 갖지만, 이 것이 전자의 실재성 혹은 진정성을 해치지는 않는다. 그것은 오랫동안 이어져온 전형의 한 조각이 수정되어야함을 의미할 뿐이다.

산: 분기되는 종

퍼트넘이 가장 일찍 제시했던 사례의 하나는 산(acids)과 관련이 있다. '산'은 이론적 존재자를 표시하지 않지만, '물'과 같은 자연종 용어다. 공약 불가능성주의자는 우리가 단어 '산'으로 1800년 무렵 라부아지에 또는 돌턴(Dalton)이 의미했던 바와 다른 어떤 것을 의미한다고 말할 것이다. 산에 관한 우리의 이론들은 실질적으로 변해왔지만, 퍼트넘이 말하기로, 우리는 새로운 화학의 그러한 선구자들처럼 똑같은 종에 관해서 여전히 이야기하고 있다.

퍼트넘은 옳은가? 확실히 산의 전문가적 전형 속에는 중요한 속성의 다발이 존재한다. 산은 수용액에서 신맛이 나며, 리트머스 시험지와 같은 지시자의 색을 변화시키는 물질이다. 산은 여러 금속과 반응해 수소를 발생시키며, 염기와 반응해 염(鹽)을 형성한다.

라부아지에와 돌턴은 이 전형에 완전히 동의할 것이다. 라부아지에는 우연히 그러한 물질에 관한 거짓인 이론을 갖게 되었는데, 왜냐하면 그는 모든 산이 그 안에 산소를 소유하고 있다고 생각했기 때문이다. 실제로 그는 산을 그런 방식으로 정의했지만, 1810년에 데이비는 그것이 실수였음을 보여줬는데, 왜냐하면 뮤리애틱 (muriatic) 산은 그저 HCl, 즉 우리가 현재는 염산이라고 부르는 것이기 때문이다. 그러나 라부아지에와 데이비가 똑같은 물질에 관해서 이야기하고 있었음은 의심의 여지가 없다.

퍼트넘의 사례 선택에서 불행히도 산은 전자만큼 아주 성공적인 이야기는 아니다. 1923년까지 모든 것은 잘 되어갔다. 그 해에 노르

웨이에서 J. N. 브뢴스테드(Brønsted)와 영국에서 T. M. 라우리(Lowry)는 '산'에 대한 한 가지 새로운 정의를 산출시켰고, 한편 미국에서 G. N. 루이스(Lewis)는 다른 정의를 산출시켰다. 오늘날 두 개의 자연종이 존재한다. 브뢴스테드-라우리 산과 루이스 산이 그것이다. 당연히 이들 두 가지 '종' 양자가 모든 표준적 산을 포함하지만, 어떤 물질은 이 두 종 가운데 단지 하나에만 속하는 산이다.

브뢴스테드-라우리 산은 양성자(proton)를 잃는 경향을 지닌 종의 구성원이다(한편 염기는 양성자를 얻는 경향을 지닌다). 루이스 산은 공유 전자쌍으로 이루어지는 화학 결합을 형성함으로써 염기로부터 전자쌍을 받아들일 수 있는 종에 속한다. 이 두 가지 정의는 우연히도 산에 대해서는 동의하고 있으나 염기에 대해서는 그렇지가 않은데, 왜냐하면 그것은 전형적인 루이스 산이 양성자를 포함하지 않기 때문이며, 양성자는 브뢴스테드-라우리 산이 되기 위한 선행조건이다. 내가 이해하기로, 대부분의 화학자는 대부분의 목적에 대해서 브뢴스테드-라우리의 설명을 선호하는데, 왜냐하면 그것이 산성의 여러 국면에 더 만족스런 설명을 제공하는 것으로 보이기 때문이다. 한편 루이스의 설명은 몇몇 다른 목적을 위해서 사용되며 원래는 산의 더 오래된 현상학적 특성과의 일정한 유비에 의해서 자극받았다. 한 권위자는 다음과 같이 쓴다. '산과 염기에 관한 브뢴스테드-라우리 정의와 루이스 정의의 상대적 장점에 대해 수없이 많은 긴 논쟁 주고받기가 발생해 왔다. 그 차이는 본질적으로 명명법의 차이였고 과학적 내용은 별로 없었다.' 아직도 지칭 철학자는 라부아지에가 산에 관해 말할 때 그가 브뢴스테드-라우리 산을 뜻했는지 루이스 산을 뜻했는지 물어야 한다. 명백히 그는 어느 쪽도 뜻하지 않았다. 우리는 지금 한 종 혹은 다른 종을 뜻해야 하는가? 그렇지 않으며, 오직 일정한 특화된 목적에 대해서만 그러해야 한다. 이 예가 의미를 향한 퍼트넘의 접근의 정신에 어느 정도 속해 있다고 나는 생각한다. 하지만 만일 우리가 그를 글자 그대로 취한다면, 문제가 있다. 1920년에(즉 1923년 이전에) '산'의 의미는 외연의 점이 채워지게 해야 했다. 브뢴스테드와 라우리에 의해서? 또는 루이스에 의해서? 화학의 두 학파 모두 부분적으로 산 이론을 넓히고 있었기 때문에, 우리는 '그 넓히기에 앞서, 1920년에 산이라고 동의될 수 있는 모든 것'을 조사해볼 수 있었다. 그러나 그것은 거의 확실히 자연종이 아니었다! 우리는 두 가지 정의의 교집합을 조사해볼 수 있겠지만, 나는 그것이 자연종임을 또한 의심한다. 이 예는 의미의 개념이 과학철학에 적합하지 않음을 우리에게 환기시킨다. 우리는 의미의 종류가 아니라 산의 종류에 대해서 염려해야 한다.

칼로릭: 비존재자

사람들이 존재하지 않는 자연종을 원할 때, 그들은 플로기스톤(phlogiston)에 대해서 이야기한다. 칼로릭(caloric)은 더 흥미롭다. 라부아지에가 플로기스톤이 성공적이지 않음을 보여주고자 했을 때, 그는 여전히 열에 관한 어떤 다른 해명을 필요로 했다. 그것은 칼로릭에 의해서 제공되었다. 단어 '전자'에서 그랬던 것과 꼭 같이, 우리는 언제 어떤 물질이 칼로릭이라 이름 붙여졌는지를 정확하게 안다. 그것은 우연한 방식으로 일어나지 않았다. 어떤 것은 무엇이라고 불리어야 한다고 선포했던 프랑스의 한 화학적 명명 위원회가 1785년에 존재했다. 여러 물질이 그 때 이후로 그렇게 불리어 왔다. 하나의 새로운 이름은 *calorique*였는데, 이는 오래된 단어 *chaleur*의 의미를 대체하기 위한 아주 정확한 용어였다. 칼로릭은 아무런 질량도 갖지 말아야 했으며(혹은 계측 불가능?), 우리가 열이라고 부르는 물질이 되어야 했다. 모든 사람이 프랑스의 그 공식적 정의를

A부 표상하기

받아들인 것은 아니다. 영국의 작가들은 혹평하면서 '프랑스인은 완벽하게 좋은 영어 단어, 즉 불(fire)이 있는 데도 불구하고 고집스럽게 칼로릭이라 부른다'고 말하곤 했다.

칼로릭과 같은 재료를 단순히 시시하게 여기는 경향이 있다. 그것은 실수다. 내가 5장에서 이야기했듯이, 그것은 라플라스의 대작 『천체 역학』의 마지막 권에서 의미 있는 역할을 하지만, '불'로서 역할을 하지는 않는다. 라플라스는 위대한 뉴튼주의자였고, 『광학(Optics)』에서 뉴튼은 우주의 세부 구조가 인력과 척력을 갖는 입자들로 이루어져 있다는 사변을 가했다. 이 힘들의 소멸률은 경우마다 달랐다(중력에서 소멸률은 거리의 제곱과 관계가 있다). 라플라스는 다른 입자들에 대한 칼로릭의 인력과 척력 둘 다 상이한 소멸률을 갖는다고 가정했다. 이로부터 그는 그 세기의 두드러진 문제의 하나를 풀 수 있었다. 뉴튼 물리학은 그때까지 공기 속의 음속을 설명하는 일에서 완전히 엉망이었다. 칼로릭에 관한 그의 가정으로부터 라플라스는 합당한 숫자를 얻어낼 수 있었는데, 유효한 실험적 결정값에 매우 가까이 있는 숫자였다. 라플라스는 그의 성취를 정당하게 자랑스러워했다. 하지만 심지어 그가 출간하기 전에도, 럼퍼드(Rumford)는 몇몇 사람들에게 칼로릭 같은 것은 존재하지 않는다고 확신시키고 있었던 것이다.

칼로릭은 '의미'에 대한 퍼트넘의 의미에 아무런 문제가 되지 않는 것으로 보일 수도 있다. 이것은 우리가 외연의 점을 채울 수 있는 드문 경우다. 그 외연은 공집합이다. 그러나 이것은 너무도 간단하다. 어떻게 우리와 라부아지에 둘 다 산에 관해서 이야기하고 있을 수가 있던가를 퍼트넘이 설명하려 하고 있었음을 기억하라. 대부분의 대답은 외연의 점에 의해서 제공된다. 칼로릭은 어떤가? 프랑스의 혁명적인 과학자 사회 — 베르톨레(Berthollet), 라부아지에, 비오(Biot), 라플라스와 같은 사람들 — 는 모두 칼로릭에 대해서 서로 다른

이론을 갖고 있었다. 그들은 여전히 서로 이야기할 수 있었고, 내게
는 그들이 동일한 것에 관해서 이야기하고 있었던 것으로 보인다.
이 입심 좋은 주목은 그 동일한 것, 즉 무(無)다. 그러나 이들 네 위인
이 역시 공집합의 외연을 갖는 플로기스톤에 관해 토론했던 그들의
선배들이 이야기하고 있었던 것과 똑같은 것에 대해서 이야기하고
있던 것은 아니었다. 그들은 칼로릭이 플로기스톤이 아니라는 것을
알면서 매우 즐거워했다. 퍼트넘의 이론은 왜 '칼로릭'이 다른 모든
사람들에 대해서 똑같은 의미 — 플로기스톤과는 다른 의미 — 를 갖게
되었는가에 관한 아주 좋은 해명을 주지 못한다. 칼로릭에 관한 그
들의 전형은 플로기스톤에 관한 그것과는 달랐지만 **그다지 다르지**
않았다. 퍼트넘의 이론에서, 의미를 고정시켜 내는 것이 전형인 것
도 아니다. 가설적 존재자 지칭하기라는 언어 게임은 실재하지도 않
는 어떤 것이 이름 붙여지고 있더라도 가끔씩은 잘 작동할 수 있다
는 점이 교훈이라고 나는 생각한다.

중간자와 뮤온: 어떻게 이론이 실험에서 이름을 훔쳐오는가

오래된 많은 예가 일반적인 지식이 되었기 때문에 최근의 예보다는
오래된 예를 드는 것이 더 쉽다. 그러나 과학철학은 과거에 집착함
으로써 풍부함에서 손상을 입게 된다. 그래서 나의 결론적인 예는
좀더 최근의 것이 될 것이고, 따라서 이해하기는 더 어려울 것이다.
그것은 간단한 논점을 예화한다. 여러분이 새로운 이름 N으로 x를
명명할 수 있고, 이어서 이와는 완전히 다른 것인 y가 N이라고 결정
된다. x를 위해서 어떤 다른 이름을 찾아야 할 것이다. 지칭이란
고착될 필요가 없다. 즉 지칭은 도둑맞을 수 있다. 지시는 이름 붙
여진 것과의 인과적 연결과 역사적 연결에 의해서 작동된다고 생각
하는 어떤 이는 다음의 예를 숙고해야 한다.

A부 표상하기

중간자(meson)는 중간 정도의 무게를 갖는 입자로, 전자보다는 무겁고 양성자보다는 가볍다. 여러 종류의 중간자가 있다. 뮤온(muon)은 어느 쪽인가 하면 전자와 유사한데, 207배나 무겁다. 중간자는 매우 불안정하다. 그들은 더 가벼운 중간자와 뮤온으로 붕괴하고, 이어서 전자, 중성미자(neutrinos), 광자로 붕괴한다. 뮤온은 전자와 두 종류의 중성미자로 붕괴한다. 대부분의 뮤온은 중간자 붕괴에서 생겨난다. 뮤온은 하전되어 있기에, 붕괴할 때 그들은 전하를 잃어야 한다. 그들은 이온화로, 즉 원자를 때려 거기에서 전자를 떼어냄으로써 이를 행하게 된다. 이것은 약간의 에너지를 소산시키므로, 뮤온은 매우 투과력이 강하다. 뮤온은 우주선(cosmic rays)에서 발생하며 지표 아래로 수 마일을 여행해 광산의 깊은 곳에서 탐지되는 우주선의 일부다.

이 두 종류의 존재자에 관한 근본적인 사실은 힘 및 상호작용과 관계가 있다. 우주에는 네 종류의 힘이 존재한다. 전자기력, 중력, 약력(weak forces), 강력(weak forces)이 그것이다. 후반부의 힘들에 대한 더 자세한 설명은 16장에서 제시될 것이다. 현재로, 이들은 암시가 많은 이름들일 뿐이다. 강력은 원자 안에서 전자와 양성자를 묶어주는 반면, 약력은 방사성 붕괴로 예시될 수 있다. 중간자는 강력과 관련을 맺어야 하며, 원래는 어떻게 원자가 계속해서 그대로 있는가를 설명하기 위해 가설화된 것이었다. 그들은 강한 상호작용에 참가한다. 뮤온은 약한 상호작용에만 참가한다.

양자 역학이 1930년경에 전기역학에 적용되자, 양자 전기역학(quantum electrodynamics) 또는 줄여서 QED가 생겨났다. 양자 전기역학은 그 이래로 우주에 대한 이제껏 고안된 최선의 이론임이 판명되어 왔는데, 기존에 알려진 어떤 것 이상으로 아주 다양한 영역의 현상과 아주 다양한 크기의 존재자에 적용되고 있다. (아마도 그것은 『광학』 속에 있던 뉴튼의 꿈의 실현이 될 것이다.) 시초에, 모든 물리학처럼, 양자 전기역학은 예를 들어 전자가 어떤 점을 차지하고 있다는 식의 단순화하는 가정을 만들어냈을 것이다. 그것의 몇몇 방정식이 실제의 물리적 문제에 대해 아무런 해도 갖지 못하는 특이점을 갖게 되리라는 점, 그리고 어떤 이가, 예를 들어 방정식에 여분의 항을 더하는 다양한 **아드 호크**(ad hoc) 근사로 그것을 고치게 되리라는 점은 당연하게 여겨졌다.

쓸모 있는 QED는 우주선 속의 매우 투과력 있는 입자들에 적용되지 않는다고 처음에는 여겨졌다. 그 입자들은 높은 에너지를 갖는 전자여야 했고 그렇게 많은 에너지를 갖는 전자는 QED의 방정식에서 특이점을 산출하게 된다. 누구도 이를 크게 걱정하지 않았는데, 왜냐하면 물리학은 대부분 방정식 내에서의 그러한 조정의 문제이기 때문이다.

1934년 H. A. 베터(Bethe)와 W. H. 하이틀러(Heitler)는 QED의 한 중요한 귀결을 유도했다. 그것은 에너지 손실 공식이라 불리며 전자에 적용된다. 1936년 두 연구자 집단[C. D. 앤더슨(Anderson)과 S. H. 네더마이어(Neddermeyer); J. C. 스트릿(Street)과 E. C. 스티븐슨(Stevenson)]이 구름 상자(cloud chambers)로 우주선을 연구하고 있었는데, 우주선 속의 에너지를 갖는 입자가 베터-하이틀러 에너지 손실 공식을 따르지 않는다는 점을 증명할 수 있었다. 사실 그 때에 QED는 입증되었으며, 이는 기대와는 반대였다. QED의 방정식은 만족스러웠다. 그럼에도 불구하고 이제껏 꿈꿔보지 못한 입자가 존재했다. 이것은 메조트론(mesotron)이라 이름 붙여졌는데, 왜냐하면 그것의 질량이 전자와 양성자 사이에 있었기 때문이다. 이 이름은 곧 중간자(meson)로 짧아졌다.

한편 1935년 H. 유가와(Yukawa)는 무엇이 원자를 유지시키는가에 관해서 숙고해 오고 있었다. 그는 새로운 종류의 대상이 존재해야 하며, 또한 질량은 전자와 양성자의 중간이어야 한다고 가정했다. 분명히 그는 우주선과는 전혀 다른 문제를 겨냥하고 있었으며, 앤더슨, 네더마이어, 스트릿 또는 스티븐슨이 강력의 문제에 대해서 알았다고 가정할 이유는 없다. 사변과 실험은 닐스 보어와 같은 사람에 의해서 빨리 한데 모이게 되었고 유가와의 이론은 실험자들이 발견한 중간자에 적용되었다고 가정되었다.

정확히 언제 그리고 어떻게 그 실험적 입자들에 대한 이름 입히기가 발생했는지를 우리는 안다. 밀리컨은 ≪피지컬 리뷰(Physical Review)≫에 다음과 같이 편지를 썼다.[3]

보어 교수가 새로 발견된 입자를 위해서 '유콘(yucon)'이라는 이름을 임시로 제안했던 지난 9월의 영국과학진흥협회에서 행한 그의 연설문을 읽은 후, 나는 앤더슨과 네더마이어가 이름 '메조트론'[중간적 입자(intermediate particle)]을 가장 적절한 이름으로 제안했다는 사실을 즉시 편지를 써서 언급했습니다. 나는 이 편지에 대한 보어의 답신을 막 받았는데 그는 다음과 같이 말하고 있습니다.

'우리가 막 개최했던 우주선 문제에 관한 한 작은 회의에서 오제(Auger), 블래킷(Blackett), 페르미(Fermi), 하이젠베르크(Heisenberg), 로시(Rossi)를 포함한 모든 이가 투과력 있는 우주선 입자를 위해서 이름 "메조트론"을 앤더슨이 제안한 데 대해 완전히 의견일치를 보았습니다.'

로버트 밀리컨

캘리포니아 공과대학

패서디나, 캘리포니아

12월 7일, 1938년

3_ 이 편지는 *The Physical Review* 55(1939), p.105에 실렸다. 원래의 중간자(뮤온)에 대해 알려주기 위해서 베터-하이틀러 에너지 손실 공식을 이용하는 논문은 S. H. Neddermeyer and C. D. Anderson, 같은 책 51(1937), pp.884~886인데, 이는 같은 책 50(1936), pp.263~267에 실린 자료와 사진에 의존하고 있다. 또한 J. C. Street and E. C. Stevenson, 같은 책 51(1937), pp.1005A를 볼 것.

보어가 유가와의 명예를 위해 이름 '유콘'을 제안했지만, 실험자가 제안한 이름이 만장일치로 채택되었음에 주목하라. 실제로 유가와가 필요로 했던 그 1936년 입자에 관해서 출발부터 문제가 있었는데, 즉 계산된 반감기와 실제 반감기가 철저하게 불일치했던 것이다. 훨씬 나중인 1947년에 다른 입자가 우주선 안에서 발견되었는데, 새로운 가속기가 일련의 관련된 입자의 존재를 산란 실험에서 입증하기 시작하고 있었다. 이들이 유가와가 원했던 종류의 것이었고, 그들은 π 중간자로 불리게 되었다. 1936년 입자는 μ 중간자가 되었다. 얼마 후 그들은 전적으로 서로 다른 두 종류의 것임이 명백해졌는데, π 중간자와 μ 중간자는 자연 속 존재자의 어떤 쌍이 서로 닮지 않을 수 있는 거의 그만큼이나 서로 닮지 않았다. 이름 '중간자'는 1947년 이후의 입자에 들러붙었고, 1936년 입자는 뮤온이 되었다. 이 주제에 관한 역사는 앤더슨 등등이 실제로 유가와의 추측 ― 그들은 전혀 들어 보지도 못한 추측 ― 에 맞는 대상을 찾으러 나섰다고 현재 암시하고 있다!

나는 나중에 이 질문 ― 어느 것이 먼저인가, 이론인가 실험인가? ― 으로 돌아가게 될 것이다. 9장에는 어떻게 이론 강박적 역사 (theory-obsessed histories)가 실험적 탐구를 실험자들에게 전혀 알려지지도 않았던 이론에 대한 조사로 바꾸어 놓는가에 관한 더 많은 예가 있다.[4] 현재 우리의 관심사는 지시다. 중간자 / 뮤온 이야기는 '의미'에 관한 퍼트넘의 의미와 잘 맞아 떨어지지는 않는다. 퍼트넘은 지시를, 결국, 의미의 핵심을 만들기를 원했다. 이름은 한 특수한

4_ 우리의 공동 과제인 "Theory or experiment, which comes first?"에 관해 C. W. F. 에브릿(Everitt)에게 쓴 편지 한 통에서, 노벨상 수상자인 물리학자 E. 퍼슬(Purcell)은 이론이 실험사(experimental history)를 다시 쓰는 방식에 대한 수많은 예를 제안해 줬다. 그의 μ 중간자 사례를 검토한 일은 앞에서 말한 것과 같은 지시 훔치기 (reference-stealing)를 설명하는 데 이 예를 사용하도록 했다.

역사적 경우에서 그 이름으로 이름 입혀져 왔던 존재자에 적용되었을 것이고 이는 명명 그 자체에 이른다. 우리의 경우에서 1938년에 그런 명명이 있었다. 하지만 바로 그 이름 '메조트론' 또는 '중간자'는 이론가에게 '유가와의 추측을 만족시키는 무엇'을 의미하게 되었다. 명명된 대상에 이 의미가 적용되지 않는다는 것을 깨닫게 되었을 때, 명명은 무효가 되었고 새로운 이름 입히기가 발생했던 것이다.

의미

퍼트넘의 의미 이론은 전자와 같은 성공 이야기에는 잘 작동한다. 그것은 주변부에서는 불완전하다. 그것은 산성(acidity)처럼 둘로 나뉘는 개념에 대해서는 우리에게 부적당함을 남긴다. 그것은 어떻게 칼로릭과 같은 비존재자(nonentity)에 관해서 서로 다른 이론을 지닌 사람들이 예를 들어 전자처럼 실재하는 존재자에 관해서 서로 다른 이론을 가진 사람들만큼 서로 잘 의사소통을 할 수 있는지를 설명하지 못한다. 그것은 부분적으로 역사적 이름 입히기, 이름 붙여진 것의 이익, 최초의 명명으로부터 그 이름의 우리의 현재적 사용까지의 올바른 종류의 통과라는 인과적 사슬에 의존한다. 실재하는 공동체는 만일 그들이 원한다면 명명을 기꺼이 무시할 수 있다. 과학 용어에 관한 의미 이론을 희망하는 이들은 퍼트넘보다 더 나은 것을 만들어야 할 것이다. 그들은 또한 생명 과학에서 퍼트넘의 이야기와 실생활에서 벌어지는 바 사이의 대조에 주의를 기울이게 될 것이다. 이 대조는 존 뒤프레(John Dupré)에 의해서 잘 기술되어 왔다.[5] 나는 단지 하나의 권고를 갖고 있을 뿐이다. 철학자들이 이 주제로 돌아갈 때, 지금부터는 그들로 하여금 이름 입히기와 명명 등등에 관해서 손 흔들어 인사하지 말게 하자. 뒤프레처럼 분류학에서 예를 찾게 하자. 추상적인 것에서 이름 입히기에 대해서 이야기 하지 말고, 그 안에서 글립토돈, 칼로릭, 전자 혹은 중간자가 이름 붙여진 사건에 관해서 이야기하자. 각각에 대해서 말해야 할 참된 이야기가 존재한다. 밀리컨이 쓴 진짜 편지가 있다. 칼로릭을 포함해 물질을 이름 부르기 위한 프랑스인들의 실제 회합이 있다. 심지어 실제의 존스턴 스토니가 있었다. 이들 사건에 대한 진실은 어떤 경우에도 철학적 허구를 손들게 한다.

나는 철학적 의미 이론을 주창하려 하지 않았다. 광범위의 언어적 실천에 대해 꽤 자연스러우며, 공약 불가능성을 불러들이지 않는 어떤 의미 이론을 기술하려는 소극적 목적만을 나는 갖게 되었다. 그것은 존재자에 관한 과학적 실재론자가 필요로 하는 종류의 이론이다. 그것은 만일 어떤 이가 이론에 관한 실재론에 냉담하다면 특히 매력적이다. 왜냐하면 어떤 이가 우리의 이론들이 엄격히 참이 아니라고 기대한다면, 그 사람은 어떤 항구적인 방식으로 존재자를 정의하는 데에 그 이론들을 사용하는 것을 원치 않을 것이기 때문이다. 이와 달리 어떤 이는 지시되는 것에 관한 어떤 특정한, 강제적 이론에 매이지 않는 지시의 의미를 원한다. 그럼에도 불구하고, 지시에 대한 퍼트넘적인 해명은 여러분이 실재론자가 되도록 강제하지 않는다. 우리는 이제 왜 퍼트넘이 철저한 실재론을 포기했는가를 고찰해야 한다.

5_ "Natural kinds and biological taxa", *The Philosophical Review* 90(1981), pp.66~90.

A부 표상하기

●●● 7 내재적 실재론

이 장은 아마도 과학적 실재론과 무관할 것이며 따라서 생략되어도 무방할 수 있다. 이는 퍼트넘의 중요하며 새로운 '내재적 실재론 (internal realism)'에 관한 내용인데, 내재적 실재론은 일종의 명백한 관념론이다.[1] 실재론에서 관념론으로의 전환이 우리의 토의에서 중심이 된다고 생각되지만, 그것은 그렇지 않다. 퍼트넘은 더 이상 과학적 실재론자와 과학에 관한 반실재론자 사이의 논쟁에 참여하지 않고 있다. 그 논쟁은 이론적 존재자와 관찰적 존재자 사이의 예리한 구별을 만들어낸다. 현재 퍼트넘이 말하는 모든 것은 이를 무시한다. 그것은 그래야 한다. 그의 철학은 언어에 대한 반성 위에 토대해 있는 철학이며, 그러한 철학은 자연과학에 대해서 적극적인

1_ 이 장에서 힐러리 퍼트넘에 대한 모든 참조사항은 저서 *Reason, Truth, and History*(Cambridge, 1982)[김효명 옮김, 『이성·진리·역사』(서울: 민음사, 2002)]에 근거한다.

어떤 것을 가르칠 수 없다.

퍼트넘의 발전물을 생략하는 것은 그럼에도 불구하고 현재적 관심사가 되고 있는 쟁점을 우회하는 일이 될 것이다. 더욱이, 그는 칸트에서 전조를 찾고 있으므로, 우리는 칸트 자신이 주장하는 종류의 실재론과 관념론을 갖고 들어올 수 있다. 칸트는 퍼트넘에게 유용한 박(箔)이다. 만일 우리가 칸트 역시 '내재적 실재론자'라고 [혹은 퍼트넘은 '초월적 관념론자(transcendental idealist)'라고] 단순화하며 가정한다면 우리는, 퍼트넘과 달리, 관찰된 존재자와 추론된 존재자 사이의 차이를 강조하는 어떤 칸트를 상상할 수 있다. 퍼트넘은 그의 내재적 실재론 안에서 과학적 실재론자가 되는 것으로 보이는 반면, 우리는 유사한 배경 속에서 이론적 존재자에 관한 반실재론자가 되는 어떤 칸트를 발명해낼 수 있다.

내재적 실재론과 외재적 실재론

퍼트넘은 두 가지의 철학적 관점을 구별한다. 하나는 '형이상학적 실재론(metaphysical realism)'이며, 이는 다음과 같은 존재자와 진리에 관한 '외재론적 관점(externalist perspective)'을 지닌다. "세계는 정신 독립적 대상의 몇몇 고정된 총체로 구성된다. '세계가 존재하는 방식'에 관한 정확히 참되고 완전한 하나의 기술이 존재한다. 진리는 단어 또는 사고 기호와 외재적 사물 혹은 사물의 집합 간의 몇몇 종류의 대응을 뜻한다(p.49)."

퍼트넘은 이 대신에 다음과 같은 질문을 주장하는 '내재론적 관점(internalist perspective)'을 제안한다.

세계가 어떤 대상으로 이루어지는가는 어떤 이론 또는 기술 안에서 물을 때에만 의미가 있는 질문이다. …… 내재론적 관점에서 볼 때, '진리'

는 몇몇 종류의 (이상화된) 합리적 수용 가능성, 즉 우리의 믿음 상호 간의 그리고 우리의 믿음과 **우리의 믿음** 체계 안에서 **표상된 경험으로서**의 경험과의 몇몇 종류의 이상적 정합이다.

이 수준에서 내재론(internalism)과 프래그머티즘은 많은 것을 공유한다. 퍼트넘의 입장은 추가적으로 지시에 관한 관념에 의존한다. 나의 단어와 특수한 묶음의 정신 독립적 실재 사이에는 어떤 접속 또는 대응이 결코 존재할 수 없기 때문에, 그는 형이상학적 실재론을 거부한다. '대상'은 개념적 틀과 독립적으로 존재하지 않는다. '우리가 하나의 기호 혹은 다른 기호를 도입할 때 우리는 세계를 잘라내어 대상 속으로 넣는다. 그 대상**과** 그 기호는 기술의 틀에 대해 내재적으로 서로 닮았으므로, 무엇이 무엇과 맞는다고 말하는 것이 가능하다(p.52).'

퍼트넘은 형이상학적 실재론과 내재적 실재론 간의 또 다른 차이를 보고한다. 내재론자는 진리가 이론의 최적성(optimal adequacy)이라고 말한다. 외재론자는, 만족스럽게, 진리는 진리라고 말한다.

내재론자: 만일 우주 안에 있는 우리의 관심을 끄는 모든 것에 관한 완전한 이론을 우리가 갖고 있고, 그 이론이 보장된 단언 가능성(warranted assertability), 합리성, 혹은 그 무엇에 관한 현재적 기준에 의해서 철저하게 적절하다면, 그 이론은 정의에 의해 참이 될 것이다.

외재론자: 그러한 이론은 참일 가능성이 매우 높을 것이다. 그러나 그 적절성은 행운 또는 마신학(魔神學, demonology)의 문제라고 상상해볼 수 있을 것이다. 그 이론이 우리를 위해 작동할 수도 있겠으나, 그럼에도 불구하고 여전히 우주에 관해서 거짓인 이론이 될 수도 있다.

형이상학적 실재론에 관한 질문

흥미로운 우주에 관한 전적으로 적절하되 여전히 거짓인 어떤 완전한 이론의 의미를 퍼트넘의 내재론은 이해하지 못한다. 나는 외재론자이며, 나 역시 그것의 의미를 이해하지 못하지만, **다른 이유로** 그러하다. 나는 우리의 흥미로운 우주에 관한 완전한 이론이라는 관념을 이해할 수 없다. **더구나,** 나는 그러한 이론이 적절하되 거짓일 수 있다는 관념을 이해 못하는데, 왜냐하면 그러한 이론에 관한 관념은 자체로 일관적이지 않기 때문이다. 논리학자들이 상상해낸 가없은 이른바 가능 세계(possible worlds)에 관한 완전한 이론에 대해서, 우리의 세계를 빼놓고, 내가 숙고할 수 있다? 이는 헛소리다.

네 개의 논문이 1979년 4월의 ≪사이언티픽 어메리컨(Scientific American)≫을 광고하는 전단에 선전되었다. 맨손으로 공수도 공격을 가하는 법, 효소 시계, 원반 은하의 진화, 상 왕조와 조 왕조의 장식용 뼈가 그것이다. (이 네 주제를 포함하는) **모든 것에 관한 완벽한 통일 이론**은 놔두고, 이 네 가지 주제에 관해서조차 어떻게 완벽한 이론이 존재할 수 있을까?

어떻게 진정으로 하나의 사물 또는 하나의 개인에 관해서조차 완벽한 해명이 존재할 수 있을까? P. F. 스트로슨(Strawson)은 저서 『개별자들(Individuals)』에서 " '철저한 기술'이라는 관념은 사실상 일반적으로 별 의미가 없다(p.120)"고 진술한다. 스트로슨은 당시에 라이프니츠에 관해서 글을 쓰고 있었다. 라이프니츠는 형이상학적 실재론자를 위한 최상의 후보자일 것이다. 그는 우리 자신의 믿음에 대해 외재적인 일군의 진리가 존재한다고 생각했다. 그는 아마도 우주에 관한 최선의, 신성한 한 가지 기술이 존재한다고 생각했을 것이다. 그는 기초적 대상으로 이루어진 한 가지 총체, 즉 단자(monads)로 이루어진 한 가지 총체가 존재한다고 생각했다. 단자는 대체로 정신이므로, 그가 단자를 '정신 독립적'인 것으로 생각했다고 나는 가정하지 않는다. 그러나 라이프니츠는 진리 대응설(corresponcence theory of truth)을 주장하지 않았다. 심지어 라이프니츠는 퍼트넘의 요구에 맞지도 않는다. 어떤 더 심각한 사상가가 형이상학적 실재론자였을까?

아마도 그것은 문제가 되지 않을 것이다. 퍼트넘은 실재에 관한 명확한 이론보다는, 일정한 조망을 기술하고 있었다. 우리는 외재론적 관점을 충분히 인정한다. 그러나 여기서 우리는 조심해야 한다. 퍼트넘의 반대에서 면제되어 있는 그러한 조망의 몇몇 예 —몇몇 종류의 외재적 실재론 — 가 틀림없이 존재할 텐데, 왜냐하면 그의 반대는 그가 정의하는 것으로서의 형이상학적 실재론을 향하고 있기 때문이다.

예를 들어 그의 정의 속에서 다음의 구절을 취하기로 한다. '정신 독립적 대상의 고정된 총체.' 왜 고정된인가? 왜 하나의 총체인가? 에딩턴(Eddington)의 진부한 예만을 고려하기로 한다. 두 개의 탁자가 존재하는데, 즉 내가 글을 쓰고 있는 목재로 된 탁자와 원자의 일정한 다발이 그것이다. 존재자에 관한 실재론자는 (a) 정신 독립적인 탁자가 존재하고, (b) 정신 독립적인 원자가 존재하며, (c) 이 순간에 이 탁자와 동등한 원자의 어떤 집합도 존재하지 않는다고 충분히 주장할 수 있다. 원자와 탁자는 세계를 베어내는 서로 다른 방식과 관계가 있어야 한다. 대상들의 하나로 고정된 총체란 없다. 루빅 큐브(Rubik's cube)는 27개의 더 작은 큐브의 총체일 수 있으나, 더 작은 큐브의 각각이 원자의 어떤 총체이며 원자를 다함께 취할 때 루빅 큐브의 총체가 되는 그러한 경우일 필요는 없다.

그렇다면 나는 위에 인용된 퍼트넘의 단언을 인정하는 것 아닌가? 우리가 하나의 기술의 틀 혹은 다른 기술의 틀을 도입할 때 우리는 세계를 잘라내어 대상들이 되게 한다. 그렇다, 은유적으로 말해, 나는 그것을 인정한다. 나는 그 앞에 나온 문장 " '대상'은 개념적 틀과 독립적으로 존재하지 않는다"를 인정하지 않는다. 원자와 루빅 큐브 둘 다 존재한다. 또 다른 진부한 예를 취해보면, 이누이트(Inuit)는 우리에게 아주 똑같아 보이는 수많은 종류의 눈을 구별한다고 이야기된다. 그들은 얼어붙은 북쪽지방을 기술의 구도를 도입해 잘라낸다. 22가지의 뚜렷이 구별되는 정신 독립적인 눈은, 즉 정확히 이누이트에 의해서 구별되는 눈은 존재하지 않는다는 점은 결코 따라오지 않는다. 내가 아는 전부로, 몇몇 스키어(skiers)가 말하는 가루 눈, 옥수수 눈 또는 시에라 시멘트(Sierra cement)가 이누이트의 어떠한 눈 집단을 포함하지도 않거니와 이누이트의 어떠한 눈 집단에 포함되지도 않는다. 이누이트는 스키를 타지 않으며, 그러한 범주를 결코 원하지 않았을 것이다. 나는 여전히 가루 눈 및 이누이트의 모든 종류의 눈이 존재한다고 기대하는데, 이 모두가 실제 세계 속의 실제로 정신 독립적 구별들이다.

이러한 진술이 가루눈이 존재한다는 것을 증명하지 않는데, 어떤 이가 그것에 관해 생각을 하던 안 하던 그러하다. 그러한 진술은 우리가 세계를 잘라내어 다양하며 아마도 공약 불가능한 범주를 만들어낼 수 있으리라는 사실이 본질적으로 그러한 모든 범주가 정신 독립적임을 함축하지는 않는다는 점을 관찰할 뿐이다.

그러면 퍼트넘이 수많은 서로 다른 주제를, 마치 그들 사이에 몇몇 논리적인 연결이 존재하는 것처럼, 함께 다루는 방식에 주의를 기울이기로 한다.

형이상학적 야전 진지

퍼트넘은 얼마간 반재실론자가 되어버린 과학적 실재론자라고 나는 말했다. 그는 편을 바꾸었는가? 그렇지 않다. 으스스한 유비를

A부 표상하기

사용하자면, 그는 전쟁을 바꾸었다.

과학에 관한 반실재론과 반대로, 과학적 실재론은 **식민지** 전쟁이다. 과학적 실재론자는 중간자와 뮤온이 원숭이나 고기 단자만큼이나 '우리의 것'이라고 말한다. 이 사물들 모두가 존재한다. 우리는 그것을 안다. 우리는 각각의 종류의 사물에 관한 몇몇 진리를 알며 더 많이 알아낼 수 있다. 반실재론자는 이에 동의하지 않는다. 콩트에서 반 프라센에 이르는 실증주의 전통에서, 고기 단자와 원숭이의 현상적 거동은 알려질 수 있으나, 뮤온에 관한 이야기는 기껏해야 예측과 통제를 위한 지적 구성물일 뿐이다. 한쪽이 새로운 영역을 식민화하고 그것을 실재라고 부르려 하고, 다른 쪽은 그러한 별난 제국주의에 반대하기 때문에, 나는 이를 식민지 전쟁이라 부른다.

이어 **내전**이, 말하자면 로크와 버클리 사이의 내전이 존재한다. 실재론자(로크)는 친숙한 많은 존재자가 어떤 정신적 진행과 독립적으로 존재한다고 이야기한다. 인간의 사고가 전혀 존재하지 않더라도, 원숭이는 존재할 것이다. 관념론자(버클리)는 모든 것이 정신적이라고 이야기한다. 일상적 경험이라는 친숙한 기반 위에서 싸움이 벌어지기 때문에, 나는 이를 내전이라 부른다.

내전이 본토의 영역에서만 일어날 필요는 없다. 버클리는 또한 식민지 전쟁도 벌였다. 그는 로버트 보일의 미립자적이며 기계적인 철학을 몹시 싫어했다. 그것은 물질이 탄성을 지니는 스프링과 같은 미립자(우리가 말할 수 있는 바로서의 분자, 원자, 입자)로 이루어져 있다고 극단적으로 말했다. 버클리는 부분적으로 그가 이기면 실재론 / 유물론이라는 제국주의적 본토 정부가 붕괴하리라고 생각했기 때문에 식민지 전쟁을 벌였다. 물질은 정신에 의해서 정복될 것이다.

마지막으로 **전면전**이 있는데, 이는 주로 더 최근의 산물이다. 아마도 칸트가 그것을 시작했을 것이다. 그는 내전의 가정들을 거부했다. 물질적 사건은 정신적 사건만큼 커다란 확실성을 지니면서 일어난다. 물질적 사건은 시간과 공간 속에서 발생하고, '외부적'이 지만, 정신적 사건은 시간 속에서 발생하되 공간 속에서 발생하지 는 않으며, '내부적'이다. 그러나 나는 내 접시 위에 고기 단자가 있다는 것을 나의 감정이 혼동된다는 것을 내가 아는 것만큼 아주 정확하게 알 수 있다. 일반적으로 나는 나의 감각 자료에서 더 이상 감상(感傷)을 추론해 내지 않으며 나의 행동에서 내가 불안정하다고 추론한다. (가끔씩은 내가 어느 한 쪽을 행할 수 있음에도 불구하고 말이 다.)

퍼트넘은 한때 식민지 전쟁으로 과학적 실재론을 옹호해 논변했 다. 그는 이제 전면전으로 한 입장, 즉 그가 말하기로 칸트와 닮은 입장을 옹호해 논변한다. 퍼트넘과 대결하기에 앞서 칸트의 입장을 더 세부적으로 파악하기로 한다.

칸트

칸트는 내전에 참여한 그의 선배들을 지켜보았다. 한쪽에 로크의 논제가 있었다. 칸트는 그것을 **초월적 실재론**(transcendental realism)이 라 부른다. 바깥쪽 저기에 대상이 실제로 있으며, 우리는 그들의 존 재와 그들의 속성을 우리의 감각 경험으로부터 추론한다. 이어 버 클리의 반논제가 존재했다. 물질 자체는 존재하지 않는다. 즉 존재 하는 모든 것은 정신적이다.

칸트는 이 모두를 뒤집을 수 있는 종합을 발명한다. 그는 글자 그대로 꼬리표를 뒤집는다. 그는 자신을 **경험적 실재론자**(empirical realist)이며 **초월적 관념론자**(transcendental idealist)라 부른다.

그는 최종적 입장으로 바로 가지 않았으며, 또 다른 이중성으로 그것에 접근했다. 라이프니츠가 주장했고 아인슈타인이 확립했다고 가정되듯이, 공간은 그저 상대적인 관념인가? 또는 뉴튼적 구도에서처럼, 절대적인가? 뉴튼은 한 논제, 즉 공간과 시간은 실재한다는 한 논제를 갖고 있었다. 대상은 사전에 결정되어 있는 공간과 시간 속에서 위치를 차지한다. 라이프니츠는 한 반논제, 즉 공간과 시간은 실재하지 않는다는 한 반논제를 말했다. 공간과 시간은 관념적인 것으로, 즉 대상들의 관계적 속성에서 나오는 구성물이다. 칸트는 그 삶의 대부분 동안 두 입장 사이에서 망설였으며 그리고 나서 종합을 창조해냈다. 공간과 시간은 대상으로서의 어떤 것의 지각을 위한 필수조건이다. 우리가 시간과 공간의 틀 안에서 대상의 시공적 관계를 실험적으로 결정할 수도 있음에도 불구하고 대상이 공간과 시간 속에 존재한다는 것은 경험적 사실이 아니다. 이것은 '그 무엇이 우리에게 대상으로서 외견상 주어질 수 있다는 점에서 공간의 객관적 타당성'을 인정하는 **경험적 실재론**이다. 동시에 그것은, 공간은 '…… 가능한 경험에 대한 그것의 제한을 …… 일단 우리가 철회하고 따라서 그것을 물 자체의 바닥에 놓여 있는 어떤 것으로 여기면 …… 전혀 아무것도 아니다(p.72)'² 라고 단언하는 **초월적 관념론**이다. 칸트가 이 접근을 철학적으로 문제가 되는 전 범위의 개념과 들어맞게 하는 데에는 또 다른 10년이 걸렸다. 버클리는 비유물론자로 물질의 존재와 외재적 대상의 외재성을 부정했다. 정신과 정신적 사건 외에는 아무것도 없다. 칸트는 다음과 같이 대응한다. '물질은 …… 외재적이라 불리는 일종의 표상(직관)일 뿐이며, 이는 표상이 외재적 대상 그 자체와 관련해 서게 되는 것으로서 그런 것이 아니라, 공간 속에서 모든 사물이 서로에 대해서 외재적이 되는 그 공간에다 표상이 지각을 관련짓기 때문에 그

2_ 칸트에 대한 모든 인용은 N. Kemp Smith의 번역서인 *The Critique of Pure Reason*(London, 1923)에서 온 것이다.

러한데, 그럼에도 불구하고 공간 자체는 우리 안에 있다.' 그러므로 공간 자체는 '우리 안에 있는' 관념적인 것이며, 물질은 이 관념적 공간 안에서의 표상의 체계의 일부로서 존재하기 때문에 그것은 적절하게 외재적이라 불린다. 나의 내부적 감각의 대상의 실재성, 즉, 나의 사고의 실재성에 관해 내가 추론에 의지할 필요가 거의 없는 만큼이나 외부적 대상의 실재성에 도달하기 위해서 내가 추론에 의지할 필요성은 아주 작다. 왜냐하면 두 경우 모두에서 마찬가지로, 대상은 다름 아닌 표상이며, 대상의 즉각적 지각(의식)은 동시에 그 대상의 실재성에 대한 충분한 증명이기 때문이다.

초월적 관념론자는, 따라서 경험적 관념론자다. 우리가 대상이라 부르는 것은 한 구도 안에서 구성되며, 우리의 모든 지식은 이렇게 구성된 대상과만 연관된다는 점은 칸트의 관점에서 핵심적이다. 우리의 지식은 현상에 관한 것이고, 우리의 대상은 현상적 세계 안에 놓여 있다. 본체(noumena), 혹은 물자체가 존재하지만, 우리는 이에 관한 아무런 지식도 가질 수 없다. 우리의 개념과 범주는 물자체에 적용될 수조차 없다. 헤겔 이래 계속해서 철학자들은 칸트의 물자체를 보통 기각해 왔다. 칸트에 호의를 보이는 퍼트넘은 그 관념에 대해서 온화한 동정을 표현한다.

진리

퍼트넘에 따르면, "칸트는 이것이 자신이 하고 있는 바라고 결코 말하지 않음에도 불구하고, 내가 진리에 대한 '내재적' 또는 '내재적 실재론적' 관점이라 부른 것을 칸트가 최초로 제안하고 있다고 그를 읽으면 최상이다(p.60)." 수많은 현대 철학자처럼, 퍼트넘은 진리라는 관념 주변에서 그의 철학의 많은 내용을 세운다. 칸트에 대해 그는 '그의 철학에 진리 대응설이란 없다'고 말한다. 이는 놀라운 일이 아니다. 칸트의 철학에는 어떤 진리 이론도 **없다!** 칸트의 관심사는 퍼트넘의 관심사가 아니었다. 실재론에 영향을 주는 한에서, 그는 두 가지 질문을 갖고 있었다.

공간과 시간은 실재하는 하는 것인가 관념적인 것인가, 뉴튼적인가 라이프니츠적인가?

외재적 대상은 정신 독립적이고 로크적인가, 아니면 모든 것은 정신적이며 버클리적인 것인가?

그의 경험적 실재론과 초월적 관념론은 이러한 반대의 종합이며 진리와 아무런 상관이 없다. 하지만 퍼트넘이 칸트에게 진리 이론을 주입하는 일이 엄격히 틀린 것은 없다. 퍼트넘은 다음의 관념을 칸트에게 돌린다.

> 칸트는 우리가 객관적 지식을 갖고 있다고 믿는다.
> '지식'과 '객관적'이라는 용어의 사용은 결국 **진리 개념이 여전히 존재**한다는 단언이 된다.
> 지식의 한 예(즉, 한 '참인 진술')는 우리의 본성을 갖춘 존재들이 지니게 되는 것이 가능한 그런 종류의 충분한 경험 위에서 합리적 존재가 수용하게 될 진술이다.
> 진리는 맞음의 궁극적인 우수함이다(p.64).

아마도 퍼트넘은 핵심을 찌른 것인데, 특히 그 자신이 진리는 합리적인 공동체가 머지않아 그것이 일관적임을 발견하고 그에 동의하게 될 그 무엇이라는 프래그머티즘적인 관념 쪽으로 향해 있기에 그러하다. 칸트는 다음과 같이 쓴다.

> 한 사물을 참이라고 주장하는 일은 우리의 오성 안에서의 사건인데, 그럼에도 불구하고 그것은 객관적 기반 위에 있을 수도 있으며 또한

그 판단을 내리는 개인의 정신 속에 있는 주관적 원인을 요구한다. 그 판단이 누구에게나, 그가 이성을 소유하고 있다는 점만이 가정될 경우, 타당하다면, 그것의 기반은 충분히 객관적인 것이다. …… 진리는 객관과의 일치에 의존하며, 그 관점에서 각각의 모든 오성에 대한 판단은 따라서 서로 일치해야 한다. …… 시금석, 즉 어떤 것이 참이라는 우리의 주장이 객관적이냐의 여부가 그에 의해 결정되는 시금석은 그것에 관해 의사소통을 할 가능성 그리고 그것이 모든 인간의 이성에 타당한지를 알아볼 가능성이다. 왜냐하면 이렇게 되면 적어도 모든 판단에 대한 상호 간 동의의 기반이, 개인들의 서로 다른 성격에도 불구하고, 공통의 기반 위에, 즉 객관 위에 있게 되며 그들이 모두 객관과 동의하게 되고, 그에 의해서 판단의 진리가 증명된다는 추정이 존재할 것이기 때문이다(p.645).

어느 정도로 이것이 퍼트넘을 칸트와 맞물리게 할 것인가? 나는 이를 독자에게 남겨둔다. 퍼트넘은 보장된 합리적 단언 가능성과 진리는 손을 맞잡고 간다고 생각한다. 칸트 역시 '나는 어떤 것에 대해 **단언할 수 없는데**, 즉 그것이 모든 이에게 필연적으로 타당한 판단이라고 공표할 수 없는데, 그것이' 사유하는 사람 사이에서 보편적 동의를 '낳는 경우를 제외하고 그러하다(p.646).'

이론적 존재자와 물자체

학자들은 물자체라는 칸트의 본체적 세계에 관해서 의견의 일치를 보지 못하고 있다. 퍼트넘은 우리는 물자체를 기술하지 못할 뿐더러 '우리를 향한 사물과 물자체 사이에는 일대일 대응조차 존재하지 않음'을 이야기하는 것으로 칸트를 읽는다. 들에 있는 말에 대응하는 말 자체는 없다. 전체로서 아무튼 우리의 표상 체계를 '낳는'

A부 표상하기

본체적 세계만이 존재한다.

사뭇 다른 해석의 전통이 있어 왔다. 어떤 이는 이론적 존재자가 칸트의 물자체라고 주장한다. 나는 A. -M. 앙페르(Ampère, 1775~1836)에서 이를 발견하는데, 그는 전자기 이론의 선구자였다. 칸트에게서 깊은 영향을 받은 그는 세계에 관해 반실재론적 충격이 해방되는 것을 용인할 수 없었다. 우리는 본체와 그들 사이에 존재하는 법칙을 가정할 수 있으며, 그것들은 경험에 의해서 시험된다고 그는 주장했다. 이 가정적이며 가설연역적인 방법이 본체적 세계에 관한 지적인 탐구라고 앙페르는 말했다. 우리 시대에 철학자 윌프리드 셀라스(Wilfred Sellars)가 유사한 견해를 주장한다.

칸트 자신의 사고의 발전 속에서, 본체와 이론적 존재자 사이에 중요한 연결이 있을 수조차 있다. 1755년, 그가 젊었을 때, 칸트는 『단자론(Monadology)』이라는 물리학 소책자를 썼다. 이것은 힘과 장에 관한 우리의 근대적 이론의 주목할 만한 예기다. 2년 후에 보스코비치(Boscovič)는 훨씬 탁월한 수학적 솜씨로 그것을 정교하게 했으며 세계에 관한 장 이론을 진수시켰다. 칸트의 초기 물리학에서 세계는 일정한 거리로 떨어져 있으며 그들의 주변에 역장을 작용시키는 점 입자 — 단자 — 로 이루어진다. 물질의 속성은 그 결과로 나오는 수학적 구조에 의해서 설명된다. 1755년에 칸트의 이러한 점 입자는 그의 본체였다. 훨씬 나중에 그는 그의 관념을 수정했으며, 그의 이론 안에 형식적 비일관성이 존재하고 있음을 깨달았다. 그것은 사물, 즉 점 입자를 제거함으로써만, 그리하여 역장 이외에는 아무것도 남기기 않음으로써 해결될 수 있었다. 결과적으로, 우주의 바닥에 놓여 있는 구조 안에는, 어떤 사물, 어떤 본체도 존재하지 않는다. 그리고 나서 이들 갈등을 빚는 명제들에 대한 잘 알려져 있는 다음의 칸트적 종합이 나온다. 알 수 있는 본체란 없다.

그래서 물자체에 관한 칸트의 학설이 그의 형이상학에서 생겨나온 만큼이나 그의 물리학에서 생겨나온 것이라고 제안하고픈 유혹을 느끼게 된다. 칸트는 과학자로서 별 가치가 없었지만, 그는 한 자연과학 재단의 심사단의 훌륭한 일원으로, 널리 서로 다른 프로젝트에 연구 자금을 지불하고 있었을 것이다. 그는 승자를 가려냈다. 현재 우리가 태양계의 형성에 관한 칸트-라플라스 가설이라 부르는 것이 있다. 그는 출발부터 종과 인간 종족의 기원에 관해서 진화적 가설 쪽에 있었다. 그는 원자적 접근보다 장 이론을 최상의 것으로 가려냈다. 그때 그의 세기에 특유했던 지식의 상태는 물자체로서의 이론적 존재자의 유의미성을 평가절하 하던 것이었다. 실제로 프랭클린(Franklin)과 여타의 많은 이들이 주장한 전기적 유체(electric fluids) 또는 쿨롱(Coulomb)의 자극(磁極)과 같은 다양한 종류의 가설적 재료가 존재하고 있었다. 뉴튼적 입자 및 힘에 관한 엄청난 양의 이야기가 있었지만, 이것들이 실제로 다시 유통되었던 일은 칸트가 죽었던 때에만, 곧 19세의 시작이 막 지났던 때에만 그러했다. 물자체에 대한 칸트의 태도는 그의 1775년 프로그램의 수정에 대한 준과학적 반응이다. 결국 알 수 있는 본체는 있다고, 말하자면 새로운 물리학과 화학의 이론적 존재자는 있다고 설교한 최초의 인물인 앙페르는 물리학의 변환에 대해서 숙고한다. 그는 화학자로 그의 이력을 시작했으며, 그가 원소의 원자 구조에 관한 새로운 추측에 거의 정통하자마자 알 수 있는 본체를 설교하고 있었던 것이다.

과학에서 실제로 어떤 작업을 맡는 이론적 존재자에 관해서 칸트는 어떤 입장을 취해야 했을까? 20세기에 우리가 전자와 양전자를 조작하고 심지어 흩뿌리는 법을 배웠을 때, 그는 무엇을 해냈을 것인가? 그 자신의 실재론 / 관념론은 친숙하고 관찰 가능한 존재자를 향한 것이었다. 그는 우리가 우리의 감각 자료에서 그들을 추론하는 것을 부정했다. 이론적 존재자는 이와 대조적으로 자료에서 추론된다. 칸트는 추론을 필요로 하지 않는 의자에 관한 경험적 실재론자였겠으나, 전자에 관해서는 경험적 반실재론자로 남아 있었을까? 그것은 가능한 입장으로 보인다.

지시

퍼트넘의 가장 독창적인 기여는 진리 이상으로 지시와 관계가 있다. 앞 장에서 기술한 그의 '의미'의 의미는 그 자체의 붕괴의 씨앗을 포함한다. 그것들을 쉽게 알 수 있는데, 왜냐하면 그것들은 다름 아닌 내가 '외연의 점'이라 부른 것이기 때문이다. 자연종 용어의 의미는 결국 외연이 되는 일련의 요소들이지만, 여러분이 그것을 써내려갈 수는 없다.

퍼트넘은 프레게적 의미와는 달리 지시는 문제가 되지 않았다고 처음으로 생각했다. '글립토돈'의 지시는 한 골격과 그 전형에서의 몇몇 특징을 가리킴으로써 나타낼 수 있었다. 만일 글립토돈이 자연종을 형성하면, 자연이 나머지 일을 처리하며, 외연을 결정할 것이다. 이론적 존재자를 가리킬 수는 없었으며, 그것들은 그것들을 표시하는 용어의 도입에 관한 역사적 이야기와 이에 더해 의혹당하는 것의 이익에 관한 몇몇 자비적 원리로 다뤄져야 했다.

퍼트넘은 회의적으로 되었다. 의미와 프레게적 의미에 관한 불쾌는 번역의 비결정성(indeterminacy of translation)에 대한 W. V. O. 콰인의 학설에 상당한 정도로 기인한다. 콰인은 지시에 관해 유사한 입장을 갖고 있었다. 그것은 지시의 불가해성(inscrutability)이다. 그 관념을 거칠게 제시하면 이렇다. 여러분은 다른 어떤 이가 이야기하고 있는 바에 관해서 결코 이야기할 수 없거나, 그것이 커다란 문제가 되지 않는다. 콰인은 다음과 같은 적당한 예로 이를 단언한다. 내가 토끼에 관해서 이야기하는 곳에서 여러분은 내가 토끼성(rabbithood)의 시공적 조각에 관해서 이야기하고 있는 것으로 들을 수 있다. 퍼트넘은 진정한 불가해성을 덧붙인다. 여러분이 고양이와 매트에 대해서 이야기할 때마다, 여러분은 내가 체리와 나무에 관해서 이야기할 때 지시하는 바를 언급하고 있을 수가 있는데, 그럼에도 불구하고 지시에서의 차이는 나타나지 않을 것인데, 왜냐하면 내가 확신하고 있는 어떤 것(어떤 고양이가 어떤 매트 위에 있다)은 여러분의 해석 아래에서는 여러분이 마찬가지로 확신하고 있는 어떤 것(어떤 체리가 어떤 나무에 있다)이 되는 한 문장에 의해서 표현되기 때문이다.

이것은 정말 보통 일이 아니다. 우리는 두 가지 어려움 아래에 있다. 우리는 이 기묘한 주장을 우리에게 그럴싸하도록 만들 필요가 있으며, 우리는 외재적 실재론 또는 형이상학적 실재론에 반대하는 논변 속에서 그것의 위치를 이해할 필요가 있다. 그러므로 우리는 고양이 / 체리 결론을 위한 국소적(local) 논변을 지닐 필요가 있으며, 우리는 어떻게 그것이 반형이상학적 입장으로 이끌어 가는지를 보여주는 광역적(global) 논변을 지닐 필요가 있다.

고양이와 체리

전체 문장의 진리값만을 고정시키는 어떠한 견해도 지시를 고정시킬 수 없는데, 그것이 모든 가능 세계 속의 문장에 대해서 진리값을 규정한다고 하더라도 그러하다.

이것이 퍼트넘의 정리(p.33)이며, 우리는 이를 설명하게 될 것이다. 그것의 현찰 가치는 고양이와 체리로 제시되어 있다. 여러분이 체리에 관해서 이야기할 때마다, 여러분은 내가 고양이라 부르는 것을 지시하고 있을 수가 있고, 그 역일 수도 있다. 고양이가 매트 위에 있다고 내가 심각하게 이야기한다면, 여러분은 동의할 것인데,

A부 표상하기

왜냐하면 여러분은 내가 체리가 나무에 있다고 말하는 것으로 받아들였기 때문이다. 우리는 세계에 관한 사실에 대해서, 즉 참이라 주장된 문장에 대해서 전적인 동의에 도달할 수 있는데, 그럼에도 불구하고 내가 고양이에 관해서 이야기하고 있을 때, 여러분이 내가 체리라고 부르는 것에 관해서 이야기하고 있는 일은 결코 일어날 것 같지 않다. 더욱이 여러분의 지시의 체계는 나의 것과는 체계적으로 아주 다를 수 있어서 우리 사이의 차이는 나타날 수 없을 것이며, 고양이와 체리에 관해 그 무엇이 참이라 하더라도 그러하다.

이 두드러진 결론은 뢰벤하임-스콜렘(Löwenheim-Skolem) 정리라 불리는 수리 논리학에서 잘 알려진 결과의 뒤를 잇는다. 이 관념은 1915년에 있은 L. 뢰벤하임의 연구 결과이며 1920년에 Th. 스콜렘에 의해서 발전되었다. 그 시기에 집합과 같은 수학적 대상을 공준화된 정리로 특징지으려는 일은 그럴듯해 보였다. 집합과 같은 의도된 대상은 몇몇 공준에 부합하는 어떤 것이었으며, 그 공준은 의도된 대상의 집합을 정의할 것이다. 더욱이 우리는 일차 논리(first-order logic) ─ 문장적 연결사(sentential connectives, '그리고', '부정', '또는' 혹은 그밖의 여러 가지 것)와 일차 양화사(quantifier, '모든', '어떤')의 논리 ─ 라 불리는 유일하게 잘 이해된 논리학의 분과 안에서 이를 하고자 희망했다.

몇몇 종류의 집합론이 여러 수학 분과 또는 모든 수학 분과를 위한 토대로 봉사할 수 있으리라고 당시의 논리학자들은 생각했다. 게오르크 칸토어(Georg Cantor)는 유명한 결과를 증명했다. 그는 먼저 다른 무한 집합보다 큰 몇몇 무한 집합을 명확히 했다. 이어서 그는 자연수의 부분 집합의 집합이 자연수의 집합보다 크다는 것을 보여줬다. 다른 정식화에서, 그는 모든 실수의 집합 또는 십진수로 표현된 모든 수의 집합이 자연수의 집합보다 크다는 것을 보여줬다. 이 사실이 고전 논리학자에 의해서 소화되고 받아들여지자, 뢰벤하임과 스콜렘은 처음에는 역설적으로 보이는 어떤 것을 증명했다.

여러분은 자연수의 집합으로 세워진 집합의 바로 그 본질을, 여러분이 희망하기로, 잡아내는 몇몇 공준을 써 내려간다. 이 공준 안에서 여러분은 칸토어 정리를 증명하는데, 칸토어 정리는 자연수의 부분 집합의 집합은 헤아릴 수 없다고, 즉 그것은 자연수와 쌍을 이룰 수 없으며 따라서 자연수 집합 자체보다 크다고 말한다. 지금까지는 좋다. 여러분이 여러분의 공준이 이해되도록 의도하는 방식 속에서, 여러분은 칸토어적 집합에 관해서 말하고 있는 것이다. 하지만 뢰벤하임과 스콜렘은 일차 논리로 표현된 어떤 이론이 있고, 이것이 몇몇 영역의 대상에 대해서 참이면, 이 이론은 또한 헤아릴 수 있는 영역에 대해서도 참임을 증명했다. 그러므로 여러분은 여러분의 공준이 칸토어적 집합에 대해서도 참임을 의도했던 것이다. 칸토어의 정리는 자연수가 존재하는 것보다 더 많은 칸토어적 집합이 존재함을 우리에게 즉시 확신시켜준다. 그러나 바로 그 똑같은 공준이 훨씬 더 작은 영역에 대해서 참이 되도록 재해석될 수가 있다. P를 여러분의 이론에서 자연수의 집합의 모든 부분 집합의 집합을 표시하는 기호로 가정하라. 여러분의 어떤 이론은 재해석될 수 있고 따라서 P는 확실히 다른 어떤 것, 즉 자연수의 집합보다 크지 않은 집합을 표시한다.

뢰벤하임-스콜렘 정리는 한때 역설적인 것처럼 보였고, 그것은 이제 소화되었다. 대부분의 논리학 연구자가 오히려 그것은 명백하고, 자연스러우며, 불가피하다는 것을 알게 되었다. 그들은 '일차 정식화에서, 비표준적 모델이 있어야 한다'와 같은 것들을 이야기한다.

퍼트넘은 그 정리를 역설적으로 보이도록 되돌려 놓는다. 그는 올바른 일반화를 만들어낸다. 그것은 어떤 영역의 개별자들, 말하자면 고양이와 체리에 적용된다. 이들에 관한 모든 진리를, 즉 내가 어떻든 이야기하게 될 또는 사람들이 이야기할, 혹은 단순히 일차 언어로 표현 가능한 모든 순종의 진리를 공리로서 취하라. 여러분이 무엇을 취하든, 의도하지 않은 해석이 있게 될 것이다. 더욱이 우리가 두 종류의 대상인 고양이와 체리를 고르고 짧은 진리의 목록을 사용할 때, 우리는 고양이에 관한 의도한 해석으로 하여금 체리에 관한 의도하지 않은 해석 위로 사상(寫像)되게 할 수 있다. 퍼트넘은 짧은 예와 완전한 정리 둘 다에 대한 세부적 내용을 제공한다.

과학적 실재론을 위한 함의

퍼트넘은 이러한 전문적인 결과가 과학적 실재론에게는 나쁘다고 가정한다. 왜? 그것은 주로 그가 과학적 실재론은 결국 진리 모사설 또는 진리 대응설이라고 생각하기 때문이다. 우리의 이론은 그들이 세계를 표상하기 때문에 참이며, 그들은 대상을 지시함으로써 — 이제 퍼트넘이 오직 믿음의 체계 안에서만 의미 있다고 생각하는 지시 — 세계에 걸쇠를 채우게 된다.

이런 입장의 상당 부분이 잘 알려져 있다. 이것은 문장이 사실에 대응되어야 한다는 대응설에 대한 오랫동안에 걸친 비판이지만, 그 사실이 대응하는 문장에 의거하는 경우를 빼고는 그 사실을 구별할 아무런 방법이 없다. G. E. 무어(Moore)가 그의 반실재론으로 유명하지는 않지만, 볼드윈(Baldwin)의 『철학 사전(Dictionary of Philosophy)』에 실린 「진리("Truth")」라는 논문에서 그가 그 관념을 80년 전에 어떻게 표현했던가를 보여주는 내용이 있다.

> 한 명제의 진리는 그것이 실재에 대해서 갖는 몇몇 관계에 있으며, 허위는 이러한 관계의 부재에 있다고 흔히 가정된다. 문제의 관계는 일반적으로 '대응' 또는 '일치'라 불리며, 그것은 일반적으로 부분적 유

사성의 하나로 생각되고 있는 것으로 보인다. 그러나 명제만이 그밖의 어떤 것에 대한 그들의 부분적 유사성에 의해서 참이 된다고 이야기할 수 있다는 점에, 그리고 이에 따라 진리는 몇몇 특정한 방식에서 실재와는 달라야 하며, 실재 자체가 명제인 경우를 제외한 모든 경우에서 그 이론의 진리는 실재와의 관계에 있다는 것이 그 이론에 핵심적이라는 점에 주목해야 한다. 진리와, 이론을 논박하는 것이 대응되어야 하는 실재 사이에서 어떠한 그 같은 차이를 발견하기란 불가능하다.

예를 들어 J. L. 오스틴에 의해서 대응설은 장점을 갖는다고 논의되어 왔다. 무어와는 반대로 사실을 집어낼 독립적인 방식이 존재하기 때문이다. 무엇보다도 우리가 그에 대해서 이야기하는 사물과 성질을 집어내는, 예를 들어 가리키기로 집어내는 독립적인 방식이 존재한다. 그렇다면 우리는 속성 및 관계에 관해 지시하는 표현 및 이름을 연결함으로써 단언을 만들게 된다. 명제는 이름 붙여진 속성이 지시된 대상에 의해서 소유되기만 한다면 참이다. 독립적 지시를 만들어낼 길이 없음을 퍼트넘이 다시 한번 보여줌으로써 그는 뢰벤하임-스콜렘 정리를 사용하는 일이 이러한 오스틴적인 동기를 손상시킨다는 점을 가정해야 한다. 그러나 그가 보여준 모든 것은 여러분이 일차 논리로 표현된 진리의 집합을 진술함으로써 지시에서 성공을 거둘 수는 없다는 점이다. 우리가 뢰벤하임-스콜렘 정리를 더 가까이 가서 볼 때, 우리는 그것이 전제를 갖고 있음을 상기하게 된다. 이들 전제를 교묘히 피할 수 있으며 따라서 퍼트넘의 결론에 의혹을 던지는 방식이 존재한다.

전제들

1. 뢰벤하임-스콜렘 정리는 일차 논리로 쓰인 문장에 관한 것이다. 누구도 이제껏 물리학자의 상식적 언어를 일차 형(format)에 여하튼 우겨넣을 수 있음을 보여주지는 못했다. 그러므로 그 논변은 말하자면 양자 전기역학과 유관하다고 알려지지 않았고, 따라서 과학적 실재론과 유관하지 않다.

2. 보통의 영국인은 주로 2차 양화사를 채용한다고 보는, 고(故) 리처드 몬터규(Richard Montague)로부터 추동력을 이끌어내는 학파가 있다. 직접적이지 않은 방식으로 뢰벤하임-스콜렘 정리는 그러한 언어로 확장되며, 따라서 평범한 과학에 들어가기 이전의 상태에 있는 영어에의 퍼트넘의 연구의 적용 가능성은 논쟁의 여지가 있다.

3. 많은 상식적 발화는 색인사(indexicals)로 불리는 것을 포함한다. 이들은 그것의 지시가 발언의 맥락에 의존하는 다음과 같은 단어다. (시제를 가진 동사를 언급하지 않는) 이것, 저것, 당신, 나, 여기, 지금이 그것이다. 상쾌한 오늘 아침에 급히 떠나면서 나는 다음과 같은 말을 우연히 듣게 된다. '이봐요 당신, 내 체리 그만 따먹고, 빨리 이리 와요!' 오직 교의(dogma)만이 이 일상적인 문장이 일차 논리로 표현 가능하다고 주장할 수 있을 것이다.

4. 색인사의 도입은 그 길의 일부를 지나갈 뿐이다. 색인사는 지적자(pointers)이지만 그들은 여전히 언어적이다. 언어는 세계 안에서의 광범위한 하기(doings)에 끼어 있다. 퍼트넘은 그의 논의가 이루어지는 동안에 묘하게도 비트겐슈타인을 언급하는데, 의미는 규칙에 의해서 철저하게 주어질 수 없다는 비트겐슈타인의 논변을 상기시키고 있다. 본질적으로 비결정적이며 우리의 언어적 실천 속에서 재해석에 열려 있는 어떤 것이 존재했음을 그것이 비트겐슈타인에게 의미하지는 않았다. 그것은 언어가 말하기 이상임을 의미했다.

그의 통찰의 어떤 버전을 상세히 설명할 자리는 아니지만, 체리는 먹기 위한 것이고, 고양이는 아마도 쓰다듬기 위한 것이리라. 일단 발언이 행위 속에 끼이게 되면, 뢰벤하임과 스콜렘의 이야기는 스콜라적으로 보인다. 그들이 수학적 대상에 관한 일정한 시각에 대해 말했던 바에서 그들은 전적으로 옳았다. 그들은 현명하게도 고양이에 대해 토론하는 일을 그만두었다. 우리는 아주 큰 수에 대해서 말하는 일을 빼고는 그 수들로 전혀 할 일이 없다. 우리는 발언 이상의 여타 방식으로 고양이와 관계한다.

5. 우리가 지시와 표시에 관해서 제의하는 이론이 무엇이든 간에, '표시하다'와 '지시하다'와 같은 단어는 그 자체가 재해석될 수 있다고 퍼트넘은 말한다. 내 무릎 위에 있는 것과 닮은 어떤 동물을 '고양이'가 표시한다고 내가 말한다고 가정하라. 그는 다음과 같이 묻는다. '표시한다'가 표시하기를 표시하는 것을 나는 어떻게 아는가? 그러나 물론 나는 단어의 용법을 설명하면서 '표시한다'와 같은 단어를 보통은 결코 사용하지 않는다. 그 기능은 글립토돈이 무엇인지를 설명하는 데 사용되는 '저것이 글립토돈 골격이다'에 의해서 공급될 수는 있을 것이다. 나는 지시하기 위해서 지시 이론을 필요로 하지 않으며, 지시의 일반 이론이 존재할 수 없으리라는 점은, 아마도 비트겐슈타인에게서 배운 기반 위에서는, 적어도 논란의 여지가 있다.

6. 퍼트넘은 과학과 관계되지 않는 반실재론에 대해서 쓰고 있으며, 따라서 체리와 고양이에 대해서 토의하는 것은 옳다. 우리는 자연과학의 이론적 존재자에 관한 그의 시사를 인정하지 않아도 되는가? 존재자에 이름을 입히는 것은 전적으로 언어 수준에서 그런 것인가? 아니다. 종종 그렇지 않다. 앞 장에서 언급된 앤더슨과 네더마이어의 1926년 논문을 보라. 그것은 자료를 갖고 있는 논문이며, 이 자료에 기초해서 물리학자 사회는 메조트론 혹은 중간자 —

나중에는 뮤온 — 라고 이름을 입혔던 것이다. 그 논문은 사진으로 가득 차 있다. 뮤온의 스냅사진이 아니라, 궤적 사진이었다. 그것은 이것과 저것의 충돌로 야기된 궤적 사이의 각도를 측정한다. 가장 이론적인 존재자를 지적하기 위해서 우리는 '이것'과 '저것'처럼 짧은 색인사를 사용하는데, 그들을 지적함으로써가 아니라 그들의 궤적을 지적함으로써 말이다. 우리가 거기에 멈춰서는 안 된다. 앞 장에서 명확히 나타났듯, 사람들은 처음에는 뮤온이라 불리게 된 이러한 것에 관해 그다지 확신이 없었다. 그러나 이제 예를 들어 우리는 뮤온의 질량이 전자의 206.768배라는 것을 안다.

이 마지막 문장은 퍼트넘의 관점을 지지하는 것으로 보이게 될 것이다. 왜냐하면 그것은 뮤온에 대한 설명에 공리로서 투입될 수 있는 바로 그런 종류의 진리이기 때문이다. 우리는 그렇다면 그것을 뢰벤하임-스콜렘 재해석에 노출시키지 않을 수 있을까? 나는 그렇지 않다고 생각하는데, 왜냐하면 어떻게 우리가 이 미세한 수를 소수 셋째 자리까지 얻었느냐 하는 것 때문이다. 그것은 우리가 자유 전자의 자기 모멘트, 보어 마그네톤(magneton), 여타의 진기한 물질과 같은 아주 많은 양들과 특히 수많은 자연의 상수를 결정해낸 꽤 복잡한 계산이다. 이제 이것들이 그저 일군의 문장이라면, 그리고 우리가 일차 논리로 수리 물리학을 할 수 있다면, 뢰벤하임-스콜렘 정리는 적용될 것이다. 그러나 모든 경우에서 수와 비율은 특수한 실험적 결정과 내밀하게 연결되어 있다. 실험적 결정은 다시 모두가 사람, 장소, 무엇보다도 하기와 연결된다[전형적인 예: University of Washington-Lawrence Radiation Laboratory group, i.e. K. M. Crowe, J. F. Hague, J. E. Rotherberg, A. Schenck, D. L. Williams, R. W. Williams, K. K. Young, *Phys. Rev. D.* 2145(1972)]. 그것이 단지 **하기**의 한 가지 집합인 것은 아니며, 독립적이되 전 세계에 걸쳐 전적으로 다르지는 않은 수많은 하기인 것이다.

7. 퍼트넘은 인간이 단어 '고양이'에 대한 그의 의도되지 않은 해석을 이제껏 사용할 수 있었느냐라는 질문을 제기한다. 그는 의도된 해석과 의도되지 않은 해석 사이의 대칭성에 주목하는데, 이때 모든 것을 우리는 고양이로 설명하고, 다른 이들은 체리로 설명한다. 그는 넬슨 굿먼(Nelson Goodman)의 책 『사실, 허구, 예견(Fact, Fiction, Forecast)』에서 이끌어온 논의를 되풀이한다. 그가 무시하는 중요한 사실이 있다. 뢰벤하임-스콜렘 정리는 비구성적(non-constructive)이다. 즉, 의도되지 않은 해석을 발생시키는, 인간적 견지에서 접근 가능한, 방식은 원리적으로 존재하지 않는다.

8. 퍼트넘의 확신에 문제 제기를 시작하기 위해 우리가 전문적인 예를 필요로 하는 것도 아니다. (퍼트넘의 견해에서) 모든 여자는 그들이 체리에 관해 이야기할 때 고양이를 의미할 수가 있는 반면, '우리' 남자는 체리를 의미한다고 제안하고 있는 이로서 퍼트넘은 그의 동료 로버트 노직(Robert Nozick)을 인용한다. 그러나 예를 들어 빙 체리(Bing Cherries)와 페르샤 체리(Persian Cherries)에서 예시되듯, 명칭 형용사(nominal adjectives)가 존재한다. '빙'과 같은 명칭 형용사는 '달콤한'과 같은 보통의 수식어가 아닌데, 왜냐하면 달콤한 빙 체리는 달콤한 과일이지만 그들은 '빙 과일'은 아니기 때문이다. 어떻게 퍼트넘 / 노직 재해석은 계속되는가? 그들의 상상적 여자들은 그들이 앤 여왕 체리(Queen Anne cherries)에 대해서 이야기할 때 페르샤 고양이(Persian cats)를 의미하는가? 즉, 한 종류의 체리는 한 종류의 고양이 위로 사상되는가? 그것은 그렇지 않은데, 왜냐하면 체리의 종류의 수는 고양이의 종류의 수와 다르며, 따라서 어떠한 그같은 사상도 명칭 형용사의 구조를 보존시키지 않을 것이기 때문이다. 더 중요한 것으로, 앤 여왕 체리는 파이를 보존하거나 파이를 위한 것이지만, 빙 체리는 익은 것을 나무에서 따먹기 위한 것이다. 어떻게 이러한 사실이 고양이에 관한 사실의 구조 안에서 나타나게

될 것인가?

퍼트넘은 아마도 철학의 가장 중대한 오류 가운데 하나를 저지르고 있는 것이다. 그는 추상적 정리를 갖고 있다. 이어 그는 그에 앞서 누구도 이제껏 말하지 않았거나, 일반적으로 논리학 밖에서는 말하기에 대해 어떤 논점도 갖지 못할 다음의 한 문장으로 그 정리의 내용을 설명한다. '어떤 체리가 어떤 나무에 있다.' 이어 그는 여러분이 '체리'를 재해석할 수 있는 것과 똑같이, 여러분은 '표시하다'를 재해석할 수 있다는 단언으로 건너간다. 앤 여왕 체리로 파이 만들기와 같은, 뮤온의 질량과 전자의 질량의 비율을 결정하는 일과 같은 번성한 일상 세계 모두가, 그 모두가 배제되어 있다.

내가 계속 하지는 않을 것이다. 나는 단지 (a) 지시는 주로 진리 말하기의 문제가 아니라, 세계와 상호작용하기의 문제이며, (b) 심지어 언어의 수준에서도 퍼트넘이 토의하는 것 이상으로 엄청나게 더 많은 구조가, 그것이 수리 물리학의 언어에 관한 깊이 있는 질문이든 또는 빙 체리에 관한 시시한 관찰이든, 존재한다는 점을 강조하고 싶다.

유명론

위의 반성이 퍼트넘의 바닥에 놓여 있는 철학에 여러분이 찬성하지 않을 필요가 있다는 점을 의미하지는 않는다. 말쑥한 논변처럼 보이는 바가 그것이 이제껏 얻은 이상으로 더 많은 다듬기를 필요로 함을 이러한 반성은 의미할 뿐이다. 바닥에 놓여 있는 관점은 무엇인가? 나는 그의 견해를 칸트와 비교하면서 퍼트넘을 따라왔지만, 유의미한 차이가 존재한다. 칸트는 스스로를 초월적 관념론자라 부른다. 나는 퍼트넘을 초월적 유명론자(transcendental nominalist)라 부를 것이다. 둘 다 일종의 반실재론이다. 칸트 이전에, 관념론은 보통

반유명론(anti-nominalism)을 의미했다. 칸트 이후에, 그것은 보통 반관념론(anti-idealism)을 의미한다.

관념론은 **존재**에 관한 논제다. 그것의 극단적 형태에서 그것은 존재하는 모든 것이 정신적이며, 인간 영혼의 산물이라고 말한다.

유명론은 **분류**에 관한 것이다. 그것은 우리의 사고의 양식만이 우리로 하여금 짚과 잔디를, 잎과 살을 구분하게 해준다고 말한다. 세계가 그런 식으로 구분되어야 할 필요는 없을 것이다. 세계는 '자연종'으로 포장된 채로 오지 않는다. 이와 대조적으로 아리스토텔레스적 실재론자(반유명론자)는 세계가 일정한 종류로 올뿐이라고 말한다. 그것은 자연의 방식이며, 인간의 방식은 아니다.

관념론자는 분류에 관한 어떤 의견도 가질 필요가 없다. 그는 잔디와 짚 사이에는 정말로 실제적인 구별이 존재한다고 주장할 수가 있다. 그는 물질인, 잔디와 짚은 없다는 것만을 이야기할 뿐이다. 오직 관념, 정신적 존재자만이 있다. 그러나 관념은 분명히 진정한 본질을 소유할 수 있는 것이다.

역으로 유명론자는 실재하는 물질, 정신과 독립해 존재하는 물질이 있다는 점을 부정하지 않는다. 그는 그것이 자연적으로 그리고 본질적으로 ˙어떤 특별한 방식으로, 우리가 그에 대해 어떻게 사고하느냐와 독립적으로 분류되어 있다는 점만을 부정할 뿐이다.

사실상 유명론과 관념론은 정신의 똑같은 성벽의 일부가 되는 경향이 있다. 이것이 단어 '실재론'이 두 교의에 대한 반대를 표시하기 위해서 사용되어 왔던 한 가지 이유다. 그러나 그 둘은 논리적으로 구별된다.

나는 칸트를 아마도 극단적 방식으로 읽고 있을 것이다. 그는 공간과 시간은 관념적이라고 생각했다. 그들은 글자 그대로 존재하지 않는다. 공간과 시간 속에서 결정 가능한 경험적 관계가 존재한다고 하더라도, 시공적이 되는 그러한 관계는 정신을 넘어선 존재를 갖지 않는다. 칸트는 진정으로 초월적 **관념론자**였다. 퍼트넘은 대신에 초월적 **유명론자**다.

퍼트넘의 내재적 실재론은 이것이 된다. 즉 나의 사고 체계 안에서 나는 다양한 대상을 지시하고, 그러한 대상에 관해서 어떤 것은 참이고, 어떤 것은 거짓이라고 말한다. 하지만 나는 결코 나의 사고 체계 바깥으로 나갈 수 없으며, 나 자신의 분류 및 지칭 체계의 일부가 아닌 지시의 어떤 기초를 유지시킬 수 없다. 이것은 정확히 경험적 실재론이며 초월적 유명론이다.

혁명적 유명론

T. S. 쿤 역시 관념론자라고 읽혀 왔다. 나는 그 역시 초월적 관념론자, 퍼트넘 이전에 거기에 도달한 이로서 더 잘 이해된다고 생각한다. 그러나 퍼트넘의 반성이 **선험적** 정리와 언어에 관한 단언된 함의들 위에 기초해 있는 반면, 쿤은 그의 입장을 위한 더 현실적인 기초를 갖고 있다.

쿤의 견해로 과학 혁명은 자연의 몇몇 측면에게 말을 거는 새로운 방식을 산출시킨다. 그것은 앞서 있던 과학 속으로는 들어가지 못했던 모형, 추측된 법칙, 존재자의 집합, 인과적 힘을 제공한다. 전혀 논쟁의 여지가 없는 의미로, 우리는 19세기의 증기 시대와는 다른 세계, 즉 비행기가 어디에나 있고 철도는 파산해가는 세계 속에 지금 살고 있을 수 있다. 더 철학적으로 말해서 (아마도) 그것은 다른 세계일 것인데, 즉 그것은 다른 방식으로 범주화되며, 그것이 새로운 잠재성, 새로운 원인, 새로운 결과로 채워졌다고 생각된다는 점에서 그러하다. 그러나 이러한 새로움은 정신 속의 새로운 존재자의 산물이 아니다. 그것은 새로이 창조된 현상을 포함해 현상의 새로운 범주의 체계의 부과다. 이것이 내가 그것을 일종의 유명론이라 부르는 이유다. 여기 쿤 자신의 최근의 정식화가 있다.

> 혁명을 특징짓는 것은, 그러므로 과학적 기술(記述)과 일반화에 필수적
> 인 몇 가지 분류 범주의 변화다. 더군다나 그러한 변화는 범주화와 유
> 관된 기준의 변화일 뿐만 아니라, 주어진 대상과 상황이 기존의 범주들
> 사이에서 분포되는 방식의 변화이기도 하다. 그러한 재분포는 항상 하
> 나 이상의 범주를 포함하므로 그리고 그러한 범주는 상호 정의되므로,
> 이런 종류의 변화는 필연적으로 전일적(全一的, holistic)이다.3

쿤은 전혀 구식의 유명론자가 아니다. 그런 이는 아마도 우리의 모
든 분류가 세계의 산물이 아닌, 인간 정신의 산물이며, 그러한 분류
는 다 똑같이 우리 정신의 절대적으로 안정된 특징이라고 생각하는
어떤 사람일 것이다. 그는 두 가지 입장 모두에서 그 같은 유명론자
와 의견을 달리할 수 있다. 명백히 그는 혁명적 변화의 가능성을
선호하며, 그는 우리에게 그에 대한 예를 제공한다. 그는 과학 이전
의 많은 범주가 다음과 같은 자연종이라고 한결같이 단언할 수 있
다. 사람과 잔디, 살과 말고기가 그것이다. 세계는, 우리가 무슨 사
고를 하든, 그 안에 단순히 말과 잔디를 갖고 있으며, 어떠한 개념
적 구도는 그것을 인정하게 될 것이다. 세계가 그 자체를 이러한
방식으로 분류한다는 점을 과학사가 부정해야 할 아무런 이유가 없
다. 비교 문화 연구에서, 어떤 다른 사람이 유사한 방식으로 분류하
는 일에서 실패를 겪으리라고 가정하기 위한 많은 이유가 있는 것
도 아니다. 쿤의 유명론은, 그것이 이러한 역사적 연구에 토대하고
있는 한, 우리의 몇몇 과학적 범주가 퇴거당할 수 있다는 점만을

3_ T. S. Kuhn, "What are scientific revolutions?" Center for Cognitive Science Occasional
   Paper 18(Massachusetts Institute for Technology, 1981), p.25.

A부 표상하기

가르칠 수 있을 뿐이다. 실체(substance)와 힘과 같은 유서 깊은 범주는 아마도 파산할 수 있을 것이다. 시간과 공간조차도 두들겨 맞을 수 있을 것이다. 쿤은 일정한 상대주의를, 자연의 어떠한 측면에 관한 일의적으로 올바른 범주화는 존재하지 않는다는 상대주의를 가르쳐준다. 자연의 어떤 측면에 관한 관념, 단지 이러저러한 정황만을 포함시키는 관념은 그 자체가 변화 가능한 것이다. 그리스인은 전기 개념을 갖고 있지 않았고, 프랭클린은 전자기 개념을 갖고 있지 않았다고 우리는 이야기한다. 그러한 '자연의 측면'조차도 우리의 역사 속에서 나타나고, 이리 움직이며, 저리 움직인다. 혁명적 유명론자는 우리가 길의 끝에 도달해 왔다고 추론하지 않는다. 길의 끝이라는 관념, 최종적 과학이라는 관념이 진정으로 이해 가능한 관념도 아닌 것이다.

지나 가버린 시절의 구식 유명론자는 우리의 분류 체계가 인간 정신의 산물이라고 주장한다. 그러나 그는 그러한 분류 체계가 근본적으로 변경될 수 있으리라고 가정하지 않았다. 쿤은 그 모두를 바꿔버렸다. 범주는 변경되어 왔으며 다시 변경될 수도 있다. 우리는 우리의 현재 범주, 문제, 분석의 체계, 기술(技術) 및 학습의 방법으로 자연에 접근하는 일을 거의 피할 수 없다. 우리는 사실상 경험적 실재론자다. 즉 우리는 마치 우리가 자연종을, 곧 진정한 분류하기의 원리를 사용하고 있는 것처럼 사고한다. 하지만 우리는 역사적 반성의 과정 속에서 우리에게 가장 소중한 탐구가 변화될 수도 있음을 깨닫는다.

그 관념을 요약하면 이렇다. 우리는 우리의 현재 과학에 의해서 배달되는 자연종 안으로 분류되어 들어가는 것으로서 자연을 탐구하지만, 이와 동시에 바로 그 구도는 단지 어떤 역사적 사건을 구성할 뿐이라고 주장한다. 더욱이 세계에 관한 그 올바르고, 최종적인 표상이란 개념은 존재하지 않는다.

퍼트넘의 진술은 똑같은 방향 쪽으로 기울어져 있는 한 가지일 수가 있으나, 그 안에서 그의 현재적 연주가 오히려 칸트주의자가 되는 하나의 의미가 존재한다. 퍼트넘은 보수적으로 변했다. 칸트에게 우리의 개념적 구도 밖으로 나갈 길은 없다. 퍼트넘도 마찬가지로 어떠한 길이 있다고 가정하기 위한 아무런 이유도 제공하지 않는다. 쿤은 어떤 방식이 있어 그 안에서 심오한 변화가 있게 되어온 그런 방식을 자세히 제시한다. 그러므로 그의 입장은 혁명적인 초월적 유명론이며, 이에 비해 퍼트넘의 입장은 더 보수적이다.

합리성

퍼트넘의 현재적 입장 안에는 또 다른 태도가 존재하며, 이는 퍼스를 생각나게 한다. 그는 무엇이 참이냐는 우리가 합리적 수단에 의해서 동의하게 되는 그 무엇이라고 주장하며, 우리가 더욱 더 많은 추론의 스타일을 발전시키게 되면서 적어도 진화는 있을 것임을 그는 인정한다. 나는 이것을 퍼트넘의 철학이 아니라, 오히려 임레 라카토슈의 철학으로 설명하는 것이 자연스럽다는 점을 발견하게 된다.

A부 표상하기

8 진리의 대리물

'군중 심리학(mob psychology)'은 임레 라카토슈(1922~1974)가 과학에 대한 쿤의 해명을 어떻게 풍자해 묘사했던가를 나타낸다. "과학 이론의 합리적 평가 — 그리고 **진보**의 기준 — 의 분야로 이해된 과학적 방법(또는 '발견의 논리')은 사라진다. 우리는 물론 '패러다임'의 변화를 사회 심리학으로 여전히 설명하려 할 수가 있을 것이다. 이 것이 …… 쿤의 방식이다(Ⅰ, p.31)."1 라카토슈는 과학철학의 쿤에 의한 사회학으로의 환원이라고 자신이 주장했던 것에 단호히 반대했다. 그는 그것이 진리, 객관성, 합리성, 이성이라는 신성 불가침한 과학적 가치를 위한 여지를 전혀 남겨놓지 않았다고 생각했다.

이것이 쿤의 희화화(戱畵化)임에도 불구하고, 그 결과로 나온 관념

1_ 이 장에서 라카토슈에 대한 모든 참조사항은 저서 *Philosophical Papers*, J. Worral and G. Currie(eds.), 2 Volumes(Cambridge, 1978)[Ⅰ 권 — 신중섭 옮김, 『과학적 연구 프로그램의 방법론』(서울: 아카넷, 2002); Ⅱ 권 — 이영애 옮김, 『수학, 과학, 그리고 인식론』(서울: 민음사, 1996)]에 근거한다.

은 중요하다. 과학철학의 두 가지 현행 쟁점은 인식론적(합리성)이며 형이상학적(진리와 실재)이다. 라카토슈는 전자에 대해서 이야기하고 있는 것처럼 **보인다**. 실제로 그는 방법과 이성에 관한 새로운 이론을 제출하고 있다고 보편적으로 주장되고 있으며, 그 점에서 그는 몇몇 이에 의해서는 숭배되고 있고 다른 이에 의해서는 비판받고 있다. 이것이 라카토슈가 다다르는 곳이라면, 합리성에 관한 그의 이론은 별난 것이다. 현재 무엇을 믿는 것이 또는 무엇을 하는 것이 합리적이냐를 결정하는 일에서 그것은 우리에게 전혀 도움을 주지 못한다. 그것은 전적으로 회고적(backward-looking)이다. 그것은 과거의 과학에서 어떤 결정이 합리적이었나를 우리에게 말해줄 수 있지만, 미래에 대해서는 우리에게 도움을 줄 수 없다. 라카토슈의 글이 미래에 영향을 미치는 한, 그것들은 진부와 편견의 번잡한 혼합이다. 그럼에도 불구하고 그 글들은 여전히 마음을 끈다. 이 때문에 나는 그 글들이 방법과 합리성은 아닌 어떤 것에 관한 것이라고 주장한다. 그는 중요한데 그것은 정확히 그가 인식론적 쟁점이 아닌, 형이상학적 쟁점을 제기하고 있기 때문이다. 그는 과학이 객관성에 대한 우리의 모델이라고 사고했다. 과학적 명제는 사물이 어떠한가를 말해야 한다고 주장함으로써, 우리는 그것을 설명하려 할 수도 있을 것이다. 그것은 진리에 대응해야 한다. 이것이 과학을 객관적으로 만들어주는 것이다. 헝가리에서 헤겔적 전통과 마르크스적 전통 속에서 교육받은 라카토슈는 대응설의 포스트칸트적, 헤겔적 파괴를 당연하게 여겼다. 그는 따라서 역시 헤겔적 모체 속에서 형성된 퍼스와 닮았는데, 퍼스는 여타의 프래그머티스트와 더불어 듀이가 진리 모사설(copy theory of truth)이라 부른 것을 사용하지 않았다.

20세기의 시초에 영국의 철학자와 이어 미국의 철학자는 진리 대응설과 의미의 지시적 해명(referential accounts of meaning)을 부활시켰다. 이것들은 여전히 영어권 철학의 중심적 주제다. 힐러리 퍼트 넘은 여기서 교육상 도움이 된다. 그의 『이성, 진리, 역사』에서 그는 대응설을 끝장내려는 그 자신의 기도를 이룬다. 퍼트넘은 자신을 전적으로 급진적이라고 보며, '여기서 우리가 갖게 되는 것은 2천년 이상 지속되어 온 이론의 소멸이다(p.74)'라고 쓴다. 라카토슈와 퍼스는 그 집단의 죽음이 일찍이 약 200년 전에 일어났다고 생각했다. 하지만 두 사람 다 서양 과학의 객관적 가치에 대한 해명을 원했다. 그래서 그들은 진리의 대리물을 찾고자 했다. 헤겔적 전통에서, 그들은 그것이 과정(process) 안에, 지식의 성장 자체의 본성 안에 놓여 있다고 말했다.

방법론들의 역사

라카토슈는 그의 과학철학을 철학들의 역사적 연쇄의 결론으로 제시했다. 이 연쇄는 내가 이미 도입에서 기술했던, 포퍼, 카르납, 쿤에 관한, 곧 혁명과 합리성에 관한 친숙한 사실을 포함할 것이다. 그러나 그것은 영역에서 더 넓으며, 훨씬 더 많이 양식화되어 있다. 나는 이제 이 이야기를 대략 훑어볼 것이다. 그것의 많은 주변적 단언이 1965년에 과학철학자 사이에서 유행되었다. 이것들은 다음과 같이 지나치게 단순화하는 의견들이다. 원리적으로 이론의 진술과 관찰 보고 사이에는 아무런 구별도 없다. 결정적 실험(crucial experiments)은 없는데, 왜냐하면 사후관점(hindsight)과 더불어서만 우리는 어떤 실험을 결정적이라고 부를 수 있기 때문이다. 여러분은 이론을 보존시키게 될 그럴듯한 보조적 가정을 계속해서 항상 발명해낼 수 있다. 그것을 대체하는 더 나은 이론 없이 어떤 이론을 포기한다는 것은 전혀 분별없다. 라카토슈는 이들 명제 가운데 어느 것에 대해서도 훌륭한 또는 심지어 자세한 논변을 결코 제시하지 않는다. 이들의 대부분은 이론에 매인(theory-bound) 철학의 귀결이며 이들은 실험하기(experimentation)에 대한 심각한 숙고에 의해 가장 잘 개선되거나 논박된다. 나는 그것들을 개입하기에 관한 B부에서 평가할 것이다. 결정적 실험과 보조적 가정에 대해서는 15장을 보라. 관찰과 이론의 구별에 관해서는 10장을 보라.

에우클레이데스(Euclid)적 모형과 귀납주의

라카토슈가 이야기하기로, 처음에 수학적 증명은 참된 과학의 모형이었다. 결론은 증명되어야 했으며 절대적으로 확실했다. 완전한 확실성에 못 미치는 어떤 것은 결함이 있는 것이었다. 과학은 정의에 의해 오류 불가능한 것이었다.

17세기와 추론의 실험적 방법은 이를 불가능한 목표로 보이게 했다. 하지만 그 이야기는 우리가 연역에서 귀납으로 옮겨가면서 수정되었을 뿐이다. 만일 우리가 튼튼한 지식을 가질 수 없다면 적어도 확실한 토대 위에 기초한 개연적 지식을 갖도록 하자. 올바로 이루어진 관찰은 기초로서 봉사하게 될 것이다. 우리는 건전한 실험 위에서 일반화하게 될 것이고, 유비를 이끌어낼 것이며, 과학적 결론을 쌓아 올리게 될 것이다. 결론을 입증하는 관찰의 다양성과 양이 더 많을수록 그것은 더 개연적이게 된다. 우리가 더 이상 확실성을 가질 수는 없겠지만, 우리는 높은 확률을 갖게 된다.

그렇다면 방법론으로 가는 순탄한 길 위에는 두 여정이 존재한다. 증명과 확률이 그것이다. 흄은 전자의 실패를 알고 있었고 이미 1739년에 이르러 후자에 의혹을 던졌다. 특수한 사실들은 미래에 관한 더 일반적인 진술 또는 주장에 대해서 어떤 식으로도 '훌륭한 이유'를 제공할 수 없다. 포퍼가 이에 동의했고, 이번에는 라카토슈도 동의한다.

반증주의

라카토슈는 방법론의 어떤 역사는 잘라내어 줄이고 다른 것은 확장시킨다. 그는 심지어 포퍼1, 포퍼2, 포퍼3을 갖게 되었는데, 이들은 라카토슈가 포퍼한테서 배웠던 바의 점증적으로 정교한 버전들을 나타낸다. 이 세 가지 모두는 추측 검증하기 또는 추측 입증하기보다는 추측 시험하기와 추측 반증하기를 강조한다. 가장 단순한 견해는 '사람은 제안하고, 자연은 처리한다'일 것이다. 즉, 우리가 이론을 생각해 내고, 자연은 만일 이론이 틀리면 그것을 버린다. 이는 오류 가능한 이론과 자연에 대한 기초적 관찰 사이의 꽤 날카로운 구별을 함축한다. 후자는, 일단 확인되면, 최종적이며 의심의 여지없는 최고 재판소가 된다. 관찰과 모순되는 이론은 거부되어야 한다.

추측과 논박에 관한 이 이야기는 기분 좋게 해주는 객관적이며 정직한 과학에 관해서 우리로 하여금 생각하도록 한다. 그러나 그것은 그렇지 않을 것이다. 즉 우선 첫째로 '모든 이론은 논박되기 위해 태어나거나' 적어도 어떤 이론은 알려진 모든 사실과 그것이 맞지 않는다고 알려질 때조차도 제안되는 일이 흔하기 때문이다. 이는 퍼즐풀이 정상 과학에 관한 쿤의 요점이었다. 둘째로, (라카토슈에 따르면) 단단한 이론-관찰 구별은 존재하지 않는다. 셋째로 위대한 프랑스 과학사학자인 피에르 뒤엠(Pierre Duhem)이 한 주장이 있다. 이론은 보조적 가정을 거쳐서 시험된다고 그는 진술했다. 그의 예에서, 만일 한 천문학자가 어떤 천체가 일정한 위치에서 발견되어야 한다고 예측하되, 그것이 그밖의 어떤 곳에서 나타난다 할지라도, 그가 그의 천문학을 수정할 필요는 없다. 그는 아마도 망원경에 관한 이론을 수정할 수가 [또는 어떻게 현상이 실재와 다른가에 대한 적당한 설명을 산출하거나(케플러) 천문학적 광행차(aberration)에 관한 이론을 발명하거나(G. G. 스톡스) 바깥쪽 우주에서 도플러 효과(Doppler effect)는 다르게 작용한다고 제안할 수가] 있을 것이다. 이 때문에 반항하는 관찰이 필연적으로 이론을 논박하는 것은 아니다. 이론 또는 그것의 보조적 가정의 하나가 수정되어야 하느냐의 여부는 아마도 선택 또는 규약(convention)의 문제라고 뒤엠은 생각했을 것이다. 뒤엠은 걸출한 반실재론자였고, 그래서 그러한 결론은 매력적이었다. 그것은 포퍼 또는 라카토슈에게서 발견되는 과학적 실재론을 향한 본능과는 반대된다.

그래서 반증주의자는 두 개의 한층 더한 버팀목을 추가한다. 첫째, 더 나은 경쟁 이론이 실제로 존재하지 않는다면, 어떤 이론도 거부되거나 포기되지 않는다. 둘째, 하나의 이론은 그것이 더 참신한(novel) 예측을 해내면 다른 이론보다 더 낫다. 전통적으로 이론은 증거와 일치해야 했다. 반증주의자는, 라카토슈가 말하기로, 그 이론이 증거와 일치해야 함을 요구하는 것이 아니라, 이론이 실질적으로 증거를 앞지를 수 있어야함을 요구한다.

이 마지막 항목이 오랜 논쟁의 역사를 갖고 있음에 주목하라. 대체로 귀납주의자는 한 이론과 일치하는 증거가, 이론이 증거에 앞서 있었든 증거가 이론에 앞서 있었든 관계없이, 그 이론을 지지한다고 생각한다. 더 합리주의적이며 연역적으로 경도된 사상가는 라카토슈가 '잘 설계된 서류함 만들기는 그 서류함에 넣어두게 될 사실에 대한 기록보다 훨씬 더 빨리 진행되어야 한다는 라이프니츠-휴얼(Whewell)-포퍼 요구(I, p.100)'라고 부르는 바를 강요할 것이다.

연구 프로그램

우리는 이 말의 두 철자법의 이점을 취할 수가 있으며, 미국식 철자법 '연구 프로그램(research program)'을 탐구자들이 보통 연구 프로그램이라는 부르는 바, 즉 이론적 관념과 실험적 관념의 몇몇 잘 정의된 조합을 사용해 문제를 특정하게 공격하는 일이라고 부르는 바를 표시하기 위해서 사용한다. 연구 프로그램은 개인 또는 집단이 착수할 수 있고, 그것을 위해 연구비를 물색할 수 있으며, 그것으로 도움을 얻을 수 있는 등등의 연구의 프로그램이다. 라카토슈가 '연구 프로그램(research programme)'이라 철자하는 바는 그다지 그것과 닮아 있지 않다. 그것은 더 추상적이고, 더 역사적이다. 그것은 수백 년 지속될 수도 있으며, 80년 동안 망각 속으로 가라앉았다가 이어 사실 또는 관념의 전적으로 신선한 주입에 의해서 부활될 수도 있는 발전해 가는 이론의 연쇄다.

특별한 경우 발전해 가는 이론의 연속체를 알아보기는 쉽다. 일반적인 특징부여를 산출해 내기는 덜 쉽다. 라카토슈는 도움이 되도록 단어 '발견적(heuristic)'을 도입한다. 현재 '발견적'은 발견 또는 탐구를 안내하는 방법 또는 과정을 기술하는 형용사다. 1950년대의 인공 지능의 바로 그 시작으로부터 사람들은 기계가 문제를 푸는 것을 도와줄 발견적 절차에 대해서 이야기했다. 『그것을 푸는 법(How to Solve it)』과 여타의 훌륭한 책에서, 라카토슈의 동포이자 조언자였던 수학자 게오르크 폴리아(Georg Polya)는 수학적 발견술(heuristics)에 관한 고전적인 현대적 연구를 제공했다. 수학철학에 관한 라카토슈의 연구는 폴리아에게 많은 빛을 졌다. 그는 이어 발견술의 관념을 연구 프로그램을 파악하는 열쇠로 적용하였다. 연구 프로그램은 그것의 적극적(positive) 발견술과 소극적(negative) 발견술에 의해서 정의된다고 그는 이야기한다. 소극적 발견술은 이렇게 말한다. 손을 떼라, 여기에 참견 말라. 적극적 발견술은 이렇게 말한다. 중요성의 순서로 등급 매겨진 일군의 문제 영역이 존재하는데, 그 목록의 맨 위에 있는 질문에 대해서만 고민하라.

견고한 핵과 보호대

소극적 발견술은 한 프로그램의 '견고한 핵(hard core)', 즉 결코 도전 받지 않을 일군의 중심적 원리들이다. 이들은 논박 불가능다고 여겨진다. 그러므로 뉴튼 프로그램에서, 우리는 그 핵에 동력학의 세 가지 법칙과 중력의 법칙을 갖고 있다. 만일 행성이 잘못 거동하면, 뉴튼주의자는 중력 법칙을 수정하지 않을 것이며, 있을 수 있되 보이지 않는 어떤 행성을, 필요하다면, 태양계에 대한 그것의 섭동에 의해서만 탐지될 수 있는 행성을 가정해 변칙 사례(anomaly)를 설명하려 할 것이다.

적극적 발견술은 어떤 문제가 연구되어야 할지를 결정하는 의제다. 변칙 사례의 바다에서 분명히 뒹굴지만 그럼에도 불구하고 생기에 가득 차 있는 건강한 연구 프로그램을 라카토슈는 상상한다. 그에 따르면, 정상 과학에 대한 쿤의 시각은 어느 변칙 사례가 퍼즐풀이 활동의 대상이 되느냐를 거의 우연적 사건으로 만들어버린다. 라카토슈는 이와 반대로 문제의 순위가 존재한다고 이야기한다. 소수가 연구를 위해 체계적으로 선택된다. 이 선택은 이론 주위에 '보호대(protective belt)'를 생성시키는데, 왜냐하면 어떤 이는 사전에 임명된 일군의 문제에만 주의를 기울이기 때문이다. 여타의 외관상의 논박들은 단순히 무시된다. 라카토슈는 왜 검증이, 포퍼에게는 **실례가 되겠으나**, 과학에서 그토록 중요해 보이는지를 설명하기 위해서 이를 사용한다. 사람들은 연구할 소수의 문제를 선택하고, 어떤 풀이에 의해서 정당성을 인정받았다고 느낀다. 반대로, 논박은 흥미가 없을 수도 있다.

진보와 퇴행

무엇이 연구 프로그램을 좋게 하거나 나쁘게 하는가? 좋은 연구 프로그램은 진보적(progressive)이고, 나쁜 연구 프로그램은 퇴행적(degenerating)이다. 프로그램은 이론들 T_1, T_2, T_3 ……의 연쇄가 될 것이다. 각 이론은 그것에 앞서 있었던 것으로서의 알려진 사실과 적어도 일치해야 한다. 만일 각 이론이 그에 앞서 있던 이론에 의해서 예견되지 않은 몇몇 참신한 사실을 차례로 예측하면 그 연쇄는 이론적으로 진보적이다. 만일 이들 예측의 몇몇이 실제로 성립하는 결과가 나오면 그것은 경험적으로 진보적이다. 한 프로그램은 만일 그것이 이론적으로 진보적이면서 동시에 경험적으로 진보적이면 단순히 **진보적**이다. 그렇지 않으면 그것은 **퇴행적**이다.

　퇴행적 프로그램은 점진적으로 그 자체 속에 갇히게 되는 프로그램이다. 여기 한 예가 있다.[2] 유명한 성공 이야기의 하나는 파스퇴르(Pasteur)의 그것인데, 미생물에 대한 그의 연구는 그로 하여금 작고 적대적인 다양한 유기체에 의해서 위협받은 프랑스의 맥주, 와인, 비단 산업을 구하게 했다. 나중에 우리는 우유를 파스퇴르 살균법으로 처리하기 시작했다. 또한 파스퇴르는 그로 하여금 탄저병과 광견병에 맞서는 백신 접종을 하게 해줬던 미시 유기체를 파악해냈다. 기생충 또는 손상된 기관으로 설명할 수 없는 이제까지의 모든 유기체의 상해가 미시 유기체로 설명될 것이라고 그것의 견고한 핵이 주장했던 연구 프로그램이 진화되었다. 여러 질병이 박테리아에 의해서 야기되는 바가 되지 못했을 때, 적극적 발견술은 연구가 더 작은 어떤 것, 즉 바이러스를 지향하도록 했다. 이 진보적 연구 프

2_ K. Codell Carter, "The germ theory, Beri-beri, and the deficiency theory of disease", *Medical History* 21(1977), pp.119~136.

로그램은 퇴행적인 하부 프로그램(subprogrammes)을 갖고 있었다. 우리가 지금은 결핍성 질환이라 부르는 것도 벌레에 의해서 야기되어야 했던 그런 일은 미생물을 향한 열광이었다. 금세기의 초기 몇 년간 열대 질병의 주도적 교수였던 패트릭 맨슨(Patrick Manson)은 각기(脚氣)와 몇몇 여타의 결핍성 질환이 박테리아 감염에 의해서 야기된다고 단언했다. 각기라는 유행병은 증기로 쌀을 갈아내는 새로운 과정, 주식이 쌀이었던 수백만의 중국인과 인도차이나인을 죽인 유럽에서 수입된 과정에 의해서 사실은 야기되었다. 쌀의 외피에 있는 비타민 B_1이 갈아내기에 의해 파괴되었던 것이다. 주로 일본 해군의 식이 실험 덕분에, 사람들은 점차로 미생물의 출현이 아닌 갈아낸 쌀 속에 있는 어떤 것의 부재가 문제였음을 깨닫게 되었다. 그밖의 모든 것이 실패했을 때, 맨슨은 갈아낸 쌀 안에서는 살며 죽지만 갈아내지 않은 쌀에서는 그렇지 못한 박테리아가 존재하고, 그들이 새로운 천벌의 원인이라고 단언했다. 맨슨의 이론의 각각의 수정물은 몇몇 참신한 관찰 이전이 아니라 이후에만 나왔기 때문에 이러한 움직임은 이론적으로 퇴행적이었으며, 갈아낸 쌀에 사는 어떠한 유기체도 발견되지 않았기 때문에 경험적으로 퇴행적이었다.

사후관점

우리는 어떤 연구 프로그램이 진보적인지의 여부를 그것이 사실이 되기 이전에는 이야기할 수 없다. 파스퇴르 프로그램의 훌륭한 문제 전이(problem shift)를 생각해보기로 하는데, 그 속에서 바이러스는 발전된 세계 속에 존속하는 대부분의 악의 뿌리로서의 박테리아를 대체한다. 1960년대에 암 ― 암종과 임파종 ― 이 바이러스에 의해서 야기된다는 사변이 나타났다. 소수의 극히 희귀한 성공이 기록되어 왔다. 예를 들어 적도 근처에서 5000피트 이상의 높이에서 사는 사람들의 사지에 기괴한 종기를 야기하는 이상하고 무시무시한 열대 임파종[버킷(Burkitt) 임파종]은 거의 확실히 바이러스로 추적되어 왔다. 그러나 일반적인 암 바이러스 프로그램은 어떻게 보아야 할까? 라카토슈는 우리에게 '우리는 막 시작된 프로그램을 관대하게 다루어야 한다. 프로그램이 땅에 내려서 경험적으로 진보적인 것이 되기까지는 수십 년이 걸릴 수도 있다'(Ⅰ, p.6)고 이야기한다. 아주 적절한 이야기지만, 프로그램이 과거에 진보적 — 파스퇴르 프로그램 이상으로 그런 것 — 이었다고 할지라도, 이는 정확히 다름 아니라 '열린 마음을 갖고, 여러분이 방해받더라도 서로 다른 종류의 수많은 연구에 착수해야 한다'고 우리에게 이야기한다. 우리는 파스퇴르 프로그램보다 더 진보적인 프로그램에 관해서 별로 모르는데, 파스퇴르 프로그램의 몇몇 실패가, 예를 들어 결핍성 질환의 이론 속으로 옮겨져 왔다고 할지라도 그러하다. 암 바이러스를 찾으려는 기도는 진보적인가 퇴행적인가? 우리는 단지 나중에야 알게 될 것이다. '암과의 전쟁'의 어떤 부분이 분자 생물학에 소요되고 어떤 부분이 바이러스에 소요될지를 우리가 결정하려 하고 있다면(물론 서로가 반드시 배타적인 것은 아니지만), 라카토슈는 우리에게 아무것도 말해줄 수 없을 것이다.

객관성과 주관성

그렇다면 라카토슈는 무엇을 하고 있었던가? 나의 짐작은 이 장의 제목에 의해서 지시된다. 그는 진리라는 관념을 위한 대리물을 찾고 싶어했다. 이는 뒤이어 나온 퍼트넘의 제안과 조금 닮았는데, 그 제안은 진리 대응설은 잘못된 것이며, 진리는 그것을 믿는 것이 합리적인 것이 되는 그 무엇이라는 것이다. 그러나 라카토슈는 퍼트넘보다 더 급진적이다. 라카토슈는 다시 태어난 프래그머티스트가 아니다. 그는 단지 특별한 진리 이론만이 아니라, 진리를 혐오한다. 그는 대응설의 치환물이 아니라, 진리 그 자체의 치환물을 원한다. 오래 전에 있었던 프래그머티스트의 맹공에도 불구하고 대응설은 영어권 철학에서 여전히 인기가 있기 때문에, 퍼트넘은 진리 대응 설에서 멀어지기 위해서 자신과 투쟁해야 한다. 헤겔적 전통에서 성장해온 라카토슈는 대응설을 거의 전혀 사고에 담지 않는다. 그럼에도 불구하고, 퍼스처럼, 그는 헤겔적 담론에서는 별 다른 역할 을 맡고 있지 않은 과학 속의 객관성을 가치 있게 여긴다. 퍼트넘은, 퍼스처럼, 우리가 동의하게 될, 그리고 역으로 우리 모두를 동의로, 즉 합리적이고, 보장된 믿음으로 이끌어줄 과학적 방법이 존재한다 고 희망함으로써 그 가치에 명예를 부여한다. 퍼트넘은 단순한 퍼스 주의자이지만, 그럼에도 불구하고 우리가 이미 최종적 궤도 위에 올 라 있다는 점을 퍼스보다는 덜 확신한다. 합리성은 앞쪽을 바라본다. 라카토슈는 한 걸음 더 갔다. 앞을 보는 합리성은 존재하지 않지만, 우리가 우리의 현재 믿음에 이르게 된 길을 재구성함으로써 우리는 우리의 현재적 믿음의 객관성을 이해할 수 있다. 우리는 어디서 출 발하는가? 지식 그 자체와 더불어서.

지식의 성장

라카토슈의 노력에서 한 가지 고정점은 지식이 성장한다는 단순한 사실이다. 우리가 '진리' 또는 '실재'에 관해 그 무엇을 사고하든 지식이 성장한다는 점을 어떤 이는 알 수 있다는 사실에서 출발하 여, 그는 이에 관해 표상 없는 그의 철학을 세우려 한다. 이 사실에 관한 세 가지의 연관된 측면에 주목하게 될 것이다.

첫 번째, 어떤 이는 직접적 조사로 지식이 성장해 온 것을 알 수 있다. 이는 일반적인 철학이나 역사에 의해서 가르쳐지는 교훈이 아니라 교과서의 특수한 연쇄에 대한 자세한 읽기에 의해서 가르쳐지는 교훈이다. 과거의 천재가 파악한 것 이상으로 지금은 더 많은 것이 알려져 있음은 의심의 여지가 없다. 그 자신의 예를 취해보면, 러더퍼드 및 소디(Soddy)의 연구와 동위원소의 발견 이후에, 수소는 우주의 원료이며 원자량은 수소의 원자량의 정수배라고 1815년에 프라우트(Prout)가 가설화한 이후 1세기 동안 애썼던 이들이 꿈꿔왔던 것 이상으로 엄청나게 더 많은 것이 원자량에 관해서 알려졌다. 심오하지만 기본적인 사항에서 라카토슈가 출발한다는 점을 우리 자신에게 상기시키기 위해서 나는 이에 대해서 진술한다. 그 논점은 지식이 존재한다는 것이 아니라 성장이 존재한다는 것이다. 곧 우리는 일찍이 우리가 알았던 것 이상으로 원자량에 대해서 더 많이 알고 있는데, 그럼에도 불구하고 미래는 우리를 이 영역의 아주 새롭고, 확장된 재개념화 속으로 돌입시킬 것이다.

두 번째, 몇몇 역사적 사건이 지식의 성장을 보여준다는 **논변**이 전혀 존재하지 않는다. 필요한 것은 이러한 성장이 무엇으로 이루어지는가를 이야기해줄, 그리고 우리가 과학이라고 부르는 성장은 무엇이며 무엇이 아닌지를 우리에게 말해줄 **분석**이다. 동위원소의 발견은 진정한 지식의 성장이 아니라고 생각하는 바보들이 아마도 있을 것이다. 라카토슈의 태도는 그들이 이의 제기 당하지 않으리라는 것, 즉 그들은 게으를 가능성이 있고 교과서를 전혀 읽지 않았거나 그러한 성장에 관한 실험 결과에 전혀 관여하지 않았다는 것이다. 우리는 그러한 무지렁이와는 논의하지 않을 것이다. 그들이 동위원소를 사용하는 법을 배우게 될 때 또는 단순히 교과서를 읽을 때, 그들은 지식이 성장한다는 점을 알아내게 될 것이다.

이러한 사고는 세 번째 사항으로 이끈다. 과학적 지식의 성장은, 이해 가능한 분석이 주어졌을 때, 합리적 활동과 비합리주의(irrationalism) 사이의 구별을 제공할 수가 있을 것이다. 라카토슈가 그런 방식으로 문제를 표현했음에도 불구하고, 그것은 말을 사용하기 위한 올바른 형식이 아니다. 어떤 것도 탈무드에 대한 주석서들 이상으로 여러 해 동안 일관되고 끈덕지게 성장하지는 못했다. 그것은 합리적 활동인가? 우리는 단어 '합리적'이 실증적 평가를 위해 사용되면 그것이 얼마나 공허한지를 즉시 알게 된다. 주석서는 우리가 아는 가장 많이 사유된 텍스트의 커다란 덩어리이며, 그것들은 과학 문헌 이상으로 엄청나게 더 많이 사유되었다. 철학자들은 왜 20세기의 서양 점성술이, 그 자체로, 과학이 아닌가라는 지루한 질문을 종종 제기한다. 이는 구획에 관한 가시 돋친 쟁점이 놓여 있는 곳이 아니다. 포퍼는 '과학'의 자격에 대한 정신 분석과 마르크스주의 역사서술의 권리에 도전하는 더 심각한 게임을 벌였다. 연구 프로그램이라는 기계 장치는, 즉 견고한 핵과 보호대, 진보와 퇴행은, 그것이 가치가 있는 것이라면, 합리적인 것 및 추론과 비합리적인 것 및 비추론 사이의 구별이 아니라 포퍼와 라카토슈가 객관적이라고 부른 추론과 이와는 다른 목적을 추구하며 다른 지적인 궤도를 갖고 있는 추론 사이의 구별에 영향을 미쳐야 한다.

과학 이론 평가하기

이 때문에 라카토슈는 경쟁하고 있는 현재의 과학 이론에 대한 앞을 바라보는 어떠한 평가도 제공하지 않는다. 그는 기껏해야 뒤를 바라볼 수 있을 뿐이며 그의 기준에서 왜 이 연구 프로그램은 진보적이었고, 왜 다른 프로그램은 그렇지 못했나를 이야기할 수 있을 뿐이다. 미래에 관해 말하자면, 그의 '방법론'에서 이끌어낼 지침은 거의 없다. 경쟁 프로그램이 이긴 것으로 판명날 수도 있기 때문에 우리 자신의 프로젝트에 우리가 희망을 가질 때 우리는 겸손해야 한다고 그는 이야기한다. 어떤 이의 프로그램이 한때 많은 문제를 지니고 있을 때 옹고집을 위한 자리가 존재한다. 표어는 이론의 증식, 평가의 관대, 어느 프로그램이 결과를 산출시키고 있으며 새로운 도전과 싸우고 있는가를 알아보기 위한 정직한 '점수 기록'이 될 것이다. 이것들은 진정한 방법론이라기보다는 들리는 바에 따르면 이념에서 자유롭다는 과학에 대해서 가정된 가치의 목록일 것이다.

만일 라카토슈가 이론 평가라는 업무에 종사하고 있었다면, 나는 그에 대한 가장 다채로운 비판자인 폴 파이어아벤트에 동의해야만 할 것이다.『방법에 반대하여』의 17장에서 발견될 라카토슈에 대한 종종 지각력을 보여주는 맹공의 주된 목표는 라카토슈의 '방법론'이 현행의 과학 연구에의 조언을 위한 훌륭한 장치가 아니라는 것이다. 나는 이에 동의하지만, 그것이, 내가 주장컨대, 더 급진적인 목적을 갖는 그 분석의 요점은 결코 아니었다고 생각한다. 라카토슈는 날카로운 혀, 강한 의견, 거의 희박한 무기력함을 지녔다. 그는 현행의 이런 저런 연구 프로젝트에 관해서 여러 가지 흥미진진한 관찰을 해냈으나, 이 신랄한 방백들은 내가 그에게 돌리는 철학의 주요 부분이 아니며 그 철학과는 독립적이다.

단지 소급적이라는 것이 라카토슈의 방법론의 결함인가? 나는 그렇지 않다고 생각한다. 현행 연구의 어떤 작은 부분 안에서 무엇이 미래에 성공할 징후를 보이느냐에 관한 어떠한 유의미한 일반적 법칙도 존재하지 않는다. 진부한 문구만이 존재할 뿐이다. 좋은 착상을 막 얻어낸 일군의 연구자는 종종 그것을 성과 있게 적용하는 데에 적어도 몇 년을 더 소모하게 된다. 그러한 집단은 적절하게 회사, 정부, 재단으로부터 많은 돈을 얻어낸다. 여타의 온화한 사회학적 귀납이 존재하는데, 예를 들어 한 집단이 비판에 맞서 그 자체를 방어하는 데 점증적으로 신경을 쓰고, 감히 새로운 위험을 무릅쓰지 않을 때, 그 집단은 흥미로운 새로운 연구를 좀처럼 산출하지 못한다. 어쩌면 주요한 실천적 문제가 합리성의 철학자들에 의해서 아주 무시될는지도 모른다. 여러분이 5년 또는 15년 동안 지지해온, 즉 많은 젊은 사람들이 그들의 이력을 바친, 그리고 알려 주고 있는 것이 거의 없는 프로그램을 위해 자금을 조달하는 일을 여러분은 어떻게 멈출 것인가? 이 실생활의 위기는 철학과 거의 관련이 없다.

몇몇 과학철학자 사이에 하나의 현재적 유행이 존재하며, 라카토슈는 이를 '새로운 정당화주의(new justification)'라 불렀을 수도 있었을 것이다. 그것은 이론 평가하기의 체계가 경험률(rules of thumb)의 바깥에서 세워질 수 있음을 보여주려는 모든 책을 산출해낸다. 심지어 정부가 실제 과학의 프로젝트에 자금을 대는 법을 배우기 위해서 과학철학 연구에 자금을 마련해줘야 한다고까지 주장되고 있다. 우리는 관료성의 그 같은 창조물을 객관적 판단의 내용을 이해하려는 라카토슈의 기도와 혼동해서는 안 된다.

내적 역사와 외적 역사

객관성을 이해하기 위한 라카토슈의 연장은 그가 역사라 부른 어떤 것이었다. 과학사가는, 상당한 정도로 사변적 상상의 비행에 순응하는 과학사가조차도, 라카토슈에게서 '어떤 이의 머리카락을 곤두서게 하는 역사적 패러디'만을 발견하게 된다. 이것은 『과학적 상상력(The Scientific Imagination)』(p.106)에서 제럴드 홀튼(Gerald Holton)의 특징짓기다. 많은 동료들이 이에 동의한다.

라카토슈는 '내적(internal)' 역사와 '외적(external)' 역사 사이의 비정통적인, '새로운 구획(I, p.102)'과 함께 시작하지만, 무엇이 진행되어 가고 있는지가 아주 명백하지는 않다. 과학의 내용 속에 직접적으로 포함되지 않지만 지식의 역사 속의 몇몇 사건에 영향을 미치거나 그것을 설명한다고 판단되는 경제적, 사회적, 기술적 요소를 외적 역사는 대개 다룬다. 외적 역사는 지구 주위의 궤도를 돌기 위한 최초의 소련 위성 — 스푸트니크(Sputnik) — 과 같은 사건을 다룰 수 있을 텐데, 스푸트니크에 이어 즉각적으로 거액의 미국의 돈이 과학 교육에 투자되었다. 내적 역사는 보통 과학과 밀접한 관계가 있는 관념의 역사이며, 연구자의 동기, 그들의 의사소통 형태, 지적 계통의 진로 — 누가 누구에게서 배웠나 — 에 유의한다.

라카토슈의 내적 역사는 이 스펙트럼의 한 극단이다. 그것은 주관적이거나 사적 영역 속의 어떤 것을 배제하는 일이다. 사람들이 무엇을 믿었던가는 관계가 없다. 그것은 몇몇 종류의 추상화 (abstraction)의 역사가 될 것이다. 줄여 말해, 그것은 헤겔적인 소외된 지식의 역사, 익명의 자율적인 연구 프로그램의 역사가 될 것이다.

객관적이고 인간적이지 않은 어떤 것으로서 지식의 성장에 관한 이 관념은 그의 최초의 주요 철학 저작인 『증명과 논박(Proofs and Refutations)』에서 예고되었다. 수학의 본성에 관한 이 경이로운 대화의 p.146에서 우리는 다음을 찾을 수 있다.

> 수학적 활동은 인간 활동이다. 이 활동의 일정한 측면 — 어떠한 인간 활동에 관한 것으로서 — 은 심리학으로 연구될 수 있고, 여타 측면은 역사로 연구될 수 있다. 발견술이 주로 이러한 측면에 관심을 두는 것은 아니다. 그러나 수학적 활동은 수학을 산출한다. 수학, 즉 인간 활동의 이 산물은 그것을 산출해 온 인간 활동으로부터 '그 자체를 소외시킨다'. 그것은 그것을 산출시킨 활동으로부터 일정한 자율성을 얻는 살아 있고 성장해 가는 유기체가 된다.

그렇다면 여기에 '내적 역사', 즉 그의 '합리적 재구성(rational reconstructions)'에 대한 라카토슈의 재정의의 씨앗이 존재한다. 『증명과 논박』의 교훈 가운데 하나는, 어떻게 수학적 지식이 성장해 왔는가라는 관점에서 분석될 수 있는 객관성에 대한 그것 자신의 특징부여와 더불어, 수학은 인간 활동의 산물이면서 동시에 자율적일 수 있다는 것이다. 포퍼는 그러한 객관적 지식이 실재의 '3세계(third world)'가 될 수 있다고 제안했으며, 라카토슈는 이 관념을 가지고 놀았다.

3세계에 대한 포퍼의 은유는 갈피를 못 잡게 한다. 라카토슈의 정의에서 " '1세계(first world)'는 물질적 세계다. '2세계'는 의식의, 정신적 상태의, 특히 믿음의 세계다. '3세계'는 객관적 정신의 플라톤적 세계, 관념의 세계다(Ⅱ, p.108)." 3세계는 도서관에 보관되어 있는 책과 잡지의 세계, 그림, 표, 컴퓨터 기억장치의 세계라고 포퍼가 이야기하는 포퍼의 텍스트를 나 자신은 선호한다. 인간을 초월한 그러한 것, 즉 이야기된 문장은 플라톤에 관한 어떤 이야기가 제안하는 바 이상으로 더 실제적이다.

우리는 세 가지 세계의 목록으로서 진술된 어떤 불가사의를 갖고 있다. 상응하는 법칙과 함께 세 가지 창발적인 종류의 존재자의 연쇄로서 진술된 그것은 그다지 이해 불가능한 것이 아니다. 첫째 물질적 세계가 있었다. 이어 느끼고 생각이 깊은 존재가 물질적 세계로부터 출현했을 때 2세계 역시 존재하게 되었으며 그것에 관한 기술은 어떠한 일반적 방식으로 물질적 세계에 관한 기술로 환원될 수가 없다. 포퍼의 3세계는 더욱 추측적이다. 그의 착상은 그 자체의 기술과 법칙에 종속되며 2세계 사건이 1세계 사건으로 환원될 수 없는바 어떤 이상으로 2세계 사건으로 (유형별로) 환원될 수가 없는 인간의 지식(문장, 출력물, 테이프)의 영역이 존재한다는 것이다. 이 착상에 대한 다음과 같은 은유적 표현에서 라카토슈는 계속 주장한다. "인간의 지식의 **산물**, 즉 문장, 이론, 이론의 체계, 문제, 문제의 교체, 연구 프로그램은 '3세계'에 살면서 성장한다. 지식의 생산자는 1세계와 2세계에 산다(Ⅱ, p.108)." 어떤 이가 그렇게 은유적일 필요는 없다. 그것은 주관적 믿음의 역사 및 심리학으로 환원될 수 없는 '소외되고' 자율적인 인간의 지식에 관한 넓고 일관된 기술의 덩어리가 존재하는가라는 어렵지만 단도직입적인 질문이다. '3세계' 이론의 실질화된 버전은 수학의 내용에 바로 그 영역을 제공할 수 있다. 그것은 수학이 인간 정신의 산물이며, 그럼에도 불구하고 또한 심리학에 특유한 어떤 것에서 자율적임을 인정한다. 이 논제의 확장은 '비심리적인' 내적 역사라는 라카토슈의 개념화에 의해서 제공된다.

내적 역사는 실제로 일어났던 바의 합리적 재구성이 될 것인데, 이는 과학사의 여러 최상의 사건에서 일어났던 바가 왜 '합리적' 그리고 '객관적'과 같은 호칭을 받을 만한 가치가 있는지를 보여준다. 라카토슈는 훌륭하게 들리는 다음의 금언을 갖고 있는데, 이는 칸트의 고상한 구절의 타래 가운데 하나의 패러디(parody)다. '과학사 없는 과학철학은 공허하고, 과학철학 없는 과학사는 맹목이다.' 이것이 좋게 들리지만, 칸트는 그밖의 어떤 것에 대해서 이야기하고 있었다. 그다지 사려 깊지 못한 과학사에 관해서 우리가 말할 필요가 있는 모든 것은 『논리학(Logic)』에 관한 그의 강의에서 칸트 자신에 의해서 단도직입적으로 다음과 같이 이야기되었던 것이다. '단순한 박학다식은 한 눈, 즉 철학의 눈을 결여한 **백과사전적** 박식일 뿐이다.' 라카토슈는 과학사에서 최상의 사건들이 진보적 연구 프로그램의 사례가 되도록 과학사를 다시 쓰고 싶어한다.

합리적 재구성

라카토슈는 한 문제를 갖고 있는데, 이는 성장의 예를 분석함으로써 지식의 성장을 내적으로 특징짓는 것이다. 추측이 존재하는데, 성장의 단위는 (견고한 핵, 보호대, 발견술에 의해 정의되는) 연구 프로그램이고 연구 프로그램은 진보적이거나 퇴행적이며 마지막으로 지식은 진보적 프로그램의 퇴행적 프로그램에 대한 승리로 성장한 다는 점이 그것이다. 이 가정을 시험하기 위해 우리는 과학자들이 알아낸 어떤 것을 언뜻 보기에 예증해야 하는 사례를 선별한다. 이 때문에 그 사례는 과학자 또는 지식의 고유한 분과에 관해서 사고 하는 사람들에 의해서 현재적으로 경탄되어야 하는데, 이는 우리가 정통에 머리를 조아리기 때문이 아니라, 어떤 주어진 영역 속의 연 구자는 일반인보다 문제가 되는 바에 대해서 더 나은 감각을 갖는 경향이 있기 때문이다. 파이어아벤트는 이를 엘리트주의라고 부른 다. 그럴까? 그 다음의 라카토슈적인 명령은 우리가 손에 넣을 수 있는 모든 교과서를 우리 모두가 읽어야 한다는 것인데, 이는 연구 프로그램이 지나온 전체 시기와, 실천자의 전체 대오를 포괄해야 한다. 그렇다, 읽을 시간을 낼 수 있는 사람은 거의 없기 때문에 이는 엘리트주의다. 그러나 교과서가 있다면 어떤 이든 그것을 읽 을 수 있다는 (엘리트적인 경제적 전제에 반대되는) 반엘리트적 전제를 그것은 갖고 있다.

우리가 읽는 것 안에서 우리는 당시의 연구자가 밝혀내려 하고 있었던 바와 그들이 어떻게 그것을 밝혀내려 하고 있었던가를 표현 하는 일군의 문장을 선별해야 한다. 사람들이 그것에 대해서 느꼈 던 바, 창조적 선전의 순간, 심지어 그들의 동기 또는 그들의 역할 모델조차 버려라. 자료의 그런 '내적인' 부분에 정착하면, 우리는 이제 그 결과를 조직화해 내서 라카토슈적 연구 프로그램에 관한 이야기 속에 넣고자 할 수 있을 것이다.

대부분의 연구에서처럼, 추측과 분명한 자료 사이의 즉각적 맞음 (immediate fit)은 기대되지 않는다. 세 가지 종류의 수정이 추측과 선별된 자료 사이의 맞물림을 개선시킬 수가 있다. 첫 번째, 우리는 자료 분석(data analysis)에 손댈 수가 있고, 두 번째, 우리는 추측을 수정할 수가 있으며, 세 번째, 우리는 우리가 선택한 사례 연구가 결국 지식의 성장을 예시하지 못한다고 결론 내릴 수가 있다. 나는 이 세 가지 종류의 수정을 순서대로 토의할 것이다.

자료 분석의 개선으로 나는 거짓말하기를 의미하지 않는다. 라카토슈는 그의 「반증」 논문에서 두서너 개의 어이없는 진술을 했는데, 거기서 그는 교과서 속의 역사적 사실로서 어떤 것을 단언하지만, 각주에서는 움츠리면서, 우리가 그의 텍스트를 상당하게 에누리해서 받아들여야 한다고 주장한다(Ⅰ, p.55). 그의 코를 이런 식으로 집어 비튼 데서 역사 쪽 독자는 적당히 약이 오르게 된다. 어떤 논점도 도움을 받지 못하고 있었다. 합리적 재구성의 과정에서 라카토슈가 자신은 농담을 했다고 이야기했던 사실에도 불구하고 라카토슈의 농담은 거의 이루어지지 않았다. 여타의 탐구에서 꼭 그렇듯이, 자료를 재분석하려는 일에 잘못된 것이 전혀 없다. 그것은 거짓말하기를 의미하지 않는다. 그것은 단순히 사실 재고하기 또는 선별하기 그리고 배치하기를 의미할 수가 있거나, 알려진 역사적 사실 위에 새로운 연구 프로그램을 부과하는 사례가 될 수도 있다.

만일 자료와 라카토슈적 추측이 일치될 수 없다면, 두 가지 선택지가 있다. 첫째, 사례사는 그 자체가 지식의 성장이 아닌 어떤 것으로 여겨질 수도 있을 것이다. 이러한 책략은 쉽사리 괴물 배제하기(monster-barring)가 될 수 있겠지만, 그것은 외적 역사라는 구속요인이 들어가는 곳이다. 과학사에서 한 특수한 사건은 그것이 '비합리적'이기 때문에 그의 모형과 맞지 않는 것이라고 라카토슈는 항상 말할 수 있지만, 어떤 이는 그가 비합리적인 것이 무엇인지를 말할 수 있을 경우에만 이를 받아들여야 한다는 요구를 그는 스스로에게 부과한다. 외적 요소는 정치적 압력, 타락한 가치 또는 어쩌면 순전한 어리석음일 수 있다. 주어진 한 큰 덩어리의 연구는 그것이 갔던 길을 가지 '않았어야 했다'고, 그리고 그 프로그램과 밀접한 관계가 없는 외적 요인의 개입을 통해서 그 길을 갔다고 그가 결론 내릴 수 있다는 점에서 라카토슈의 역사는 규범적(normative)이다. 선택된 사례가 '합리적'이지 않았다고 결론 내릴 때 현행의 과학적 지혜에 반해 가는 것이 허용될 수 있다. 그러나 원리적으로 라카토슈가 이를 장려할 수 있음에도 불구하고, 그는 현장 과학자에 대한 비명시적 평가를 존중함으로써 적당히 위치를 바꾸게 되었다. 아인슈타인, 보어, 라부아지에 또는 코페르니쿠스마저도 비합리적인 프로그램에 참여하고 있었음을 라카토슈가 기꺼이 양보할는지를 나는 알 수 없다. '너무나 많은 실제 과학사가' 그렇다면 '비합리적인' 것이 될 것이다(Ⅰ, p.172). 라카토슈 프로그램 안에서 호소할, 이대로의 지식사가 아닌 어떤 기준도 우리는 갖고 있지 않다. 그것이 광역적으로 비합리적이라고 선언하는 일은 합리성을 포기하는 것이다. 우리는 왜 파이어아벤트가 라카토슈의 엘리트주의에 대해서 이야기했는지를 알게 된다. 합리성은 현재의 어떤 공동체가 좋다고 하는 바에 의해서 단순히 정의될 것이며, 어떤 것도 어떤 아인슈타인의 외계적 무게를 상쇄시키지 못할 것이다.

라카토슈는 그리하여 진보적 연구 프로그램으로 객관성과 합리성을 정의하며, 과학사 속의 한 사건은 그것의 내적 역사가 진보적 문제 전이의 연쇄로 쓰일 수 있으면 객관적이며 합리적임을 인정한다.

추론의 격변

퍼스는 진리를 과학적 탐구의 이상적인 종결에 의해서 도달되는 바라고 정의했다. 탐구의 원리를 특징짓는 일이 방법론의 과업이라고 그는 생각했다. 다음과 같은 명백한 질문이 존재한다. 탐구가 어떤 것으로 수렴하지 않으면 어떻게 되는 것인가? 우리가 과학 혁명에 관한 우리 시대의 이야기에 친숙한 것처럼 그 당시의 과학 혁명에 관한 이야기에 퍼스는 친숙해 있었고, 그는 지식의 (그가 부르는 바로서의) '격변(cataclysms)'이 다른 것에 의해서 대체되어 오지 않았음을 결정적으로 확신했지만, 이것은 모두 탐구의 자기 교정적 특성 (self-correcting character of inquiry)의 일부다. 라카토슈는 퍼스의 것과 유사한 태도를 갖고 있다. 그가 쿤에게 돌리는 학설, 즉 지식은 하나의 패러다임에서 다른 패러다임으로의 비합리적인 '전향'에 의해서 변한다는 학설을 논박하기로 그는 굳게 결심했었다.

도입에서 이야기했듯이, 쿤에 대한 올바른 독해는 라카토슈가 거기서 발견했던 문화적 상대주의(cultural relativism)의 꽤나 계시적인 분위기를 제공한다고 생각하지 않는다. 그러나 쿤의 연구에 대한 라카토슈의 반감의 바닥에 놓여 있는 정말로 깊은 고민이 있다. 그것은 파이어아벤트의 중요한 측면적 진술, 즉 과학적 합리성에 대한 라카토슈의 해명은 기껏해야 '지난 수백 년 간의' 주요한 성취와 들어맞을 뿐이라는 진술과 연결되어 있다.

일군의 지식은 두 가지 구별 가능한 방식에서 과거와 단절될 수 있다. 현재에 이르러 우리 모두는 새로운 이론이 그들에 앞선 이론의 개념적 조직화를 완전히 대체할 수 있을 가능성에 친숙하다. 진보적 프로그램과 퇴행적 프로그램에 관한 라카토슈의 이야기는 언제 대체가 '합리적'인지를 결정 내리는 데에 좋은 시도다. 그러나 라카토슈의 추론 모두는 우리가 가설 연역적 추론 모형(hypothetico-deductive model of reasoning)이라 부르는 바를 당연하게 여긴다. 포퍼에 대한 그의 모든 수정에도 불구하고, 그는 추측이 만들어지며 추측이 보호대에 의해서 선택된 몇몇 문제에 대해 시험된다는 점을 당연하게 여긴다. 지식의 훨씬 더 급진적인 단절은 전적으로 새로운 추론의 스타일이 알려질 때 일어난다. '지난 수백 년간의'라는 파이어아벤트의 조롱의 힘은, 라카토슈의 분석이 시간을 초월한 지식 및 시간을 초월한 이성과 유관한 것이 아니라 특수한 추론의 스타일에 의해서 산출된 특수한 종류의 지식과 유관하다는 것이다. 그러한 지식과 그러한 추론의 스타일은 특수한 시작을 갖고 있다. 그래서 격변에 대한 다음과 같은 퍼스적 공포가 생겨난다. 또다시 새로운 종류의 지식을 산출시키게 될 그 이상의 추론의 스타일은 없을 것인가? 진리에 대한 라카토슈의 대리물은 국소적이며 최근의 현상이 아닌가?

나는 우려를 진술하고 있지, 논변을 진술하고 있지 않다. 파이어아벤트는 추론의 서로 다른 양식에 관한 선정적이지만 그럴듯해 보이지는 않는 주장을 하며 심지어 고대의 과거를 보고 있다. 더 평범한 방식으로 나 자신의 책 『확률의 출현(The Emergence of Probability)』은 귀납적 증거에 관한 우리의 현재적 개념이 르네상스 말에야 존재하게 되었다고 주장한다. 저서 『유럽적 전통 속의 과학적 사고의 스타일(Styles of Scientific Thinking in European Tradition)』(1983)에서 역사학자 A. C. 크롬비(Crombie) ― 이 사람으로부터 나는 단어 '스타일'을 취한다 ― 는 여섯 가지 구별 가능한 스타일에 관해서 쓴다. 나는 크롬비의 착상을 다른 곳에서 정교하게 했다. 이제는 새로운 추론의 스타일의 출현이 격변이라는 이야기는 나오지 않는다. 실제로 우리는 개념적 연장의 누적적 덩어리와 함께 스타일을 스타일에 더할 수가 있다. 이것이 크롬비가 가르쳐주는 바다. 명확히 퍼트넘과 라우든 둘 다 이것이 일어나리라고 기대한다. 그러나 이것들은 최근에야 운을 뗀 문제이며, 전적으로 부적절하게 이해되고 있다. 이것들은 지식의 성장에서 출발하는 실재와 객관성에 대한 해명에 관해 우리로 하여금 신중하도록 만들어야 하는데, 이때 기술된 성장의 종류는 주로 특수한 추론의 스타일에 의해서 성취된 특수한 지식과 관련되는 것으로 판명이 난다.

설상가상으로, 추론의 스타일은 그것이 산출시키는 지식의 바로 그 본성을 결정할 수도 있다고 나는 생각한다. 그리스인의 공준적 방법은 지식에 대한 철학자의 모형으로 오랫동안 봉사해 온 기하학을 산출시켰다. 라카토슈는 에우클레이데스적 양식의 지배를 강력하게 비판한다. 어떤 미래에 라카토슈는 가설 연역적 양식과 그것이 탄생시킨 연구 프로그램을 강력하게 비판하게 될 것인가? 이 양식의 가장 특수한 면모의 하나는 고수준 법칙(high-level laws) 속에 나타나되 실험적 귀결을 갖는 이론적 존재자에 관한 가정이다. 성공적 과학의 이런 면모는 18세기말에야 특유해진다. 칸트에 의해서 우리시대에 요구된 객관성의 문제가 정확히 이 새로운 지식에 의해서 제기된 문제가 되는 일이 가능하기는 할까? 만일 그렇다면, 라카토슈가 지난 2세기의 지식으로 그 문제에 답하고자 해야 하는 것은 전적으로 적절하다. 그러나 우리가 이런 특수한 종류의 성장에서 출발해 진리와 실재에 관한 어떤 이론에 도달할 수 있다고 가정하는 일은 잘못일 것이다. 라카토슈가 제안했으나 살아서는 결코 쓰지 못했던 어떤 책의 제목인 '과학적 발견의 변화하는 논리'를 심각하게 여기는 일은 라카토슈가, 그리스인처럼, 영원한 진리를 인간의 지식의 역사 속의 단순한 에피소드에 의존하게 만들어버린 그 가능성을 심각하게 여기는 것이다.

이런 우려에 대한 낙관적인 버전이 존재한다. 라카토슈는 진리 모사설에의 호소 없이 서양 과학의 일정한 객관적 가치를 특징지으려 하고 있었다. 아마도 그런 객관적 가치는 충분히 최근의 일일 수가 있어서 과거의 200년 또는 300년까지로의 그의 제한은 정확히 옳은 것이다. 우리는 우리 자신의 전통을 평가할 어떤 영원한 방식도 갖지 못한 상태에 있게 되었지만, 왜 우리가 그것을 원해야 하는 것인가?

단절

실재하는 것과 표상

●●● 단절: 실재하는 것과 표상

공약 불가능성, 초월적 유명론, 진리의 대리물, 추론의 스타일은 철학자의 특수 용어다. 이것들은 이론과 세계 사이의 연결을 숙고하는 데서 생겨난다. 이들 모두가 관념론적 막다른 골목으로 이끈다. 어느 것도 실재에 대한 건강한 감각을 가져오지 않는다. 실제로 최근의 여러 과학철학은 17세기 인식론과 유사하다. 자연의 표상으로서 지식에만 유의함으로써, 어떻게 표상과 세계와의 연결에서 벗어날 수 있을지에 대해서 우리는 의아해한다. 그 길은 버클리를 대표자로 하는 관념론 위에 놓여 있다. 우리의 세기에 존 듀이는 서양철학을 강박해온 지식 관망자 이론에 대해 냉소적으로 이야기해 왔다. 만일 우리가 삶이라는 극장을 향해 있는 관망자에 불과하다면, 그 진행돼 가는 쇼에 내재하는 근거 위에서, 무엇이 연기자에 의한 단순한 표상이며, 무엇이 실재하는 것인지를 어떻게 알게 될 것인가? 이론과 관찰 사이에 날카로운 구별이 존재한다면, 우리는 실재하는 것으로서 관찰되는 바에 아마도 의지할 수 있을 것임에 비하여, 이론은 그저 표상할 뿐이며, 이론은 관념적이다. 그러나 모든 관찰에는 이론이 적재되어 있다고 가르치기 시작할 때, 우리는 완전히 표상에 갇히게 되는 것으로 보이며, 따라서 몇몇 버전의 관념론에 갇히게 되는 것으로 보인다.

예를 들어 가련한 힐러리 퍼트넘을 동정하라. 한때 철학자 가운데 제일의 실재론자였던 그는 어떤 단어의 의미를 구성하는 요소의 목록의 맨 끝에 '지시'를 덧붙임으로써 표상에서 나오고자 했다. 그것은 마치 어떤 강력한 지시적 스카이 훅(sky-hook)이 우리의 언어로 하여금 우리의 언어가 지시하는 바로 그 재료의 약간을 우리의 언어 안에 끼워 넣도록 할 수 있었던 것과 같았다. 하지만 퍼트넘은 여기에 안주할 수 없었고, 오직 '내재적 실재론자'로서 끝을 맺었는데, 이는 초월적 회의(transcendental doubts)로 둘러 싸여 있으며, 몇몇 종류의 관념론 혹은 실재론과 호흡을 맞추는 것이다.

나는 듀이에 동의한다. 그를 따라 나는 그러한 관념론이 생겨나는 행위하기(acting)와 사고하기라는 가짜 이분법을 거부한다. 아마도 내가 기술해 온 모든 과학철학은 더 커다란 지식 관망자 이론의 일부일 것이다. 하지만 세계의 표상으로서의 지식의 관념이 본래 악의 원천이라고 나는 생각하지 않는다. 해악은 표상과 사고하기와 이론에 대한 한결같은 강박관념에서 나오는데, 이는 개입과 행위와 실험을 희생시키는 것이다. 이것이 내가 이 책의 다음 부에서 실험 과학을 연구하고, 그 안에서 논쟁의 여지가 없는 실재론의 확실한 기초를 찾는 이유다. 그러나 실험을 위해 이론을 포기하기에 앞서, 표상과 실재라는 바로 그 개념에 대해서 좀더 생각하기로 한다.

관념의 기원

두 관념, **표상과 실재**의 기원은 무엇인가? 로크는 심리학적 탐구의 일부로서 그 질문을 제기할 수가 있을 것이며, 이를 통해 인간의 정신이 어떻게 형성되고, 틀을 갖추거나, 그것의 관념을 구성하게 되는지를 보여주려 했다. 인간의 지적 능력의 성숙을 연구하는 정당한 과학이 존재하지만, 철학자들이 관념의 기원을 조사할 때 그들은 종종 다른 게임을 벌인다. 그들은 철학적 교훈을 가르치기 위해서 우화를 이야기한다. 로크가 정신의 자연사(natural history)를 수행하는 체했을 때 로크 자신이 우화를 만들고 있었다. 우리의 현대 심리학은 여러 경험적 연구의 장치로 스스로를 꾸미는 법을 배웠지만, 현대 심리학은 그것이 가정하는 것보다 공상적인 로크에서 그다지 멀리 떨어져 있지 않다. 철학자로서 공상을 환영하자. 추정되기로 공평무사한 관찰 및 인지 과학의 수학적 모형 세우기 속에서보다는, 인간의 정신에 관한 평균적인 선험적 공상 속에 더 많은 진리가 존재할 수가 있다.

철학적 인류학

1850년 무렵의 다음과 같은 한 철학적인 구절을 생각해보라. '실재는 하느님 자체만큼이나 의인화된 창조물이다.' 이것이 '하느님은 죽었고 실재도 그러하다'라고 말하는 엄숙한 어조로 발언되지는 않을 것이다. 다음은 더 특정한 실제적 주장이 될 것이다. **실재는 인류학적 사실의 부산물일 뿐이다.** 더 조심성 있게 말해, 실재라는 개념은 인류에 관한 사실의 부산물이다.

인류학으로 나는 민족지학(ethnography)이나 민족학(ethnology), 즉 현대의 인류학과에서 실행되며, 수많은 현장 연구를 포함하는 연구를 의미하지 않는다. 인류학으로 나는 '인간(Man)'에 대한 19세기의 사이비 과학을 의미한다. 칸트는 한때 세 가지 철학적 질문을 갖고 있었다. 무엇이 참이어야 하는가? 우리는 무엇을 해야 하는가? 우리는 무엇을 희망해도 되는가? 말년에 그는 다음의 네 번째 질문을 덧붙였다. **인간이란 무엇인가?** 이와 더불어 그는 (*philosophische*) *Anthropologie*를 시작했으며 심지어 『인류학(Anthropology)』이라는 책도 썼다. 실재론은 순수 이성의 일부로 또는 판단이나 도덕 형이상학으로 여겨져서는 안 될 것이며, 심지어 자연과학의 형이상학으로 여겨져서도 안 될 것이다. 칸트의 위대한 책들의 제목에 따라 실재론을 분류하게 된다면, 실재론은 *Anthropologie* 그 자체의 일부로 연구될 것이다.

인류에 대한 순수한 과학은 약간 위험하다. 인간은 도시에서 사는 동물이라고 아리스토텔레스가 제안했을 때, 따라서 **폴리스**(polis)가 인간이 인간의 본성에 따라서 분투하게 되는 그 인간 본성의 일부일 때, 그의 학생 알렉산드로스(Alexander)는 제국을 재발명해 냄으로서 그를 논박시켰다. 우리는 인간이 연장 제작자라거나, 엄지손가락을 지닌 생명체라거나, 직립하는 생명체라는 이야기를 들어왔다. 우리는 이들 우연적인 특징이 인간이라 잘못 불린 종의 절반에 주목할 때에만 눈에 띄며, 연장, 엄지손가락, 직립성은 좀처럼 그 종족을 정의하는 바가 될 수 없다는 이야기를 들어왔다. 찬성하든 반대하든, 무엇이 그 같은 어떤 주장에 대한 근거가 될 수 있을지는 좀처럼 명확하지 않다. 한 사람이 인류는 합리적이라고 정의하고 다른 사람은 인류를 연장 제작자로 정의한다고 가정하라. 지구상에서 왜 우리는 합리적 동물이 되는 일이 연장 만들기와 동연적(同延的, co-extensive)이라고 가정해야 하는가?

인류의 핵심적 본성에 관한 사변들은 다수의 똑같은 내용을 허용한다. 데카르트(Descartes) 이래로 철학자들은 인간은 말하는 이라는 추측에 이끌려 왔다. 합리성은 바로 그 본성에서 언어를 요구하며, 따라서 합리적 동물로서의 인간과 말하는 이로서의 인간은 정말로 공연적이라고 주장되어 왔다. 그것은 공상적 인류학만큼 미약한 어떤 주제에 대해 만족스러운 주요 정리다. 하지만 이 결론의, 즉 강력한 책들에 연료를 충전시켜온 결론의 명백한 심오함에도 불구하고, 나는 다른 공상을 제안한다. **인류는 표상자**(representers)**다**. 나는 **호모 파베르**(home faber)가 아니라 **호모 데픽토르**(homo depictor)에 대해서 이야기하는 것이다. 사람은 표상을 만든다.

은유 제한하기

사람들은 닮음을 만들어낸다. 그들은 그림을 그리고, 암탉의 꼬끼오하는 소리를 흉내 내고, 점토로 빚고, 상을 조각하며, 황동에 망치질을 한다. 이들은 인간을 특징짓기 시작하는 표상의 종류들이다.

단어 '표상(representation)'은 상당한 철학적 과거를 가지고 있다. 그것은 칸트의 단어 *Vorstellung*, 즉 정신 앞에 놓기를 번역하는 데에 이용되어 왔는데, 이 단어는 더 추상적인 사고는 물론 이미지도 포함한다. 칸트는 프랑스와 영국의 경험론자의 '관념(idea)'을 대체할 단어를 필요로 했다. 그것은 정확히 내가 표상으로 의미하지 **않는** 바다. 내가 표상이라고 부르는 모든 것은 공적(public)이다. 여러분은 로크적 관념을 만질 수 없고, 박물관 수위만이 우리의 선조가 만들어낸 최초의 몇몇 표상들에 여러분이 손대는 일을 멈추도록 할 수 있다. 내가 모든 표상이 만질 수 있는 것임을 의미하지는 않지만, 모든 표상은 공적이다. 칸트에 따르면, 판단(judgement)은 표상의 표상, 즉 정신 앞에 놓기에 관한 정신의 앞에 놓기이며, 이중으로 사적(private)이다. 이는 내가 표상이라 부르는 바가 이중으로 아니다.

그러나 몇몇 공적·언어적 사건이 내게 표상이 될 수 있다. 단순한 평서문은 확실히 표상은 아닌데, 나는 이 단순한 평서문에 대해서 고려하지 않으며, 우리의 세계를 표상하려는 복잡한 사변에 대해서 고려한다.

내가 표상에 대해 말할 때 무엇보다도 나는 다음과 같은 물리적 대상을 의미한다. 그 자체가 조사되고, 주목될 대상인 작은 입상, 조상, 그림, 조각이 그것이다. 우리가 인간과 관련되는 어떤 것을 찾는 한 아주 옛 적까지 거슬러 올라가서 이들을 찾아낼 수 있다. 가끔 몇몇 뜻밖의 사건이 다른 경우라면 썩었을 나무 혹은 짚의 조각조차도 보존시킨다. 표상은 외적이며 공적인데, 벽에 붙어 있는 가장 단순한 스케치이든 또는 내가 단어 '표상'을 잡아 늘일 때의 전자기력, 강력, 약력, 혹은 중력에 관한 가장 정치(精緻)한 이론이든 그러하다.

보존되어 있는 고대의 표상은 보통 시각적이며 촉각적이지만, 다른 감각으로 공적으로 접근 가능한 어떤 것을 배제하고자 하지 않는다. 새소리와 비슷한 휘파람과 바람소리를 내는 장치 역시 닮음을 만들어낼 수가 있는데, 그럼에도 불구하고 우리는 소리가 모방을 내뿜는다고 말한다. 만일 인류만큼 영리한 어떤 종이 돌이킬 수 없게 눈이 멀게 되었더라도, 청각적 표상과 촉각적 표상에서는 문제가 없을 텐데, 왜냐하면 표상하는 일은 우리의 본성의 바로 그 일부이기 때문이다. 우리는 눈을 갖고 있으므로, 대부분의 최초의 표상은 시각적이었지만, 표상이 본질적으로 시각적이지는 않다.

표상은 대체로 공적 닮음이 성립되도록 의도된다. 나는 마음의 눈으로 외부 세계를 표상하는 칸트의 *Vorstellungen*과 로크적 관념을 배제한다. 나는 일반적인 공적 문장 역시 배제한다. 윌리엄 제임스는 그가 진리 모사설이라 부른 것을 비웃었는데, 진리 모사설은 진리 대응설의 더 위엄 있는 상표를 낳는다. 모사설은 참인 명제는 그 명제를 참으로 만들어주는 세계 안에 있는 그 무엇의 모사라고 말한다. 비트겐슈타인의 『논고(Tractatus)』는 진리 그림 이론(picture theory of truth)을 갖고 있는데, 이에 따르면 참인 문장은 사실을 올바로 그려내는 문장이다. 비트겐슈타인은 틀렸다. 단문은 그림, 모사, 혹은 표상이 아니다. 의심의 여지없이 표상에 관한 철학적 이야기는 비트겐슈타인의 *Sätze*에 대한 기억을 불러온다. 그 기억을 잊으라. 문장 '고양이가 매트 위에 있다'는 실재에 대한 표상이 아니다. 비트겐슈타인이 나중에 우리에게 가르쳐줬듯이, 모든 종류의 목적에 사용될 수 있는 것이 문장이며, 문장의 어느 것도 세계가 무엇과 같은가를 묘사하려 하지 않는다. 한편, 맥스웰의 전자기 이론은 세계를 표상하고자, 즉 세계가 무엇과 같은가를 표상하고자 의도된 것이다. 개별 문장이 아니라, 이론이 표상이다.

몇몇 철학자는 문장이 표상은 아님을 깨닫고 있는데, 이들은 표상이라는 바로 그 관념이 철학에 쓸모가 없다고 결론 내린다. 이는 실수다. 우리는 표상하기 위해 복문을 집합적으로 사용할 수 있다. 일상적인 영어의 숙어는 매우 많다. 변호사는 의뢰인을 표상할 수 있고 또한 경찰이 조서를 준비할 때 부적절하게 협력했음을 표상할 수 있다. 단독 문장은 일반적으로 표상하지 않을 것이다. 표상은 언어적이나, 언어적 표상은 많은 동사를 사용할 것이다.

말하는 이로서 인간

나의 철학적 인류학의 첫 번째 명제는 인류가 묘사자(depictors)라는 것이다. 민족지학자가 아무런 이미지도 만들어내지 않는 종족(그것이 금기이기 때문이 아니라 누구도 어떤 것을 표상하는 일에 대해서 생각하지 않았기 때문)에 대해서 내게 이야기한다면, 나는 그들이 사람은 아니라고, 즉 **호모 데픽토르**가 아니라고 말할 것이다. 인류가 (그리고

238

단절

인류의 선조는 말고) 300만 년 전에 올두바이(Olduvai) 협곡에 살았으나 오래된 두개골과 발자국 이외에는 별로 발견된 것이 없음을 우리가 설득당해 인정해야 하게 된다면, 나는 사람들이 표상하는 일을 아직 시작하지 않았다고 가정하기보다는, 차라리 이들 아프리카 조상이 만든 표상이 모래에 의해서 지워져 왔다고 가정할 것이다.

어떻게 나의 **선험적인** 구석기적 공상이 인간은 본질적으로 합리적이며 합리성은 본질적으로 언어적이라는 태고의 관념과 맞물릴 것인가? 나는 묘사가 언어를 필요로 한다고 주장하거나 인류는 합리적일 필요가 없다고 주장해야 하는가? 언어가 합리성 속에 끼워넣어져야 한다면, 나는 인간이 합리적 동물이 될 수도 있다고 기분 좋게 결론 내릴 것이다. 즉, **호모 데픽토르**가 합리성에 대한 아리스토텔레스의 찬양에 상당하는 가치를 항상 지녔던 것은 아니며, 우리가 가르쳤고 말하기 시작했던 것만큼만 그럴 가치가 있다. 그들이 말하기를 배우기에 앞서, 닮음을 만들고 있었던 그림 그리는 사람들에 대해서 잠시 상상해보기로 한다.

언어의 시초

언어의 시초에 관한 사변은 상상력이 부족하고 겸손한 경향이 있다. 우리가 듣기로, 언어는 사냥하기와 농사짓기 같은 실제적 문제에 도움이 되도록 하기 위해서 발명되어 왔음에 틀림없다. 그 반복구는 계속 이야기하기로, '이야기할 수 있다는 것은 얼마나 쓸모 있는 일인가. 사람들이 말할 수 있었다면 그들은 얼마나 훨씬 더 효율적이게 되었을까. 언어는 사냥꾼과 농부가 생존할 가망성을 훨씬 더 높게 해준다.'

그런 하찮은 생각을 선호하는 학자는 명백히 결코 밭을 갈지 않았거나 사냥감에 살금살금 다가가지도 않았을 것인데, 그런 일에서는 재잘거림이 아니라 침묵이 필요하다. 들에 나가서 제초하는 사람은 보통 말을 하지 않는다. 그들은 오직 쉴 때에만 말을 한다. 동아프리카 평원에서 최상의 사냥감 치사율을 보이는 사냥꾼은 들개이나, 그럼에도 불구하고 냄새가 적고, 전혀 말하지 않거나 신호를 내보내지 않는 데 동의하는 중년의 교수가 어떤 들개 이상으로 비스트(beeste)와 가젤(gazelle)을 잡는 데 훨씬 능숙하다. 충분한 수의 말없는 인류가 맨손으로 사냥을 하고 있다면, 으르렁대는 사자와 짖는 개는 굶어죽게 될 것이다.

언어는 실제적인 일을 위한 것이 아니다. 조너던 베닛(Jonathan Bennett)은 하나의 '종족민'이 다른 종족민에게 코코넛이 그 두 번째 원주민의 머리 위로 떨어지려 한다고 경고해줄 때의 언어 시작에 관한 이야기를 말해준다.[1] 원주민 1이 머리 위를 치는 과장된 흉내로 먼저 이를 할 것이고, 뒤에 계속해 경고를 발화하고 그럼으로써 언어를 시작함으로써 이를 할 것이다. 인종차별주의적 만화란을 빼고는 어떤 코코넛도 어떠한 종족민의 머리 위로 떨어지지 않았다고 나는 생각하며, 따라서 나는 이 공상을 의심한다. 올두바이 협곡을 발굴하는 리키(Leakey) 가족 덕분에 성립한 언어에 대한 제안을 나는 선호한다. 그 관념은 사람들이 권태로부터 언어를 발명해냈다는 것이다. 우리가 불을 갖게 되자, 우리는 긴 저녁을 그냥 보낼 필요가 없어졌고, 따라서 우리는 농담을 하기 시작했다. 언어의 기원에 관한 이러한 공상은 말하기를 인간적인 어떤 것으로 간주하는 커다란 장점을 갖고 있다. 그것은 열대 지역의 종족민에게 고정되는 것이 아니라 사람들에게 고정된다.

점토로 만든 작은 입상 또는 벽에 있는 서투른 그림에 대해서 이야기된, 우리가 '실제의'로 또는 '저것은 실제의 것이다'로 번역

1_ J. Bennett, "The meaning-nominalist strategy", *Foundations of Language* 10(1973), pp.141~168.

할 수 있을 소리들을 사용하기 시작한 **호모 데픽토르**를 상상해보라. 이야기가 '이것이 실제라면, 저것도 실제' 또는 더 관용어법적으로 쓰이는 '이것이 실제의 것이라면, 저것도 실제의 것이다'로 이어진 다고 하자. 사람들은 토론하기를 좋아하므로, 다른 소리들이 곧 '아니, 저것은 아니고, 그 대신 여기 이것이 실제의 것이다'라고 표현 하게 된다.

그러한 공상 속에서 우리는 이름이나 기술 혹은 철학자들이 그토록 좋아하는 의미(sense)와 지시로 먼저 가게 되지는 않는다. 그 대신에 우리는 색인사(indexicals), 논리적 상항(logical constants), 찾기와 발견하기 게임(game of seeking and finding)과 함께 시작한다. 기술적인 언어는 나중에 오는데, 묘사의 대리물로서가 아니라 말하기를 위한 여타의 용법들이 발명됨으로써 그렇게 된다.

그렇다면 언어는 표상에 대해서 이야기된, '실제의'와 함께 시작한다. 그런 이야기는 '실제의 이것'이 '당신은 타잔이고, 나는 제인이다'와는 전혀 닮아 있지 않다는 사실을 명예롭게 갖고 있는데, 왜냐하면 그것이 복잡한, 즉 특징적으로 인간적인 사고를 상징하기 때문이며, 말하자면 나무로 만들어진 이 조각물이 그것이 표상하는 것에 관해 진정한 어떤 것을 보여준다는 점을 상징하기 때문이다.

상상해본 이러한 삶은 내가 시작하면서 썼던, 즉 '실재는 의인화된 창조물이다'라는 인용문의 오그라드는 특성에 대한 해독제로 의도된 것이다. 실재는 인간적 창조물일 수 있겠지만, 그것은 장난감이 아니다. 그와 반대로 그것은 두 번째의 인간적 창조물이다. 첫 번째의 특히 인간적인 발명은 표상이다. 표상하기라는 실천이 일단 있게 되자, 이차적 개념이 연이어 온다. 이것은 실재라는 개념, 즉 일차적 표상이 있을 때에만 내용을 갖는 개념이다.

실재, 혹은 세계가 어떠한 표상 또는 인간의 언어에 앞서 존재했다는 저항이 있을 것이다. 물론 그럴 수 있다. 그러나 그것을 실재로서 개념화하는 일은 이차적이다. 먼저 이 인간적인 것, 즉 표상 만들기가 존재한다. 이어서 표상을 실재하거나 실재하지 않는 것으로, 참이거나 거짓으로, 믿을 수 있거나 믿을 수 없는 것으로 판단 내리는 일이 있었다. 최종적으로 세계가 오며, 첫 번째가 아니라 두 번째, 세 번째, 혹은 네 번째로 오는 것이다.

실재는 표상에 기생하는 것이라고 이야기할 때, 나는 넬슨 굿먼 또는 리처드 로티처럼 '잘 잃어버린 세계!'를 외치는 이들과 힘을 합치지는 않는다. 세계는 우수한 자리를, 비록 그것이 첫 번째 자리는 아니더라도, 갖고 있다. 그것은 실재하는 것을 표상의 속성으로 개념화함으로써 발견되었다.

언어의 기원에 관한 내 이야기에 대해 최소한의 경험적 증거는 존재하는가? 아니다. 미래에 그럴 가능성만이 존재할 뿐이다. 나는 표상은 유별나게 인간적이라고 말한다. 그것을 종 특수적(species specific)이라고 부르자. 여기에 몇몇 진리가 있는지를 알아보기 위해서 우리는 진화의 나무에 빗질 필요가 있을 뿐이다. 비비(baboon)를 마취시키고 그 얼굴에 칠을 하여, 비비를 거울에 비춰줘 보라. 비비는 보통 때와 다른 아무것도 느끼지 않는다. 침팬지에게 똑같이 해 보라. 침팬지는 기겁을 할 것이고, 자기 얼굴에 그림이 있다는 것을 알게 되며 그것을 지우려 할 것이다. 사람은 거꾸로 거울로 그들의 분장을 연구하고 싶어한다. 비비는 결코 그림을 그리지 않을 것이다. 언어 연구가인 데이빗 프리맥(David Premack)은 그림 표상을 사용해 침팬지에게 일종의 언어를 가르쳤다. **호모 데픽토르**는 출발 직후부터 그것보다 더 나았다. 우리는 지금도 그러하다.

닮음

표상은 무엇보다도 닮음이다. 그렇게 말하는 것은 철학의 진부한 문구에 완전히 반대되는 것으로 보인다. 우리 모두가 알 듯, 스타일 없는 표상은 없다. 문화를 가장 덜 교육받은 이도 표상을 하려면 표상의 체계를 갖고 있어야 한다. 그러므로 처음에는 표상, 즉 닮음 창조하기가 단순히 존재할 수 없었으리라고 논의될 수 있다. 표상하기가 존재하기에 앞서 표상의 스타일이 있어야만 한다.

내가 이 학설에 동의하지 않을 필요는 없는데, 스타일이 표상에 선행하지 않는다는 점이 인정될 때까지 그러하다. 재료가 가공되고, 장인이 그들의 고객의 감수성에 영향을 주는 인공물을 만들어내듯, 스타일은 표상과 함께 성장한다.

더 많은 철학적 수수께끼가 이 부근에 잠복해 있다. 사물은, 이야기되기로, 어떤 측면 혹은 다른 측면에서 서로 닮지만, 단순히 같을 수는 없다. 거기서 닮음이 성립되는 바를 표상하는 데에 사용될 몇 몇 개념이 있어야 한다. 두 사람은 똑같은 걸음걸이 또는 똑같은 몸가짐 또는 똑같은 코 또는 똑같은 부모나 똑같은 성격을 지닌다. 그러나 두 사람이 단순히 서로 '같을' 수는 없다. 나는 이것에도 동의하지만, 그것이 단순한 닮음을 배제하지는 않는다고 잠정적으로 주장한다.

나는 철학으로 너무 세뇌가 되어서, 사물은 **일반적으로** 단순히, 혹은 무조건적으로 서로 닮을 수 있다고 주장할 정도다. 그것들은 이 점 또는 저 점에서 서로 닮아야 하거나 닮지 않아야 한다. 그럼에도 불구하고 특별한 종류의 것, 즉 인간이 만든 표상은 표상하고자 하는 바와 무조건적으로 닮을 수 있다. 닮음에 대한 우리의 일반화된 관념은, 실재에 대한 우리의 관념처럼, 우리의 표상의 실천에 기생적이다. 표상이 그것이 표상하는 바와 닮게 되는 몇몇 초기의 방식이 존재할 수도 있다. 아주 이질적인, 태고적 옛날 사람의 몇몇 인공물이 닮음에 의해서 즉각적으로 인식된다는 점은 의심의 여지가 없는데, 그 닮음이 무엇에 대한 닮음인지를 우리가 잘 모를 때조차도 그러하다. 그러한 그림, 조각물, 황금 상감 무늬, 세공된 구리, 점토 얼굴상, 매머드 벽화, 주머니에 넣을 수 있는 크기의 장례 목적의 카누 ― 한때 사람이 살던 곳에서 우리가 발견하게 되는 모든 예술적 파편 ― 는 닮음이다. 그것들이 무엇이 대한 닮음인지 그것들이 무엇을 위한 것인지 내가 모를 수도 있다. 내가 표상의 체계는 제대로 이해를 못하지만 나는 이것들이 한결같이 표상임은 안다. 델피에서 나는 우리가 형식적 스타일 혹은 생명 없는 스타일이라고 부르는 스타일 안에서, 고대의 사람에 대한 혹은 아마도 신에 대한 상아 조각물을 본다. 나는 상아를 치장하는 황금 각반 혹은 망토를 본다. 그것은 황소와 사자의 모습으로 가장 미세하며 '실제적으로' 자세하게 조각되어 있다. 다른 소재로 만들어진 고대의 실제적 대상은 고고학자가 말하기로 동일 시대에 만들어진 것이다. 나는 이들 어느 쪽도 무엇을 위한 것인지 모른다. 나는 둘 다 닮음이라는 것은 안다. 나는 사람의 마음을 끄는, 준보석으로 만들어진 움푹 들어간 인간의 눈을 갖고 있는 고대의 황동으로 만들어진 전차를 모는 사람을 본다. 내가 묻건대, 우리가 생명 없는 형상이라 부른 것에 그토록 열심인 장인이 어떻게 자신들의 창조물에 생명을 불어넣었던 다른 이들과 함께 일할 수 있었을까? 서로 다른 소재를 사용하는 서로 다른 솜씨는 상이한 속도로 진화하기 때문에? 알려지지 않는 목적의 잊혀진 조합 때문에? 그와 같은 미묘한 질문은 우리가 당연히 여기는 바를 배경으로 제기된다. 우리는 적어도 다음을 안다. 이들 인공물은 표상이다.

무엇에 대한 닮음인가라는 물음에 우리가 답할 수 없을 때조차도 우리는 닮음과 표상을 안다. 옷에 대한 스케치가 그려져 있으나, 머리 대신에, 아마도 기름을 담는 데 필요한 작은 받침 접시 모양의 함몰을 갖고 있는 기묘하고 자그마한 점토 조상(影像)에 대해 생각해 보라. 이 손가락 높이의 대상은 미케네(Mycenae)에 널려 있다. 나는 그것들이 어떤 특별한 것을 표상하는 것이 아닐까라고 생각한다. 이것들은 나에게 어린이들이 작은 날개와 치마의 이미지를 창조하기 위해서 눈 위에 누워서 팔과 다리를 이러 저러 흔듦으로써 만들어내는 천사의 인상을 가장 많이 상기시킨다. 어린이들은 즐거움을 위해 이 천사를 만든다. 우리는 크노소스(Cnosus) 시민이 그들이 만든 조상으로 무엇을 했는지를 잘 모른다. 그러나 둘 다 어떤 방식에서 닮음임을 우리는 안다. 그 날개와 치마는 날개와 치마와 서로 닮았지만, 그럼에도 불구하고 묘사된 천사는 지구 위의 어떤 것과도 닮지 않았다.

표상은 일반적으로 무엇이 어떠하냐를 말하려고 의도되는 것이 아니다. 표상은 묘사이거나 기쁨일 수 있다. 언어에 관한 우리의 최근의 강박관념 이후에 그림과 조각에 대해서 반성하는 일은 좋은 것이다. 언어철학자들은 최초의 언어 사용이 진리를 말하기 위한 것이어야 한다고 말하려는 충동을 좀처럼 누르지 않는다. 그림에 대해서 그 같은 강제가 있어서는 안 된다. 아메리카들소에 관한 두 장의 스케치에 대해서 '이것이 실제의 것이라면, 저것도 실제의 것이다'라고 논의하는 것은 아주 이상한 일을 하는 것이다. 사물이 어떠하냐에 관해서 말하는 데에 그림은 좀처럼 쓰이지 않으며, 상은 거의 전혀 쓰이지 않는다. 이와 동시에 수천 년 후의 고고학자로 하여금 고대 유적지의 파편 속에서 일정한 대상을 골라내도록 해주고, 그것들을 닮음으로 보게 해주는 표상에 대한 핵심이 존재한다. 의심의 여지없이 '닮음'은 잘못된 단어인데, 왜냐하면 '예술' 사물은 확실히 상상의 산물, 즉 그 자체의 목적으로 만든, 복수, 부, 이해하기, 구애 혹은 테러 목적으로 만든 예쁜 것들과 못생긴 것들을 포함할 것이기 때문이다. 그러나 그들 모두 안에는 닮음으로 되돌아가는 표상의 관념이 존재한다. 닮음은 제 발로 서 있다. 그것은 관계가 아니다. 그것은 관계되는 용어를 창조해낸다. 무엇보다도 닮음이 있고, 이어 어떤 것 또는 다른 것에 대한 닮음이 있다. 우선 표상이 있고, 이어 '실재하는' 것이 있다. 우선 한 표상이 있고, 우리가 유사성을, 이 입장 또는 저 입장에 비추어, 얻게 되는 그와 같은 이 입장 또는 저 입장을 우리가 기술할 수 있게 해주는 개념들의 창조가 훨씬 나중에 있게 된다. 그러나 닮음은 몇몇 개념 x, y 또는 z의 어떠한 필요성 없이도 자력으로 설 수 있으며, 따라서 어떤 이는, x 또는 y는 말고, z에 대해서 표상하고 있는 듯이 늘 사고해야 한다. 표상 만들기와 더불어 생겨나는 닮음에 관한 거칠고 세련되지 않은 관념이 존재하며, 이것이, 사람들이 재료로 작업하면서 더욱 솜씨 있게 되듯이, 무엇이 무엇과 닮았는가를 알아채는 모든 종류의 상이한 방식을 낳는다고 사고하는 것은 부조리가 아니다.

실재론은 문제없다

실재성이 단지 표상의 속성이라면, 그리고 우리가 표상의 대안적인 스타일을 발전시키지 못했다면, 실재론은 철학자에 대해서건 심미가에 대해서건 문제가 되지 않았을 것이다. 그 문제는 우리가 표상의 대안적 체계를 갖고 있기 때문에 발생한다.

　과학적 실재론에 관한 현재의 철학적 관심의 단서는 아주 많다. 앞서 있었던 '실재론적' 위기들은 공통적으로 과학에 그 근원을 두었다. 프톨레마이오스 체계와 코페르니쿠스 체계 사이의 경쟁은 도구주의적 우주론과 실재론적 우주론 사이의 결투를 요구했다. 19세기말의 원자론 논쟁은 사람들로 하여금 원자가 실재할 수 있을지의 여부에 대해서 또는 어떤 의미에서 원자가 그럴 수 있는지에 대해서 생각하게 했다. 과학적 실재론에 관한 우리의 현재적 논쟁은 자연과학 속에서 상응하는 어떤 실질적인 쟁점에 의해서 연료 공급을 전혀 받지 못하고 있다. 그렇다면 그것은 어디에서 오는가? 혁명이 있을 때마다, 우리는 지식의 성장과 함께 서로 다른 세계에서 살게 될 수도 있다는 쿤 및 여타 사람의 제안에서 온다. 새로운 이론은 새로운 표상이다. 그들은 상이한 방식으로 표상하고 따라서 새로운 종류의 실재가 존재하게 된다. 표상의 속성으로서의 실재성에 대한 나의 해명의 귀결에서 단순히 아주 많은 것이 나온다.

다음으로 언어의 기원에 관한 나의 공상적 이야기 속에 단지 차별화되지 않는 표상들만이 존재했을 때, '실재하는'은 모호하지 않았다. 그러나 표상이 경쟁하기 시작하자마자, 우리는 무엇이 실재하는가에 대해서 생각해야 했다. 단지 한 종류의 표상이 주위에 있을 때 반실재론은 아무런 의미를 지니지 않는다. 나중에야 반실재론은 가능해진다. 우리 시대에 우리는 이것을 쿤의 『과학 혁명의 구조』의 귀결로 보았다. 그럼에도 불구하고, 이것은 철학에서 오래된 논제이며, 최초의 원자론자에 의해서 가장 잘 예시된 바 있다.

데모크리토스적 꿈

일단 표상이 우리에게 있게 되자, 실재가 훨씬 뒤 쪽에 있을 수는 없게 되었다. 그것은 영리한 종이 몰두하기에 좋은 한 명백한 관념이었다. 우리 문화의 선사는 다양한 종류의 표상에 의해서 필연적으로 주어진 것이지만, 우리에게 남겨진 모든 것은 아주 작은 물질적 대상, 그림이 그려진 단지, 틀에 부어 만든 조리도구, 상감 무늬, 상아, 목재, 아주 작은 장례 연장, 장식된 벽, 깎아 만든 둥근 돌이다. *Anthropologie*는 우리가 기억된 단어, 서사시, 주문, 연대기, 사변을 갖고 있을 때에만 내가 구성해온 공상을 과거에 부여한다. 우리가 지금은 조용히 '과학'이라고 부르는 전략으로 내려온 계보가 없었더라면, 소크라테스 이전 시대의 단편들은 상당히 무의미한 주문이 되었을 것이다. 오늘날의 과학적 실재론자는 주로 일찍이 사물의 내부 구성이라고 불린 것에 유의하고 있고, 따라서 나는 소크라테스 이전 시대의 실타래에서 오직 한 가닥, 즉 원자론으로 내려오는 가닥만을 잡아당기게 될 것이다. 레우키포스(Leucippus)와 여타의 잊혀진 선배들에도 불구하고, 이를 데모크리토스(Democritus), 즉 소크라테스보다 아주 약간 더 연배가 위였던 사람과 연합시키는 것은 당연하다. 그가 살던 시절에 최선의 과학은 천문학과 기하학이었다. 원자론자는 천문학에 서툴렀고 기하학에 약했지만, 그들은 비상한 육감을 갖고 있었다. 그들이 가정하기로, 사물은 내부 구성, 즉 그에 대해 사고할 수는 있지만 아마도 비밀을 벗겨내지는 못할 구성을 갖고 있다. 그들은 적어도 이에 대해서 다음과 같이 추측할 수 있었다. 원자와 진공이 존재하는 모든 것이고, 우리가 보고 만지고 듣는 것은 단지 이것의 변경일 뿐이다.

원자론이 지식에 대한 이러한 꿈에 핵심적이지는 않다. 문제가되는 것은 감각으로 우리가 받아들이는 바 뒤에 있는 이해 가능한 조직화이다. 서양 문화의 형성에서 우주론, 에우클레이데스적 증명, 의학, 야금술의 중심적 역할에도 불구하고, 과학적 실재론에 관한 우리의 현재적 문제는 주로 데모크리토스적 꿈에서 유래한다. 그것은 새로운 종류의 표상을 목표로 한다. 그렇지만 그것은 여전히 닮음을 목표로 한다. 어떤 데모크리토스가 말한다고 내가 상상하건대, 이 돌은 눈에 보이는 대로의 것이 아니다. 그것은 이러하며, 여기서 그는 모래 속이나 알약 위에 있는 점을 끌어내는데, 그 자체는 진공으로 여겨진다. 그가 말하기로, 이들 점은 연속적이고 일양(一樣)하게 운동하고 있으며, 그는 그의 후배들이 이상한 모양, 탄성, 힘, 장으로 변환시키는 입자들에 대해서 이야기하기 시작했는데, 이 입자들은 집합체 안에 있는 경우를 제외하고는 보거나 느끼거나 듣기에 모두가 너무 작거나 크다. 그러나 데모크리토스가 계속 이야기하기로, 그 집합체는 다름 아닌, 이 돌, 이 팔, 이 지구, 이 우주다.

유사한 철학적 반성이 잇따라 일어난다. 회의주의가 불가피하게 등장하게 되는데, 왜냐하면 만일 원자와 진공이 실재하는 것을 구성한다면, 우리가 그것을 어떻게 알겠는가? 플라톤이 『고르기아스(Gorgias)』에 기록하고 있듯이, 이 회의주의는 세 갈래다. 데모크리토스가 원자론을 정식화한 이래로, 모든 회의주의는 세 개의 가지를 갖고 있다. 우선 첫째로 우리가 데모크리토스적 꿈의 어떤 특수한 버전을 확인할 수 있는가라는 의문점이 존재한다. 만일 훨씬 나중에 루크레티우스(Lucretius)가 원자에 손을 덧붙인다면, 그나 다른 사변자가 옳은지의 여부를 우리가 어떻게 알 것인가? 둘째로, 이 꿈은 단지 꿈일 뿐이라는 두려움이 존재한다. 원자도, 진공도 없고, 단지 돌만이 존재하며, 이 돌에 관해서 우리는, 다양한 목적으로, 일정한 모형을 구성하는데, 이 모형의 유일한 초석은, 이 모형의 유일한 비교의 기초는, 이 모형의 유일한 실재는 그 돌 자체이다. 셋째로, 어쩌면 우리가 데모크리토스를 믿을 수 없을지라도, 그의 이야기의 바로 그 가능성은 우리가 확실하게 보는 바를 우리는 신뢰할 수 없음을 보여주며, 따라서 아마도 우리는 지식을 목표로 하기보다는 목욕통에 대한 명상적 무지를 목표로 하는 것이 더 낫지 않겠는가라는 의문점이 존재한다.

철학은 지식의 산물이며, 알려진 바에 관한 그림이 아무리 개략적이라고 하더라도 그러하다. '나는 이것이 내 앞에 있는 손임을 아는가'라는 종류의 회의주의는, 그것이 퇴행적이라고 기술되는 것이 더 바람직할 때, '소박'하다고 불린다. 그것과 연합된 심각한 회의주의는 '이것은 염소 또는 환각이 아니라 손인가'가 아니라, 살과 뼈로 표상되는 손은 거짓이며, 원자와 진공으로 표상된 손이 더 올바르다고 보는 더 도전적인 고민에서 연유하는 회의주의이다. 회의주의는 원자론과 여타의 발전하려 하던 지식의 산물이다. 외양(appearance)과 실재 사이의 철학적 분지도 그러하다. 데모크리토스적 꿈에 따르면, 원자는 돌의 내부 구성과 같아야 한다. 만일 '실재하는'이 묘사의 속성이라면, 데모크리토스는, 그의 학설을 단언하면서, 입자에 대한 그의 그림이 실재를 그려낸다고 말할 수 있을 뿐이다. 그렇다면 '돌이 갈색이고, 장식되어 있으며, 깔쭉깔쭉하고, 손에 쥐어 있으며'라고 묘사하는 일은 무엇인가? 원자론자가 말하기로, 그것은 외양이어야 한다.

그것의 대척인 실재와 달리, '외양'은 철저하게 철학적인 개념이다. 외양은 스스로를 처음의 두 열인 표상과 실재의 맨 위에 얹어 놓는다. 많은 철학이 이 삼자를 잘못 질서 지우고 있다. 로크는 우리가 외양을 지니며, 이어 정신적 표상을 형성시키며, 마지막으로 실재를 찾는다고 생각했다. 이와 반대로, 우리는 공적 표상을 만들고, 실재라는 개념을 형성시키며, 표상의 체계가 수를 늘려감에 따라, 우리는 회의주의자가 되며 단순한 외양이라는 관념을 형성시킨다.

누구도 데모크리토스를 과학적 실재론자라 부르지 않는다. '원자론'과 '유물론'은 서로 어울리는 유일한 '론들'이다. 나는 원자론을 석기 시대에서 과학적 실재론으로 가는 자연스런 발걸음으로 받아들이는데, 왜냐하면 원자론이 '사물의 내부 구성'이라는 관념을 설계해 내기 때문이다. 이 17세기의 구절과 더불어, 우리는 구성을 생각해 봐야 하는 것으로, 그리고 희망하기로, 발가벗겨져야 하는 것으로 규정한다. 그러나 아주 오랫동안 누구도 원자에 대해서 알아내지 못했다. 데모크리토스는 꿈을 전했지만, 지식은 전하지 못했다. 복잡한 개념은 적용의 기준을 필요로 한다. 그것이 바로 데모크리토스가 결여했던 바이다. 그의 사변을 넘어서 그의 그림이 실재에 관한 것이었는지 아니었는지에 대한 기준을 갖게 될 정도로 그가 충분히 알지는 못했다. 그의 첫 번째 움직임은 '실재하는'을 외치고 사물의 모습은 단지 외양이라고 중상하는 것이었다. 과학적 실재론 또는 반실재론은, 사물의 내부 구성이 표상된 대로냐에 대한 판단의 기준이 있기까지, 성립 가능한 학설이 되지 못한다.

실재의 기준

데모크리토스는 우리에게 한 가지 표상을 줬다. 세계는 원자로 이루어져 있다는 것이다. 덜 신비적인 관찰자는 우리에게 다른 표상을 준다. 그들은 물가의 조약돌에 색칠을 했고, 인간 모습을 조각했으며, 설화를 말해줬다. 나의 설명에서, 단어 '실재하는'은 무엇보다 먼저 단지 무조건적인 닮음을 의미했다. 그러나 이어 영리한 사람들은 다양한 관점에서 추측된 닮음을 받아들였다. '실재하는'은 더 이상 명백하지 않았다. 우리가 현재 사변적 물리학(speculative physics)이라 부르는 것이 우리에게 실재에 대한 대안적 그림을 부여하자 곧, 형이상학이 자리를 잡았다. 형이상학은 실재의 기준에 관한 것이다. 형이상학은 나쁜 표상의 체계에서 좋은 표상의 체계를 분류해 내고자 의도된 것이다. 형이상학은 표상의 유일한 기준이 표상 자체에 내재해야 한다고 가정될 때 표상을 분류해내는 자리에 놓인다.

이것이 오래된 형이상학의 역사이고 실재론이라는 문제의 창조의 역사이다. 과학의 새로운 시대는 그 모든 것에서 우리를 구해냈다. 버클리와 같은 몇몇 철학적 반항자에도 불구하고, 17세기의 새로운 과학은 심지어 조직화되어 있던 종교를 밀어내고 그 자리를 차지할 수 있었으며 그것이 세계에 대한 참된 표상을 부여하고 있다고 이야기할 수 있었다. 가끔씩 어떤 이가 잘못된 것도 얻었지만, 거짓된 관념의 전복은 끝내 올바른 진로에 들어선 것 위에 우리를 위치시키고 있었을 뿐이다. 그래서 라부아지에의 화학 혁명은 진정한 혁명으로 보였다. 라부아지에는 몇몇 잘못된 것을 얻었다. 모든 산이 그 안에 산소를 갖고 있다는 그의 확신에 관한 예를 나는 이미 두 차례 사용했었다. 그래서 우리는 그것을 분류해냈다. 1816년에 하버드 칼리지의 새로 온 화학 교수는 취임 강의에서 화학의 역사를 당시에 등록했던 10대들에게 관련시킨다. 그는 근자의 혁명에 주목하고, 우리는 이제 올바른 길에 들어섰다고 말한다. 이제부터는 교정만이 있게 될 것이다. **똑같은 사실을 표상하는 몇 가지 방식이 있을 수 있다는 것을 깨닫기 시작하기 전까지 그 모든 것이 괜찮았다.**

이 관념이 언제 나타났는지를 나는 모른다. 그것은 저자가 죽은 후 출간된 1894년의 중요한 책인, 하인리히 헤르츠(Heinrich Hertz)의 『역학의 원리(Principles of Mechanics)』에 분명히 나타나 있다. 이 책은 주목할 만한 업적으로, 이 책이 비트겐슈타인을 그의 의미 그림 이론(picture theory of meaning)으로, 즉 1918년의 그의 『논리철학 논고(Tractatus Logico-Philosophicus)』의 핵심으로 인도했다고 종종 이야기된다. 아마도 이 책은 또는 그것의 1899년 영어 번역은 과학적 '이미지'에 관한 명시적 전문용어를 최초로 제공했을 터인데, 현재 과학적 '이미지'는 쿤의 『구조』의 개시 문장에서 불후의 명성을 얻었으며, 윌프리드 셀라스를 좇아 반 프라센의 반실재론 책의 제목으로 사용되었다. 헤르츠는 '역학의 세 가지 이미지'를 제공하는데, 물체의 운동에 관한 그 당시에 존재하던 지식을 표상하기 위한 세 가지 서로 다른 방식이 그것이다. 여기서, 아마도 최초로, 우리에게 보인 세 가지의 표상의 체계를 우리가 갖게 된다. 그들의 장점이 가늠되고, 헤르츠는 한 가지를 선호한다.

이 때문에 가장 잘 이해된 자연과학인 역학 안에서조차, 헤르츠는 표상 사이의 선택을 위한 기준을 필요로 했다. 후기인상주의(post-impressionism) 혹은 그 무엇이라고 불린 새로운 표상의 체계를 우리에게 부여하고 있는 사람들이 1870년대와 1880년대의 미술가들만은 아니다. 무엇이 '닮은' 것이냐 혹은 무엇을 올바른 표상으로 간주할 것이냐에 대한 기준을 과학 자체가 산출시켜야 했다. 미술은 대안적 표상의 양식과 함께 살아가는 것을 배우는 반면, 여기서 헤르츠는 역학에 대해서 유일하게 올바른 표상의 양식을 용감하게 찾고자 하고 있다. 전통적 가치들 — 1983년에도 여전히 신성시되는 가치들 — 인 예측(prediction), 설명(explanation), 단순성(simplicity), 다산성(fertility) 등의 가치들의 어느 것도 그 일을 잘 해내지 못한다. 헤르츠가 말하듯, 문제는 역학을 표상하는 세 가지 방식 모두가 일을 아주 잘 해내고 있어, 하나는 이 측면에서 더 잘 하고, 하나는 저 측면에서 더 잘 한다는 데 있다. 그렇다면 무엇이 물체의 운동에 관해서 진리인가? 헤르츠는 피에르 뒤엠을 포함하는 차세대의 실증주의자들을 초대해서, 그 문제에 대한 진리는 없다고, 즉 표상의 더 낫거나 더 못한 체계가 있을 뿐이며, 잘 일관되지 않을 수도 있되 똑같이 훌륭한 역학의 이미지들이 존재할 수가 있다고 말하도록 한다.

헤르츠는 1894년에 책을 냈고, 뒤엠은 1906년에 냈다. 그 사이에 물리학의 거의 전부가 뒤집혔다. 점증적으로, 물리학을 전혀 모르는 사람들은 모든 것이 당신의 문화에 상대적이라고 한담했으나, 물리학자들은 한 번 더 그들이 진리로 가는 유일한 길 위에 있다고 확신했다. 그들은 실재에 대한 올바른 표상에 관해서 의심하지 않았다. 우리는 오직 한 가지의 닮음의 척도를 갖고 있다. 그것은 가설연역법이다. 우리는 가설을 제안하고, 귀결을 연역하며, 그것이 참인지를 알아본다. 똑같은 현상에 대해서 몇 가지의 표상이 존재할 수 있다는 헤르츠의 경고는 심각하게 여겨지지 않았던 것이다. 논리 실증주의자, 가설연역주의자, 칼 포퍼를 따르는 반증주의자, 이들은 모두 1905년의 새로운 과학에 깊이 감명 받았고, 한 사람도 남김없이 과학적 실재론자였는데, 그들의 철학이 그들을 약간은 반실재론자가 되도록 해야 했을 때조차도 그러했다. 물리학이 오히려 고요했던 한 때에만, 쿤은 그 모든 이야기에 의혹을 던지게 된다.

과학은 가설연역적이지 않다. 그것은 가설을 갖고 있고, 연역을 해내고, 추측을 시험하지만, 이들의 어느 것도 이론의 이동을 결정하지 못한다. 쿤 읽기의 극단에는, 실재에 관한 어떤 표상이 최선인지를 이야기할 기준이 존재하지 않는다. 표상은 사회적 압력(social pressures)에 의해서 선택된다. 논의하기가 아주 겁나는 가능성으로 헤르츠가 주장했던 바가 쿤이 말했을 때는 기초적 사실이었다.

인류학적 요약

사람은 표상한다. 그것은 사람이 된다는 것의 일부이다. 처음에, 표상하는 일은 우리 주변에 있는 어떤 것과 닮은 대상을 만드는 것이었다. 닮음은 문제되는 바가 아니었다. 그 다음에 서로 다른 종류의 표상이 가능하게 되었다. 무엇이 닮은 것이고, 어느 것이 실재하는가? 과학과 그것의 철학은 맨 처음부터 이 질문을 갖고 있었는데, 그 질문은 데모크리토스 및 그의 원자와 더불어 있게 된 것이다. 과학이 근대 세계의 정통이 되었을 때, 우리는 한동안 우리가 목표로 하는 하나의 진리가 존재한다는 공상을 지닐 수 있었다. 그것은 세계에 대한 올바른 표상이다. 그러나 대안적 표상의 씨앗이 거기에 있었다. 헤르츠는 그것을 명백히 제시했고, 이는 우리 자신의 세기를 도입시켰던 혁명적 과학의 새로운 물결보다도 앞선 것이다. 쿤은 혁명을 넌지시 암시되는 그 자신의 반실재론의 기초로 삼았다. 우리는 다음의 내용을 배워야 한다. 그 문제에 대한 어떤 궁극적인 진리가 존재할 때, 즉 내 타자기가 책상 위에 있다는 진리가 존재할 때, 그때에 우리가 이야기하는 것은 참이거나 거짓이다. 그것은 표상의 문제가 아니다. 비트겐슈타인의 『논고』는 정확히 틀렸다. 보통의 단순 원자 문장은 어떤 것에 관한 표상이 아니다. 만일 비트겐슈타인이 그의 의미의 그림 해명을 헤르츠로부터 유도했다면, 그는 잘못 그렇게 한 것이다. 그러나 헤르츠는 표상에 관해 옳았다. 물리학과 여타의 흥미로운 많은 대화에서 우리는 표상을, 즉 여러분이 좋다면, 말로 이루어진 그림을 만든다. 물리학에서 우리는 모형 뜨기(modelling), 구조 만들기(structuring), 이론화작업(theorizing), 계산하기(calculating), 근사화작업(approximating)이라는 정교한 체계에 의해서 이를 행한다. 이들은 세계가 어떠한가에 관한 실제의, 명료화된 표상이다. 물리학의 표상은 나의 타자기의 위치에 대한 단순하고, 비표상적인 언명과는 완전히 다르다. 타자기 문제에 대한 어떤 진리는 존재한다. 물리학에서 그 문제에 대한 궁극적인 진리는 존재하지 않으며, 단지 어느 정도 유용한 정보를 제공해주는 다량의 표상이 있을 뿐이다.

　여기서 나는 세기말 전환기의 스위스계 이탈리아인 수행자인 다닐로 도모도살라(Danilo Domodosala)의 경구 가운데 하나를 길게 반복할 뿐이다. '그 문제에 대한 어떤 궁극적 진리가 존재할 때, 그때에 우리가 말하는 것은 간결해지고, 그것은 참이거나 거짓이다. 그것은 표상의 문제가 아니다. 우리가, 물리학에서처럼, 세계에 관한 표상을 제공할 때, 그 문제에 대한 궁극적인 진리는 존재하지 않는다.' 물리학에서 궁극적 진리의 부재는 교란의 바로 그 대척이 되어야 한다. 생명력 있는 탐구에 대한 올바른 그림은 헤겔에 의해서 그의 책 『정신 현상학(Phenomenology of Spirit)』의 서문에서 다음과 같이 제시된다. '진리는 따라서 전원이 술에 취해 있는 바커스 축제의 환락이다. 그렇지만 각 개인이 빠져 나가면서 쓰러지기 때문에, 그 환락은 아주 상당한 정도로 투명하고 단순한 휴양이라 하겠다.' 실재론과 반실재론은 황급히 달려가는데, 표상의 본성으로부터 다른 것을 정복해줄 어떤 것을 찾아내 빗장을 걸고자 한다. 거기에는 아무것도 없다. 그것이 내가 표상하기에서 개입하기로 전환하는 이유다.

하기

기분 좋은 아이러니의 정신으로, 최근의 가장 이론 경도적인(theory-oriented) 철학자, 즉 칼 포퍼를 인용함으로써, 이 책의 실험에 대한 부분을 시작했으면 한다.

> 나는 용어 '실재하는'의 가장 중심적인 사용은 일상적 크기의 물질적 사물을, 즉 아기가 다룰 수 있고 (즐겨) 입안으로 넣을 수 있는 사물을 특징짓기 위한 사용이라고 제안한다. 이로부터, 용어 '실재하는'은, 먼저, 더 큰 것, 즉 열차, 집, 산, 지구, 별처럼 우리가 다루기에는 너무 큰 것으로 확장되고, 또한 더 작은 것, 즉 먼지 입자나 진드기와 같은 것으로 확장된다. 그것은 물론 액체 이어 또한 공기, 기체, 분자와 원자로 더 멀리 확장된다.
>
> 이 확장 뒤에 있는 원리는 무엇인가? 내가 제안하건대, 그것은 우리가 실재한다고 추측하는 존재자는 언뜻 보기에 실재하는 것, 즉 일상적 크기의 물질적 사물에 인과적 효과를 미칠 수가 있어야 한다는 점이다. 즉 그것은 실재한다고 추측된 존재자의 인과적 효과로 사물의 일상적인 물질적 세계 속의 변화를 우리가 설명할 수 있다는 것이다.[2]

이것이 단어 '실재하는'의 우리의 사용에 관한 성격 묘사다. 전통적인 로크적 상상으로 시작하는 점에 주목하라. '실재하는'은 우리가 유아로서 우리 목에 넣을 수 있는 것에서 얻는 개념이다. 그것은 매력적인 그림이나, 뉘앙스에서 자유롭지 않다. 그것의 부조리는 실재하는 것과 표상에 대한 나 자신의 터무니없는 이야기의 그것과 동등하다. 하지만 포퍼는 올바른 방향을 가리키고 있다. 실재는 인

2_ Karl Popper and John Eccles, *The Self and its Brain*(New York and London, 1977), p.9.

과와 관계가 있고 실재에 관한 우리의 관념은 세계를 변화시키는 우리의 능력에서 형성된다.

아마도 '실재성'의 관념에 대한 두 가지의 잘 구별되는 신화적 기원이 존재할 것이다. 하나는 표상의 실재성이고, 다른 하나는 우리에게 영향을 미치는 것과 우리가 영향을 미칠 수 있는 것에 관한 관념이다. 과학적 실재론은 흔히 표상이라는 제목 아래서 토의된다. 이제 그것을 개입이라는 제목 아래서 토의하자. 나의 결론은 알기 쉽고, 심지어 시시하다. 우리가 세계 속에서 그밖의 어떤 것에 개입하기 위해서 우리가 사용할 수 있는 것 또는 세계가 우리에게 영향을 미치기 위해서 사용할 수 있는 것을 실재한다고 생각하게 될 것이다. 근대 과학에 이르기까지 개입으로서의 실재성은 표상으로서의 실재성과 맞물리기 시작조차 하지 못한다. 자연과학은 17세기 이래로 표상하기와 개입하기의 맞물림이라는 모험이 되어왔다. 이제 철학이 우리의 과거 지난 3세기를 따라잡을 시간이다.

B부   개입하기

9   실험

10 관찰

11 현미경

12 사변, 연산, 모형, 근사

13 현상의 창조

14 측정

15 베이컨적 주제

16 실험하기와 과학적 실재론

••• 9 실험

과학철학자들은 이론과 실재의 표상에 대해서 끊임없이 토의하지만, 실험, 기술 또는 세계를 바꾸기 위한 지식의 사용에 대해서는 거의 아무것도 이야기하지 않는다. 이것은 이상한데, 왜냐하면 '실험적 방법'은 과학적 방법의 단지 또 다른 이름이 되곤 했기 때문이다. 과학자에 대한 대중적이고, 무지한 상은 실험실에서 흰 외투를 입고 있는 어떤 이였다. 물론 과학은 실험실에 앞서 있었다. 아리스토텔레스주의자들은 실험을 평가절하 했으며 제일 원리로부터의 연역을 선호했다. 그러나 17세기 과학 혁명은 그 모두를 영구히 바꿔버렸다. 실험은 지식에 이르는 왕도라고 공식적으로 선포되었으며, 스콜라 학자들은 그들 주위에 있는 세계를 관찰하는 일 대신에 책에서 논의를 이끌어낸다고 경멸받았다. 이 혁명적 시기의 철학자는 프랜시스 베이컨(Francis Bacon, 1560~1626)이었다. 우리는 자연을 있는 그대로 관찰해야 할 뿐만 아니라 '사자의 꼬리를 비틀어야 한다'고, 즉 세계의 비밀을 배우기 위해 우리의 세계를 조작해야 한다고 그는 가르쳤다.

과학 혁명은 과학에 새로운 제도를 가져왔다. 최초의 것 가운데 하나가 1660년 무렵에 설립된 런던왕립학회(Royal Society of London)다. 그것은 파리, 상트페테르부르크, 베를린에 있는 여타의 아카데미들의 모델로 봉사했다. 새로운 형태의 의사교환 수단이 발명되었으며, 그것은 과학 정기간행물이다. 더구나 ≪왕립학회철학회보(Philosophical Transactions of Royal Society)≫의 초기 내용은 진기한 분위기를 갖고 있었다. 왕립학회에 제출된 논문들로 이루어진 이 인쇄된 기록물이 늘 몇몇 수학과 이론화작업을 담고 있었음에도 불구하고, 그것은 또한 사실의 연대기, 관찰, 실험, 실험으로부터의 연역이기도 했다. 바다 괴물 또는 헤브리디즈 제도의 날씨에 관한 보고들이 특히 뉴튼이나 로버트 보일(Robert Boyle) 혹은 로버트 훅(Robert Hooke) 같은 이의 기념비적인 작업과 어깨를 나란히 했다. 어떤 보일이나 혹도 소집된 일단 앞에서 있게 되는 몇몇 새로운 장치 또는 실험적 현상의 실연 없이는 왕립학회에서 연설할 수 없었을 것이다.

시대는 변했다. 자연과학사는 현재 거의 항상 이론사(history of theory)로서 쓰인다. 과학철학도 엄청날 정도로 이론철학(philosophy of theory)이 되어버려서, 이론에 앞선 관찰과 실험은 부정되어 왔다. 나는 다음에 나오는 장들이 베이컨으로 돌아가기 운동을 시작할 수 있기를 희망하며, 그 속에서 우리는 실험 과학에 대해서 더 심각하게 유의하게 된다. 실험하기는 그 자체의 생명을 갖고 있다.

계급과 카스트

전설에 의하면 그리고 아마도 천성적으로 철학자들은 작업대보다는 안락의자에 더 익숙해 있을 것이다. 우리가 실험을 희생시켜 이론을 격찬했던 일은 그다지 놀랍지 않다. 하지만 우리가 늘 그렇게 격려되어 오지는 않았다. 라이프니츠는 세계가 이제껏 알았던 가장 위대한 순수 지성인으로 묘사되어 왔다. 그는 모든 것에 관해서 사고했다. 은 채광에 필요한 풍차를 건조하는 일에서 미분법을 공동으로 발명했던 일보다는 덜 성공적이었음에도 불구하고, 그 초지식인의 실험의 역할에 대한 의견은 의심의 여지없이 현대의 철학 교과서에 나오는 많은 내용 이상으로, 그때든 지금이든, 과학의 실천에 더 충실하다. 베이컨과 라이프니츠 같은 철학자들은 우리가 반실험적이어야 할 필요는 없음을 보여준다.

실험철학에 관해 사고하기에 앞서 우리는 이론가와 실험가 사이의 일정한 계급 차이 또는 카스트 차이를 기록해야 한다. 그것은 철학과 별로 상관이 없다. 우리는 이론을 선호하는 편견을 발견하게 되는데, 제도화된 과학이 존재하는 시기만큼이나 아주 멀리 거슬러 올라가서 발견하게 된다. 플라톤과 아리스토텔레스는 아테네에 있던 아카데메이아에 자주 모였다. 그 건물은 집회장 또는 시장의 한 쪽에 위치해 있다. 그것은 헤르쿨라네움, 곧 불의 여신, 즉 야금가의 후원자의 신전에서 거의 가능한대로 멀리 있다. 그것은 '궤도의 다른 쪽' 위에 있다. 이 계급 구분에 걸맞게, 우리 모두는 그리스 기하학과 철학자의 가르침에 관해 조금은 알고 있다. 그리스 야금학에 관한 어떤 것을 누가 알겠는가? 하지만 아마도 신들은 우리에게 그들 고유의 방식으로 이야기할 것이다. 한때 아테네 집회장을 우아하게 해줬던 모든 건물 가운데, 오직 하나가 시간 또는 재건축에 의해서 손상되지 않은 채, 늘 있던 그대로 서 있다. 그것은 야금가의 신전이다. 아카데메이아는 오래 전에 무너졌다. 그것은 재건축되어 왔으며, 부분적으로 피츠버그에 있는 제강 공장에서 번 돈으로 그러했다.

스스로를 실험에 바친 새로운 과학조차도 이론가를 격찬하는 실제적 경향을 유지했다. 예를 들어 로버트 보일(1627~1691)이 로버트 훅 (1635~1703)보다 더 친숙한 과학 분야의 인물임을 나는 확신한다. 훅은 이론적 작업도 했던 실험가이며, 거의 잊혀졌으나, 반면 보일은 실험도 했던 이론가로 초등학교 교과서에서 여전히 언급되고 있다.

보일은 탄성을 갖거나 용수철과 같은 작은 공으로 만들어진 세계에 관한 사변적 시각을 갖고 있었다. 그는 그 당시에 일컬어지던 것으로서 미립자적인 기계적 철학의 대변자였다. 보일의 중요한 화학 실험은 그다지 잘 기억되고 있지 않은데, 반면 훅은 그저 실험가였다는 것으로 명성을 얻고 있으며, 그의 이론적 통찰은 주로 무시되고 있다. 훅은 왕립학회에서 실험 감독관이었으며, 사람들과 논쟁을 벌이는 쉽게 성을 내는 늙은 인물이었는데, 이는 부분적으로 실험가로서의 그 자신의 낮은 지위 때문이었다. 하지만 그는 확실히 과학의 전당에서 한 자리를 차지할 만한 가치가 있다. 그는 보일이 공기의 팽창을 실험적으로 탐구하는 데 썼던 장치를 만들었다(보일의 법칙). 그는 탄성의 법칙을 발견했는데, 그는 이것을 예를 들어 회중시계에 필요한 용수철을 만드는 데 적용시켰다(훅의 법칙). 원자간 용수철에 관한 그의 모형은 뉴튼에게 접수되었다. 그는 급진적인 새로운 반사 현미경을 최초로 만든 이였으며, 이것으로 그는 주요한 새 별들을 발견했다. 그는 행성인 목성이 그것의 축을 중심으로 자전한다는 것을 깨달았는데, 이는 참신한 관념이었다. 그의 현미경적 연구는 최상급이었으며, 우리는 바로 그 단어 '세포'가 그에게서 기인한 것으로 본다. 현미경으로 보이는 화석에 관한 그의 연구는 그로 하여금 진화론의 초기 제안자가 되게 했다. 그는 중력을 측정하기 위해 진자를 사용하는 법을 알았다. 그는 빛의 회절을 공동으로 발견했다. (빛은 날카로운 모서리 주위에서 굽으며, 따라서 그림자는 항상 흐릿해진다. 더 중요한 것으로 빛은 그림자 안에서 밝고 어두운 띠로 나뉜다.) 그는 이것을 빛의 파동 이론을 위한 기초로 사용했다.

논쟁의 여지는 있으나, 그는 뉴튼에 앞서, 비록 덜 완전한 형식에서이기는 했으나, 중력의 역제곱 법칙을 이야기했다. 이 목록은 계속이어진다. 이 사람은 우리가 살고 있는 세계에 관해 우리에게 많은것을 가르쳐줬다. 그가 현재에 이르러 몇 명의 전문가를 빼고는 누구에게도 알려져 있지 않은 점은 이론을 실험보다 위에 있다고 보는 편향의 일부다. 그것은 보일이 신분이 높았던 반면 훅은 가난했고 독학했다는 사실에서도 기인한다. 이론 / 실험 지위 차이는 사회적 서열 위에서 모형화된 것이다.

그러한 편향이 과거의 일인 것도 아니다. 나의 동료 C. W. F. 에브릿은 『과학 전기 사전(Dictionary of Scientific Biography)』에서 두 형제에관해서 썼다. 둘 다 초전도성(superconductivity)에 관한 우리의 이해에근본적으로 기여했다. 프리츠 런던(Fritz London, 1900~1953)은 뛰어난 저온 이론 물리학자였다. 하인츠 런던(Heinz London, 1907~1970)은이론에도 기여한 저온 실험가였다. 그들은 위대한 팀이었다. 프리츠의 전기는 『사전』에 의해 환영받았지만, 하인츠의 그것은 축소하라고 되돌려졌다. 편집자(이 경우 쿤)가 실험보다는 이론에 관해 듣고자하는 표준적 선호를 나타냈던 것이다.

귀납과 연역

과학적 방법이란 무엇인가? 그것은 실험적 방법인가? 이 질문은 잘못 제기되어 있다. 왜 그 과학의 방법이 존재해야만 하는가? 집을짓는 데는 또는 심지어 토마토를 기르는 데는 하나의 방식만이 존재하는 것이 아니다. 우리는 하나의 방법론에 묶여야 하는 지식의 성장과 같은 잡동사니로서의 어떤 것을 기대해서는 안 된다.

두 가지 방법론과 함께 시작하기로 한다. 그것들은 실험에 완전히 서로 다른 역할을 할당하는 것으로 보인다. 예로서 나는 두 진술을 가져오는데, 그 각각은 지난 세기의 위대한 화학자의 것이다. 그들 사이의 양분은 소멸되지 않는다. 즉 그것은 정확하게 카르납과 포퍼를 분리시키는 것이다. 내가 도입에서 이야기했듯이, 카르납은 어떤 귀납의 논리를 발전시키고자 했고, 반면 포퍼는 연역을 제외하고는 어떤 추론도 존재하지 않는다고 주장한다. 귀납적 방법에 대한 나 스스로가 좋아하는 진술이 있다.

화학적 철학(chemical Philosophy)의 기초는 관찰, 실험, 유비다. 관찰에 의해서, 사실이 정신 위에 뚜렷하고 미세하게 새겨진다. 유비에 의해서, 유사한 사실이 연결된다. 실험에 의해서, 새로운 사실이 발견되며, 지식의 진행 속에서 유비에 의해 안내받는 관찰은 실험으로 인도되고, 실험에 의해 입증된 유비는 과학적 진리가 된다.

　예를 제시하겠다. 여름철에 거의 모든 개울, 호수 또는 웅덩이에서 그늘과 양지의 서로 다른 조건 아래 존재하는 가느다란 녹색의 식물 섬유 세포(*Conferva rivularis*)에 대해 주의 깊게 생각하게 될 누구든지 그늘이 진 곳에 있는 섬유 세포에서 공기 방울을 발견하게 될 것이다. 그는 그 효과가 빛의 존재에 의한 것임을 알게 될 것이다. 이것이 **관찰**이다. 그러나 그것은 공기의 본성에 관한 아무런 정보도 제공하지 않는다. 물을 채운 와인 잔을 콘페르바 위에 거꾸로 하면, 공기는 잔의 윗부분에 모일 것이고, 잔이 공기로 채워질 때 잔을 손으로 막을 수 있고 보통의 위치로 돌려놓을 수 있으며, 불이 붙은 작은 초를 그 안에 집어넣는다. 작은 초는 대기 속에서보다 더 밝게 탈 것이다. 이 것이 **실험**이다. 그 현상이 추론의 대상이 되고, 민물 또는 소금기 있는 물에서 사는 이 종류의 모든 식물은 비슷한 상황에서 그러한 공기를 산출하지 않을까라는 질문이 놓이게 되면, 탐구자는 **유비**에 의해서 안내받게 된다. 그리고 이것이 새로운 시도에 의해서 그렇다고 결정될 때, **일반적인 과학적 진리**가 확립된다. 햇빛 속에서 그 모든 콘페르바는 더 강한 정도로 불꽃을 일게 하는 일종의 공기를 산출시킨다. 이것은 다양한 미세한 탐구에 의해서 그렇다고 증명되어 왔다.

이것은 험프리 데이비(1778~1829)가 그의 화학 교과서 『화학적 철학의 원리(Elements of Chemical Philosophy)』(1812, pp.2~3)를 시작하는 말이다. 그는 당시에 가장 유능한 화학자 가운데 한 사람이었으며, 그는 여러 참혹한 죽음을 막았던 광부 안전 램프의 발견 때문에 흔히 기억되지만, 지식에의 그의 기여는 전기 분해 화학 분석을 포함하는데, 이는 그로 하여금 어떤 물질이 원소(예를 들어 염소)이고 어떤 것이 화합물인지를 결정하게 해준 기법이다. 모든 화학자가 과학에 대한 데이비의 귀납적 견해를 공유했던 것은 아니다. 여기 유스투스 폰 리비히(Justus von Liebig, 1803~1873)의 말이 있는데, 그는 인공 질소 비료를 선도적으로 발명해 간접적으로 농업에 혁명을 일으킨 유기 화학의 위대한 선구자였다.

> 모든 탐구에서 베이컨은 실험에 상당한 정도의 가치를 부여한다. 그러나 그는 실험의 의미를 전혀 이해하지 못한다. 그는 실험을 한번 작동하면 그 자체의 결과를 초래하게 될 일종의 기제라고 생각한다. 그러나 과학에서 모든 탐구는 연역적이거나 **선험적**이다. 실험은 계산처럼 사고의 원조물일 뿐이다. 사고는 실험이 어떠한 의미를 지니려면 항상 그리고 필연적으로 실험에 앞서야 한다. 사고라는 용어의 일상적 의미에서, 연구의 경험적 양식이란 존재하지 않는다. 이론이, 즉 관념이 앞서지 못하는 실험은 어린이의 재잘거림의 음악과의 관계와 동일한 관계를 과학 연구에 대해 갖게 된다(*Über Francis Bacon von Verulam und die Methode der Naturforschung*, 1863, p.49).

내가 취한 두 인용문 사이의 대립은 얼마나 깊은 것일까? 리비히는 실험에 대해 이론이, 즉, 관념이 선행해야 한다고 말한다. 그러나 이 진술은 모호하다. 그것은 약한 버전과 강한 버전을 갖고 있다. **약한 버전**은 여러분이 실험을 수행하기에 앞서 자연과 여러분의 장치에 관한 몇몇 관념을 지녀야 한다는 것만을 이야기한다. 결과를 해석하기 위한 이해 또는 능력을 결여한 채, 완전히 아무 생각 없이 자연을 만지작거리는 일은 거의 아무것도 가르쳐주지 못할 것이다. 누구도 이 약한 버전에 대해 논란을 벌이지 않는다. 데이비는 확실히 그가 조류(藻類)에 관해 실험할 때 어떤 관념을 갖고 있다. 그는 녹색 섬유 세포 위에 있는 기체 거품이 어떤 특수한 종류의 것이라고 생각한다. 물어야 할 맨 처음 질문은 그 기체가 연소를 지원하느냐 연소를 소멸시키느냐다. 그는 작은 촛불의 화염(그가 이로부터 그 기체는 이례적으로 산소를 풍부하게 갖는다고 추론하는?)을 발견한다. 많은 이해 없이는 그 실험은 의미를 지니지 못할 것이다. 작은 촛불의 훨훨 타오름은 기껏해야 의미 없는 관찰이 될 것이다. 더 가능성이 있는 일은 누구도 주목조차 하지 않으리라는 것이다. 이들처럼 관념 없는 실험은 전혀 실험이 아니다.

그러나 리비히의 진술의 **강한 버전**이 있다. 그것은 조사되고 있는 현상에 관한 이론을 여러분이 시험하고 있을 때에만 여러분의 실험은 의미가 있다고 말한다. 예를 들어 만일 데이비가 작은 촛불은 꺼질 것이라는(또는 활활 타오를 것이라는) 견해를 가질 때에만 그의 실험은 어떤 가치가 있는 것이다. 나는 이것이 단순히 틀렸다고 믿는다. 어떤 이는 단순히 호기심에서 무슨 일이 일어나는지를 알아보려고 실험을 할 수 있다. 당연히 우리의 많은 실험은 더 특수한 추측을 마음에 품은 상태에서 이루어진다. 그래서 데이비는 동일한 종류의 모든 조류가, 민물에서든 소금기가 있는 물에서든, 이 종류의 기체를 산출시키느냐고 묻는데, 그가 또한 의심의 여지없이 추측하고 있는 그 기체는 산소다. 그는 그를 '일반적인 과학적 진리'로 이끄는 새로운 시도를 한다.

나는 여기서, 카르납이 물었을 수도 있는 것으로서, 데이비가 정말로 귀납 추론을 하고 있느냐와 또는 그가 결국은 은연중에 포퍼의 추측과 논박의 방법론을 따르고 있느냐와 관계하고 있지 않다. 데이비 자신의 예가, 그가 생각했던 것으로서, 과학적 진리이냐는 논점을 벗어나 있다. 조류에 관한 우리의 포스트데이비적 재분류는 **콘베르바**가 자연종조차 아님을 보여준다! 그러한 속이나 종은 존재하지 않는다.

나는 유일하게 강한 버전의 질문과 관계한다. 어떤 실험을 의미있게 하기 위해서는 시험 중에 있는 추측이 존재해야만 하는가? 나는 그렇지 않다고 생각한다. 실제로는 약한 버전조차도 의혹을 넘어서지 못한다. 물리학자 조지 다윈(George Darwin)은 한 달 동안 아침마다 튤립에 대고 트럼펫을 불어대는 것과 같은 완전히 미친 실험을 어떤 이는 이따금씩 해야 한다고 말하곤 했다. 아마도 아무 일도 일어나지 않겠지만, 만일 어떤 일이 일어난다면, 그것은 엄청난 발견이 될 것이다.

어느 것이 먼저인가, 이론인가 실험인가?

우리는 데이비와 리비히 사이의 세대 차이를 낮게 평가해서는 안된다. 아마도 화학 이론과 화학 실험 사이의 관계는 그 두 인용문을 분리시키는 50년 동안 변했을 것이다. 데이비가 글을 썼을 때, 돌턴(Dalton)과 여타 사람들이 주장하는 원자론은 막 이야기되었을 뿐이며, 화학적 구조에 관한 가설적 모형의 사용은 막 시작되고 있었을 뿐이다. 리비히 시절에 이르러, 어떤 이는 화합물을 전기적으로 분해하는 방식으로 또는 기체들이 연소를 지원하는지의 여부를 알아내어 그 기체를 파악하는 방식으로 더 이상 화학을 실행할 수가 없게 되었다. 이론적 모형에 의해 연료를 충전 받은 정신만이 유기

화합물의 신비를 풀기 시작할 수 있게 되었다.

우리는 이론과 실험 사이의 관계가 서로 다른 발전의 단계에서 서로 다르며, 모든 자연과학이 똑같은 순환을 거쳐야 하는 것도 아님을 알게 될 것이다. 생각해보면, 아주 많은 것이 너무나도 명백해 보이지만, 이것은 종종, 예를 들어 칼 포퍼에 의해서, 충분히 부정되어 왔던 것이다. 당연히 우리는 포퍼를 실험보다 이론을 선호하는 이들 가운데 가장 솔직한 사람의 하나로 기대하게 될 것이다. 그의 책 『과학적 발견의 논리(Logic of Scientific Discovery)』에서 그가 이야기하는 바가 있다.

> 이론가는 일정한 질문을 실험가에게 제기하고, 후자는 그의 실험으로 이 질문에 대해 결정적인 대답을 끌어내려 시도하며, 여타의 어떤 문제에 대해서는 그렇게 하지 않는다. 여타의 모든 문제를 그는 애써 배제하려 한다. …… 실험가가 '이론가의 과업을 조명해준다고' 또는 …… 이론가에게 귀납적 일반화의 기초를 제공해준다고 [제공하는 것을 …… 목표로 한다고] 가정하는 것은 실수다. 이와 반대로 이론가는 그의 작업을 또는 적어도 그의 작업의 가장 중요한 부분을 오래 전에 반드시 마쳤어야 한다. 즉 그는 그의 질문을 가능한대로 날카롭게 정식화했어야 한다. 따라서 실험가에게 길을 보여주는 사람은 그다. 그러나 실험가조차도 정확한 관찰을 해내는 데 주로 종사하는 것은 아니다. 즉 그의 작업은 대부분 이론적인 종류의 것이다. 이론은 실험실에서 실험적 작업의 최초의 계획으로부터 마지막 손댐에 이르기까지 실험적 작업을 지배한다(p.107).

이것이 그의 책의 1934년 판에 담긴 포퍼의 견해였다. 훨씬 증보된 1959년 판의 한 각주에서 그는 자신이 또한 '관찰, 그리고 훨씬 더 관찰 진술과 실험 결과의 진술은 항상 관찰된 사실에 대한 **해석**이라는 견해, 즉 그것들은 **이론에 비춘 해석이라는 견해**'를 강조했어야 했다고 덧붙인다. 이론과 실험 사이의 서로 다른 관계에 대한 짤막한 초기의 개관 속에서, 포퍼에 대한 명백한 반례로 시작하면 좋을 것이다. 조류 위의 공기 거품에 대한 데이비의 주목이 이런 것 가운데 하나다. 그것은 이론에 비춘 해석이 아니었는데 왜냐하면 데이비는 처음에 아무런 이론도 갖고 있지 않았기 때문이다. 작은 초의 불꽃을 보는 일이 해석이었던 것도 아니다. 아마도 만일 그가 '아하, 그렇다면 그것은 산소야'라고 계속해서 말하게 되었다면, 그는 해석을 만들어내고 있었을 것이다. 그는 그렇게 하지 않았다.

주목할 만한 관찰(E)

1600년과 1800년 사이에 광학의 초기 발전의 많은 부분은 몇몇 놀라운 현상에 단순히 주목하는 일에 의존했다. 아마도 모든 것 가운데 가장 성과가 있었던 것은 아이슬란드 스파(Iceland Spar) 또는 방해석(calcite)의 복굴절(double refraction)이라는 발견일 것이다. 에라스무스 바르톨린(Erasmus Bartholin, 1625~1698)은 아이슬란드에서 다시 찾은 어떤 아름다운 결정을 조사했다. 여러분이 이 결정 가운데 하나를 현재의 인쇄된 면에 놓으면, 여러분은 인쇄 내용을 이중으로 보게 될 것이다. 누구나 보통의 굴절에 대해서는 알고 있었으며, 1689년에 이르러 바르톨린이 그의 발견을 이뤄냈을 때, 굴절 법칙은 잘 알려져 있었고, 안경, 현미경, 망원경은 친숙한 것이었다. 이러한 배경은 두 가지 수준에서 아이슬란드 스파를 주목할 만하게 한다. 오늘날에 어떤 이는 여전히 이러한 결정에 놀라고 즐거움을 얻는다. 게다가 굴절의 법칙을 알고 있던 그 당시의 물리학자에게 어떤 놀라움이 존재했는데, 그들은 보통의 굴절 광선에 더하여, 지금까지 불리는 것으로서의 '이상(extraordinary)' 광선이 존재한다는 데에 주목한다.

아이슬란드 스파는 광학의 역사에서 근본적인 역할을 맡고 있는데, 왜냐하면 그것은 최초로 알려진 편광 산출자였기 때문이다. 이 현상은 호이헨스(Huygens)에 의해 매우 느슨한 방식으로 이해되었는데, 그는 이상 광선은 구형의 파면보다는 타원형의 파면을 갖는다고 제안했다. 하지만 우리의 현재적 이해는 빛의 파동설이 부활할 때까지 기다려야 했다. 프레넬(Fresnel, 1788~1827)은 근대 광학 이론의 선구자로, 그는 4차의 두 장으로 된 면을 해로 하는 단일 방정식에 의해서 두 광선이 기술되는 멋진 분석을 제시했다. 편광은 우리로 하여금 빛에 대한 훨씬 깊이 있는 이론적 이해를 가능하게 해줬다고 반복적으로 판명이 났다.

그와 같은 일련의 '놀라운' 관찰이 고스란히 존재한다. 그리말디(Grimaldi, 1613~1663)와 이어 훅은 우리 모두가 막연하게 의식하는 것 가운데 어떤 것, 즉 불투명체의 그림자 안에 어떤 투광(投光)이 존재한다는 점을 조심스럽게 조사했다. 조심스런 관찰은 그림자의 가장자리에 규칙적으로 공간을 점유하는 띠가 있음을 드러내 줬다. 이는 회절(diffraction)이라고 불리며, 이는 원래 그 띠 안에서의 빛의 '부서짐'을 의미했다. 이 관찰들은 특징적인 방식으로 이론에 앞서 있었다. 빛의 분산(dispersion)에 대한 뉴튼의 관찰, 얇은 막의 색깔에 대한 훅과 뉴튼의 연구도 그러했다. 그러다가 이것은 뉴튼의 원무늬(Newton's ring)라 불리는 간섭 현상에 도달했다. 이에 대한 최초의 정량적 설명은 1세기 이상이 존재하지 않다가 1802년에야 토머스 영(Thomas Young, 1733~1829)에 의해 제시된다.

그런데 물론 바르톨린, 그리말디, 훅, 뉴튼이 머릿속에 아무런 '관념'도 갖고 있지 않았던 무개념 경험론자들은 아니었다. 그들은 호기심이 있었고, 캐묻기 좋아했으며, 반성적인 이였기에 그들이 본 것을 보았다. 그들은 이론을 형성시키고자 하고 있었다. 그러나 이 모든 경우에 관찰이 어떤 이론의 정식화에 앞서 있었음은 분명하다.

이론의 자극(E)

더 나중의 시기에 우리는 이론을 자극하는 유사한 주목할 만한 관찰을 발견하게 된다. 예를 들어 1808년에 반사에 의한 편광이 발견되었다. 나폴레옹 공병부대의 중령이었던 E. L. 말뤼스(Malus, 1775~1812)는 아이슬란드 스파로 실험을 하고 있었으며 근처에 있는 룩셈부르크 궁전의 창에서 반사되고 있는 저녁 햇빛의 효과에 주목했다. 빛은 그의 결정을 수직면에 유지시켰을 때 그의 결정을 통과해 갔지만, 결정을 수평면에 유지시켰을 때는 차단되었다. 이와 유사하게 형광은 존 허셜(John Herschel, 1792~1871)에 의해 처음으로 주목받았는데, 이때 그는 황산키닌 용액이 일정한 방식으로 조명을 받았을 때 그 용액에서 방사되는 푸른빛에 주목하기 시작했다.

주목할 만한 관찰은 그것의 본성상 시초가 될 수 있을 뿐이다. 이론에 앞서는 시초적 관찰이 존재한다는 논점을 인정하면서도, 마치 포퍼가 이야기하듯이, 모든 의도적 실험하기가 이론에 의해서 지배된다고 주장할 수도 있는 것 아닌가? 나는 아니라고 생각한다. 데이빗 브루스터(David Brewster)에 대해 고려하기로 할 텐데, 그는 지금은 잊혀졌지만 한때 다산(多産)적 실험가였다. 브루스터는 1810년과 1840년 사이에 실험 광학의 주요 인물이었다. 그는 편광에 대해 반사 법칙과 굴절 법칙을 결정해냈다. 그는 또한 응력(stress)을 받는 물체에서 복굴절성(즉 편광 속성)을 유도할 수 있었다. 그는 2축성 복굴절을 발견했고 금속 반사의 복잡한 법칙을 향한 최초의 그리고 근본적 단계를 이뤄냈다. 우리는 현재 프레넬의 법칙, 즉 반사된 편광의 강도에 대한 사인 법칙과 탄젠트 법칙에 관해서 이야기하지만, 브루스터는 그 법칙을 1818년에 공식적으로 발표했으며, 이는 프레넬이 파동 이론 속에서 그것을 취급하기 5년 전이었다. 브루스터의 연구는 파동 이론 속의 여러 발전이 기초로 삼게 되는 재료를 확립시켰다. 하지만 그가 어떠한 이론적 견해를 갖고 있었던 한, 그는 골수 뉴튼주의자였으며, 빛은 미립자로 이루어져 있다고 믿고 있었다. 브루스터는 전혀 이론을 시험하거나 비교하고 있지 않았다. 그는 빛이 어떻게 행동하는가를 알아내려 하고 있었다.

브루스터는 우리가 오직 '옳은' 이론, 즉 그가 큰소리로 거부했던 바로 그 이론으로만 이해할 수 있는 실험적 현상을 창조해내면서 '틀린' 이론을 단호하게 고수했다. 그는 그의 틀린 이론에 비추어서 그의 실험적 발견을 '해석하지' 않았다. 그는 어떠한 이론이 결국은 해명해야 할 몇몇 현상을 이뤄냈다. 이 점에서 브루스터만 그러한 것도 아니다. 더 최근의 재기에 넘치는 한 실험가는 1900년과 1930년 사이에 양자 광학에 근본적인 기여를 했으나, 반면 양자 역학에 대해서는 거의 전적으로 몰랐던 상태에, 그리고 그에 대해 회의적인 상태에 남아 있었던 R. W. 우드(Wood)였다. 공명복사(resonance radiation), 형광, 흡수 스펙트럼, 라만(Raman) 스펙트럼, 이 모두가 양자 역학적 이해를 필요로 하지만, 우드의 기여는 이론에서 생겨났던 것이 아니라, 브루스터처럼, 자연으로 하여금 새로운 방식으로 행동하게끔 하는 예리한 능력에서 생겨났던 것이다.

의미 없는 현상

나는 주목할 만한 관찰 그 자체가 무엇인가를 할 수 있다고 주장하지는 않는다. 많은 현상이 대단한 흥분을 끌지만 그 뒤 곧 묵혀야 하는데 왜냐하면 누구도 그것들이 무엇을 의미하는지를, 그것들이 그밖의 다른 것과 어떻게 연결되는지를 또는 그것들이 어떻게 어떤 쓸모를 가질 수 있는지를 알 수 없기 때문이다. 1827년에 식물학자 로버트 브라운(Robert Brown)은 물 속에 떠 있는 꽃가루의 불규칙적 운동에 대해 보고했다. 이 브라운운동(Brownian movement)은 심지어 60년 전에 다른 사람들에 의해서 관찰되었으며, 어떤 사람은 그것이 살아 있는 꽃가루 자체의 생기가 넘치는 활동이라고 생각했다. 브라운은 공들인 관찰을 해냈으나, 오랫동안 그것은 아무것도 아니었다. 오직 금세기의 처음 10년 동안에 우리는 J. 페랭(Perrin)과 같은 실험가들과 아인슈타인과 같은 이론가들이 행한 동시적 연구를 갖게 되었는데, 이것은 꽃가루가 분자 주위에서 튀고 있음을 보여줬다. 이들 결과는 가장 두드러진 회의론자마저도 기체 운동 이론 (kinetic theory of gases)으로 종국적으로 전향시켰던 그것이었다.

비슷한 이야기가 광전 효과에 관해서 이야기될 것이다. 1839년에 A. -C. 베크렐(Becquerel)은 호기심을 매우 불러일으키는 것에 주목했다. 그는 작은 볼타 전지, 즉, 묽은 산 용액에 담근 한 쌍의 금속판을 갖고 있었다. 판의 하나에 빛을 쪼여주는 일이 전지의 전압을 변화시켰다. 이것은 대단한 관심을 끌었고 약 2년 동안 그랬다. 여타의 고립된 현상이 주목을 받았다. 그 당시에 셀렌(selenium) 금속의 저항은 단순히 그것에 빛을 쪼면 감소했다(1873). 무슨 일이 일어나고 있는지를 알아내는 일은 다시 한번 아인슈타인에게 남겨졌다. 광자 이론과 텔레비전을 포함해 헤일 수 없는 친숙한 응용을 우리는 이 것에 돌린다(광전지는 대상에서 반사된 빛을 전류로 변환시킨다).

이 때문에 나는 실험적 작업이 이론과 독립적으로 존재할 수 있으리라고 주장하지 않는다. 그것은 '단순한 경험주의자'라고 베이컨이 비웃었던 이들의 맹목적인 작업일 것이다. 그럼에도 불구하고, 많은 진실로 근본적인 연구가 어떠한 유관된 이론에, 그 이론이 무엇이든 간에, 앞선다는 것은 여전히 옳다.

행복한 만남

몇몇 심오한 실험적 작업은 전적으로 이론에 의해서 초래된다. 몇몇 위대한 이론은 이론에 앞선 실험에서 샘솟는다. 몇몇 이론은 실제 세계와의 맞물림의 결여를 번민하며, 반면에 몇몇 실험적 현상은 이론의 결여를 좌시하고 있다. 또한 행복한 가족도 있는데, 그 가족 안에서 서로 다른 방향에서 오는 이론과 실험이 만난다. 나는 실험적 변칙(freak)에의 순전한 헌신이 단단한 사실에 이르게 했고, 그 단단한 사실이 전적으로 다른 지대에서 오는 이론과 갑자기 맞물렸던 예를 제시하게 될 것이다.

대서양을 넘나드는 라디오 방송의 초기 시절에는 늘 수많은 전파 장애가 있었다. 잡음의 수많은 원천은 파악될 수 있었으나, 그럼에도 불구하고 그것들이 항상 제거될 수 있었던 것은 아니다. 일부는 심한 뇌우에 기인했다. 심지어 1930년대에도 벨 전화 연구소(Bell Telephone Laboratory)의 칼 잰스키(Karl Jansky)는 은하의 중심에서 오는 '쏴하고 나는 소리'를 찾아냈다. 그러므로 친숙한 전파 장애의 원인이 되었던 우주 속에 존재하는 라디오 에너지의 원천이 존재했던 것이다.

1965년에 전파천문학자인 아노 펜지어스(Arno Penzias)와 R. W. 윌슨(Wilson)은 이 현상을 연구하기 위해서 한 전파망원경을 개조했다. 그들은 에너지 원천을 탐지하리라 기대했으며 그들은 탐지를 했다. 그러나 그들은 또한 매우 부지런했다. 그들은 우주 속의 모든 곳에 존재하며 균일하게 분포하고 있는 것으로 보이는 소량의 에너지를 찾아냈다. 그것은 마치 우주 안에 있던 에너지 원천이 아니었던 모든 것이 약 4°K였던 것처럼 되는 것이었다. 이것이 큰 의미가 있었던 것은 아니므로, 그들은 도구의 오류를 발견하고자 최선을 다했다. 예를 들어 그들은 이러한 복사의 일부는 그들의 망원경 위에 둥지를 틀고 있었던 비둘기에서 올 수도 있다고 사고했으며, 그들은 비둘기를 없애려고 지독한 시간을 보냈다. 그러나 그들이 잡음의 모든 가능한 원천을 제거한 후에, 그들은 균일한 온도 3°K를 얻게 되었다. 그들은 연구결과를 공표하는 것을 꺼림칙해 했는데 왜냐하면 완전하게 균일한 배경 복사는 큰 의미가 없었기 때문이었다.

운 좋게도, 그들이 이 의미 없는 현상에 대해 확신을 갖게 되자마자, 프린스턴 대학교에 있던 한 이론가 집단은 만일 우주가 대폭발(Big Bang)에서 기원했다면, 우주 전체에 걸쳐 균일한 온도, 즉 최초의 폭발의 잔여 온도가 존재할 것이라는 점을 정성적인 방식으로 제안하는 출간 이전 원고를 회람시키고 있었다. 더욱이 이 에너지는 라디오 신호의 형태로 탐지될 것이었다. 펜지어스와 윌슨의 실험적 작업은 이 작업이 아니었더라면 그저 사변이었을 바와 아름답게 맞물렸다. 펜지어스와 윌슨은 우주의 온도가 거의 모든 곳에서 절대 0도 위의 약 3도임을 보여줬으며, 이것은 창조의 잔여 에너지인 것이다. 그것은 대폭발을 믿게 하는 최초의 진정으로 강제력 있는 이유였다.

천문학에서 우리는 실험을 하지 못한다고 때로 이야기되는데, 즉 우리는 관찰만을 할 수 있을 뿐이라는 것이다. 우주의 먼 곳에서 아주 많이 개입할 수가 없음은 참이지만, 펜지어스와 윌슨이 채용했던 숙련은 실험실에서 일하는 실험가가 사용하는 그것과 동일했다. 우리는 이 이야기에 비추어, 포퍼와 함께, '이론가는 그의 작업을 또는 적어도 그의 작업의 가장 중요한 부분을 오래 전에 반드시 마쳤어야 한다. 즉 그는 그의 질문을 가능한 대로 날카롭게 정식화했어야 한다. 따라서 실험가에게 길을 보여주는 사람은 그이다'라고 말할 것인가? 혹은 우리는 몇몇 이론이 몇몇 실험에 앞섬에도 불구하고, 몇몇 실험과 몇몇 관찰은 이론에 앞서며, 오랫동안 그 자체의 고유한 생명을 가질 수도 있다고 말할 것인가? 내가 막 기술했던 행복한 가족은 이론과 숙련된 관찰의 교차점이다. 펜지어스와 윌슨은 물리학에서 몇 안 되는 노벨상을 받은 실험가에 속한다. 그들이 어떤 것을 논박했기 때문에 그것을 받은 것이 아니라, 우주를 탐구했기 때문에 받은 것이다.

이론사

이론 지배적(theory-dominated) 과학사와 이론 지배적 과학철학이 실험에 대한 우리의 지각을 왜곡하는 방식을 내가 과장해서 말해 온 것으로 보일 수도 있다. 사실상 그것은 줄여서 이야기되었다. 예를 들어 나는 바로 펜지어스와 윌슨이 그들의 자전적 영상물 『3도(Three Degrees)』[1]에서 이야기하고 있듯이 3도 이야기를 관련지었다. 그들은 탐색하고 있었으며, 균일한 배경 복사를 그에 관한 어떤 이론에 앞서서 찾아냈다. 그러나 바로 이 실험이 '역사'가 될 때 그것에 발생하는 것이 있다.

이론 천문학자는 만일 폭발이 수십억 년 전에 있었다면, 그 사건이 있은 이래 내내 냉각이 계속되어 왔을 것이라고 예측했다. 냉각의 양은 아마도 십억 도의 원래 원도를 3°K, 즉 절대 0도 위의 3도까지 냉각시켰을 것이다.
전파천문학자는 만일 그들이 아주 민감한 수신기를 하늘의 텅 빈 부분, 즉 빈 것처럼 보이는 영역을 거냥하도록 할 수 있다면, 이론가들이 옳았는지 그랬는지를 결정하는 것이 가능할 수도 있으리라 믿었다. 이것은 1970년대 초에 행해졌다. 벨 전화 연구소(칼 잰스키가 우주 전파를 발견했던 곳과 동일한 곳)에 있던 두 과학자는 '빈' 우주에서 오는 라디오

1_ Information and Publication Division, Bell Laboratories(1979).

신호를 잡아냈다. 신호의 알려진 모든 원인을 분류해낸 후에도, 그들이 해명할 수 없었던 3°의 신호가 여전히 남아 있었다. 그 최초의 실험 이래로 다른 이들도 작업을 수행해 왔다. 그들은 늘 동일한 결과인 3° 복사를 산출시켰다.

우주가 절대적으로 차가운 것은 아니다. 우주의 온도는 3°K인 것으로 보인다. 그것은 만일 그것 모두가 130억 년 전에 대폭발과 함께 시작되었다면 우주가 그렇게 되어야 하는 그 정확한 온도다.[2]

우리는 6장에서 기술했던 뮤온 또는 중간자의 사례에서 그와 같은 역사 다시쓰기의 또 다른 예를 보았다. 두 연구자 집단이 베터-하이틀러 공식과 함께, 우주선에 대한 구름 상자 연구에 기초해 뮤온을 탐지했다. 역사는 이제 그들이 실질적으로 유카와의 '중간자'를 찾고 있었으며, 그들이 그것을 발견했다고 잘못 생각했다는 내용을 지니고 있다. 그때 사실상 그들은 유카와의 추측에 대해서 전혀 들어보지도 못했던 것이다. 나는 유능한 과학사학자가 일을 아주 잘못되게 하고 있음을 함축하려는 뜻은 없으며, 오히려 대중적 역사와 속신의 계속적인 표이에 주목하려는 것이다.

앙페르, 이론가

어떤 새로운 과학에서, 나중에는 계속해 이론이 관찰을 앞서게 될지라도, 실험과 관찰이 이론을 앞선다고 생각하지 말자. A. -M. 앙페르는 이론적 토대 위에서 출발한 위대한 과학자의 좋은 예가 된다. 그는 주로 화학을 연구했으며, 실험적 탐구를 설명하고 발전시키는 데 사용했던 복잡한 원자 모형을 산출해냈다. 그가 이 일에서

2_ F. M. Bradley, *The Electromagnetic Spectrum*(New York, 1979), p.100. 강조는 저자의 것임.

특별히 성공적이었던 것은 아니었지만, 그럼에도 불구하고 그는 1825년 무렵에 우리가 지금은 아보가드로 법칙(Avogadro's law)이라 부르는 것, 즉 같은 온도와 압력에서 같은 부피의 기체는, 기체의 종류와 관계없이, 정확하게 동일한 수의 분자를 포함할 것이라는 점을 독립적으로 인식했던 이 가운데 하나였다. 우리가 앞의 7장에서 이미 보았듯이, 그는 칸트를 몹시 추앙했으며, 이론과학은 현상 뒤에 있는 본체에 대한 연구라고 주장했다. 우리는 물자체, 즉 본체에 관한 이론을 형성시키며, 그럼으로써 현상을 설명할 수 있게 된다. 그것이 정확히 칸트가 의도했던 바는 아니었으나, 그것은 문제가 되지 않았다. 앙페르는 그의 호기가 1820년 9월 11에 찾아왔던 이론가였다. 그는 나침반의 바늘이 전류에 의해서 움직인다는 외어스데드(Øersted)의 실연(實演)을 보았다. 9월 20일에 시작해 앙페르는 매주 열리는 강의에서 전자기 이론의 기초를 설계했다. 그는 진행해가면서 그것을 채워냈다.

그것은 어쨌든 이야기다. C. W. F. 에브릿은 그것에는 그 이상의 것이 있어야 하며, 앙페르는, 아무런 그 자신의 공식적인 포스트칸트적 방법론을 갖지 않고도, 그의 연구를 들어맞도록 써냈다고 지적한다. 전자기의 위대한 이론가-실험가인 맥스웰은 앙페르와 험프리 데이비의 제자 마이클 패러디를 비교하는 글을 썼는데, '귀납주의자' 패러디 그리고 '연역주의자' 앙페르라고 두 사람 다를 칭송했다. 그는 앙페르의 탐구를 '과학에서 가장 빛나는 성취의 하나이며, …… 형식에서 완벽하고, 정확성에서 공격할 여지가 없으며, …… 모든 현상이 연역될 수도 있을 공식으로 요약되어 있다'고 기술했으나, 이어 그 반면에 패러디의 논문은 그의 작업의 정신을 솔직하게 드러내고 있다고 다음과 같이 계속 이야기한다.

우리는 앙페르가 그가 기술하는 실험을 수단으로 해 작용의 법칙을 정말로 발견했는지 좀처럼 믿을 수가 없다. 실제로 그 스스로가 우리에게 말하는 바, 즉 그가 우리에게 보여주지 않은 어떤 과정에 의해서 그가 그 법칙을 발견했으며, 그가 그후 완벽한 실연을 이뤄냈을 때 그가 어떤 발판의 도움을 받아 그 법칙을 제기했던 그 발판의 모든 자취를 제거했다는 점을 우리는 의심하게 된다.

매어리 헤서(Mary Hesse)는 그녀의 책 『과학적 추론의 구조(Structure of Scientific Inference』(pp.201f, 262)에서 맥스웰이 앙페르를 전기의 뉴튼으로 불렀다고 진술한다. 이것은 귀납의 본성에 관한 대안적 전통을 넌지시 비치는데, 이는 뉴튼으로 거슬러 올라간다. 그는 현상으로부터의 연역에 관해 이야기했는데, 이것은 하나의 귀납적 과정이었다. 현상으로부터 우리는 그것을 일반적인 방식으로 기술하는 명제들을 추론하며, 이어 깊이 생각해 이제껏 생각해보지 않았던 새로운 현상을 창조한다. 그것은 어쨌든 앙페르의 절차였다. 그는 보통 그의 매주 열리는 강의의 하나를 청중 앞에서 실연된 현상과 더불어 시작하곤 했다. 종종 그 현상을 창조해냈던 실험은 그 앞주에 있었던 강의의 끝에는 존재하지 않던 것이었다.

발명(E)

이론과 실험으로 제기되는 질문은 오해를 만드는데 왜냐하면 그것이 이론을 하나의 다소 균일한 종류의 것으로 취급하고 실험을 이와는 다른 것으로 취급하기 때문이다. 나는 12장에서 이론의 다양성 쪽으로 향할 것이다. 우리가 실험의 몇몇 다양성을 보아왔으나, 여타의 유관한 범주들이 또한 존재하며, 그들 가운데 발명(invention)은 가장 중요한 것의 하나다. 열역학의 역사는 점진적으로 이론적 해석에 이르게 되는 실천적 발명의 역사다. 새로운 기술로 가는 하나의 길은 이론과 실험을 공들여 다듬고 이어서 실제적인 문제들에 적용하는 것이다. 그러나 다른 길도 있는데, 여기서는 발명이 그 자신의 실제적 보조로 앞서 나가고 덤으로 이론이 파생되어 나온다. 가장 알기 쉬운 예가 가장 훌륭한 예이며, 증기기관이 그것이다.

발명의 세 위상과 몇 가지의 실험적 개념이 존재했다. 그 발명은 뉴커먼(Newcomen)의 기압 엔진(1705~1715), 워트(Watt)의 압축 엔진(1767~1784), 트레비식(Trevithick)의 고압 엔진(1798)이다. 뉴커먼의 독창적 발명 이후에 있은 발전의 절반의 바닥에 놓여 있던 것은, 물리학만큼이나 경제학과 관련된 것으로서의, 엔진의 '효율'이라는 개념, 즉, 석탄 부셸(bushel) 당 펌프질 해낸 풋파운드(foot-pound)의 수라는 개념이었다. 누가 그 관념을 갖고 있었던가는 알려져 있지 않다. 아마도 그것은 과학사에 기록된 어떤 것도 아니었을 것이며, 오히려 콘월 주에 있던 광산 운영자들의 빈틈없이 돈 가치를 따지는 견해였을 텐데, 그들은 몇몇 엔진이 다른 엔진보다 효율적으로 펌프질을 해낸다는 데에 주목했으며 왜 그것들이 이웃해 있는 광산이 더 나은 평가를 받을 때 곧 변화를 겪어야 하는가는 몰랐다. 우선, 뉴커먼 엔진의 성공은 이도 저도 아닌 상태에 있었는데 왜냐하면 깊은 곳에 위치한 광산을 제외하고 그것은 말이 끄는 펌프보다 돈이 가까스로 덜 들었을 뿐이기 때문이었다. 워트의 성취는, 17년에 걸친 시행착오 이후에, 최상의 뉴커먼 엔진보다 적어도 4배의 효율을 지니는 것이 보장된 엔진을 산출시키게 되었다. (현존하는 자동차와 동일한 힘을 가지면서 갈론(gallon) 당 25마일이 아니라 100마일을 갈 수 있는 능력을 갖춘 채 팔리는 자동차를 상상해보라.)

워트는 최초로 분리된 압축기를 도입했으며, 이어 엔진을 이중으로 작동하게 만들었는데, 즉, 실린더의 한 쪽에는 증기가 있게 하고 반면 다른 쪽은 진공이 되게 했는데, 마침내 1782년에 팽창적 작동의 원리, 즉 실린더로 들어가는 증기의 흐름을 그 행정(行程)의 초기에 중단시키며 그것이 그 자체의 압력 아래서 길의 나머지를 팽창시키도록 내버려 두는 원리를 도입했다. 팽창적 작동은 주어진 크기의 엔진에서 나오는 힘의 일부의 손실을 의미하지만, '효율'에서는 증가가 있다. 이 관념들 가운데서, 순수 과학을 위해 가장 중요한 것은 팽창적 작동이었다. 1790년 무렵 워트의 친구인 제임스 서던(James Southern)이 고안했던 매우 쓸모 있는 실제적 원조물은 **지시자 도표**(indicator diagram)였다. 그 지시자는 행정으로부터 측정된 부피에 대한 실린더 속의 압력을 선으로 나타내기 위해 엔진에 덧붙일 수 있었던 자동 기록계였다. 즉 그렇게 추적된 그 곡선의 면적은 각 행정에서 수행된 일의 척도였다. 그 지시자는 엔진이 최대의 성능에 이르도록 조정하는 데 사용되었다. 바로 그 도표는 이론 열역학의 카르노 사이클(Carnot cycle)의 일부가 되었다.

처음에는 이론의 문제라기보다는 용기의 문제였던 트레비식의 위대한 기여는 폭발의 위험에도 불구하고 고압 엔진을 세우는 쪽으로 나아가는 것이었다. 고압 작동을 위한 최초의 논변은 압축성이다. 즉 어떤 이는 주어진 크기의 엔진에서 더 많은 힘을 얻을 수 있는 것이다. 그리하여 트레비식은 1799년에 최초로 성공적인 기관차 엔진을 만들었다. 곧 또 다른 결과가 나타났다. 만일 고압 엔진이 초기 중단과 더불어 팽창적으로 작동했다면, 그것의 효율은 최상의 워트 엔진보다 더 커졌을 (궁극적으로는 훨씬 더 커졌을) 것이다. 이 현상에 관해 이해력을 갖게 되고 고압 엔진의 이점은 압력만이 아니라 압력과 더불어 물의 끓는점의 증가임을 알게 되는 데는 사디 카르노(Sadi Carnot, 1796~1832)의 재능이 필요했다. 엔진의 효율은 압력 차이에 의존하는 것이 아니라 실린더에 들어오는 증기와 실린더에서 나가는 팽창된 증기 사이의 온도 차에 의존한다. 이리하여 카르노 사이클, 즉 열역학적 효율 개념이 탄생하였으며, 마침내는 카르노의 관념이 에너지 보존법칙과 결합되었을 때, 열역학

(thermodynamics)이라는 과학이 탄생했다.

실제로 '열역학'이란 무엇을 의미하는가? 이 주제는 열의 흐름을 다루는 것 — 이는 열의 동역학이라 불릴 수가 있다 — 이 아니라, 자동 온도 조절 현상이라 불릴 수 있을 바를 다룬다. 그것에 이름이 잘못 붙여졌는가? 아니다. 켈빈(Kelvin)은 1850년에 증기 엔진 또는 카르노의 이상(理想) 엔진과 같은 어떤 기계를 기술하기 위해 '열동역학적(thermo-dynamic) 엔진'이라는 말을 만들어냈다. 이 엔진들은 동역학적이라 불렸는데 왜냐하면 그들은 열을 일로 변환시키기 때문이다. 이 때문에 '열역학'이라는 바로 그 단어는 이 과학이 일련의 주목할 만한 발명에 관한 심오한 분석으로부터 생겨났음을 상기시켜 준다. 그러한 기술의 발전은 끊임없는 '실험'과 연루되지만 이론에 대한 포퍼적 시험하기의 의미에서 그런 것도 아니고 데이비적 귀납의 의미에서 그런 것도 아니다.

수많은 실험법칙, 이론을 기다리다(E)

『금속과 합금의 속성에 관한 이론(Theory of the Properties of Metals and Alloys)』(1936)은 오래된 표준적 교과서로 이 책의 저명한 저자인 N. F. 모트(Mott)와 H. 존스(Jones)는 여러 가지 가운데서도 다양한 금속 물질의 전기와 열의 전도에 대해 논의한다. 이 주제에 걸맞은 이론은 무엇을 포괄해야 하는가? 모트와 존스는 금속 전도 이론은 여러 가지 가운데서도 다음의 실험 결과를 설명해야 한다고 말한다.

(1) 전기 전도성에 대한 열 전도성의 비는 LT와 같다고 이야기하는 비더만-프란츠(Wiedemann-Franz) 법칙, 여기서 T는 절대 온도이고 L은 모든 금속에 대해 동일한 상수다.

(2) 순수 금속의 전기 전도성의 절대 크기와 주기율표에서 금속의 위

치에의 의존, 예를 들어 1가 금속의 큰 전도성과 전이 금속의 작은 전도성.

(3) 고용체(固溶體, solid solution) 속의 소량의 불순물에 기인하는 비교적 큰 저항의 증가와 매티슨(Matthiessen) 규칙, 이는 고용체 속의 소량의 이질적 물질에 기인하는 저항의 변화가 온도와 독립적임을 이야기한다.

(4) 저항의 온도와 압력에의 의존

(5) 초월전도성(supraconductivity)[초전도성]의 출현

모트와 존스는 계속해 '(5)를 제외하고 양자 역학에 기초하는 전도성 이론은 적어도 이 모든 결과에 관한 정성적 이해를 제공했다(p.27)'고 말한다(초전도성에 관한 양자 역학적 이해는 결국 1957년에 달성된다).

이 목록 속의 실험 결과들은 그것들과 들어맞을 듯한 이론이 존재하기 오래 전부터 확립되어 있었다. 비더만-프란츠 법칙(1)은 1853년에 시작되고, 매티슨의 규칙(3)은 1863년에, 전도성과 주기율표 속의 위치 사이의 관계(2)는 1890년대에, 초전도성(5)은 1911년에 시작된다. 자료 모두가 거기에 있었다. 필요했던 것은 이를 조정해주는 이론이었다. 이 사례와 광학 및 열역학의 사례 사이의 차이는 그 이론이 자료에서 직접 나왔던 것이 아니라 원자 구조에 대한 훨씬 더 일반적인 통찰에서 나왔다는 점이다. 양자 역학은 자극이자 해답이었다. 누구도 일반적인 이론 안에서의 현상 법칙(phenomenological laws)의 조직화가 그저 귀납, 유비 또는 일반화의 문제라고 분별 있게 제안할 수 없을 것이다. 이론은 결국 지식에, 지식의 성장에, 지식의 응용에 결정적인 것이 되어왔다. 이렇게 말했다고 해도, 고체 상태 물리학의 다양한 현상 법칙은 그것들이 알려지기 전에 이론을 ― 어떠한 이론을 ― 필요로 했다고 가정하지 말

자. 실험하기는 그 자체의 여러 생명을 갖고 있다.

너무 많은 예들?

실험과 이론 사이의 서로 다른 여러 관계를 보여주는 사례라는 이 베이컨적 혼란 이후에, 어떤 일반성을 갖는 아무런 진술도 만들어질 수 없는 것처럼 보일 수도 있을 것이다. 그것은 이미 하나의 성취인데, 왜냐하면 데이비와 리비히에서 따온 인용문처럼 실험에 대한 어떠한 일방적 견해는 확실히 틀렸기 때문이다. 이제 우리는 몇몇 적극적인 목표를 향해 나아가기로 한다. 관찰이란 무엇인가? 우리는 현미경을 통해서 실재를 보는 것인가? 결정적 실험이란 존재하는가? 왜 사람들은 이론 또는 기술(技術)에 대해 본질적인 관심사가 될 수 없는, 적어도 소수점 셋째 자리 값을 갖는 몇 개의 양을 강박 관념적으로 측정하는가? 실험하기의 본성 안에는 실험자를 과학적 실재론자로 만드는 어떤 것이 존재하는가? 관찰이란 무엇인가? 과학에서 모든 관찰은 이론을 싣고 있는가?

●●● 10 관찰

관찰에 관한 상식적 사실들이 두 가지의 철학적 유행에 의해 왜곡되어 왔다. 하나는 콰인이 의미론적 상승(semantic ascending, 사물에 관해 말하지 말고, 사물에 관해 우리가 말하는 방식에 대해 말하라)이라 부르는 것의 유행이다. 다른 하나는 이론에 의한 실험의 지배다. 전자는 관찰에 대해 생각하지 말고 관찰 문장(observation sentences), 즉 관찰을 보고하는 데 쓰인 말에 대해 생각하라고 이야기한다. 후자는 모든 관찰 진술에는 이론이 실려 있다고, 즉 어떠한 관찰하기도 이론적 작업에 앞설 수 없다고 이야기한다. 이 때문에 약간의 비이론적이고 비언어적인 평범한 이야기로 시작하는 것이 좋을 것이다.

　1. 자료의 주요한 원천으로서 관찰은 늘 자연과학의 일부가 되어왔지만, 그것이 그렇게도 중요한 것은 아니다. 여기서 나는 관찰에 관한 철학자의 개념에 대해 언급한다. 즉, 실험가의 생명은 이론을 시험하거나, 이론이 그 위에 세워지게 되는 자료를 제공하는 관

286

찰을 이뤄내는 데 소모된다는 관념이 그것이다. 이런 종류의 관찰은 대부분의 실험에서 상대적으로 작은 역할을 한다. 몇몇 위대한 실험가는 빈약한 관찰자였다. 종종 실험적 과업과, 교묘함의 시험 또는 심지어 위대함의 시험은 관찰하고 보고하는 일이라기보다는, 오히려 현상을 신뢰할 만한 방식으로 나타내기 위해서 어떤 종목의 장치를 얻는 것이다.

2. 섬세한 실험하기에 필수적인, 더 중요하되 덜 주목받은 종류의 관찰이 존재한다. 종종 훌륭한 실험자는 이런 저런 종목의 장치의 교육상 도움이 되는 기벽 또는 기대하지 않는 결과를 이해하는 주의 깊은 사람이다. 여러분은 여러분이 주의 깊지 않은 이상 그 장치를 작동하게 할 수 없을 것이다. 더 못한 실험자가 놓쳤을 기이함에 대한 주목은 때로, 정확히 말해서, 새로운 지식으로 이끌어주는 것이 된다.

3. 앞 장에서 기술했던 것과 같은 주목할 만한 관찰은 때로 탐구를 시작하게 하는 데 필수적이지만, 그것들이 나중의 연구를 지배하는 일은 좀처럼 없다. 실험은 미숙한 관찰을 대신한다.

4. 관찰은 숙련이다. 어떤 사람들은 다른 사람들보다 그것에서 더 낫다. 여러분은 종종 이 숙련을 훈련과 연습으로 개선시킬 수 있다.

5. 관찰과 이론 사이에는 수많은 구별이 존재한다. 순수한 '관찰 진술(observation statement)'에 관한 철학적 관념은 모든 진술은 이론 적재적(theory-loaded)이라는 기반 위에서 비판되어 왔다. 이것은 공격을 위한 그릇된 기반이다. 이론에 앞서 있는 많은 관찰 진술이 존재하지만, 그것들은 과학의 연대기에 좀처럼 나타나지 않는다.

6. '맨눈으로 보기'라는 관념이 존재함에도 불구하고, 과학자들은 관찰을 그것에 좀처럼 국한시키지 않는다. 우리는 보통 도구로 대상 또는 사건을 관찰한다. 20세기 과학에서 '보이는' 사물은

매개물을 쓰지 않는 인간의 감각으로 좀처럼 관찰될 수가 없다.

과대평가되어 온 관찰

관찰, 관찰 진술, 관찰 가능성(observability)에 대한 많은 토의는 우리의 실증주의적 유산에 기인한다. 실증주의 이전에는, 관찰이 중심에 있지 않았다. 프랜시스 베이컨은 일찍이 존재했던 우리의 귀납과학의 철학자다. 여러분은 그가 관찰에 관해서 많은 이야기를 하리라고 기대할 수 있을 것이다. 사실상 그는 그 단어를 사용조차 하지 않는 것으로 보인다. 실증주의는 아직 뿌리를 내리지 못했었다.

단어 '관찰'은 베이컨이 썼을 때 영어에서 유행 중이었으며, 태양과 같은 천체의 고도에 대한 관찰에 주로 적용되었다. 이 때문에 처음부터, 관찰은 도구의 사용과 연합되어 있었다. 베이컨은 기예(art)의 더 일반적인 용어를 사용하며, 이는 호기심을 불러일으키는 어구인 **특권적 사례**(prerogative instances)라고 종종 번역된다. 1620년에 그는 이들의 서로 다른 27가지의 종류를 목록화했다. 우리가 지금 결정적 실험이라는 부르는 것이 포함되었으며, 그는 이것을 결정적 사례 또는 더 올바르게 갈림길 사례(instances of the crossroads, *instantiae crucis*)라 불렀다. 베이컨의 27가지 종류의 사례 가운데 몇몇은 이론에 앞서 있는 주목할 만한 현상이다. 다른 것들은 이론을 시험하려는 욕구에서 동기를 부여받은 것들이다. 몇몇은 '감각의 즉각적 작용을 원조하는' 장치로 만들어진다. 이들은 새로운 현미경과 갈릴레오의 망원경을 포함할 뿐만 아니라 또한 '수준측량간(rod), 천문 관측의(astrolabe) 등을 포함했으며, 이는 시각을 증대시키지는 못하지만 그것을 바로 잡고 감독한다.' 베이컨은 '느낄 수 없는 것을 느낄 수 있는 것으로 환원시키는, 즉 직접적으로 지각할 수 없는 사물을 직접적으로 지각할 수 있는 것을 수단으로 해서 명백하게 만들어주는'[『새로운 도구(Novum Organum)』(Secs. xxi~lii)] '자아내는' 장치로 나아간다.

베이컨은 이리하여 직접적으로 지각 가능한 것과 '자아내어질' 수밖에 없는 그와 같은 볼 수 없는 사건 사이의 차이를 알게 된다. 베이컨에게 그 구별은 명백하면서도 중요하지는 않다. 그것은 1800년 이후에야 정말로 문제가 된다는 몇몇 증거가 존재하는데, 그때에 '보기'라는 바로 그 개념이 어느 정도 변환을 겪는다. 1800년 이후에, 보는 것은 사물의 불투명한 표면을 보는 것이며, 모든 지식은 이 길에서 유도되어야 한다. 이것이 실증주의와 현상학(phenomenology) 둘 다를 향한 출발점이다. 전자만이 여기서 우리와 관련된다. 추론과 맨눈으로 보기(또는 여타의 무매개적 감각) 사이에서 날카로운 구별을 할 필요성을 우리는 실증주의에 돌린다.

실증주의적 관찰

실증주의자는, 우리가 상기하기로, 원인에 반대하고, 설명에 반대하며, 이론적 존재자에 반대하고, 형이상학에 반대한다. 실재하는 것은 관찰 가능한 것에 한정된다. 관찰 가능한 실재(observable reality)를 단단히 움켜쥠으로써 실재론자는 그 나머지와 더불어 그가 원하는 바를 할 수 있다.

그 나머지에 대해서 그가 원하는 바는 경우마다 다르다. 논리 실증주의자는 이론적 진술(theoretical statements)을 '환원(reduce)'시키기 위해서 논리를 사용한다는 관념을 좋아했는데, 그리하여 이론은 사실을 표현하며 관찰될 수 있는 것에 관한 사고를 조직화하기 위한 논리적 속기가 된다. 하나의 버전에서 이것은 김빠진 과학적 실재론으로 이끌 것이다. 즉 이론은 참일 수 있고, 이론이 언급하는 존재자는 존재할 수 있는데, 그 이야기의 어떤 것도 지나치게 글자 그대로 이해되지 않는 한 그러하다.

논리적 환원의 또 다른 버전에서, 이론적 존재자를 지시하는 용어는, 어떤 분석 위에서, 지시하는 용어의 논리적 구조를 전혀 갖고 있지 않음이 보이게 것이다. 그것들은 지시적이지 않으므로, 그것들은 어떤 것도 지시하지 않으며, 이론적 존재자는 실재하는 것이 아니다. 환원의 이같은 사용은 꽤 엄중한 반실재론으로 이끈다. 그러나 누구도 어떤 흥미로운 자연과학의 논리적 환원을 이루어 내지 못했으므로, 그러한 질문은 공허한 것이다.

실증주의자는 이어 다른 방침을 취한다. 그는 콩트 또는 반 프라센과 함께 이론적 진술은 글자 그대로 이해되어야 하지만 그것을 믿어서는 안 된다고 이야기할 수도 있을 것이다. 반 프라센이 『과학적 이미지』에서 제안하듯, '과학자가 새로운 이론을 제출할 때, 실재론자는 그 과학자가 그 가정(의 진리)을 단언하는 것으로 본다. 그러나 반실재론자는 그 과학자가 그 이론을 노출시키고, 말하자면 쳐들어 보여주며, 그것이 일정한 미덕을 지니고 있다고 주장하는 것으로 본다(p.27).' 이론은 그것이 현상을 해명하고 예측을 돕기 때문에 받아들여질 수 있다. 그것은 그것이 글자 그대로 참이라고 믿기지 않더라도 그것의 실용적 미덕 때문에 받아들여질 수 있다.

콩트, 마흐(Mach), 카르납 또는 반 프라센과 같은 실증주의자는 이런 다양한 방식으로 이론과 관찰 사이에 구별이 존재한다고 강력하게 주장한다. 이것은 그들이 세계를 형이상학의 맹위로부터 안전하게 만드는 방법이다.

구별 부정하기

관찰과 이론 사이의 구별이 매우 중요하게 되자, 그것이 부정될 것은 확실했다. 부정의 두 가지 기반이 존재한다. 하나는 보수적인 것으로, 그 경향에서 실재론적이다. 다른 하나는 급진적이며 낭만적인데, 종종 관념론 쪽으로 기운다. 1960년 무렵 두 종류의 반응이 분출했다.

그로버 맥스웰(Grover Maxwell)은 실재론적 반응의 예시가 된다. 1962년의 논문에서 그는 관찰 가능한 것과 그저 이론적인 것 사이의 대조가 모호하다고 말한다. 그것은 세계를 구성하고 있는 어떤 것 이상으로 기술(技術)에 의존한다.[1] 그가 계속해서 말하기로, 그 구별이 자연과학에 크게 중요한 것도 아니다. 어떤 이론적 존재자도 진정으로 존재하는 것은 아니라고 논의하는 데에 우리는 그것을 사용할 수 없다.

특히 맥스웰은 진공을 통해 보는 것에서 시작하는 연속체가 존재한다고 이야기한다. 다음으로 대기를 통해서 보는 것이 오고, 이어 광학 현미경을 통해서 보는 것이 온다. 현재 이러한 연속체는 주사전자현미경(scanning electron microscope)을 통해 보는 것으로 끝날 수 있다. 한때 그저 이론적 존재자였던 유전자와 같은 대상이 관찰 가능한 존재자로 바뀌었다. 우리는 이제 커다란 분자를 본다. 이 때문에 관찰 가능성은 과학의 대상을 실재하는 것과 실재하지 않는 것으로 분류하는 훌륭한 방식을 제공하지 않는다.

맥스웰의 사례는 닫혀 있지 않다. 우리는 그가 당연하다고 여기는 바로 그 기술에 더 다가가서 주목해야 한다. 나는 이것을 다음 장에서 현미경에 관해 시도한다. 나는 존재론의 기초로서의 가시성에 대한 맥스웰의 평가절하에 동의한다. 내가 이 장에서 나중에 토의할 한 논문에서, 더들리 섀피어(Dudley Shapere)는 눈이나 어떤 여타의 감각 기관도 전혀 어떠한 핵심적 역할을 할 수 없게 될, 장치

1_ G. Maxwell, "The ontological status of theoretical entities", *Minnesota Studies in the Philosophy of Science* 3(1962), pp.3~27.

를 사용하는 관찰하기와 심지어 보기에 관해 물리학자가 정규적으로 이야기한다는 더 나아가는 논점을 만들어낸다. 그의 예에서, 우리는 태양 핵융합 과정에서 방사되는 중성미자(neutrinos)를 사용해 태양의 내부를 관찰하고자 시도한다. 관찰로 여겨지는 것은, 그가 이야기하기로, 그 자체가 현행의 이론에 의존한다. 나는 이 주제로 되돌아가게 되겠지만, 우선 우리는 이론과 관찰 사이의 구별에 대한 더욱 대담무쌍하며 관념론으로 기운 거부에 주목해야 한다. 맥스웰은 **존재자의 관찰 가능성은 그들의 존재론적 지위와 무관하다**고 이야기했다. 여타의 철학자는, 이와 동시에, 어떤 순수한 관찰 진술도 존재하지 않으며 그것은 그것들 모두가 이론에 감염되어 있기 때문이라고 이야기하고 있었다. 나는 이것을 관념론으로 기울었다고 하는데, 왜냐하면 그것은 가장 미약한 과학적 발언의 바로 그 내용이 정신 독립적 실재보다는, 우리가 어떻게 사고하느냐에 의해 결정되도록 하기 때문이다. 우리는 이들 차이를 다음의 방식으로 도해할 수 있다.

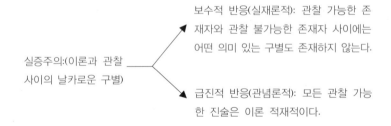

실증주의:(이론과 관찰 사이의 날카로운 구별)

보수적 반응(실재론적): 관찰 가능한 존재자와 관찰 불가능한 존재자 사이에는 어떤 의미 있는 구별도 존재하지 않는다.

급진적 반응(관념론적): 모든 관찰 가능한 진술은 이론 적재적이다.

이론 적재적

1959년에 N. R. 핸슨은 그의 걸출한 책 『발견의 패턴(Patterns of Discovery)』에서 '이론 적재적'라는 말을 우리에게 제공했다. 그 관넘은 모든 관찰 용어와 관찰 문장은 그것과 더불어 이론의 부하를 갖게 되어 있다는 것이다.

언어에 관한 한 가지 사실이 단어 '이론 적재적'이 나타나는『발견의 패턴』의 부분을 지배하는 경향이 있다. 예를 들어 우리는 동사 '상처를 입히다'와 명사 '상처'와 같은 가장 상식적인 단어에 대해서조차도 매우 미묘한 언어적 규칙이 존재한다고 상기 받게 된다. 꽤 특수한 종류의 상황 속에서 약간의 절단, 부상 등만이 상처로 간주된다. 외과의사가 한 남자의 다리에 있는 깊게 베인 틈을 상처로 기술할 때, 그것은 그 사람이 싸움 또는 전투에서 다쳤음을 함축할 수가 있다. 그러한 함축은 모든 때에 발생하지만, 내 견해에서 그것들은 이론적 가정을 불러들이고 있지 않다. 이론 적재적 학설에 관한 이 부분은 일상 언어에 대해서는 중요하고 반대할 도리가 없는 단언이다. 그것은 모든 관찰의 보고가 과학 이론의 부하를 갖고 있어야 함을 결코 함축하지 않는다.

핸슨은 또한 우리가 기대, 종종 이론적인 종류의 기대를 갖고 있을 때에만 사물에 주목하게 되는 경향이 있다고 지적하는데, 이런 기대는 사물을 흥미롭게 보이도록 하거나 적어도 의미 있게 만들 것이다. 이는 참이지만 그것은 이론 적재적 학설과는 다르다. 나는 멀지 않아 그것으로 돌아가게 될 것이다. 우선, 나는 몇몇 더 의심스런 주장을 검토한다.

관찰에 대한 라카토슈의 견해

예를 들어 라카토슈는 가장 단순한 종류의 반증주의 — 우리가 종종 포퍼에게 돌리는 — 는 쓸만하지 못하다고 이야기하는데 왜냐하면 그것이 이론/관찰 구별을 당연하게 여기기 때문이다. 사람들이 이론을 제안하고 자연이 이론의 성패를 정한다는, 이론에 대한 단순한 규칙을 우리는 지닐 수 없다. 그것은, 라카토슈가 이야기하기로, 두 가지의 그릇된 가정 위에 있다. 첫째, 사변적 명제와 관찰 명제 사이에는 심리적 경계선이 존재한다는 가정, 둘째, 관찰 명제는 사실(에 대한 보기)에 의해서 증명될 수 있다는 가정. 지난 15년 동안 이들 가정은 비웃음을 받아왔지만, 우리는 논변도 지녀야 한다. 라카토슈의 논변은 깜짝 놀랄 정도로 쉽고 효과는 없다. '약간의 특징적인 예들이 이미 첫 번째 가정을 약화시킨다'고 그는 말한다. 사실상 그는 태양의 흑점을 보기 위해 망원경을 사용하는 갈릴레오에 관한 하나의 예를 제공하는데, 이는 순수하게 관찰적인 것이 될 수 없는 보기(seeing)다. 이것이 이론 / 관찰 구별을 논박하거나 심지어 약화시키도록 해야 하는가?

둘째 논점, 즉 어떤 이가 관찰 문장이 참인지의 여부를 보고 알 수 있다는 논점에 관해서, 라카토슈는 이탤릭체를 사용해서 '어떠한 사실 명제도 결코 한 실험에 의해 증명될 수 없고 …… 누구도 경험에 의해 진술을 증명할 수 없다. …… 이것은 기초 논리학의 기본적 요점의 하나이지만, 오늘날에도 상대적으로 극히 적은 수의 사람들에 의해서 이해되고 있는 것이다(I , p.16)'라고 쓴다. 단어 '증명하다'에 대한 이러한 애매한 표현은 내가 그 단어의 몇 가지 의미를 배웠던 한 저자를 특히나 낙심케 하는 것이다. 즉 그 동사는 '시험'(푸딩에 대한 증명은 먹는 데 있다, 교정쇄)의 의미를 적절히 제공한다는 것, 그리고 그러한 시험은 종종 사실의 확립(그 푸딩은 기름진 음식이다, 오타로 가득 찬 활자판 상자)으로 인도한다는 점이 그것이다.

이론적 가정을 포함하는 데 대해

폴 파이어아벤트의 에세이는 핸슨의 연구와 동시대인데, 이 또한 이론과 관찰 사이의 구별을 평가절하한다. 그는 그 이래로 언어와 의미에 관한 철학적 강박관념을 걷어치웠다. 그는 바로 그 문구 '이론 적재적'을 비난했다. 그러나 이것은 그가 이야기하는 바의 일부가 이론에서 자유롭다고 그가 생각하기 때문인 것은 아니다. 완전히 그 반대. 진술이 이론 적재적이라고 하는 것은, 그가 이야기하기로, 이론적 성분이 실리게 되는 일종의 관찰적 트럭이 존재한다고 제안하는 것이다. 그러한 트럭은 없다. 이론은 어디에나 있다.

그의 가장 유명한 책인 『방법에 반대하여』(1977)에서, 파이어아벤트는 이론과 관찰 사이의 구별에는 아무런 요점도 존재하지 않는다고 이야기한다. 신기하게도 언어적 토의에 관한 그의 모든 공공연한 거부에 대해, 그는 이론/관찰 구별이 문장간의 구별이었던 것처럼 이야기한다. 그는 그것이 단지 명백한 문장과 덜 명백한 문장 또는 긴 문장과 짧은 문장 사이의 문제라고 제안한다. '그러한 구별이 이루어질 수 있음을 누구도 부정하지는 않을 테지만 누구도 거기에 큰 비중을 두지 않을 것이다. 왜냐하면 그러한 구별은 이제 과학이라는 비즈니스에서 어떠한 역할도 하지 않기 때문이다(p.168).' 우리는 또한 '이론 적재적' 학설이 충분한 힘을 받을 경우 어떻게 들리는가를 다음에서 읽게 된다. "관찰 보고, 실험 결과, '사실 진술'은, 이론적 가정을 포함하거나 그들이 사용되는 방식에 의해서 이론적 가정을 주장한다(p.31)." 나는 여기서 실질적으로 이야기되는 바에 동의하지 않지만, 왜 그런지를 설명하기에 앞서, 나는 이와 같은 진술에 의해 제안되는 어떤 것을 취소시키고자 한다. 그것들은 실험 결과가 한 실험자에게 문제가 되는 것을 망라하며, 실험 결과가 관찰 보고 또는 '사실 진술'에 의해서 이야기되거나, 심지어 구성된다는 관념을 제공한다. 실험하기는 진술하기나 보고하기가 아니라 하기(doing)이되, 말로 하는 하기가 아니다.

진술, 기록, 결과

관찰과 실험은 하나의 것이 아니며 심지어 부드러운 연속체의 반대되는 양극단도 아니다. 분명히, 흥미로운 많은 관찰은 실험과 아무런 관계가 없다. 클로드 베르나르(Claude Bernard)의 1865년 책 『실험의학 연구 입문(Introduction to the Study of Experimental Medicine)』은 실험의 개념과 관찰의 개념을 구별하려는 고전이다. 그는 관찰과 실험이 뒤섞여 있는 수많은 난해한 예로 그의 분류를 시험한다. 1812년의 영미 전쟁 중에 가공할 만한 위장 부상을 입은 사람의 소화관의 작용을, 장기간에 걸쳐, 관찰하는 행운을 얻었던 비첨 박사를 생각해보라. 그것은 실험이었나 또는 거의 유일무이한 상황에서 있는 단지 일련의 행운의 관찰이었나? 나는 그러한 논점을 추적하고 싶지 않으며, 그 대신 의학보다는 물리학에서 더 많이 주목할 수 있는 어떤 것을 강조하고 싶다.

마이컬슨-몰리(Michelson-Morley) 실험은 잘 알려질 만한 가치를 갖고 있다. 사후관점과 함께 그것은 몇몇 역사가에게 전자기적 에테르(aether) 이론을 논박하는 것으로, 그리고 그 때문에 아인슈타인의 특수 상대성 이론의 실험적 전조인 것으로 보였기 때문에 그것은 유명하다. 1887년 실험의 주요한 출간된 보고는 길이가 12쪽이다. 관찰은 7월 8, 9, 11, 12일에 두 시간에 걸쳐 이루어졌다. 실험의 결과는 주지하듯 논쟁의 여지가 있다. 마이컬슨은 그 주요한 결과가 에테르에 상대적인 지구의 운동에 대한 논박이 되었다고 생각했다. 뒤의 15장에서 내가 보여주게 될 것처럼, 그는 또한 왜 별은 그것들이 존재하고 있는 것으로 보이는 곳에 완전하게 존재하는 것이 아닌지를 설명하는 데 사용된 이론의 신빙성을 그것이 상실케 했다고 생각했다. 여하튼 실험은 일년 이상 지속되었다. 이것은 장치 만들기와 다시 만들기 및 장치 작동시키기, 그리고 무엇보다도 언제 장치가 작동하는지를 알아내는 진기한 요령의 습득을 포함했다. 1881년의 마이컬슨의 최초의 성공(또는 심지어 더 앞서 있던 몇몇 실패)과 더불어 일련의 간헐적인 작업을 표시하기 위해 '마이컬슨-몰리 실험'이라는 꼬리표를 사용하는 일, 그리고 나아가 1920년대의 밀러의 작업을 포함시키는 일은 일상적인 관례가 되어왔다. 어떤 이는 그 실험이 반세기 동안 지속되었으며, 반면 관찰은 아마도 하루와 반나절 동안 지속되었다고 이야기할 수 있을 것이다. 더욱이 그 실험의 주요한 결과는, 그것이 하나의 실험 결과가 아니었음에도 불구하고, 측정의 가능성의 급진적인 전환이 되었다. 마이컬슨은 이 때문에 노벨상을 받았으며, 에테르 이론에 대한 그의 영향 때문에 받은 것이 아니었다.

짧게 말해, 파이어아벤트의 '사실 진술, 관찰 보고, 실험 결과'는 똑같은 종류의 것조차도 아니다. 그들을 하나로 묶는 것은 실험 과학에서 진행되어가는 바에 관한 어떤 것에 주목하는 일을 거의 불가능하게 한다. 특히 그것들은 파이어아벤트가 말하는 긴 문장과 짧은 문장 사이의 차이와 아무런 상관이 없다.

이론 없는 관찰

파이어아벤트는 관찰 진술 등이 늘 이론적 가정을 포함하거나 주장한다고 말한다. 이 단언은 그것이 명백히 거짓이기 때문에 논쟁할 가치는 별로 없는데, 어떤 이가 그 말에 아주 희석된 의미를 붙이지 않는 한 그러하며, 붙일 경우 그 단언은 참이되 사소한 것이 된다. 대부분의 말 얼버무리기가 단어 '이론'에 대해 생겨나는데, 이는 몇몇 아주 특정한 덩어리의 사변 또는 일정한 주제를 갖고 있는 명제들을 위해 최상으로 예약된 단어다. 불행히도 내가 인용한 파이어아벤트는 단어 '이론'을 모든 종류의 아직 발달하지 못한, 암묵적인

또는 전가된 믿음을 표시하기 위해 사용했다. 악의 없이 그를 요약
하자면, 그는 몇몇 단언된 습관과 믿음에 대해 다음과 같이 썼다.

> 통상적인 상황에서 볼 때 그 탁자는 갈색이라고 말하는 또는 여타의
> 상황 아래서 그 탁자는 갈색인 것처럼 보인다고 말하는 우리의 습관
> 은 …… 우리의 감각 인상의 몇몇은 진실하고 몇몇은 그렇지 않다는
> …… 우리와 대상 사이에 있는 매체는 왜곡시키지 않는다는 …… 그
> 접촉을 확립시키는 물리적 존재자가 참된 그림을 운반한다는 …… 우
> 리의 믿음은 ……

이 모두가 우리의 상식적 관찰의 바닥에 놓여 있는 이론적 가정이
될 것이며, '과학자가 다루는 물질, 그의 고상한 이론, 포함시킨 그의
가장 정교한 기법은 정확히 똑같은 방식으로 구조화되어 있다.'
　이제 글자 그대로 취하여진 이것의 대부분은, 정중히 말해, 좀
성급하게 이야기된 것이다. 예를 들어 이 '통상적인 상황에서 볼
때 그 탁자는 갈색이라고 말하는 우리의 습관'은 무엇인가? 나의
삶에서 전에 내가 문장 '그 탁자는 갈색이다' 또는 '그 탁자는 갈색
인 것처럼 보인다'를 발언했었던가하고 생각하게 된다. 충분한 빛
속에서 한 탁자를 볼 때 나는 그 첫 번째 문장을 발언하는 습관을
분명히 갖고 있지 않다. 나는 어떤 그러한 습관을 갖고 있는 한 사
람만을, 즉 예를 들어 우리가 들에 거름을 주고 있었을 때, 통상적
인 보기 조건에서 그가 배설물을 볼 때마다, 습관적으로 그리고 반
복적으로 **똥이야, 이건**(C'est de la merde, ça)이라 발언하는 한 프랑스
인 정신 이상자만을 만났을 뿐이다. 나는 파이어아벤트가 목록화한
가정의 어떤 것을 불쌍한 보울보울새(Boul-boul)에게 전가하지도 않
을 것이다. 파이어아벤트는 관찰, 발화, 이론, 습관 혹은 보고하기에
관해 이야기하지 않는 법을 우리에게 보여줬다.

298

물론 우리는 우리가 어떤 것을 이야기할 때 모든 종류의 기대, 편견, 견해, 작업가설, 습관을 지니고 있다. 이들의 일부를 우리는 표현한다. 일부는 맥락적 함축(contextual implications)이다. 일부는 인간 정신을 탐구하는 민감한 연구자에 의해서 발언자에게 전가될 수 있다. 다른 맥락에서는 가정 또는 선가정이 될 수 있을 몇몇 문장은 일상적 생활의 맥락에서는 그렇지 않다. 그러므로 나와 인쇄된 쪽 사이에 있는 공기는 내가 보는 단어들의 모양을 왜곡시키지 않는다는 가정을 만들 수 있을 것이며, 나는 **아마도** 이 가정을 탐구할 수 있을 것이다. (어떻게?) 그러나 내가 큰 소리로 읽을 때나 그 쪽 위에다 수정을 할 때 나는 단순히 내게 흥미로운 무언가와 상호작용하는 것이며, 가정에 관해 이야기하는 일은 잘못이다. 특히 이론적 가정에 관해 이야기하는 것은 잘못이다. 공기에 의한 왜곡 없음에 관한 이론이 무엇과 같게 될까라는 가장 동떨어진 관념을 나는 갖고 있지 않다. 물론 여러분이 모든 믿음, 원초믿음(proto-belief), 발명될 수 있을 믿음을 이론이라 부르고자 한다면, 그렇게 하라. 그러나 그렇다면 이론 적재적에 관한 주장은 시시하다.

과학사 속에 중요한 관찰이 있어 왔으며, 이것들은 어떤 이론적 가정도 전혀 포함하지 않았다. 앞 장의 주목할 만한 관찰이 예를 제공한다. 더 근래의 예가 있는데, 여기서 우리는 아주 새로운 관찰 진술을 내려놓을 수가 있다.

허셜과 복사열

윌리엄 허셜(William Herschel)은 능숙하며 만족할 줄 모르는 밤하늘의 탐구자였고, 그의 시대에 가장 커다란 망원경을 세운 이였으며, 우리의 천체 목록을 엄청나게 늘여가고 있었다. 여기서 나는 1800년의 우발적 사건에 대해 고찰할 것인데, 이때 허셜은 61살이었다.

그것은, 우리가 이제 제출하는 것으로서, 그가 복사열(radiant heat)을 발견한 해였다. 그는 약 200회의 실험을 했고 그 주제에 관해 4개의 주요한 논문을 냈는데, 그 가운데 마지막의 것은 길이가 100쪽이었다. 모두가 1800년의 《왕립학회철학회보》에서 발견될 것이다. 그는 우리가 현재 복사열에 관한 올바른 제안으로 생각하고 있는 바를 만들면서 시작했으나, 결국 곤경에 처했으며, 진리가 어디에 있을지 확신할 수 없게 되었다.

그는 그의 망원경의 하나에 색이 있는 필터를 사용해 왔었다. 그는 서로 다른 색을 지닌 필터가 서로 다른 열의 양을 투과시킨다는 점에 주목했다. '내가 그들의 일부를 사용했을 때 나는 열에 대한 감각을 느꼈고, 내가 약간의 빛만을 얻었음에도 불구하고 그러했는데, 반면 다른 필터는 내게 많은 빛과 더불어 어떤 희박한 열 감각을 줬다.' 우리는 물리 과학 전체에서 이보다 더 나은 감각 자료 보고를 찾지 못할 것이다. 당연히 우리는 그것의 감각적 성질 때문이 아니라 그 다음에 왔던 것 때문에 그것을 기억한다. 왜 허셜은 그 다음의 어떤 것을 했을까? 무엇보다도 그는 필터가 태양을 보는 데 더 적합하기를 원했다. 확실히 그는 또한 그 당시에 전면에 등장하고 있었던 일정한 사변적 쟁점들에 정신을 쏟았다.

그는 프리즘으로 분리된 광선의 데우기 효과를 연구하기 위해 온도계를 사용했다. 이것은 정말로 그를 나아가게 했는데, 왜냐하면 그는 오렌지색이 남색보다 더 따뜻하게 할뿐만 아니라, 볼 수 있는 적색 스펙트럼 이하에서도 데우기 효과가 있음을 알아냈기 때문이다. 이 현상에 대한 그의 최초의 짐작은 대략 우리가 현재 믿는 바와 같다. 그는 그것을 가시광선과 비가시광선 둘 다가 태양에서 방사되는 것으로 받아들였다. 우리의 눈은 방사 스펙트럼의 단지 한 부분에 민감할 뿐이다. 우리는 서로 다른 중첩되는 부분에 의해서 데워진다. 그는 빛에 대한 뉴튼적 미립자 이론을 믿었기에, 입자로 구성된 광선에 대해 사고했다. 시각은 자색의 미립자로부터 적색의 미립자까지에 반응하고, 한편 열에 대한 감각은 노랑 미립자에서 적외의(infra-red) 미립자까지에 반응한다.

그는 이제 이 관념을 열과 가시 스펙트럼 속의 광선들이 똑같은 속성을 갖는지를 알아봄으로써 탐구하는 일에 착수했다. 그래서 그는 그들의 반사, 굴절, 차별적 굴절 가능성, 속이 내비치는 물체에 의해서 멈추어지게 되는 경향, 거친 표면에서 산란하기 쉬운 경향을 비교했다.

허셜의 논문들 속의 이 단계에서 우리는 다양한 각도의 수많은 관찰, 투과된 빛의 비율, 등등을 갖고 있다. 그는 확실히 실험적 착상을 갖고 있으나, 좀 희미한 종류의 착상일 뿐이다. 그의 이론은 전적으로 뉴튼적이었고, 그는 빛이 입자의 선으로 구성되었다고 사고했으나, 이것은 그의 연구의 세부사항에 제한된 영향을 미쳤다. 그의 어려움은 이론적인 것이 아니라 실험적인 것이었다. 측광학(photometry) ― 투과된 빛에 대한 측정하기 국면의 실천 ― 은 40년 동안 꽤 좋은 상태에 있어왔지만, 열계량법(calorimetry)은 거의 존재하지 않고 있었다. 광선을 여과해내는 절차는 존재했지만, 어떤 이가 열선을 어떻게 여과해내야 했을까? 허셜은 현상을 철저히 조사하고 있었다. 그는 우리가 현재 잘못 부여된 것이라고 생각하는 정확성에 대해 많은 주장을 했다. 그는 빛의 투과만이 아니라 열의 투과도 1000분의 1까지 측정했던 것이다. 그는 그것을 해낼 수 없었을지도 모른다! 그러나 만일 우리가 그가 했었을 바를 반복하길 원한다면, 우리는 특별한 문제를 안게 되는데, 왜냐하면 허셜은 손에 광범위의 필터 ― 예를 들어 마개 있는 유리병 속에 든 브랜디 ― 를 쥐고 작업했기 때문이다. 한 역사가가 주목했듯이, 그의 브랜디는 거의 피치와 같은 검정색이었다. 우리는 오늘날에 그 물질로, 그것이 무엇이었든 간에, 측정을 반복할 수 없다.

허셜은 열과 빛이 반사, 굴절, 차별적 굴절 가능성에서 마찬가지 임을 보여줬다. 그는 투과에 의해 골치를 앓게 되었다. 그는 일정한 특성의 선들의 한정된 부분 — 예를 들어 빨강 — 을 막는 반투명 매체에 관한 구도를 갖고 있었다. 열선은 적색광의 계수로 굴절하며, 열선은 그 똑같은 계수를 갖는 적색광과 동일하다는 것이 빨강에 대한 그의 관념이었다. 따라서 만일 빛의 $x\%$가 투과하고 열과 빛이 스펙트럼의 이 부분에서 동일하면, 열의 $x\%$ 역시 투과해야 한다. 그는 이렇게 묻는데, '열은 적색광의 굴절 가능성을 갖는데, 열은 그러한 적색선의 빛에 의해서 야기되는가?' 그는 알아내지 못한다. 거의 모든 적색광을 투과시키는 유리의 일정한 부분은 열의 96.2% 를 저지한다. 이 때문에 열은 빛과 동일할 수 없다.

허셜은 그의 원래의 가설을 포기했으며 무엇을 생각해야할지 잘 몰랐다. 이리하여 1800년대 말에 이르러 200회의 실험과 4회의 주요한 출간 이후에 그는 포기해버렸다. 바로 그 다음 해에 토머스 영 — 간섭에 대한 그의 연구는 빛의 파동설의 시작이 되었다 — 은 베이커 강의(Bakerian lecture)를 했으며 그 안에서 허셜의 원래의 가설을 선호했다. 그래서 그는 허셜의 실험적 딜레마에 좀 무관심했던 것이다. 아마도 파동설은 빛입자의 선에 관한 뉴튼적 이론보다 복사열을 더욱 흔쾌히 받아들였을 것이다. 그러나 사실상 복사열에 대한 회의는 뉴튼적 이론이 쇠퇴로 접어든 이후에도 오랫동안 지속되었다. 그것은 마세도니오 멜로니(Macedonio Melloni, 1798~1854)에 의해 발명된 장치에 의해서만 해결되었다. 열전쌍이 발명되자(1830) 곧 멜로니는 자신이 이제 서로 다른 물질에 의한 열의 투과를 측정할 수 있는 도구를 갖게 되었음을 깨달았다. 이것은 한 발명이 다시 어떤 실험자로 하여금 이론가가 따라야 하는 통로를 명확하게 해주는 또 다른 탐구에 착수하도록 만드는 수많은 예의 하나를 제공한다.

허셜은 더 많은 원초적인 실험적 문제를 갖고 있었다. 그는 무엇을 관찰하고 있었을까? 이는 그의 비판자들이 물었던 질문이었다. 1801년에 그는 좀 사악하게 도전받았다. 실험 결과는 부정되었다. 일년 뒤에 실험 결과는 대체로 재생되었다. 여러 힘든 실험적 난점과 단순한 실험적 난점이 있었다. 예를 들어 프리즘은 빨강에서 산뜻하게 끝나지 않는다. 어떤 에워싼 빛이 퍼져 있으며 흐린 백색광으로 빨강 아래로 온다. 그렇다면 '적외의' 열이 이 백색광에 의해서 야기될 수도 있는 것은 아닌가? 여기서 새로운 실험적 착상이 개입했다. 자주색을 넘어선 어떠한 비가시적인 열도 존재하지 않지만, 여전히 '방사'가 있을 수 있는 것은 아닌가? 염화은(silver chloride)이 스펙트럼의 자주색 끝에 노출될 때 반응을 일으킨다는 점이 알려져 있다. (이것이 사진술의 시작이다.) 리터(Ritter)는 그것을 보라색을 넘어가서 노출시켰고 반응을 얻어냈다. 우리는 현재 그가 1802년에 자외선을 발견했다고 말한다.

주목하기에 관하여

허셜은 색을 지닌 빛에 의한 차별적 데우기라는 효과에 주목했으며 이것을 우리가 물리학에서 내내 발견하게 될 만큼 순수한 감각 자료 진술로 보고했다. 어떤 이는 현상을 의미 있게 해주는 이론을 갖고 있을 때에만 현상을 보거나 주목할 수가 있다고 N. R. 핸슨이 역설했던 사실을 나는 깎아내리고자 하지 않는다. 허셜의 경우에서 그로 하여금 밤늦도록 자지 않게 했으며 주목하도록 만든 것은 이론의 결여였다. 종종 우리는 그 역을 발견하게 된다. 핸슨의 책 『양전자(The Positron)』(1965)는 발견에 관한 몇몇 논쟁의 여지가 있는 해명을 포함하고 있음에도 불구하고, 이 논제에 대한 지속적인 예증이다. 그는 어떤 이론이 존재할 때에만, 사람들은 양전자의 궤적을 볼 수 있을 것이지만, 그럼에도 불구하고 그 이론이 있은 이후에는,

어떠한 학부생도 그 똑같은 궤적을 볼 수 있다고 주장한다. 우리가 이것을 주목하기는 이론 적재적이라고 보는 학설로 부를 수도 있을 것이다.

의심의 여지없이 사람들은 흥미롭고, 놀라우며 등의 성질을 갖는 것에 주목하는 경향이 있으며, 그러한 기대와 관심은 그들이 잡고 있을 수도 있는 이론에 의해 영향을 받지만, 재능 있는 '순수한' 관찰자도 있을 수 있음을 이것이 평가절하 해야 하는 것은 아니다. 그러나 감광판을 쳐다보면서 '저것은 양전자다'라고 보고하는 어떤 사람은 이것에 의해서 수많은 이론을 함축하고 있거나 단언하고 있는 것이라고 양전자 이야기와 같은 이야기로부터 추론하는 경향이 존재한다. 나는 이것이 그러하다고 생각하지 않는다. 조수는 그 이론에 대한 단서를 갖고 있지 않아도 그들 궤적을 인지하도록 훈련받을 수 있다. 영국의 실험실에서 16살이나 17살을 지나 어떤 정식 교육도 받지 않은 좀 젊은 기술자를 발견하는 것이 아직도 드문 일은 아닌데, 이 사람들은 장치에 비상하게 숙련되어 있을 뿐만 아니라, 예를 들어 전자 현미경에서 받아내 마련한 감광판 위에 나타나는 기이함에 주목하는 데에도 가장 빠르다.

그러나 질문될 수 있기로, 양전자에 관한 이론의 실체는 우리가 '저것은 양전자다'로 표상할 수도 있을 발언의 유형을 위한 진리 조건 또는 진리 선가정(presuppositions) 가운데 있는 것이 아닐까? 어쩌면 그럴 수도 있겠으나, 나는 그것을 의심한다. 그 이론은 양전자에 관한 전적으로 서로 다른 이론에 의해 포기되거나 대체될 수 있을 것이며, 이는 그때까지 '저것은 양전자다'로 표상된 관찰 문장의 집합이 되었던 바를 고스란히 놔둘 것이다. 물론 현재의 이론이 아주 다른 방식으로 파괴될 수도 있을 텐데, 그 방식 속에서 이른바 양전자 궤적은 실험 장치의 인공물(artifacts)인 것으로 판명 나게 된다. 이것은 우리가 모든 양이 양모 옷 속에서는 늑대일 뿐임을 발견하게 될 가능성보다 아주 약간 더 가망이 있을 뿐이다. 우리는 그 사건 속에서도 다르게 이야기할 것이다! 나는 '저것은 양전자다'의 의미가 '저것은 양이다' 어떤 이상으로 담론의 나머지와 연결되지 않음을 주장하고 있는 것이 아니다. 나는 그것의 의미가 필연적으로 어떤 특수한 이론과 얽혀야 하는 것은 아니라는 점만을 주장하는 것이며, 따라서 '저것은 양전자다'라고 여러분이 말할 때마다 여러분은 여하튼 그 이론을 단언하는 것이다.

관찰은 숙련이다

핸슨의 예와 유사한 한 예는 주목하기와 관찰이 숙련이라는 논점을 만들어낸다. 나는 캐럴라인 허셜(Caroline Herschel)(윌리엄의 여동생)이 역사 속에서 다른 어떤 사람보다도 더 많은 혜성을 발견했다고 생각한다. 그녀는 한 해에 여덟 개를 잡았다. 몇 가지 것들이 그녀가 이렇게 하는 데 도움을 줬다. 구름 없는 밤의 매 순간에 그녀는 일터에 있었다. 그녀는 또한 명석한 천문학자 오빠를 두고 있었다. 그녀는 한 장치, 1980년에야 마이클 호스킨(Michael Hoskin)에 의해서 재구성되었던 장치를 사용했으며, 이것은 그녀로 하여금 전체 하늘을 부위별로 조사하도록 해줬는데, 하늘의 어떤 구석도 결코 건너뛰지 않게 되었다.[2] '맨눈으로' 그녀가 호기심을 불러일으키는 무언가를 발견했을 때, 그녀는 훌륭한 망원경을 갖고 있어서 더 가까이 보게 되었다. 그러나 무엇보다도 가장 중요했던 것은, 그녀는 즉시 혜성을 알아볼 수 있었다는 점이다. 아마도 오빠 윌리엄을 제외하고, 모든 이는 혜성의 본성에 관한 어떤 의견에 도달하기 전에 의문

2_ M. Hoskin and B. Warner, "Caroline Herschel's comet sweepers", *Journal for the History of Astronomy* 12(1981), pp.27~34.

의 혜성의 경로를 따라가야만 했다. (혜성은 포물선 궤도를 갖고 있다.)

캐럴라인 허셜이 단지 바라봄으로써 혜성을 식별할 수 있었다고 이야기할 때, 나는 그녀가 어떤 생각 없는 자동장치였다고 말하고자 하지 않는다. 완전히 그 반대다. 그녀는 우주론에 대한 가장 깊이 있는 이해 가운데 하나를 지녔으며 그녀의 시대에 가장 심원한 사변적 지성 가운데 하나였다. 그녀가 지치지 않았던 것은 그녀가 하늘을 훑는 지루한 작업을 특별히 좋아했기 때문이 아니라, 그녀는 우주에 대해서 더 많이 알기를 원했기 때문이다.

혜성에 관한 허셜의 이론이 철저하게 틀렸음은 잘 판명되어 있을 것이다. 그것은 현재까지 매우 다른 해명에 의해서 대체되어 왔을 것이고 어떤 이는 그 해명을 그녀의 것과 공약 불가능하다고 부를 것이다. 하지만 이것이 명성에 대한 그녀의 자격을 문제 삼을 필요는 없다. 그녀가 그밖의 어떤 이보다도 더 많은 혜성을 발견했던 일은 여전히 참일 것이다. 실제로 만일 우리의 새로운 이론이 혜성을 그저 아무것도 아닌 것으로, 즉 우주적 규모의 광학적 환영으로 만들어버린다면, 한 해에 여덟 개의 혜성에 대한 그녀의 발견은 경탄의 숨막힘보다는 겸양의 미소를 더 많이 가져오겠지만, 그것은 특별한 일이다.

보는 것은 말하는 것이 아니다

관찰을 언어적 존재자(관찰 문장)로 대체하려는 충동은 최근의 철학 전반에 존속하고 있다. 그래서 W. V. O. 콰인은, 마치 그것이 거의 새로운 것인 양, 우리는 '관찰에 대한 이야기를 그만두고 그 대신에 관찰 문장, 관찰을 보고한다고 이야기되는 문장에 대해서 이야기해야'[『지시의 근원(The Roots of Reference)』(pp.36~39)] 한다고 제안한다.

캐럴라인 허셜은 관찰이 어떤 것을 이야기하는 문제일 뿐이라는

B부 개입하기

주장을 반박하는 데 도움이 될 뿐만 아니라, 또한 우리로 하여금 콰인의 단언을 위한 기반에 문제를 제기하도록 이끈다. 콰인은 꽤 의도적으로 모든 관찰이 이론 적재적이라는 학설에 반대하면서 쓰고 있었다. 그가 이야기하기로, 완벽하게 구별 가능한 관찰 문장의 집합이 존재하는데, 왜냐하면 '관찰은 현장에서 목격자들이 동의하게 될 바이기' 때문이다. '문장은 그것의 진리값이, 어떤 경우에 대해, 그 경우를 목격하고 있는 발언 공동체의 약간의 어떤 성원에 의해서 동의되는 것인 한, 관찰적임'을 그는 우리에게 확신시킨다. 그리고 '우리는 그 발언 공동체의 성원 자격을 그저 대화의 유창함에 의해서 인식할 수 있다.'

자연과학의 관찰에로의, 생각이 더 잘못된, 어떤 접근을 상상하기는 어렵다. 캐럴라인 허셜의 발화 공동체 속의 누구도 하룻밤의 관찰을 기초로 새로이 분간해낸 혜성에 관해서 일반적으로 그녀와 의견 일치를 보거나 불일치하게 되지 않을 것이다. 그녀만이, 그리고 더 적은 정도로 윌리엄이 필요한 숙련을 갖고 있었을 뿐이다. 다른 수단을 사용하는 여타의 연구자가 결국 그녀의 파악내용의 다수에 동의하지 않게 되는 경우를 제외하고, 우리가 그녀는 그 숙련을 갖고 있었다고 말하게 될 것임을 이것이 의미하지는 않는다. 그녀의 판단은 그 시기의 풍부한 과학적 삶의 맥락 속에서만 완전한 타당성을 얻는다. 그러나 콰인의 '현장에서의' 동의는 과학 속의 관찰과 거의 관련이 없다.

만일 우리가 과학적 삶에 대한 포괄적인 해명을 원한다면, 우리는, 콰인과는 정확히 반대로, 관찰 문장에 대한 이야기를 그만두고 그 대신 관찰에 대해 이야기해야 한다. 우리는 보고, 숙련, 실험 결과에 대해 조심스럽게 이야기해야 한다. 우리는, 예를 들어 한 실험자로 하여금 충분히 잘 작업하게 해서 그 숙련된 실험자가 그 작업이 제공하는 자료가 어떤 유의미성(significance)을 가질 수도 있음을 알아내도록 함이 무엇이지에 대해 숙고해야 한다. 한 실험을 믿을 수 있게 만드는 것은 무엇인가? 관찰은 이 질문과 거의 아무런 관계도 갖고 있지 않다.

감각 늘이기

맨눈은 아주 멀리 또는 깊이 못 본다. 실제적으로 장님이 되는 것을 피하기 위해서 우리의 몇 사람은 안경을 필요로 한다. 감각을 연장시키는 한 가지 길은 훨씬 더 상상적인 망원경과 현미경을 이용하는 것이다. 다음 장에서 나는 우리가 현미경으로 보고 있는 것인가에 대해 토의한다(나는 우리가 보고 있다고 생각하지만, 이 쟁점은 단순하지가 않다). 관찰의 관념의 더욱 급진적인 연장이 존재한다. 우리가 관찰 불가능하리라고 소박하게 가정하는 바를 '관찰하는 일'에 대해서, 실험 과학의 가장 세련화된 도달점에서 이야기하는 것은 상식적인데, 만일 '관찰 가능한'이 정말로 거의 도움을 받지 않은 오감의 이용을 의미한다면 말이다. 만일 우리가, 베이컨 같은, 선실증주의자(pre-positivist)였다면, 당연히 우리는 '그래서 뭐냐'고 말할 것이다. 그러나 우리는 여전히 실증주의의 유산을 갖고 있고, 따라서 우리는 물리학자의 일상적 진술에 약간 놀라게 된다. 예를 들어 페르미온(fermions)은 1/2 또는 3/2과 같은 각운동량을 갖는 근본 입자이고, 그들은 페르미-디랙(Fermi-dirac) 통계를 따르며 그들은 전자, 뮤온, 중성자, 양성자, 유명한 쿼크를 포함한 그 외의 많은 것을 포함한다. 어떤 이는 다음과 같이 말한다. '이들 페르미온 가운데, t 쿼크만은 아직 볼 수가 없다. PETRA의 e^+e^- 소멸에서 $t\bar{t}$ 상태에 대한 관찰의 실패는 수수께끼로 남아 있다.'[3]

입자 물리학자 사이에서 제도화된 언어는 중간자 표만큼 형식적인 어떤 것을 일별함으로써 알 수 있을 것이다. 1982년 4월의 중간자 표의 서두에서 '이탤릭으로 표현된 양은 새로운 것이거나 1980년 4월 이래로 하나의 (오래된) 표준편차 이상으로 변화되었다.'[4] 현재 기록되어 있는 중간자의 종류를 계산하는 방법조차 명백하지 않지만, 우리를 여섯 가지의 상이한 특성에 따라 분류된 9개의 중간자가 있는 한 열린 쪽(pp.28~29)에 제한해보자. '부분적 붕괴 양식'과 90%의 신뢰 수준의 통계적 분석을 갖고 있을 때에만 정량적으로 기록되는 붕괴의 비율이 흥미롭다. 이들 9개의 중간자와 연합된 31개의 붕괴에서, 우리는 11개의 양 혹은 상한을 갖는데, 한 기재상항은 '크다'이고, 한 기재사항은 '지배적이다'이고, 한 기재사항은 '**지배적이다**'이고, 8개의 기재사항은 '보았다'이고, 6개의 기재사항은 '**보았다**'이고, 3개는 '아마도 볼 것이다'다. 더들리 섀피어는 최근에 그러한 담론에 대한 자세한 분석을 시도했다.[5] 그는 많은 양의 세척액 속에서 중성미자를 수집함으로써 태양의 혹은 다른 별의 내부를 관찰하는 일에 대한 이야기에서 사례를 취한다. 분명하게 이것은, 베이컨이 꿈꾸지 못했지만, 베이컨의 '직접적으로 지각 불가능한 것을 직접적으로 관찰 가능한 것을 수단으로 해서 명백하게 만들기'라는 관념의 몇 가지 층과 연루된다. 문제는 물리학자가 이를 여전히 '직접적 관찰'이라고 부른다는 점이다. 섀피어는 다음과 같은 많은 인용문을 갖고 있다. '중성미자에 의해서 별의 내부를 보는

3_ C. Y. Prescott, "Prospects for polarized electrons at high energies", Stanford Linear Accelerator, *SLAC-PUB-2630*(October 1980), p.5(이것은 16장에 기술한 실험과 연결된 보고서다).

4_ *Particle Properties Data Booklet*(April 1982), p.24[Lawrence Berkeley Laboratory와 CERN에서 구할 수 있음, Cf. "Review of Physical Properties", *Physics Letters* 111B(1982)].

5_ D. Shapere, "The Concept of Observation in Science and Philosophy", *Philosophy of Science* 49(1982), pp.485~525.

것 이외에 알려진 방법은 없다.' 다른 저자는 '중성미자는' 뜨거운 별의 핵을 '직접적으로 관찰하는 유일한 방법이다'라고 쓴다.

섀피어는 이러한 용법이 적절하다고 결론 내리면서 다음과 같이 분석한다. 'x는 만일 (1) 정보가 적당한 수용체에 의해 받아들여진다면 그리고 (2) 정보가 직접적으로, 즉 간섭이 없이, 존재자 x(정보의 원천)로부터 수용체에 전달된다면, 직접적으로 관찰 가능하다.' 나는 몇몇 물리학자의 용법 — 위의 쿼크에 관한 인용문에서 예시된 —은 이보다 훨씬 더 자유분방하다고 생각하지만 명백히 섀피어는 올바른 분석의 시초를 제공하고 있다.[6]

육중하게 이론 적재된 관찰(E)

섀피어는 직접적으로 관찰 가능한가의 여부가 현재의 지식 상태에 의존한다는 점에 주목한다. 수용체의 작동에 관한, 혹은 중성미자에 의한 정보의 전달에 관한 우리의 이론 모두는 육중한 양의 이론을 가정한다. 그러므로 우리는 이론이 당연한 것으로 받아들여지게 되면, 우리는 우리가 관찰이라고 부르는 영역을 확장시킨다고 생각할 수 있다. 하지만 우리는 구별을 하지 않은 채 이론에 관해 이야기하는 오류의 희생이 되어서는 안 될 것이다.

예를 들어 중성미자와 태양의 연결 속에는 관찰에 관한 이야기를 위한 뛰어난 이유가 존재한다. 중성미자 및 그것의 상호작용에 관한 이론은 태양의 핵에 관한 사변과 거의 완전히 독립적이다. 우리로 하여금 자연의 다른 측면(그것에 관해서 우리가 연결되지 않은 관념의 다발을 갖고 있는)을 관찰하는 일(하나의 육중한 이론적 가정의 다발

6_ K. S. Shrader Frechette, "Quark quantum numbers and the problem of microphysical observation", *Synthese* 50(1982), pp.125~146을 볼 것.

을 채용하는)을 허락해주는 것은 정확히 과학의 비단일성(disunity of science)이다. 물론 두 영역이 연결되느냐의 여부 자체는, 정확하게 이론은 아니고, 자연의 본성에 관한 육감과 연루된다. 태양에 관한 약간 다른 예가 이것을 설명해준다.

태양의 내부가 그것의 표면보다 10배 더 빠르게 회전한다는 디키(Dicke)의 가설을 우리는 어떻게 탐구할 수 있을까? 3가지 방법이 제안되었다. (1) 태양의 편원성(oblateness)에 대한 광학적 관찰을 사용하라. (2) 스타프로브(Starprobe), 즉 태양 둘레에서 태양의 반경의 4배 이내 거리에서 움직이는 이 위성의 근접 통과로 4배의 태양 질량모멘트의 측정을 시도하라. (3) 태양 주위를 공전하는 자이로스코프(gyroscope)의 상대론적 세차(precession)를 측정하라. 이 셋 가운데 어떤 것이 우리로 하여금 내부의 회전을 '관찰'하게 할 것인가?

첫 번째 방법은 광학적 모습이 질량의 모습과 관계되어 있다고 가정하는 것이다. 태양의 일정한 모습은 우리가 내부의 회전에 관한 무언가를 추론하는 데에 도움이 될 수 있으나, 그것은 불확실한 가설, 즉 그 자체가 연구되고 있는 주제와 연결되어 있는 불확실한 가설에 기초해 있는 추론인 것이다.

두 번째 방법은 4배의 질량모멘트의 유일한 원천이 내부의 회전이라고 가정하나, 그것은 내부의 자기장에 기인할 수도 있을 것이다. 그러므로 태양 자체 안에서 무슨 일이 되어가는지(또는 안 되어가는지)에 관한 가정이 우리가 내부의 회전에 관한 추론을 이끌어내는 데 필수적이다.

한편, 자이로스코프의 상대론적 세차는 태양과 아무런 관계가 없는 이론에 기초해 있고, 현재의 이론 틀 안에서, 어떤 이는 태양에 관해서 극 쪽을 도는 자이로의 이러저러한 상대론적 세차를 산출할 수 있을 어떤 대상(예를 들어 태양)의 각 운동량을 배제하고 어떤 것을 생각할 수는 없다.

논점은 상대론적 이론이 여타의 가능한 두 실험과 관계된 이론들보다 더 잘 확립되어 있다는 것이다. 아마도 상대론적 세차 이론은 포기될 최초의 것이 될 것이다. 논점은 우리의 현재적 이해의 틀 안에서, 자이로 제안 밑에 놓여 있는 일군의 이론적 가정은 사람들이 태양의 핵에 관해서 발명해내는 명제들과 완전히 다른 길을 거쳐 도달되었다는 것이다. 한편, 앞의 두 제안은 태양의 내부에 대한 믿음과 그 자체가 관련되는 가정을 포함한다.

그러므로 극 쪽을 도는 자이로가 태양의 내부의 회전을 실험자가 관찰하는 방식을 우리에게 제공하며, 여타의 두 탐구는 추론을 제안할 뿐이라고 이야기하는 것은 당연하다. 이것이 세 번째 실험이 최상의 실험이 될 것이라고 말하는 것조차도 아닌데, 그것의 엄청난 비용과 어려움은 앞의 둘을 더 매력적이게 한다. 나는 실험이 관찰로 인도하게 되는, 그리고 인도하지 않게 되는 철학적 논점을 만들고 있을 뿐이다.

어쩌면 이것은 내가 이 장을 시작했던 이론 적재적 관찰에 관한 논쟁과 연결되어 있을 것이다. 아마도 앞의 두 실험은 탐구되고 있는 주제와 연결되어 있는 이론적 가정을 포함하고 있을 것이지만, 세 번째 것은 이론 적재적임에도 불구하고 아무런 그 같은 가정을 포함하지 않는다. 탁자 보기의 경우에, 우리의 진술들은, 그것들이 ('이론'과 '포함한다'와 같은 단어의 남용에 의해) 시각에 관한 이론적 가정은 포함할지라도, 탐구되고 있는 대상, 즉 탁자와 연결된 어떤 이론적 가정도 포함하지 않는다.

독립

이러한 견해에서, 어떤 것은 그것이 섀피어의 최소 기준을 만족시킬 때, 그리고 그것이 의존하는 이론의 다발이 탐구되고 있는 주제에 관한 사실과 서로 엉키지 않을 때, 추론하기보다는 관찰하기로 간주된다. 현미경에 관한 다음 장은 이러한 제안의 힘을 입증해준다. 나는 이 논점이 몹시 중요하다고 생각하지 않는다. 자료 산출하기 및 기록하기라는 철학자의 의미에서, 관찰은 실험적 작업의 한 측면일 뿐이다. 그것은 다른 의미에서 실험자는 주의 깊어야, 즉 민감하고 빈틈없어야 한다는 것이다. 주의 깊은 사람만이 실험을 되게 할 수 있어서, 실험을 막히게 하고 있는 문제를 탐지하고, 실험의 결함을 고치며, 이상한 어떤 것이 자연에 대한 단서인지 기계의 인공물인지에 주목하게 된다. 그러한 관찰은 실험의 최종 보고서에는 좀처럼 나타나지 않는다. 그것은 적어도 최종 기사에 들어가는 어떤 것만큼 중요하지만, 철학적인 어떤 것도 그것에 매달려 있지 않다.

섀피어는 관찰하기에 대한 그의 분석 안에 더 많은 철학적 목적을 갖고 있었다. 그는 지식에 관한 오래된 토대론적 견해(foundationalist view)가 올바른 궤도 위에 있었다고 주장한다. 지식은 결국 관찰 위에 기초한다. 그는 무엇이 관찰로 간주될 것이냐가 세계 및 특수한 효과에 관한 우리의 이론에 의존하며, 따라서 절대적인 기초 문장(basic sentence) 또는 관찰 문장과 같은 것은 없음에 주목한다. 그러나 관찰하기가 이론에 의존한다는 사실은 모든 관찰이 이론 적재적이라는 논제로부터 때로 추론되어온 반합리주의적 귀결과 아무런 관계가 없다. 그래서 섀피어는 최근의 관찰에 관한 최상의 확장된 연구를 써냈음에도 불구하고, 결국 그는 이론적 믿음의 토대 및 합리성과 관련된 다른 속셈을 갖고 있다. 반 프라센 역시 지나가는 길에 이론이 관찰의 경계를 한정할 수 있음에 주목한다. 그의 목적은 또 다르다. 실재하는 것은, 그에게, 관찰적인 것이지만, 그는 무엇이 관찰 가능한 것인지, 그리고 무엇이 실재하는 것인지에 대한 우리의 믿음을 이론 자체가 수정할 수 있음을 인정한다. 이 장에서 나의 목적은 더 평범한 것이었다. 나는 관찰의 더 평범한 측면의 몇몇을 주장하고 싶었다. 실험 과학의 철학은 이론 지배적(theory-dominated) 과학철학이 바로 그 관찰 개념을 수상쩍게 하는 것을 허락할 수 없다.

●●● 11 현미경

중간 크기의 이론적 존재자에 관한 한 가지 사실은 얼굴에 홍조를 띠어 가며 철학자들이 토의하는 중간 크기 과학적 실재론을 위한 강제력 있는 논변을 제공한다. 그것은 현미경이다. 먼저 우리는, 말하자면, 이러저러한 유전자가 존재한다고 짐작하고, 이어 우리는 우리가 그것을 보게 하기 위해서 도구를 개발한다. 실증주의자조차 이 증거를 받아들이지 말아야 하는가? 그렇지는 않다. 이론만이 우리로 하여금 렌즈가 가리키는 바가 참인 것으로 보인다고 가정하게 한다고 실증주의자는 이야기한다. 우리가 믿는 실재는 현미경에서 나온 것에 대한 사진일 뿐이며, 어떤 믿을 만한 작은 사물이 아니다.

　그러한 실재론 / 반실재론 대립은 심각한 연구자의 형이상학 옆에서 창백해진다. 나의 선생님 가운데 한 사람은, 주로 더 나은 현미경을 만들고자 하는 기술자로, 무심코 다음과 같이 진술할 수 있을 것이다. 'X선 회절 현미경술은 이제 원자 구조와 인간 정신 사이

11 현미경

●●● 11 현미경

중간 크기의 이론적 존재자에 관한 한 가지 사실은 얼굴에 홍조를 띠어 가며 철학자들이 토의하는 중간 크기 과학적 실재론을 위한 강제력 있는 논변을 제공한다. 그것은 현미경이다. 먼저 우리는, 말하자면, 이러저러한 유전자가 존재한다고 짐작하고, 이어 우리는 우리가 그것을 보게 하기 위해서 도구를 개발한다. 실증주의자조차 이 증거를 받아들이지 말아야 하는가? 그렇지는 않다. 이론만이 우리로 하여금 렌즈가 가리키는 바가 참인 것으로 보인다고 가정하게 한다고 실증주의자는 이야기한다. 우리가 믿는 실재는 현미경에서 나온 것에 대한 사진일 뿐이며, 어떤 믿을 만한 작은 사물이 아니다.

　그러한 실재론 / 반실재론 대립은 심각한 연구자의 형이상학 옆에서 창백해진다. 나의 선생님 가운데 한 사람은, 주로 더 나은 현미경을 만들고자 하는 기술자로, 무심코 다음과 같이 진술할 수 있을 것이다. 'X선 회절 현미경술은 이제 원자 구조와 인간 정신 사이

의 주요한 접촉면이다.' 실재론과 반실재론에 대해 토의하는 과학 철학자들은 그러한 웅변을 고무하는 현미경에 관해서 조금은 알아야 한다. 광학 현미경조차도 경이 중의 경이다. 그것은 대부분의 교육받지 않은 사람들이 가정하는 방식으로 작동하지 않는다. 그러나 왜 철학자가 그것이 어떻게 작동하느냐에 주의를 기울여야 하는가? 왜냐하면 그것은 실재하는 세계에 관해서 알아내는 하나의 방식이기 때문이다. 질문은 이런 것이다. 그것은 어떻게 그렇게 하는가? 현미경사용자는 안락의자에 앉아 지각의 철학을 연구하는 이 가운데 상상력이 가장 뛰어난 사람 이상으로 훨씬 더 놀라운 비결을 갖고 있다. 우리는 '그것의 늘이는 능력으로 우리가 이제 모든 세계가 이전에 쭉 행동해왔던 것 이상으로/ 더 많이 보게 되는'[1] 그러한 놀라운 물리적 체계에 대한 몇몇 이해를 지녀야만 한다.

존재의 거대한 사슬

철학자들은 망원경에 관해서 극적으로 써 왔다. 갈릴레오가 목성의 달을 본다고 주장했을 때 그 스스로 철학하기를 불러들인 것인데, 그는 천구 속에서의 시각의 법칙은 지구 위에서의 그것과 동일하다고 가정했다. 폴 파이어아벤트는 바로 그 사례를 위대한 과학은 이성만큼이나 선전에 의해서 전진해간다고 주장하기 위해 사용했다. 즉 갈릴레오는 사기꾼이었지, 실험적 추론자가 아니었다는 것이다. 피에르 뒤엠은 어떤 이론도 내내 거부될 필요가 없다는 그의 유명한 논제를 제출하기 위해 망원경을 사용했는데, 왜냐하면 들어맞지

1_ 1664년에 헨리 파워스(Henry Powers)가 쓴 시 「현미경을 찬양하며」("In commendation of microscopy")에서 온 것. Saville Bradbury, *The Microscope, Past and Present*(Oxford, 1968)의 탁월한 역사적 개관에서 인용했다.

않는 현상은 보조적 가정(auxiliary hypotheses)을 변화시킴으로써 늘 조정될 수 있기 때문이다(만일 별이 이론이 예측하는 곳에 있지 않다면, 하늘을 탓하지 말고 망원경을 탓하라). 이와 비교해볼 때 현미경은 보잘 것 없는 역할을 했으며, 철학적 역설을 야기하는 데에 좀처럼 사용되지 않았다. 아마도 이것은 누구나 여기 지구에서 세계 속의 세계를 찾으리라 기대했기 때문일 것이다. 셰익스피어(Shakespeare)가 그의 『로미오와 줄리엣(Romeo and Juliet)』에서 맵(Mab) 여왕과 '한 조의 난장이가 끄는' 그녀의 미세한 사륜마차에 대해 쓸 때 그는 존재의 거대한 사슬에 관한 정교한 시인이었을 뿐이며, ' …… 그녀의 마부는 하녀의 게으른 손가락을 비집고 나온 둥글고 작은 벌레의 절반 크기도 안 되는 작고 회색을 한 각다귀였다.' 어떤 이는 인간의 시각의 영역 밑에 있는 아주 작은 생명체를 기대했다. 광선을 굴절시키는 유리를 손에 쥐게 되자, 직접적 시각 및 굴절의 법칙은 의심의 여지가 없는 것이 되어버렸다. 이것은 실수였다. 나는 에른스트 아베(Ernst Abbe, 1840~1905) 이전에는 아무도 현미경이 어떻게 작동하는가를 이해하지 못했다고 생각한다. 왕립현미경학회(Royal Microscopical Society) 회장에 의한 것이며 게이지(Gage)의 『현미경(The Microscope)』 — 현미경 사용에 관한 오랫동안 지속된 표준적인 교과서 —의 여러 판에서 여러 해 동안 인용되었던 한 즉각적 반응은 우리가 결국 현미경을 통해서 본다는 것이다. 분해능(resolution)의 이론적 한계는

[A] 아베의 연구에 의해서 해명 가능하게 된다. 현미경적 시각은 독자적이라는 것이 증명되어 있다. 현미경적 시각과 거시적 시각 사이에 아무런 비교도 존재하지 않으며 존재할 수가 없다. 미세한 대상의 상은 보통의 굴절의 법칙으로 그 윤곽을 현미경적으로 그려낼 수 없다. 그들 상은 광선굴절의 결과가 아니며, 전적으로 회절의 법칙에 의존한다.

나는 이 인용을 아래에서 단순히 [A]라 할 텐데, 본다는 단어의 어떤 일상적인 의미에서, 이 인용은 우리가 현미경으로 보는 것은 아님을 의미한다고 생각한다.

현미경의 철학자들

대략 20년마다 철학자는 현미경에 관해서 무언가를 이야기해 왔다. 논리 실증주의의 정신이 미국으로 오게 되자, 어떤 이는 구스타프 베르크만(Gustav Bergman)이 철학적 용어를 사용해 우리에게 '현미경적 대상은 글자 그대로의 의미에서 물리적인 것은 아니며, 그저 언어와 형상적 상상에 의한 것이다. …… 내가 현미경을 통해서 볼 때, 내가 보는 모든 것은 벽 위의 그림자처럼 시야로 기어들어 퍼지는 색의 조각이다'[2] 라고 이야기하는 것을 읽을 수 있었다. 머지않아 그로버 맥스웰은 관찰적 존재자와 이론적 존재자 사이에 어떤 근본적인 구별이 존재하다는 것을 부정하면서 시각의 연속체를 주장했다. '창유리를 통해서 보기, 안경을 통해서 보기, 쌍안경을 통해서 보기, 저배율 현미경을 통해서 보기, 고배율 현미경을 통해서 보기 등.'[3] 몇몇 존재자는 한 시점에 보이지 않을 수 있고 나중에 새로운 기술의 비결 덕분에 관찰 가능하게 된다. 관찰 가능한 것과 그저 이론적인 것 사이의 구별은 존재론에 아무런 관심사가 되지 못한다.

그로버 맥스웰은 과학적 실재론의 한 형태를 주장하고 있었다.

2_ G. Bergman, "Outline of an empiricist philosophy of physics", *American Journal of Physics* 11(1943), pp.248~258, 335~342.

3_ G. Maxwell, "The ontological status of theoretical entities", *Minnesota Studies in the Philosophy of Science* 3(1962), pp.3~27.

그는 우리의 이론에 수반되는 관찰 가능한 존재자만의 실재를 믿어야 한다고 주장하는 어떠한 반실재론을 거부했다. 『과학적 이미지』에서 반 프라센은 강력하게 이의를 제기한다. 앞의 A부에서 우리가 보았듯이, 그는 자신의 철학을 구성적 경험론(constructive empiricism)이라 부르며, '과학은 우리에게 경험적으로 적합한 이론을 제공하는 것을 목표로 한다. 그리고 이론의 수용은 오직 그것이 경험적으로 적합하다는 믿음과만 연루된다(p.12)'고 주장한다. 여섯 쪽 뒤에서 그는 이를 다음과 같이 주해하려 한다. '이론을 수용하는 것은 (우리가) 그것이 경험적으로 적합하다고, 즉 이론이 관찰 가능한 것에 관해 (우리에게) 말하는 바가 참이라고 믿는 것이다.' 그렇다면 관찰 가능한 것과 관찰 불가능한 것 사이의 구별을 복원시키는 일은 반 프라센에게 분명히 필수적이다. 그러나 정확히 어디서 우리가 그 구별을 끌어내야 할지는 그에게 필수적이지 않다. '관찰 가능한'은 그것의 외연이 우리의 이론에 의해서 결정될 수도 있는 애매한 용어임을 그는 인정한다. 이와 동시에 그는, 그에게, 가장 즉각적으로 방어 가능한 곳에서 그 선이 유도되기를 원하며, 그렇게 되면 논쟁의 과정에서 그가 약간 밀리게 될지라도, 그는 그 담장의 '관찰 불가능한' 쪽에 남겨진 제비를 여전히 갖게 될 것이다. 그는 그로버 맥스웰의 연속체를 불신하며 추론된 존재자에게 그 슬라이드가 보이는 것을 되도록 일찍 중단시키고자 한다. 그는 연속체의 관념을 전적으로 거부한다.

반 프라센이 이야기하기로, 그로버 맥스웰의 목록에서 생겨나는 두 가지 종류의 사실상 구별되는 경우가 존재한다. 여러분은 창문을 열 수 있고 전나무를 직접 볼 수 있다. 여러분은 여러분이 쌍안경을 통해서 보는 대상의 적어도 몇몇에 걸어 다가갈 수 있고, 그 주위에서 그것들을 맨눈으로 볼 수 있다. (명백히 그는 탐조자(探鳥者)는 아니다.) 그러나 혈소판을 맨눈으로 보는 방법은 없다. 확대경에서 심지어 저배율 현미경으로 가는 통로도 맨눈으로 관찰할 수 있을 것에서 도구를 쓰지 않고는 관찰할 수 없을 것으로 가는 통로다. 반 프라센은 우리가 현미경을 통해서 보지 못한다고 결론 내린다. 하지만 우리는 몇몇 망원경을 통해서는 본다. 우리는 목성으로 갈 수 있고 목성의 달을 볼 수 있으나, 우리가 짚신벌레 크기로 줄어들 수 없으며 그것을 볼 수 없다. 그는 또한 제트기가 만드는 수증기 꼬리와 구름 상자(cloud chamber)의 이온화(ionization) 궤적을 비교한다. 둘 다 비슷한 물리적 과정에서 결과하지만, 여러분은 그 꼬리의 앞쪽을 가리켜 제트기를 분간할 수 있거나 적어도 그것이 착륙하기를 기다릴 수 있지만, 여러분은 전자가 착륙해 보이기를 결코 기다릴 수 없다.

단지 응시하지 말고, 개입하라

철학자들은 현미경을 한 끝에 광원을 갖고 있으며 다른 끝에는 들여다 볼 구멍을 갖고 있는 암흑 상자로 여기는 경향이 있다. 그로버 맥스웰이 제시하듯, 저배율 현미경, 고배율 현미경, 똑같은 종류의 더욱 더 많은 것이 존재한다. 그것은 옳지 않으며, 현미경이 단지 들여다보기 위한 것도 아니다. 사실상 철학자는 확실히 그가 몇 가지의 현미경을 사용하는 법을 배울 때까지 현미경을 통해 보지 못할 것이다. 그가 보는 것을 그리라는 요청을 받을 때, 그는, 제임스 서버(James Thurber)처럼, 반사된 그 자신의 안구를 그릴 수가 있거나, 구스타프 베르크만처럼, '벽 위의 그림자처럼 시야로 기어들어 퍼지는 색의 조각'만을 볼 수가 있다. 그는 적당한 확대 능력을 지닌 현미경 아래서 초파리를 절개하기 시작할 때까지 먼지 입자와 초파리의 타액선을 확실히 분간할 수 없을 것이다.

이것이 첫 번째 교훈이다. 즉 여러분은 단지 보기에 의해서가 아니라, 하기(doing)에 의해 현미경을 통해서 보는 법을 배우게 된다. 버클리의 1710년의 책 『시각에 관한 새로운 이론(New Theory of Vision)』과의 유사성이 존재하는데, 이 책에 따르면 세계 안에서 돌아다니고 세계 안에서 개입한다는 것이 무엇과 같은지를 배운 이후에야 우리는 3차원 시각을 갖게 된다. 촉각은 우리의 이른바 2차원 망막의 상과 상관되어 있으며, 이 학습된 신호발생이 3차원 지각을 산출시킨다. 이와 마찬가지로 스쿠버 다이버는 오직 이리저리 헤엄치는 것에 의해서만 바다라는 새로운 매질 속에서 보는 법을 배운다. 일차 시각에 대해서 버클리가 옳았든 그렇지 않았든, 유아기 이후에 습득된 새로운 방식의 보기는 하기에 의한 학습과 연루되는 것이지, 단지 수동적인 보기와 연루되는 것이 아니다. 세포의 특수한 부분이 저기에 상상한대로 존재한다는 확신은 직접적인 물리적인 수단을 사용해 여러분이 세포의 바로 그 부분에 어떤 유체를 미시적으로 주입할 수 있을 때, 최소한으로 보더라도, 강화된다. 우리는 아주 작은 유리 바늘 ― 현미경 아래서 우리가 우리 스스로 손으로 작업하도록 해주는 연장 ― 이 세포벽을 통과해 재빠르게 움직여 들어가는 것을 본다. 커다란, 곧 철저하게 거시적인 플런저 위에 있는 마이크로미터 나사를 우리가 천천히 돌리면서 우리는 바늘의 끝 바깥으로 나온 지방질 누출을 본다. 실패! 내가 어리석어서, 나는 그만 세포벽을 터뜨렸고, 다른 표본에서 다시 시도해야 한다. 존 듀이의 '지식 관망자 이론'에 대한 조소는 현미경에 관한 관망자 이론에 대해서도 똑같이 적절하다.

이것은 실무적인 현미경사용자가 철학적 곤혹에서 자유롭다는 점을 이야기하지 않는다. 생물학자용의 쓸모 있는 교과서 가운데 가장 철저한 책인, E. M. 슬레이터(Slayter)의 『생물학 속의 광학적 방법(Optical Methods in Biology)』에서 두 번째 인용을 하기로, 즉 [B]를 인용하기로 한다.

[B] 현미경사용자는 친숙한 대상을 저배율 현미경으로 관찰할 수 있으며 그 대상과 '똑같은' 약간 커진 상을 볼 수 있다. 배율의 증가는 맨눈으로 보이지 않는 대상의 세부 사항을 노출시킬 수 있다. 세부 사항이 또한 그 대상과 '똑같다'고 가정하는 것은 당연하다. (이 단계에서 그 세부 사항이 현미경사용을 위한 준비 중에 표본에 가해진 손상의 귀결이 아님을 확립시키는 것이 필수적이다.) 그러나 '그 상은 그 대상과 똑같다'라는 진술에 의해서 실질적으로 함축되는 것은 무엇인가?

명백히 그 상은 순수한 광학적 효과다. ······ 대상과 상의 '똑같음'은 대상을 눈에 보이게 하는 (또는 충분히 크다면, 대상을 보이게 할) 빛의 빔과의 물리적 상호작용이 현미경의 상의 형성으로 이끄는 그것과 동일함을 사실상 함축한다.

그렇지만, 그 상을 형성시키는 데 사용된 방사가 자외선, x선 또는 전자의 빔이라는 점 또는 현미경은 위상의 차이를 강도의 변화로 전환시키는 몇몇 장치를 채용한다는 점을 생각해보라. 그 상은 그렇다면 막 정의된 제한된 의미에서조차도 그 대상과 아마도 '똑같을' 수는 없을 것이다! 눈은 자외선, x선 또는 전자 방사를 지각할 수 없거나, 빛의 빔 사이의 위상의 전이를 탐지할 수 없다. ······

이러한 사고의 노선은 그 상이 **표본과 상을 만드는 방사 사이의 상호작용에 관한 지도**가 되어야 함을 드러내준다(pp.261~263).

그 저자는 나아가서 그녀가 언급한 방법의 모두와 그 이상의 방법이, "몇몇 의미에서, 표본과 '닮은', '진정한' 상을 산출시킬 수 있다"고 이야기한다. 그녀는 또한 방사성 자동 사진(radioautogram)과 같은 기법에서 "어떤 이는 방사성 원자의 위치라는 관점에서 배타적으로 얻은 표본의 '상'을 얻는다"고 진술한다. "이 유형의 '상'은 일반적으로 추가적인 상, 즉 광현미경사진(photomicrograph)의 도움 없이는 해석이 불가능할 만큼 아주 특화되는데, 이 광현미경사진 위에 그것이 중첩된다."

이 현미경사용자는 표본과 빛의 빔 사이의 물리적 상호작용이 현미경과 눈에서의 상의 형성과 '동일'할 때에만 우리는 현미경을 통해서 보는 것이라고 즐거이 이야기한다. 더 앞선 세대에서 온, 그리고 보통의 광학 현미경은 회절에 의해서 작동하므로 그것이 보통의 시각과 똑같지는 않을지라도 **독자적**이라고 주장하는 나의 인용 [A]와 대조해보라. 가장 단순한 광학 현미경에 관해서 의견을 달리하는 현미경사용자 [A]와 [B]가 어떻게 해서든지 '보기'에 관한 올바른 철학적 궤도 위에 있을 수 있을까? '상'과 '참된'을 둘러싼 겁나게 하는 인용구는 [B]에서 더 많은 양면 가치를 제안한다. 어떤 이는 현미경사용에서 쓰이는 단어 '상'에 특별히 신중해야 한다. 때로 그것은 여러분이 가리키는 어떤 것, 즉 스크린 위의 형태 특색, 현미경 사진 또는 그 무엇을 표시하지만, 다른 경우 그것은 이를테면 눈 자체 속으로의 입력인 것으로 나타난다. 융합이 기하 광학에서 생겨나며, 기하 광학 속에서 어떤 이는 초점이 맞춰진 표본과 또 다른 초점면에 있는 '상'으로 그 체계를 도해할 수 있는데, 그 '상'은 여러분의 눈을 거기에 둔다면 여러분이 보게 될 바를 나타낸다. 나는 심지어 인용 [B]에서 끌어낼 수도 있을 하나의 추론에 저항하지 않는다. 현미경으로 보이는 것에 관한 어떤 진술은 이론 적재적인 것으로, 즉 광학 이론 또는 여타의 방사 이론이 적재된 것으로 보일 수도 있다. 나는 이에 동의하지 않는다. 어떤 이는 현미경을 만들기 위해 이론을 필요로 한다. 여러분은 현미경을 사용하기 위해 이론을 필요로 하지 않는다. 추론과 대조를 이루는 현미경으로 지각된 대상이 왜 그 주위에 비대칭적인 줄무늬를 갖게 되는가를 이해하는 데에 이론은 도움이 될 수도 있으나, 여러분은 완전히 경험적으로 그 효과를 무시하는 법을 배울 수 있다. 어떤 생물학자가 물리학자를 만족시킬 만큼 광학을 충분히 아는 경우는 좀처럼 없다. 실천 ― 그리고 나는 일반적으로 하기를 의미하며, 보기를 의미하지 않는다 — 은 준비 과정에 의한 또는 도구에 의한 가시적 인공물(artifacts)과 현미경으로 보이는 진정한 구조(real structure) 사이에서 구별할 수 있는 능력을 창조해낸다. 이 실천적 능력은 확신을 낳는다. 이 능력은 생물학에 대한 몇몇 이해를 요구할 수도 있으나, 그럼에도 불구하고 어떤 이는 생물학을 전혀 모르는 일급 기술자를 찾을 수 있다. 어쨌든 물리학은 현미경적 실재에 대한 생물학자의 분별과 단순히 무관하다. 관찰과 조작(manipulations)은 물리 이론의 어떤 하중을 좀처럼 이고 있지 않으며, 물리 이론에 있는 것은 연구되고 있는 세포 또는 결정과 전적으로 독립적이다.

나쁜 현미경들

나는 레벤후크(Leeuwenhoek)가 현미경을 발명했으며, 그때 이래로 사람들은 계속 나아가 동종의 사물의 점점 더 나은 버전을 만들게 되었다는 인상과 조우했다. 나는 이 관념을 교정하고 싶다.

최초의 현미경사용자로 보기는 어렵겠으나, 레벤후크는 천재적인 기술자였다. 그의 현미경은 단일 렌즈를 갖고 있었으며, 그는 조사될 각각의 표본을 위해 렌즈를 만들었다. 대상은 정확히 올바른 거리에 있는 핀 위에 올려졌다. 우리는 어떻게 그가 그의 표본에 대한 경이로울 정도로 정확한 그림을 만들어냈는지를 잘 모른다. 가장 대표적인 그의 렌즈 및 표본의 모음은 런던에 있는 왕립학회에 기부되었는데, 왕립학회는 약 1세기 후에 의심스런 상황이었다고 정중하게 언급되는 상황 속에서 전체 세트를 잃어버렸다. 그러나 그 시점에 이르렀을 때조차도 그의 표본을 위한 접착제가 그 힘을 잃어버렸고 대상은 핀에서 떨어지기 시작했다. 거의 확실히 레벤후크는 렌즈 제작보다는 조명의 비밀 덕분에 그의 경이로운 결과를 얻었으며, 그는 그의 기법을 대중에게 결코 가르쳐주지 않았던 것으로 보인다. 아마도 레벤후크는 현미경을 발명했다기보다는 암실조명(dark field illumination)을 발명했을 것이다. 이 짐작은 현미경술의 주요한 진보의 다수가 광학과 아무런 관계가 없다는 데 대한 가능한 일련의 긴 상기물(想起物)의 첫 번째 것으로 봉사해야 한다. 우리는 표본을 더 얇게 잘라내기 위해 마이크로톰(microtomes)을, 착색을 위해 아닐린(aniline)을, 순수한 광원을, 그리고 더 신중한 수준에서, 초점을 맞추기 위해 나사 마이크로미터, 고정액, 원심 분리기를 필요로 했다.

최초의 현미경이 세계 속의 세계를 보여줌으로써 가공할 대중적인 자극을 창조해냈음에도 불구하고, 훅의 복합 현미경 이후에 기술이 두드러지게 개선되지 않았음에 주목하는 것이 중요하다. 초기 관찰의 흥분이 있은 이후에 많은 새로운 지식이 뒤따랐던 것도 아니다. 현미경은 영국의 숙녀와 신사의 장난감이 되었다. 이 장난감은 현미경과 식물계와 동물계에서 온 한 박스의 올려 놓였던 표본으로 구성되었을 것이다. 올려 놓였던 한 박스의 슬라이드가 현미경 자체의 구입비보다 더 컸을 수도 있음에 주목하라. 여러분은 단지 연못의 물 한 방울을 유리 조각 위에 올려놓고 보았던 것이 아니다. 대부분의 전문가를 제외한 모든 이가 **어떤** 것을 보기 위해서는 준비된 올려 놓였던 슬라이드를 필요로 했다. 실제로 광학적 수차(收差)를 고려할 때 어떤 이가 복합 현미경을 통해서 어떤 것을 어떻든 보았다는 점은 놀라운 일인데, 그럼에도 불구하고 사실상 실험 과학에서 항상 그렇듯 정말로 숙련된 기술자는 아주 나쁜 장치로도 경이를 이뤄낼 수 있다.

가장 기본적인 광학 현미경에는 약 여덟 가지의 수차가 존재한다. 두 가지 중요한 수차는 구면 수차와 색 수차다. 전자는 여러분이 렌즈를 임의로 문질러서 광택을 낸다는 사실의 결과다. 증명될 수 있는 것으로, 그것은 여러분에게 구형의 표면을 부여한다. 축에 대해서 작은 각도로 움직여가는 광선은 축에 더 가까이에 있는 선만큼 똑같은 점에 초점을 맞추지는 못할 것이다. 왜냐하면 i와 $\sin i$가 조금이나마 다를 그러한 각도 i에 대해서 우리는 광선들의 어떠한 공통 초점도 얻을 수 없으며, 따라서 표본 위의 점은 현미경을 통해서 단지 얼룩처럼 보일 것이다. 이것은 이를 원리적으로 보정하는 법 역시 알고 있었던 호이헨스에 의해 잘 이해되었으나, 구면수차를 피하기 위한 오목 렌즈와 볼록 렌즈의 실제적 조합은 그것을 이루는 데 긴 시간을 요했다.

색채적 이상은 서로 다른 색 사이의 파장 차이에 의해서 야기된다. 이 때문에 표본 위의 동일한 위치에서 나오는 빨강색과 파랑색은 서로 다른 위치에 초점을 맞추게 될 것이다. 선명한 빨강색 상이 파랑색의 얼룩 위에 중첩되거나 그 반대가 되기도 한다. 부유한 사람들은 오락을 위해 집 언저리에서 현미경을 갖고 있는 것을 좋아했음에도 불구하고, 심각한 과학이 그 도구와 관계가 없었음은 놀라운 일이 아니다. 우리는 종종 그자비에르 비샤(Xavier Bichat)를 조직학(histology), 즉 살아 있는 조직에 대한 연구의 선구자로 여긴다. 1800년에 그는 그의 실험실 안에서 현미경을 허락하지 않았을 것이다. 그의 『일반 해부학(General Anatomy)』의 도입에서 그는 이렇게 썼다. '사람들이 분명하지 않은 조건 속에서 관찰할 때 각 개인은 그 자신의 방식대로 그리고 영향 받은 바에 따라서 본다. 그러므로 그것은' 최상의 현미경에 의해서 제공된 흐려진 상이라기보다는 '우리를 안내해야 하는 생생한 속성의 관찰이다.'

누구도 색이 없는 현미경을 만들려고 아주 열심히 시도하지 않았는데, 왜냐하면 뉴튼이 그런 것은 물리적으로 불가능하다고 쓴 바 있었기 때문이었다. 보통 유리의 굴절률과는 다른 굴절률을 갖는 플린트(flint) 유리의 발명에 의해서 그것은 가능하게 되었다. 서로 다른 굴절률을 갖는 두 렌즈의 이중체는 주어진 빨강색 파장과 파랑색 파장의 쌍에 대해서 수차가 완전히 소멸하게 할 수 있으며, 그 답이 전체 스펙트럼에 대해서는 불완전함에도 불구하고, 그 결과는 삼중 렌즈에 의해서 개선될 수 있다. 올바른 관념에 도달한 최초의 인물은 매우 은밀한 이여서 서로 다른 종류의 유리로 만든 렌즈에 대한 설계 명세서를 두 사람의 서로 다른 계약자에게 보냈다. 그들 둘 다 당시에 렌즈가 동일한 장치를 위한 것이었다는 빈틈 없는 짐작을 형성시킨 그 장인과 하도급 계약을 맺었다. 이 때문에 1758년에 그 관념은 저작권을 침해받았다. 특허권을 위한 법정 소송은 저작권 침해자인 존 돌런드(John Dolland)를 편드는 것으로 결정 났다. 고등 법원 판사는 이렇게 판결했다. '그러한 발명에 대한 특허로 득을 보아야 할 이는 자신의 비서에게 발명을 발설하지 못하게 자물쇠를 채운 사람이 아니라, 그것을 공중의 이익을 위해 내놓은 그 남자다.'[4] 공중은 그다지 많이 이익을 얻지 못했다. 1860년 대로 들어갈 무렵에 이르러서도 현미경을 통해서 보이는 혈구가 도구에 의한 인공물인지 살아 있는 물질의 진정한 요소(genuine elements)인지에 관한 심각한 논쟁이 존재했다. (그것들은 인공물이었다.) 현미경은 더 나아졌고 현미경술에 대한 보조물은 오히려 더 빠른 속도로 개선되었다. 만일 우리가 발전의 그래프를 그린다면, 1660년 무렵에 최초의 고조를 얻게 되고, 이어 1870년 무렵의 거대한 비약에 이르기까지 천천히 상승하는 평탄역을 얻게 되는데, 그 다음의 위대한 시기는 아직도 우리와 함께 하고 있는 것이며, 이는 1945년 무렵에 시작된다. 한 역사가는 이 그래프를 대단히 정확하게 구성해냈는데, 살아남아 있는 서로 다른 시기의 도구의 분해능의 한계를 한 척도로 사용했다. 현미경의 굉장한 적용에 대한 주관적인 평가를 내리자면, 1870/1660 대조가 더 굉장할 것이라는 점을

4_ Bradbury, *The Microcope, Past and Present*, p.130에서 인용했다.

제외하고, 우리는 유사한 그래프를 그리게 될 것이다. 참으로 기념할 만한 사실은 1860년 이후에 이르기까지 현미경에 의해 별로 알려지지 않았다. 새로운 현미경술의 큰 파도는 부분적으로 아베에 기인하나, 진전의 가장 즉각적인 원인은 착색을 위한 아닐린 염료의 유효성에 있었다. 살아 있는 물질은 대부분 투명하다. 새로운 아닐린 염료는 우리로 하여금 미생물과 그밖의 많은 것을 보는 일을 가능하게 해줬던 것이다.

아베와 회절

어떻게 우리는 '통상적으로' 보는가? 대부분 우리는 반사된 빛을 본다. 그러나 만일 우리가 뒤쪽에서 조명을 받는 표본을 보기 위해서 확대경을 사용하고 있다면, 우리가 '보고 있는' 것은 투과 또는 흡수다. 그러므로 우리는 다음과 같은 관념을 갖게 된다. 광학 현미경을 통해서 어떤 것을 보는 것은 투과되거나 흡수된 빛의 비율에 상응하는 어둠과 빛의 조각을 본다는 것이다. 우리는 광선의 진폭의 변화를 본다. 호이헨스조차도 이 관념은 무언가 잘못 되어있음을 알았지만, 1873년에 이르러서야 아베가 현미경이 어떻게 작동되는가를 설명했다고 나는 생각한다.

에른스트 아베는 극빈자에서 갑자기 부자가 되는 이야기의 가장 행복한 예를 제공한다. 방적 공장 노동자의 아들이었던 그는 수학을 배웠고 김나지움을 통해 후원받았다. 그는 수학, 물리학, 천문학 강사가 되었다. 그의 광학 연구는 그로 하여금 예나(Jena)에 있던 칼 차이스(Carl Zeiss)의 조그만 상회에 채용되게 했으며, 차이스가 죽었을 때 그는 주인이 되었다. 그는 박애의 삶으로 물러났다. 아베가 이룬 수많은 기술적 혁신과 실천적 혁신은 칼 차이스를 광학 상회 가운데 가장 위대한 인물로 만들었다. 여기서 나는 하나만을 고려

B부 개입하기

한다.

아베는 분해능에 관심이 있었다. 확대는 만일 그것이 두 개의 구별되는 점을 하나의 커다랗고 흐릿한 것으로 '확대시킨다면' 쓸모가 없다. 어떤 이는 그 점들을 두 개의 뚜렷한 상으로 분해할 필요가 있다. 그것은 회절의 문제다. 회절의 가장 친숙한 예는 날카로운 경계를 갖는 대상의 그림자가 불명확하다는 사실이다. 이것은 빛의 파동적 성격의 귀결이다. 빛이 두 개의 좁은 슬릿 사이를 이동할 때, 빔의 일부는 똑바로 통과해 갈 수도 있지만, 그것의 일부는 주빔에 대해 어떤 각도로 굽을 것이고, 더 많은 일부는 큰 각도로 굽을 것이다. 이들이 1차, 2차, 등등의 회절된 광선이다.

아베는 규조(硅藻, 고래가 10억 개씩 먹는 아주 작은 해양 생명체) 위에 있는 평행선들을 어떻게 분해할(즉, 가시적으로 구별해낼) 것이냐를 그의 문제로 삼았다. 이 선들은 서로 아주 조밀하게 인접해있고 거의 균일하게 떨어져 있으며 거의 균일한 폭을 갖고 있다. 그는 곧 훨씬 더 규칙적인 인위적 회절격자의 이점을 취할 수 있게 되었다. 그의 분석은 순수 과학이 적용되는 방식에 관한 흥미로운 예인데, 왜냐하면 그는 규조 보기 또는 회절격자 보기라는 순수한 사례를 위해 이론을 안출해냈으며, 이것이 현미경으로 이질적인 대상을 보는 일에 관한 물리학의 무한한 복잡성을 표상한다고 추론했기 때문이다.

빛이 회절격자를 때릴 때 그것의 대부분은 투과되기보다는 회절된다. 그것은 격자로부터 1차, 2차 또는 3차 회절의 각도로 방사되는데, 여기서 회절된 광선의 각도는 부분적으로 격자 위에 있는 선간 거리의 함수다. 격자 위에 있는 슬릿을 보기 위해서는 어떤 이가 투과된 광선뿐만 아니라, 적어도 1차의 회절된 광선도 포착해야 한다는 점을 아베는 깨달았다. 여러분이 보는 것은 투과된 빛과 회절된 빛의 푸리에 합성(Fourier synthesis)으로 사실상 가장 잘 표상된다.

그러므로 아베에 따르면, 대상의 상은 주요한 상에 의해서 방사된 광파들과 회절의 결과인 광원의 2차적 상들의 간섭에 의해서 산출된다.

실제적 적용이 많이 있다. 명백히 여러분은 대물렌즈에서 더 많은 유효 구경을 취함으로써 더 많은 회절된 광선을 포착할 수 있을 것이나, 그렇게 되면 여러분은 엄청나게 더 많은 구면 수차 또한 얻게 될 것이다. 이 대신 여러분은 표본과 렌즈 사이에 있는 매질을 바꿀 수 있다. 기름에 담근 현미경에서처럼, 공기보다 더 조밀한 무언가로 여러분은 주어진 유효 구경 안에서 더 많은 회절된 광선을 잡게 되고 따라서 현미경의 분해능을 증가시키게 된다.

최초의 아베-차이스 현미경은 좋았지만, 그 이론은 여러 해 동안 저항 받았으며, 특히 영국과 미국에서 그러했는데, 이들은 시장을 지배했던 한 세기를 향유했다. 심지어 1910년에 이르러 순수하게 경험 위에서 세워진 바로 그 영국 현미경은 그것이 아베로부터 약간의 관념을 훔쳐왔음에도 불구하고 차이스의 장치만큼 또는 더 잘 분해할 수 있게 되었다. 이것이 전적으로 희한한 일은 아니다. 범선이 거의 줄곧 인간의 문화의 일부가 되어왔음에도 불구하고, 범선의 가장 위대한 개량은 1870년과 1900년 사이에 이루어졌는데, 이때 증기선이 범선을 쓸모없게 만들어버렸다. 장인의 솜씨가 정점에 오른 것은 바로 그 때였다. 현미경에 대해서도 마찬가지이나, 물론 값이 많이 들며 이론적이지 않았던 영국의 현미경술 장인은 범선과 같은 운명에 처해 있었다.

그럼에도 불구하고, 몇몇 사람들로 하여금 아베를 믿는 일을 주저하게 만든 것은 상업적 또는 국가적 경쟁만이 아니었다. 나는 앞에서 인용 [A]가 게이지의 『현미경』에 사용되고 있음에 주목했다. 그 교과서의 9판(1901)에서 그 저자는 현미경적 시각은 '맨눈, 망원경, 사진기'와 똑같다는 대안적 이론에 대해 언급한다. '이것은 독창적인 견해이며, 오늘날 많은 사람들이 선호하고 있는 것이다.' 11 판(1916)에서 이것은 다음과 같이 수정된다. '확실한 매우 두드러진 실험들이 아베의 가설의 정확성을 보여주기 위해서 고안되어 왔지만, 많은 이들이 지적했듯이 이들 실험에서 실현된 조건을 현미경의 통상적 사용은 결코 포함하지 못한다.' 이것은 라카토슈가 퇴행적 연구 프로그램이라 부른 것에 대한 좋은 예다. 17판(1941)에서조차도 본질적 측면에서 그 글귀는 똑같이 남아 있다. 그러므로 인용 [A]가 갖고 있듯이 '현미경적 시각과 거시적 시각 사이에 **아무런 비교도 존재하지 않으며 존재할 수가 없다**'고 말하는 아베의 학설에 대한 참으로 뿌리 깊은 혐오가 존재했던 것이다.

만일 여러분이 우리가 보는 것은 본질적으로 눈 속의 일정한 종류의 물리적 과정이라고 주장한다면(나의 더 현대적인 인용 [B]가 여전히 주장하고 있는 것처럼 보이듯이), 그밖의 모든 것은 광학적 환영의 영역 안에 또는 기껏해야 지도그리기의 영역 안에 더 많이 있어야 한다. 그러한 해명 위에서, 레벤후크와 훅의 체계는 여러분이 보는 것을 허락하지 않을 것이다. 아베 이후에 전통적 광학 현미경조차도 본질적으로 1차 회절 또는 심지어 2차 회절의 푸리에 합성자다. 이 때문에 보기에 관한 여러분의 관념을 여러분은 수정해야 하거나 여러분은 심각한 현미경을 통해서 결코 볼 수 없다고 주장해야 한다. 이 질문의 결론에 도달하기에 앞서, 우리는 더 최근의 몇몇 도구를 조사하는 것이 좋을 것이다.

현미경의 과다

우리는 제2차세계대전 이후로 넘어간다. 대부분의 관념은 제1차세계대전과 제2차세계대전 사이 무렵에 존재했지만, 나중까지도 원형을 넘어서지 못했다. 하나의 발명은 상당히 더 오래된 것이지만, 그것은 한동안 적절하게 이용되지 못했다.

세포 생물학자에게 최초의 실제적인 문제는 대부분의 생명 물질이 투명하기 때문에 보통의 광학 현미경 아래서는 그것이 나타나 보이지 않는다는 점이다. 어떤 것을 보기 위해서 여러분은 표본을 착색시켜야 한다. 대부분의 아닐린 염료는 제1의 독이며, 따라서 여러분이 보는 것은 보통 정말로 죽은 세포이고, 이는 또한 구조적으로 손상된 세포일 가능성이 상당히 높으며, 준비과정의 인공물인 구조를 나타낸다. 그럼에도 불구하고 생명 물질은 복굴절(편광) 속성에서 다양한 것으로 판명난다. 그러므로 우리의 현미경에 편광기와 분석기를 합치기로 한다. 편광기는 일정한 속성의 극화된 빛만을 투과시켜 표본에 보낸다. 가장 단순한 경우, 편광기의 빛과 정반대로 극화된 빛만을 투과시키도록, 분석기를 편광기에 수직하게 놓기로 한다. 그 결과는 전적인 암흑이다. 그러나 표본은 그 자체가 복굴절 성질을 갖는다고 가정하자. 그것은 그렇다면 입사광의 편광면을 변화시킬 수가 있고, 따라서 가시적인 상이 분석기에 의해서 형성될 수가 있다. 줄이 진 근육의 투명한 섬유는 어떠한 착색 없이, 그리고 우리가 통상적으로는 '보지' 못하는 빛의 일정한 속성에만 전적으로 의존해 이런 식으로 관찰될 수가 있다.

편광 현미경에 의해서 증대된 아베의 회절 이론은 얼마간의 개념적 혁명에 이르게 한다. 우리는 생명 물질 속의 구조를 지각하기 위해 보기에 관한 '정상적' 물리학을 필요로 하지 않는다. 사실상 우리는 그것을 좀처럼 사용하지 않는다. 심지어 표준적인 경우에서도 우리는 '정상적' 시각 물리학의 방식으로 표본을 본다기보다는 회절된 광선을 합성시킨다. 편광 현미경은 굴절, 흡수, 회절 이상의 것이 빛에 존재한다는 점을 우리에게 상기시켜 준다. 표본의 구조를 연구하기 위해서 표본과 상호 작용하는 빛의 어떠한 속성을 우리는 사용할 수 있을 것이다. 정말로 우리는 **어떤 종류의 파동의**

어떠한 속성이든 사용할 수 있을 것이다.

우리가 빛에만 들러붙더라도 할 일은 많다. 자외선 현미경술은 분해능을 두 배로 해주는데, 그럼에도 불구하고 그것의 주요한 관심사는 생물학적으로 중요한 일정한 물질에서 전형적으로 보이는 특정한 자외선 흡수에 주목하는 데 있다. 형광 현미경술에서, 입사 조명을 상쇄시킬 수 있고, 어떤 이는 천연의 또는 유도된 인광이나 형광으로 서로 다른 파장으로 재방사되는 빛만을 관찰하게 된다. 이것은 일정한 종류의 생명 물질에 대해서 매우 귀중한 조직학적 기법이다. 그럼에도 불구하고, 통상적이지 않은 빛의 전달 또는 방사의 양식을 사용하는 것보다 더욱 흥미로운 것은 빛 자체로 우리가 할 수 있는 놀이다. 제르니커(Zernicke) 위상 차(phase contrast) 현미경과 노마르스키(Nomarski) 간섭 현미경이 그것이다.

투명한 표본은 빛 흡수에서 균질적이다. 그것은 그것의 구조의 다양한 부분에서 굴절율의 보이지 않는 차이를 여전히 갖고 있을 수가 있다. 위상 차 현미경은 이들 차이를 표본의 상의 강도의 가시적 차이로 전환시킨다. 보통의 현미경에서 상은 회절된 파동 D와 직접 투과된 파동 U에서 합성된다. 위상 차 현미경에서 D파동과 U파동은 교묘하되 그럼에도 불구하고 물리적으로 단순한 방식으로 물리적으로 분리되며, 이어 한 종류의 또는 다른 종류의 파동이, 표본의 굴절율의 차이에 상응하는 초점 위상차를 산출시키는 효과를 지니는 표준적인 위상 지연의 지배를 받게 된다.

간섭 차 현미경은 아마도 이해하기가 더 쉬울 것이다. 광원은 반은경(half silvered mirror)에 의해서 단순히 나뉘며, 빛의 반은 표본을 통과하며 한편 다른 반은 출력 상을 위해 재결합되도록 영향을 받지 않는 기준 파동으로 유지된다. 표본 안의 서로 다른 굴절률 차이에 기인하는 광학적 경로 차가 그에 따라서 기준 빔과 더불어 간섭 효과를 산출시킨다.

간섭 현미경은 현혹시키는 줄무늬를 수반하지만 그것은 표본 안의 굴절률에 대한 정량적 결정을 제공하기 때문에 특히 가치가 있다. 자연히 우리가 일단 그와 같은 장치를 입수하게 되면, 편광 간섭 현미경, 다중 빔 간섭 현미경, 위상 변조 간섭 현미경 등과 같은 끝없는 변종들이 구성될 수 있을 것이다.

이론과 믿음의 기반들

몇몇의 빛 이론은 새로운 종류의 현미경을 세우는 데 물론 필수적이며, 옛 종류의 현미경을 개량하는 데 보통 중요하다. 간섭 차 현미경 또는 위상 차 현미경은 빛의 파동 이론 없이는 좀처럼 발명될 수가 없었을 것이다. 회절 이론은 아베와 그의 동료가 더 나은 현미경을 만드는 것을 도와줬다. 우리는 그럼에도 불구하고 발명과 만지작거리기의 이론에 앞서는 역할을 과소평가해서는 안 된다. 수십 년 동안 구식의 경험적 현미경 제작자들은 차이스보다 현미경을 더 잘 만들었다. 전자 현미경의 관념이 실행되었을 때, 그것은 모험을 건 시도였는데, 왜냐하면 사람들은 이론적 기반 위에서 표본이 거의 즉시 튀겨지고 이어 타버릴 것이라고 확신했기 때문이었다. X선 현미경은 오랫동안 이론적 가능성이 되어왔으나, 선형 가속기에서 얻을 수 있는 양질의 빔을 사용해 다음 몇 년 동안에만 효과적으로 세워질 수 있는 것이다. 마찬가지로 아래에 기술된 음향 현미경도 오랫동안 명백한 가능성이 되어왔으나, 지난 10년간에만 어떤 이는 높은 진동수의 훌륭한 음파 및 음질 주사 장치(scanner)를 산출시키기 위해 고속 전자공학을 갖게 되었다. 이론은 이들 교묘한 장치와 적당한 정도로만 관계가 있을 뿐이다. 관계된 이론은 대부분 여러분이 대학에서 배우는 물리 I 수준의 종류다. 중요한 것은 공학이다.

이론이 또 다른 수준에서 들어가는 것으로 보일 수도 있다. 우리가 현미경을 사용해 구성하는 사진을 우리는 왜 믿을까? 우리가 어떤 이론을 갖고 있고 그 이론에 따르면 우리가 참된 사진을 산출하고 있는 것이 되기 때문이 아닐까? 이것은 게다가 우리가 관찰이라 부르는 바 그 자체가 이론에 의해서 결정된다는 새피어의 진술의 또 다른 사례가 아닌가? 단지 부분적으로만 그러하다. 비샤에도 불구하고, 사람들은 그들이 아베 이전의 현미경들로 보았던 바의 다수를 올바르게 믿었는데, 그럼에도 불구하고 그들은 그 현미경들을 뒷받침하기 위해 가장 부적절하고 상식적인 이론만을 갖고 있었을 뿐이다(잘못해서, 그런 일이 발생했던 것이다). 시각적 배열은 신기하게도 이론의 변화 아래에서 강건하다. 여러분이 어떤 배열을 산출시키고, 왜 아주 작은 표본이 그렇게 보이는가에 대한 어떤 이론을 갖게 된다. 나중에 여러분이 여러분의 현미경에 관한 이론을 뒤집고, 여러분은 여전히 그 표상을 믿는다. 이론은 우리가 보고 있는 것이 사물이 존재하는 방식이라는 우리의 확신의 원천이 진정으로 될 수 있을까?

서신 왕래를 통해 하인츠 포스트(Heinz Post)는 거대 분자의 시각적 표상을 산출시키는 일의 중요성을 예증하기 위해 자신이 장 방출(field emission) 현미경에 관해서 오래 전에 토의했었다고 내게 말해줬다. [그의 예는 안스라센 고리(anthracene rings)와 관련되어 있었다.] 그때 이 장치는 F. A. 케쿨레(Kekule, 1829~1896)가 1865년에 가정했던 바, 즉 벤젠 분자는 6개의 탄소 원자를 포함하는 고리라는 것을 입증하기 위해 채용되었다. 장 방사 현미경에 관한 원래의 이론은 어떤 이가 본질적으로 분자의 그림자를 보고 있었다는 것, 즉 우리는 흡수 현상을 관찰하고 있었다는 것이었다. 포스트는 바닥에 놓여 있던 그 이론이 뒤집어졌음을 훨씬 나중에 알게 되었다. 어떤 이는 회절 현상을 관찰하고 있었던 것이다. 사람들은 분자의 현미경 사진을 진정으로 올바른 표상으로 계속해서 간주했다. 이것은 모두 무의미한 주문, 즉 일종의 신용 사기인가? 오직 이론 지배적 철학만이 어떤 이로 하여금 그렇게 생각하도록 할 것이다. 현미경술의 실험적 생명은 실제의 것에서 인공물을 구분해내기 위해서 이론이 아닌 것을 사용한다. 그것이 어떻게 작동하는지를 보기로 한다.

현미경술 속의 진리

특이한 간섭 차 기법은 다음과 같은 특성에 의해서 구별된다. 대상 안에 있는 분명하게 볼 수 있는 외곽선(가장자리)과 연속적인 구조(줄무늬) 둘 다 그들의 참된 윤곽 속에 상으로 나타난다.

수중에 있는 판매물 목록에서 칼 차이스가 그렇게 이야기한다. 무엇이 이 열성적인 판매인으로 하여금 이러한 몇몇 광학적 체계가 산출시킨 상이 '참되다'고 가정하게 만드는가? 물론 그들 상은 어떤 이가 왜곡을 제거시키는 법을 배울 때에만 참되다. 약간의 지각된 구조가 실재하거나 참이라는 확신을 위한 여러 가지 근거가 존재한다. 가장 당연한 것의 하나가 가장 중요하다. 나는 실험실에서 나 자신의 첫 번째 경험으로 그것을 예화하게 될 것이다. 저 배율 전자 현미경술은 적혈구 속의 작은 점들을 드러내준다. 이것들은 조밀한 물체라 불린다. 즉 이것은 그것들이 전자 정도로 조밀하고, 그 어떤 준비 또는 착색하기 없이도 투과 전자 현미경에서 나타난다는 점을 단순히 의미한다. 세포 발생이나 세포 질병의 다양한 단계에서 이들 물체의 움직임과 밀도에 기초하여, 그들이 혈액 생물학에서 행하는 중요한 부분을 지닐 수가 있다고 추측된다. 반면 그들은 단순히 전자 현미경에 의한 인공물일 수도 있다. 한 가지 시험은 다음과 같이 명백하다. 즉 어떤 이는 완전히 서로 다른 물리적 기법들을 사용해 이 똑같은 물체를 볼 수 있는가? 이 경우에 문제는 아주 곧 해결된다. 저분해능 전자 현미경은 고분해능 광학 현미경과 대략 같은 능력을 갖는다. 조밀한 물체가 모든 기법 아래서 나타나지는 않지만, 형광 물질 착색작업과 이어지는 형광 현미경에 의한 관찰로 드러난다.

적혈구 조각들이 현미경 격자 위에 고정된다. 이것은 문자 그대로 격자다. 즉 현미경을 통해서 볼 때 어떤 이는 그 각각의 사각형이 대문자로 딱지 붙여진 격자를 볼 수 있다. 전자 현미경사진은 그러한 격자 위에 올려진 조각들로 이루어진다. 특히 두드러진 배열을 갖는 조밀한 물체의 표본은 이어 형광 현미경을 위해 준비된다. 마지막으로 어떤 이는 전자 현미경사진을 형광 현미경사진과 비교한다. 어떤 이는 현미경사진들이 세포의 똑같은 작은 부분을 보여주며, 말하자면, 그것은 그 작은 부분이 P로 딱지 붙여진 격자의 사각형 안에 명백히 있기 때문임을 알게 된다. 형광 현미경사진 안에 전자 현미경사진에서 보았던 것과 정확히 똑같은 격자, 일반적인 세포 구조, 그 '물체'의 배치가 존재한다. 그 물체들은 전자 현미경에 의한 인공물이 아니라고 추론된다.

두 가지 물리적 과정 — 전자 투과와 형광 재방사 — 이 그 물체를 탐지하는 데에 사용되었다. 이 과정들은 사실상 그들 사이에 아무런 관계가 없다. 이것들은 본질적으로 서로 연관되지 않은 물리학의 덩어리들이다. 만일 되풀이해 두 가지 완전히 서로 다른 물리적 과정이 동일한 시각적 배치를 산출했고 그럼에도 불구하고 이 동일한 시각적 배치가 세포 속의 진정한 구조이기보다는 물리적 과정에 의한 인공물이라면, 그것은 터무니없는 일치가 될 것이다.

누구도 실생활에서는 사실상 이 '일치로부터의 논변(argument from coincidence)'을 산출시키지 않는다는 점에 주목하라. 어떤 이는 서로 다른 물리적 체계에서 나온 두 가지의 (되도록이면 더 많은) 현미경사진의 집합을 단순히 쳐다보고, 조밀한 물체가 각각의 현미경사진의 쌍 속에서 정확하게 동일한 위치에 나타난다는 것을 알게 된다. 이는 한순간에 문제를 결정짓는다. 나의 조언자인 리처드 스캐어(Richard Skaer)는 조밀한 물체가 인공물임을 증명했기를 사실은 기대했었다. 그의 완비된 실험 현미경사진을 조사하고 5분 후에 그는 그가 틀렸음을 알게 되었다.

또한 누구도 그 조밀한 물체가 무엇이냐에 관해 어떤 생각을 지녀야할 필요가 없음에 주목하라. 우리가 아는 모든 것은 몇 가지 기법들에 의해서 보이게 된 세포의 몇몇 구조적 특징이 존재한다는 것이다. 현미경술 자체는 (만일 말해줄 중요한 어떤 것이 진정으로 존재한다고 해도) 이 물체들에 관해 결코 그 무엇도 말해주지 않을 것이다. 생화학을 불러 들여야 한다. 또한 조밀한 물체의 구성 요소로의 순간적인 분광학적 분석이 현재 통용되고 있는데, 전자 현미경과 분광학적 분석기를 결합시킴으로써 그렇게 할 수 있다. 이것은 별에 대한 분광학적 분석과 아주 비슷하게 작동한다.

일치와 설명

이 일치로부터의 논변은 3장의 끝에서 언급한 우주적 우연 논변의 특수한 경우와 닮은 것으로 보일 수도 있다. 이론들은 다양한 현상을 설명하며, 한 이론이 거짓이면서도 현상을 올바르게 예측한다면 그것은 우주적 우연이 될 것이다. 우리는 그 이론이 참이라고 '최선의 설명에로 추론한다'. 그 현상의 공통 원인은 그 이론에 의해서 가정된 이론적 존재자이어야 한다. 과학적 실재론을 옹호하는 논변으로서 이 관념은 많은 논쟁을 산출해냈다. 따라서 그것은 마치 일치에 관한 나의 이야기가 계속 진행되고 있는 다툼의 가운데에다 나를 놓는 것으로 보일 수도 있을 것이다. 그렇지 않다! 나의 논변은 훨씬 더 국소화된 것이다.

우선 그러한 논변들은 관찰적 어휘와 이론적 어휘의 관점에서 종종 제기된다. ('관찰적 어휘 속에서 언급된 행동을 초래하는 헤아릴 수 없는 행운의 우연들, 마치 그것들은 이론적 어휘 속에서 이야기된 존재하지 않는 것들에 의해서 초래된 것과 같다.') 아마 우리는 관찰적 어휘, 이론적 어휘와 관련되지 않을 것이다. 현미경 아래서 보이는 것들을 위한 아무런 이론적 어휘도 존재하지 않을 수가 있는데, '조밀한 물체'란 다름 아닌 조밀한 어떤 것, 즉, 어떤 착색하기 또는 여타의 준비 없이도 전자 현미경 아래서 나타나는 어떤 것을 의미한다. 두 번째로 우리는 설명과 관련되어 있지 않다. 우리가 전자 현미경을 사용하든 형광 현미경을 사용하든 우리는 점들의 똑같은 배치를 보게 되며, (그것의 성질이 아직 알려지지 않은) 몇몇 일정한 종류의 것이 점들의 지속적인 배치에 책임이 있다고 이야기하는 것은 이것에 대한 아무런 '설명'도 되지 못한다. 세 번째로 우리는 어떤 광범위한 현상을 예측하는 아무런 이론도 갖고 있지 않다. 네 번째의 그리고 가장 중요한 차이는 이것이다. 곧 우리는 실재하는 대상에서 인공물을 구별해내는 일과 관련되어 있다는 것이다. 실재론에 관한 형이상학적 논쟁 속에서, 대조는 '실재하되 관찰 불가능한 존재자'와 '실재하는 존재자가 아니라, 차라리 사고의 연장' 사이에서 이루어진다. 현미경으로 우리는 현미경사진 위에 점들이 존재한다는 것을 안다. 질문은 그것들이 물리적 체계에 의한 인공물인가 아니면 그것들은 표본 자체 속에 나타나는 구조인가다. 나의 일치로부터의 논변은 만일 두 가지 전적으로 서로 다른 종류의 물리적 체계가 현미경사진 위에 정확히 동일한 점들의 배치를 산출하게 되어 있다면 그것은 터무니없는 일치가 될 것이라고 단순히 이야기한다.

격자 논변

나는 이제 과학적 실재론이라는 주제에 관한 한 철학자의 방백에 도전한다. 반 프라센은 우리가 지구 위에 위치해 있을 때 우리는 목성의 달들을 보기 위해서 망원경을 필요로 함에도 불구하고, 우리가 거기로 가서 맨눈으로 그 달들을 볼 수 있기 때문에 우리는 망원경을 통해서 볼 수 있다고 말한다. 이는 들리는 것만큼 그다지 기발하지 않은데, 왜냐하면, 외견상, 여기서 맨눈으로 목성의 달들을 구별할 수 있는 오늘날에 살고 있는 사람의 수는 아주 작기 때문이다. 우리 가운데 덜 예리한 이들에게, 그럼에도 불구하고 그 순간에, 그것은 과학 소설이다. 현미경사용자는 공상을 피한다. 조밀한 물체를 재파악하는 데 사용된 격자를 생각해보라. 아주 작은 격자는 금속으로 만들어진 것이다. 이것들은 육안으로는 좀처럼 보이지가 않는다. 이것들은 펜과 잉크로 매우 큰 격자를 그려냄으로써 만들어진다. 글자들이 격자의 각 사각형들의 모서리에 선명하게 새겨진다. 이어 격자는 사진술을 사용해 축소된다. 현재 표준적인 기법이 되고 있는 것을 사용하여, 결과로 나온 미시사진 위에 금속이 놓이게 된다. 격자는 100, 250, 1000개 단위의 다발로 또는 오히려 통으로 팔린다. 그러한 격자를 만드는 절차는 전적으로 잘 알려져 있으며, 어떤 여타의 고품질 대량 생산 체계만큼이나 신뢰할 만하다.

짧게 말해, 상상 속의 우주선 속에서 즐긴다기보다는, 우리는 일상적으로 격자를 수축시키고 있다. 이어 우리는 거의 어떤 종류의 현미경을 통해서라도 그 아주 작은 원반을 살피고 원래 커다란 규모로 그렸던 것과 정확히 똑같은 모양과 글자를 보게 된다. 내가 한 자루의 족집게로 들고 있는 그 미세한 원반이 사실은 딱지가 붙은 격자의 구조를 갖고 있지 않다는 사고를 심각하게 품는 것은 불가능하다. 우리가 격자를 바로 그런 식으로 존재하도록 만들었기 때문에 내가 망원경을 통해서 보는 바가 진정하다는 것을 나는 안다. 제작의 과정이 신뢰할 만하며, 그것은 우리가 그 결과를 그 현미경으로 확인할 수 있기 때문임을 나는 안다. 더욱이 그 결과를 어떠한 종류의 현미경으로도 확인할 수가 있는데, 이는 다수의 서로 무관한 물리적 과정을 상을 산출시키기 위해 이용하는 것이다. 마찬가지로 이것이 어떤 거대한 일치가 될 가능성을 우리는 품을 수 있을까? 원반이, 현미경으로 보아서, 딱지가 붙여진 격자의 모습으로 존재함은 가짜인가? 그 커다란 격자가 서로 다른 12가지 종류의 현미경을 통해서 볼 때도 여전히 격자처럼 보이는 어떤 비격자로 수축된 일은 13가지의 전적으로 서로 무관한 물리적 과정의 거대한 공모인가? 그 격자에 관해 반실재론자가 되려면 여러분은 현미경의 사악한 데카르트적 악마를 불러내야 할 것이다.

격자 논변은, 적어도 현상론적 수준에서, 과학의 비단일성(disunity of science)에 대한 건강한 인정을 요구한다. 광학 현미경 모두는 평범하게 빛을 사용하지만, 간섭, 편광, 위상 차, 직접 투과, 형광 등등은 본질적으로 빛의 서로 무관한 현상론적 측면을 이용한다. 만일 동일한 구조가 광파의 서로 다른 이러한 측면을 사용해 식별된다면, 우리는 그 구조가 모든 서로 다른 물리적 체계들에 의한 인공물이라고 심각하게 가정할 수 없다. 더욱이 나는 이 모든 서로 다른 물리적 체계들이 사람들에 의해서 만들어진 것임을 강조한다. 우리는, 말하자면, 빛의 위상 간섭 특성을 격리해냄으로써, 자연의 몇몇 측면을 순화시킨다. 우리는 원리적으로 한 도구가 어떻게 작동하게 될는지를 정확하게 앎으로써 그 도구를 설계하는데, 이는 바로 광학이 아주 잘 이해되어 있는 과학이기 때문이다. 우리는 원형(prototypes)을 디버깅(debugging)하는 데 여러 해를 소모하며, 마침내 바로 쓸 수 있는 도구를 갖게 되는데, 이를 통해 우리는 한 특별한 구조를 식별해낸다. 여타의 몇 가지 바로 쓸 수 있는 도구는 전적으로 서로 다른 원리 위에서 세워지는데, 이들이 그 동일한 구조를 드러내준다. 데카르트적 회의주의자에 이르지 못한 누구도 그 구조가 표본에 내재하는 것이라기보다는 도구들에 의해 만들어진 것이라고 가정할 수 없다.

1800년에 현미경이 섬유의 구조보다는 광학적 체계의 인공물을 주로 노출시켰다는 평범한 근거에서 조직학 실험실에서 현미경을 금지시켰던 일은 가능했을 뿐만 아니라 완벽하게 분별 있는 것이었다. 그것은 더 이상 옳지 않다. 여러분이 보고 있는 것이 광학적 내용의 준비 과정의 인공물이기보다는 표본 속에 정말로 있는 것인지를 확신하게 되는 일은 혁신적인 현미경에서 항상 문제가 된다. 그러나 1983년에 1800년과는 반대로 우리는 그러한 확신을 얻는 엄청나게 많은 방식을 갖고 있다. 나는 '시각적' 측면만을 강조한다. 거기서조차도 나는 아주 단순화한다. 만일 여러분이 몇 가지 서로 다른 물리적 체계를 사용해 구조의 똑같은 기초적인 특징을 볼 수 있다면, 여러분은 '그것은 인공물이다'보다는 '그것은 실재하는 것이다'라고 말할 아주 훌륭한 이유를 갖는 것이라고 나는 이야기한다. 그것이 결정적인 이유는 못된다. 그러나 이 상황은 일상적 시각과 전혀 다르지 않다. 어느 뜨거운 날에 여러 서로 다른 조망에서 볼 때 타르머캐덤(tarmac) 길 위에 검은 반점이 보이되 항상 그 위치에 있다면, 어떤 이는 그 사람이 보고 있는 바가 친숙한 환영이라기보다는 푸들이라고 결론 내릴 것이다. 어떤 이는 여전히 틀릴 수가 있다. 현미경사용에서도 어떤 이는 이따금씩 틀린다. 실제로 거시적 지각과 현미경적 지각에서 이루어지는 실수의 종류의 완전한 유사성은 어떤 이는 현미경을 통해서 본다고, 단순히, 말하는 경향을 증가시킬 수가 있다.

거시 규모의 시각에서 바로 그렇듯이, 실질적 상들 또는 현미경 사진은 실재에 대한 확신의 하나의 작은 부분일 뿐임을 나는 반복해서 말해야 한다. 최근의 강의에서 분자생물학자 G. S. 스텐트 (Stent)는 1940년대 후반에 ≪라이프(Life)≫ 잡지가 흥분해 차서 '최초의 유전자 사진'(1947년 3월 17일)이라 딱지 붙인 총 천연색의 전자 현미경사진을 갖고 있었음을 상기시켰다. 그 당시에 유전자에 관한 이론이 제시되어 있었든 결여되어 있었든, 스텐트가 말하기로, 그 표제는 아무런 의미도 지니지 못했다. 유전자가 무엇인가에 관한 더 커다란 이해만이 현미경사진이 보여주는 바에 대한 확신을 가져올 수 있다. 우리가 염색체의 띠 및 띠 사이에 있는 것을 보기 때문이 아니라, 우리가 그것들이 무엇을 하며, 그것들이 무엇을 위해 존재하는 것이냐에 관한 개념을 정식화해내기 때문에, 우리는 그것들의 실재성을 확신하게 된다. 그러나 이 관점 속에서도, 현미경적 시각과 거시적 시각은 다르지 않다. 즉 콩고에 있는 라플란드 사람(Laplander)은 그가 정글 속에 무엇이 존재하느냐에 관해 몇몇 관념을 얻기 시작하기 전까지는 이상야릇한 새로운 환경 속에서 많은 것을 보지 못할 것이다.

그러므로 나는 일치로부터의 논변을 우리가 현미경을 통해 진정으로 본다는 우리의 확신에 대한 유일한 기초로 제출하지 않는다. 그것은 이해의 더 많은 지적 양식과 결합하는, 그리고 여타 종류의 실험적 작업과 결합하는 한 가지 요소, 즉 강제성을 발휘하는 시각적 요소다. 실천적 생화학 없는 생물학적 현미경술은 개념의 부재 속의 칸트의 직관처럼 맹목적인 것이다.

음향 현미경

나는 여기서 전자 현미경을 피한다. '그' 광학 현미경이 없는 것처럼 '그' 전자 현미경이란 없다. 즉 전자 빔의 모든 종류의 서로 다른 속성이 사용되는 것이다. 여기가 그 모든 것을 설명하는 자리는 아니지만, 가시광선의 속성에 기초하는 예 가운데 아주 작은 양의 섭취를 우리가 염두에 두는 경우라면, 상상 가능한 방사 중에서 가장 공통점이 없는 종류를, 즉 소리 5 를 고려하기로 한다.

공중전을 위해 발명된 레이더와 해전을 위해 발명된 소나(sonar)는 종파의 파면과 횡파의 파면이 동일한 종류의 목적을 향해서 놓이게 될 수 있음을 우리에게 상기시켜준다. 초음파는 매우 높은 진동수를 갖는 '소리'다. 어머니의 자궁 속에 있는 태아에 대한 초음파 검사는 최근에 응분의 대중성을 상당히 만족할 만큼 얻어냈다. 40년 이상 이전에 소련 과학자들은 들을 수 있는 소음보다 1000배나 더 큰 진동수의 소리를 사용하는 현미경을 제안했다. 기술은 최근에서야 이 관념을 따라잡았다. 유용한 원형이 이제 막 작동하고 있다.

그 현미경의 음향적 부분은 비교적 간단하다. 전기적 신호가 소리 신호로 변환되며 이어 표본과의 상호작용이 있는 후에 전기로 다시 변환된다. 현재의 도구들의 교묘함은 음향학보다는 전자공학에 있다. 음향 현미경은 주사(走査)하는 장치다. 그것은 신호를 텔레비전 스크린 위의, 현미경사진 위의 또는 더 많은 수의 세포를 연구할 때는 비디오테이프 위의 공간적 표시로 변환시킴으로써 그것의 상을 산출시킨다.

항상 그렇듯이 새로운 종류의 현미경은 흥미로운데 그것은 그것이 노출시킬 수 있을 표본의 새로운 측면들 때문이다. 굴절률의 변화는 빛에서보다 소리에서 엄청나게 더 크다. 게다가 소리는 완전히 불투명한 대상을 투과한다. 그래서 음향 현미경의 최초의 적용의 하나가 야금학에 존재하며, 전망은 규소칩(silicon chips)의 결함을

5_ 예를 들어 C. F. Quate, "The acoustic microscope", *Scientific American* 241(Oct. 1979), pp.62~69를 볼 것.

탐지하는 데에도 존재한다. 생물학자에게 전망은 역시 두드러진다. 음향 현미경은 생명 물질의 밀도, 점성, 유연성에 민감하다. 더욱이 주사 장치에 의해서 사용된 소리의 바로 그 짧은 파열은 세포에 즉각적으로 손상을 입히지 않는다. 이 때문에 어떤 이는 완전히 글자 그대로의 방식으로 세포의 생활을 연구할 수가 있다. 즉 어떤 이는 세포가 용무를 보는 동안에 점성과 유연성의 변화를 관찰할 수 있게 될 것이다.

음향 현미경의 급속한 발전은 그것이 우리를 어디로 이끌지에 대해서 우리를 불확실한 상태에 있게 한다. 두어 해 전에 연구보고서들은 전자 현미경과의 어떤 경쟁을 조심스럽게 부정했다. 즉 연구보고서들은 대략 광학 현미경 수준의 분해능을 부여한다는 데 기꺼워했던 것이다. 현재, 초냉각된 고체 속의 음파의 속성을 사용해 어떤 이는 전자 현미경의 분해능과 겨룰 수 있는데, 그럼에도 불구하고 그것은 살아 있는 조직을 연구하는 이에게는 많은 도움이 되지 않는다!

우리는 음향 현미경으로 보는 것인가?

현미경으로 보기

한 렌즈를 통해서 보는 것은 기술의 첫 단계였다. 이어 복합 현미경의 관을 통해서 응시하기가 왔으나, 도구를 '통해서' 보기는 중요하지 않다. 우리는 현미경으로 얻은 사진을 연구한다. 전자 현미경의 엄청난 초점 깊이 덕분에 커다란 평면 위에서 상을 보는 것은 당연하며 따라서 모든 이는 흥미로운 것 주변에 모여 설 수 있고 그것을 가리킬 수 있는 것이다. 주사 현미경은 필연적으로 상을 스크린이나 판 위에 구성한다. 어떤 상은 디지털화될 수 있고 텔레비전 표시에로 또는 그 어떤 것에로 다시 전달될 수 있다. 더욱이, 디지털화는 잡음을 검열하는 데에 그리고 심지어 잃어버린 정보를 재구성하는 데에 경이로운 능력을 발휘한다. 그럼에도 불구하고 기술에 위압당하지 말라. 결정 구조에 대한 연구에서, 잡음을 제거하는 한 가지 훌륭한 방식은 현미경사진을 체계적 방식으로 잘라내어, 그것을 함께 다시 붙이고, 간섭 차를 확보하기 위해 그것을 다시 사진 찍는 것이다. 그러므로 우리는 일반적으로 현미경을 통해서 보는 것이 아니라, 우리는 현미경으로 본다. 그러나 우리는 현미경으로 **보는 것**인가? 특히 우리가 대부분의 페르미온(fermions)을 '보게' 되거나, 중성미자로 태양의 핵을 관찰하게 되는 내용을 담은 바로 앞 장의 끝에서 인용된 용법들이 주어졌을 때, 단어 '보다'의 통상적 사용에 대해 논쟁하는 것은 어리석은 일이 될 것이다. 레이더 탐지를 빠져나가기 위해 지구 표면으로부터 수십 야드로 스치듯 날아가는 핵무기가 장착된 저공비행 제트기를 위한 어떤 장치에 대해 생각해보기로 한다. 수백 피트 아래를 보는 것 그리고 수마일 먼 곳을 보는 것 둘 다를 필요로 하는 조종사에게 수직 척도와 수평 척도 둘 다 관심거리다. 시각 정보는 디지털화되고, 처리되며, 방풍 유리 위에 있는 앞을 향한 채 읽을 수 있는 표시판 위에 던져진다. 거리는 압축되고 고도는 확장된다. 조종사는 지형을 보는가? 그렇다. 이 경우는 조종사가 비행기에서 나와서 훌륭한 보기를 갖게 됨으로써 지형을 볼 수 있게 되는 경우가 아님에 주목하라. 도구 없이 그렇게 많은 풍경을 바라볼 수 있는 방식은 존재하지 않는다.

내가 일반적 공간 또는 역 공간 — 요즘에는 스위치의 움직임에 따라서 바뀌는 — 에서 결정의 상을 산출시키는 데 쓰는 전자 회절 현미경에 대해 고려해보기로 한다. 전자 회절 패턴의 점들은 결정의 원자 구조와 상반적이기 때문에, 역 공간은 대략 말해서 안팎이 뒤집혀진 일반적 공간이다. 가까운 것은 멀고 먼 것은 가깝다. 결정학자들은 종종 그들의 표본을 역 공간에서 연구하는 일이 가장 자연스럽다는 것을 알게 된다. 그들은 역 공간에서 표본을 보는 것인가?

이들은 확실히 그렇다고 말할 것이고, 그럼으로써 지각 공간의 일의성에 관한 칸트의 학설에 질문을 제기하게 된다.

어떤 이는 보기라는 관념을 얼마나 먼 곳까지 밀어붙일 수 있을 것인가? 내가 전자적 그림붓을 취하여, 말하자면, 디지털화되고 재구성된 상 (b)를 사용해서 내가 앞서 연구했던 세포에 대한 정확한 사진 (a)를 텔레비전 스크린 위에 그린다고 가정하라. 내가 (b)의 경우에서 '세포를 바라보고 있을'지라도, (a)에서 나는 단지 세포에 대한 그림을 바라보고 있을 뿐이다. 그 차이는 무엇인가? 그 중요한 특징은 (b)에서 파원, 즉 대상과 결국 대상의 상으로 나타나는 일련의 물리적 사건 사이의 직접적 상호작용이 존재한다는 것이다. 인용문 [B]를 한 번 더 사용하자면, (b)의 경우에서 우리는 표본과 상을 만들어 내는 방사 사이의 상호작용에 대한 지도를 갖게 된다는 것이다. 만일 그 지도가 좋은 지도라면, (b)는 현미경으로 보고 있는 것이다.

이것은 의심의 여지없이 보기의 의미의 자유로운 확장이다. 우리는 음향 현미경으로 본다. 우리는 물론 텔레비전으로 본다. 우리는 텔레비전에서가 아니라, 텔레비전으로 암살 미수를 보았다고 말하지는 않는다. 이것은 그저 관용어법이며, '나는 그것을 라디오에서 들었다'에서 이어받은 것이다. 우리는 텔레비전 생방송과 그렇지 않은 텔레비전 방송을 구별한다. 우리는 다양한 부사, 형용사, 심지어는 전치사로 이루어지는 끝없는 구별을 갖고 있다. 나는 텔레비전으로 보기에 관한 이야기에서 결과할 어떠한 혼동도 알지 못한다.

과학적 실재론

어떤 상이 표본과 그 방사의 상 사이의 상호작용에 관한 지도이며, 그 지도가 좋은 지도일 때, 그러면 우리는 현미경으로 보고 있는 것인가? 좋은 지도란 무엇인가? 수차 또는 인공물을 버리거나 무시한 이후에, 그 지도는 표본 속의 몇몇 구조를 그 표본 속에서 실제로 나타나는 것과 본질적으로 동일한 2차원 또는 3차원적인 관계의 집합 속에서 표상해야 한다.

이것이 과학적 실재론에 영향을 미치는가? 우선 그것은 오직 신중한 방식으로 영향을 미칠 수 있음을 명확히 하기로 한다. 초기에는 반 프라센에게 끌렸으며, 광학 현미경으로만 보이는 대상은 관찰 가능한 것으로 간주할 수 없다고 사고했던 어떤 독자를 상상해 보라. 그 독자는 그의 마음을 바꿀 수 있을 것이며, 그러한 대상을 관찰 가능한 존재자의 부류 속에 속한다고 인정할 수 있을 것이다. 이것은 반 프라센의 반실재론의 주요한 모든 철학적 입장을 여전히 그대로 남겨두게 될 것이다.

그러나 만일 우리가 광학 현미경으로 본다고 결론을 내린다면, 우리가 보고 있다고 보고하는 대상은 실재한다는 점이 따라 나오는가? 아니다. 왜냐하면 나는 우리가 현상주의(phenomenalism)와 직결된 실증주의의 19세기 바퀴 자국에 들러붙어서는 안 되며, 우리는 감히 현미경으로 보기에 관한 이야기를 해야 한다는 점만을 이야기했기 때문이다. 그러한 추천은 현미경술의 실재론에의 강력한 참여를 함축하지만, 그것은 쟁점이 되고 있는 문제를 요구한다. 전자 중성미자 등을 우리가 보았던 일에 관한 즐거운 이야기를 담고 있는, 내가 고에너지 물리학에서 가져온 인용에서 이것은 명백하다. 물리학자는 또한 실재론자이며, 그는 이것을 단어 '본다'를 사용해 보여주지만, 그의 용법은 그러한 것들이 존재한다는 **논변**은 아니다.

현미경술은 그렇다면 실재론의 문제를 요구하게 하는가? 그렇지 않다. 우리가 다양한 종류의 현미경을 사용해 관찰하는 구조를 우리는 확신하고 있다. 우리의 확신은 부분적으로 수차와 인공물을 체계적으로 제거해내는 데서 우리가 성공을 거둔 일에서 생겨난다. 1800년에 그런 성공이란 없었다. 비샤는 그의 해부실에서 현미경을 금했는데, 왜냐하면 당시에 어떤 이가 표본 속에 존재한다고 입증될 수 있었을 구조를 관찰하지 못했기 때문이다. 그러나 현재 우리는 전반적으로 수차를 없앴다. 즉 우리는 많은 인공물을 제거했고, 여타의 것들을 무시해내며, 탐지되지 않은 사기를 항상 경계한다. 우리는 확실한 물리적 방식, 말하자면 미시적 주입으로 구조들에 개입할 수 있기 때문에 우리가 보고 있는 것처럼 보이는 그 구조에 관해서 확신하는 것이다. 전적으로 서로 다른 물리적 원리를 사용하는 도구들이 우리로 하여금 동일한 표본에서 아주 똑같은 구조를 관찰하도록 하기 때문에 우리는 확신한다. 우리가 볼 수 있도록 해주는 도구를 세우는 데 사용된 물리학의 대부분에 대한 우리의 명백한 이해에 의해서 우리는 확신하지만, 이 이론적 확신은 상대적으로 작은 역할을 한다. 우리는 생화학과의 경탄할 만한 교차점에 의해서 더욱 확신하게 되는데, 이 교차점은 우리가 현미경으로 식별해내는 구조가 뚜렷한 화학적 속성에 의해서도 개별화된다는 것을 확신시켜준다. 우리는 세포에 관한 뛰어난 능력을 가진 연역적 이론 — 그런 것은 없다 — 에 의해서 확신하게 되는 것이 아니라 우리로 하여금 현미경에서 현상을 통제하고 창조하게 해주는 맞물려 있는 아주 많은 낮은 수준의 일반화(low level generalizations) 때문에 확신한다. 짧게 말해, 우리는 현미경적 세계 안에서 나도는 법을 배운다. 버클리의 『시각에 대한 새로운 이론』은 유치한 쌍안경 3차원 시각에 관한 전체 진리가 될 수는 없겠지만, 우리가 현미경이 우리에게 노출시키는 세계 속의 새로운 세계로 들어갈 때 이것은 확실히 올바른 노선 위에 위치해 있는 것이다.

●●● 12 사변, 연산, 모형, 근사

나는 단지 한 가지의 획일적 실천, 즉 관찰하기(observing)가 존재한다는 관념에 지금 불찬성했다. 우리는 이제 똑같은 전술을 이론과 관찰이라는 오래된 듀엣의 다른 쪽에도 적용해야 한다. 관찰이 그렇지 않듯, 이론은 더 이상 한 가지 종류의 것이 아니다. 풍부하되 기초적인 예가 이 사실을 설명해줄 것이다.

패러디 효과

견습 제본공인 마이클 패러디(1791~1867)는 그가 21살이 되었을 때, 험프리 데이비의 조수로 일자리를 잡게 되었다. 그는 이어 우리의 지식을 증진시켰으며 우리의 기계를 변화시켰다. 가장 오래 지속되고 있는 그의 두 가지 통찰은 손을 맞잡고 간다. 전기 모터(그리고 역으로 발전기)의 발명과 전류 변화가 자기적 강도의 변화를 산출한다는 것(역으로 자기장을 통과하는 회전이 전류를 발생시킨다는 것)에 대한 인식이 그것이다. 패러디 효과 또는 자기광학 효과로 불리는 것도 존재한다. 패러디는 자기가 빛에 영향을 줄 수 있음을 알아냈다. 이는 엄청난 역사적 중요성을 지니고 있다. 그것은 빛과 전자기를 통합하는 단일 이론이 존재할 수도 있음을 제안했던 것이다. 제임스 클럭 맥스웰은 1861년에 이르러 그것을 합쳤고, 1873년에 그것을 체계적으로 제시했다. 패러디 효과는 1845년에 실험적으로 입증된 바 있다.

독실한 신자였던 패러디는 자연의 모든 힘이 서로 연결되어 있다고 확신했다. 뉴튼은 1800년까지 지속되었던 통일 과학(unified science)을 위한 공간을 마련했다. 우리가 10장에서 보았듯이, 그 해에 윌리엄 허셜은 복사열이라는 문제를 제기했다. 같은 해에 귀세페 볼타(Guiseppe Volta)는 최초의 볼타 전지를 만들었다. 최초로 정상 전류(steady electric current)의 원천이 존재하게 되었는데, 이는, 외어스데드가 곧 보여줬듯이, 자력계의 자침에 영향을 미칠 수 있었다. 1801년 토머스 영은 빛의 파동설을 공표했으며, 이는 뉴튼주의적 광선 이론의 백 년을 완전히 끝내버렸다. 줄여 말해, 뉴튼주의적 과학의 단일성이 혼란에 빠진 것이다. 게다가, 전자기력, 중력, 빛의 힘 사이에는 어떤 명백한 연결도 존재하지 않았다. 마이클 패러디는 이 문제에 손을 댔다. 9장에서 언급한 위대한 실험자인 데이빗 브루스터는 1819년에 몇몇 종류의 유리에 응력을 가함으로써 여러분으로 하여금 그 유리가 편광을 일으키도록 할 수 있음을 보여줬다. 이러한 유비를 이용하여, 패러디는 어떤 물체에 응력을 가하는 것이 빛의 투과에 영향을 미칠 수 있다면, 그것이 전기를 띠도록 하는 것도 되리라 짐작했다. 패러디는 그와 같은 효과를 1822년, 1834년, 1844년에 반복해서 찾고자 했다. 그 뒤 곧 1845년에 그는 전화(electrification)를 포기했고, 그 대신 자기로 시도를 했다. 이것조차도 그가 여러 해 전에 다른 목적으로 개발했던 조밀한 유리를 쓸 때까지는 실패였다. 그는 빛의 빔의 편광면은 빛의 빔이 자기력선에 평행하게 붕규산 유리(borosilicate glass)를 통해 보내질 때 회전할 것임을 알아냈다. 프랑스 물리학자 M. E. 베르데(Verdet, 1824~1896)는 나중에 이러한 속성을 광범위한 물질에서 탐구했고, 그럼으로써 그것을 자연의 한 일반적인 특성으로 수립시킨다.

패러디 효과 설명하기(E)

패러디는 그가 발견했던 것에 관해서 아무런 이론도 갖고 있지 않았다. 그 이듬해인 1846년에 G. B. 에어리(Airy, 1801~1892)는 그것을 어떻게 빛의 파동 이론 안에서 분석적으로 표상할 수 있는지를 보여줬다. 빛의 방정식은 몇몇의 시간에 대한 변위의 이차 도함수를 포함하고 있었다. 에어리는 몇몇 아드 호크(ad hoc) 잉여 항을 부가시켰는데, 이것들은 일차 도함수이거나 삼차 도함수였다. 이것은 물리학에서 표준적인 움직임이다. 방정식을 현상에 들어맞게 하기 위하여, 여러분은 그 방정식을 위해 아주 표준적인 잉여 항을 손쉽게 가져올 수 있는데, 왜 한 항이 다른 항보다 목적을 더 잘 이루어내는지를 모르고도 그렇게 할 수 있다.

1856년 켈빈은 한 물리적 모형을 제안했다. 즉 자기장은 유리블록 속의 분자로 하여금 역선에 평행한 축 주위를 회전하도록 한다는 것이다. 이러한 분자 회전은 광파에 의해 유도된 진동과 짝을 이루며, 그럼으로써 편광면이 회전하도록 만든다.

켈빈의 모형은 맥스웰에 의해서 맥스웰의 목적에 맞도록 적당히 변화되었으며, 그 모형은 맥스웰의 빛의 전자기 이론이 형성되는 것을 도왔다. 그럼에도 불구하고 그것은 베르데가 보고한 실험적 세부 내용과 잘 들어맞지 않았다. 그래서 맥스웰은 그 현상을 기술

B부 개입하기

하는 데 이용된 전자기 벡터장의 라그랑주 함수(Lagrangian)의 잉여항을 결정하기 위해 대칭 논변을 사용했다. 마침내 1892년 H. A. 로렌츠는 맥스웰의 방정식을 그의 전자 이론과 결합시켰다. 이것은 오늘날에 사용된 설명을 제공했다. 그 효과는 역선 주위의 국소적 운동에 의해 물리적으로, 즉 켈빈 스타일로 설명되었다. 그러나 막 발생한 그것은 켈빈적인 신비적 분자 회전이 아니다. 그것은 전자기적으로 유도된 전자의 운동이다.

'이론'의 여섯 가지 수준

우리의 이야기는 적어도 이론의 여섯 가지 수준을 예증한다. 이들은 그저 더 큰 일반성 또는 연역적 힘의 수준이 아니며, 오히려 사변(speculation)의 상이한 종류들이다. 기초적인 실험적 작업은 베르데가 그 뒤를 따랐던 패러디의 실험적 작업이다. 출현의 순서에 따른 '이론적' 관념은 다음과 같다.

1. 과학의 단일성에 대한 믿음에서 동기를 부여 받아, 패러디는 전자기와 빛 사이에 어떤 연결이 있어야 한다고 사변했다.
2. 브루스터의 발견과의 패러디의 유비가 존재한다. 전자기적인 어떤 것은 편광적 속성에 영향을 미칠 수 있다.
3. 에어리는 아드 호크 수학적 표상을 제공한다.
4. 켈빈은 물리적 모형을 제공하는데, 이때 유리 속의 회전하는 분자에 대한 역학적 구도를 제시한다.
5. 맥스웰은 새로운 전자기 이론 안에서 형식적 분석을 제공하고자 대칭 논변을 사용한다.
6. 로렌츠는 전자 이론 안에서 물리적 설명을 제공한다.

나는 이 상이한 수준의 가설이 모든 연구와 연결되어 발생한다는 점을 함축하려는 것이 아니며, 그들이 이 순서로 발생할 필요가 있다고 함축하려는 것도 아니다. 차라리 베이컨적 역사라고 할 수 있는 이것은 광범위한 관념 및 유비와 더불어 시작된다. 그것은 실험에 의해 실질화되고, 이어 점점 더 만족스런 이론적 정식화로 발전해 간다. 물론 종종 커다란 사변(6)이 먼저 올 때도 있다. 이 사례는 '이론'이 수많은 산물을 포괄한다는 평범하되 잊기 쉬운 사실을 설명해준다. 한 사전은 어원학적으로 보아 단어 '이론'은, 하나의 의미에서, 사변을 뜻하는 그리스 단어에서 왔다고 이야기한다. 여기에 주의를 쏟기로 한다.

사변

C. W. F. 에브릿과 나는 단순한 이분법보다는 활동의 삼자 구분을 선호한다. 나는 그것을 사변, 연산(calculation), 실험하기(experimentation)라고 부른다.

단어 '사변'은 모든 종류의 쓸 데 없는 말 지껄이기와 주식거래에 적용할 수 있다. 사변으로 나는 흥미로운 어떤 것에 대한 지적 표상, 즉 세계의 몇몇 일반적 면모에 대해 적어도 정성적 이해를 제공하는 관념을 갖고 노는 일 및 그 관념의 재구조화를 의미한다.

사변들은 단지 정성적일까? 물론 아니다. 물리학은 정량적 과학이다. 그럼에도 불구하고 대부분의 이론은 실험에 의해 채워질 자유로운 몇몇 매개변수를 갖고 있다. 바닥에 놓여 있는 이론은 더 정성적이다. 하나의 오래된 사변은 지구를 향해 자유 낙하하는 물체가 지나오는 거리가 낙하 시간의 제곱에 따라 변화한다는 것이다. 이는 $1/2\ gt^2$으로 표상된다. 국소적 중력 가속도 g의 숫값은 최초의 사변의 일부가 아니다. 그것은 단지 빈칸이며, 우리가 비이론적 측정으로 채우게 된다. 현재 모든 정량적 이론은 결국 다음과 같이 말한다. '그 형식을 갖는 방정식은 이러 저러하며, 경험적으로 채워질 일정한 자연의 상수를 갖고 있다.' 근본 상수를 설명해 내려는 라이프니츠적 꿈이 오랫동안 있어 왔지만, 그것은 여전히 흥분을 유발하는 프로그램이지, 결과를 갖고 있는 분야는 아니다.

여러 종류의 표상이 존재하는 만큼 적어도 여러 종류의 사변이 존재한다. 물리적 모형이 있으며, 패러디 효과에 대한 켈빈의 설명으로 예증된다. 수학적 구조가 있다. 두 접근 모두 현저한 통찰로 이끌어줬다. 19세기 후반의 과학에 관해 오해를 일으키는 한 가지 상투어구에 따르면, 영국 물리학자들은 물리적 모형을 만든 반면 독일 물리학자들은 주로 수학적 접근을 사용했다. 두 종류의 작업은 서로 협력하며, 두 종류의 연구자는 종종 아주 다른 방식으로 거의 똑같은 사실을 드러내준다. 게다가 자세히 조사해보면, 예를 들어 맥스웰에 대해 이야기할 때, 물리적 모형 뜨기(modelling)의 대부분은 추상적 구조를 끌어들이는 일로 판명된다. 그러므로 그의 통계 역학의 원리는 단단한 입자가 아니라 명백한 어떤 물리적 의미도 갖지 않는 수학적 미분이었다. 역으로 독일에서 응용 수학의 많은 부분은 평이한 물리적 모형의 기술에 의거하고 있었다. 인간 정신의 이러한 측면들은 일반적으로 분리 가능하지 않으며, 우리가 예견할 수 없는 방식으로 계속해 교환되고 변경될 것이다.

연산

쿤은 정상 과학이 그가 **명료화**(articulation)라고 부르는 바의 문제라고 진술한다. 우리는 이론이 세계와 더 잘 맞물리도록 하기 위해 이론을 명료화하는데, 이는 실험적 검증에 열려 있다. 대부분의 최초의 사변들은 세계와 좀처럼 맞물리질 않는다. 이는 두 가지 이유에서 그러하다. 하나는 어떤 이가 사변으로부터 원리적으로 시험

가능한 귀결조차 좀처럼 직접적으로 연역해낼 수가 없다는 점이다. 다른 하나는 원리적으로 시험 가능한 명제조차도 종종 시험 가능하지 않으며, 이는 단순히 그 시험을 어떻게 수행해야할 지를 아무도 모르기 때문이라는 것이다. 새로운 실험적 착상과 새로운 종류의 기술이 요구된다. 허셜과 복사열의 예에서, 우리는 허셜의 최초의 사변을 파고들기 위해 열전쌍과 마세도니오 멜로니의 관념을 필요로 했다.

그러므로 쿤의 명료화는 두 종류의 것, 즉 이론의 명료화와 실험의 명료화를 의미해야 한다. 나는 임의로 이 두 활동에서 더 이론적인 부분을 '연산'이라 부를 것이다. 나는 단순한 계산을 의미하지 않으며, 주어진 사변의 수학적 변경을 의미하며, 따라서 어떤 이는 그것을 가져와 세계와 더 밀접한 공명을 이루도록 한다.

뉴튼은 위대한 사변가였다. 그는 또한 위대한 연산가였다. 그는 행성의 운동에 관한 그의 사변의 수학적 구조를 이해하기 위해 미분법을 발명했던 것이다. 뉴튼은 또한 천부적 재능을 지닌 실험가였다. 몇 안 되는 과학자만이 모든 분야에서 위대하다. P. S. 라플라스(1749~1827)는 최고의 연산가의 한 예다. 1800년 무렵의 그의 천체 역학은 행성 운동에 대한 뉴튼의 이론을 그 당시에 장엄하게 풀어낸 것이었다. 뉴튼은 대답해내지 못한 수많은 문제를 남겨 놓았고, 답하거나 심지어 때로는 질문하기 위해 새로운 수학을 필요로 했다. 라플라스는 그 모든 것을 주목할 만한 방식으로 한 데 묶었다. 그는 또한 아마도 확률 이론의 가장 위대한 기여자로 알려져 있을 것이다. 확률에 대한 한 유명한 개론적 강의의 서두에서, 그는 결정론의 한 고전적 버전을 이야기한다. 그는 최고의 지성이 우주의 방정식과 일군의 경계 조건(boundary conditions)이 주어졌을 때 미래의 모든 시간에서 모든 입자의 위치와 운동을 계산해낼 수 있을 것이라고 말한다. 어떤 이는 라플라스가 이 최고의 존재를 라플라스, 즉 위대한 연산가의 약간 더 우월한 버전으로 생각한다는 느낌을 갖는다. 라플라스는 인력과 척력에 대한 뉴튼적 관념을 열과 음속을 포함해 거의 모든 주제에 적용했다. 내가 위에서 바로 라플라스가 뉴튼의 업적에 강력한 연산이라는 왕관을 씌워주고 있다고 주목했을 정도로, 겸손한 실험자는 볼타(Volta) 전지, 나침반, 상이한 색깔의 빛 필터와 함께 있었고, 그들은 적어도 뉴튼적 프로그램을 취급하지 않고 미루어 놓고 있었던 것이다.

가설연역적 구도

나의 세 방향 구별 — 사변, 연산, 실험하기 — 은 N. R. 캠블(Campbell)의 『물리학, 그 원리(Physic, the Elements)』[1920년에 『과학의 기초(Foundations of Science)』로 재출간]와 같은 과학에 대한 전통적인 가설연역적 해명과 모순되지 않는데, R. B. 브레이스웨이트(Braithwaite)의 『과학적 설명(Scientific Explanation)』에서 정교화되었듯이 말이다. 캠블은 심지어 완성된 이론에서도, 이론적 진술은 관찰 가능한 어떤 것과 직접적으로 연결되지 않음에 주목했다. 이를테면, 고전 물리학의 중심적 명제로부터 실험적 시험을 연역할 방법은 존재하지 않는다. 그래서 캠블은 명제의 두 층을 구별했다. 가설(hypotheses), 즉 '이론의 특성이 되는 몇몇 관념의 집합에 관한 진술'이 존재한다. 다음으로 '이들 관념과 서로 다른 자연에 관한 몇몇 관념간의 관계에 관한 진술'이라는 '사전(dictionary)' — 브레이스웨이트는 이것을 캠블적 사전이라 부른다 — 이 존재한다.

진술이라는 언어적 측면에서 이루어진 이러한 구별에 나는 찬성하지 않지만, 이 착상은 진리의 고리를 갖고 있다. 이는 추측과 논박이라는 두 단계 구도보다 실상에 더 가깝다. 캠블과 브레이스웨이트는 어떤 퍼즐에 대한 답을 지시해준다. 사변이 어떤 영역의 정성적 구조를 의도하는 것이라면, 내가 주장하기로 실험하기는 때로 그 자체의 생명을 추구하는데, 그렇다면 둘 사이의 맞음은 무엇일까? 답은 이것이다. 연산은 여러분이 기초적 교과서에서 때로 보게 되는 아주 깔끔한 가설연역적 구조를 만든다. 연산가는 사전을 쓴다. 이들은 이론과 관찰 사이에 의미론적 다리를 놓는다. 사변과 실험은 일반적으로 밀접하게 연결될 필요가 없으며, 내가 연산이라 부르는 활동이 둘 간의 정량적 맞음을 충분히 식별해낼 수 있을 정도로 그들을 가깝게 만든다.

나는 세 가지 중첩되지 않는 삶의 형태로의 철저한 분류를 주장하고 있는 것이 아니다. 가설연역적 이야기의, 두 층보다는 세 층을 갖는, 더 나은 버전은 성숙되고 수학화된 과학 안에서 구별되어야 할 세 종류의 능력에 대한, 흐릿함에도 불구하고 희망이 완전히 없지는 않은, 어떤 스냅 사진이라고 나는 말하고 있을 뿐이다.

모형

가설연역적 구도에 대한 참조는 사변, 연산, 실험으로의 구분이 보수적임을 보여준다. 자기광학 효과로 예화된 이론적 진술의 상이한 수준이 그다지 친숙하지 않은 것은 아니다. 낸시 카트라이트의 책 『물리학의 법칙은 어떻게 거짓말을 하는가』(1983)는 전통에서 더 급진적으로 이탈한다. 이제껏 나는 이론을 자연의 가능한 결정과 맞물리도록 하는 일이 단지 명료화와 연산의 문제인 것처럼 써 왔다. 우리는 우리가 점진적으로 형태를 갖추게 하는 사변과 함께 시작하며 그 형태로부터 실험적 시험을 연역할 수가 있을 것이다. 그렇지 않다. 모형 세우기(model-building)로 가장 잘 지칭되는 엄청나게 넓은 범위에 이르는 중간적 활동이 존재한다.

단어 '모형'은 과학에서 서로 다른 것들을 의미하게 되었다. 분자

생물학의 초창기에, 분자 모형은 어린이들이 취미로 만드는 비행기 축소 모형과 닮았었다. 즉, 그것들은 약간의 철선, 목재, 플라스틱, 접착제로 만들어졌다. 나는 스프링 와셔, 자석, 많은 양철 박막 등으로 만들어진 폐기된 분자 생물학 모형으로 가득한 다락을 본 적이 있다. 몇몇 19세기 물리학자는 자연의 내부 구성에 관한 손으로 쥘 수 있는 유사한 모형을, 즉 도르래, 스프링, 줄, 봉하는 왁스로 세워진 모형을 만들었다. 그럼에도 불구하고 더 일반적으로 보아 물리학에서 모형은 때로 여러분의 손보다는 여러분의 머리로 쥘 수 있는 것이다. 그럴 때조차도, 그림과 관련된 것과 수학적인 것의 이상한 혼합이 존재한다. 한 좋은 교과서, 이를 테면 N. 모트(Mott)와 I. 스네든(Sneddon)의 『파동 역학(Wave Mechanics)』을 보기로 하자. 우리는 다음과 같은 문장들을 발견하게 된다.

> 다음의 이상화된 문제는 교육적이나, 그럼에도 불구하고 어떤 실제 물리 현상을 언급하지는 않는다(p.49).
> 우리는 먼저 핵을 무한 질량을 갖는 것으로 취급하게 된다(p.54).
> 우리는 분자를 강체 막대로 취급한다(p.60).
> 우리는 이제 자기장 속에 놓인 한 원자 안의 한 전자의 에너지 수준을 스핀을 고려하지 않고 계산하게 된다(p.87).
> 그럼에도 불구하고, 자유 입자에 대해서 우리는 앞선 퍼텐셜(advanced potential)이나 뒤처진 퍼텐셜(retarded potential)을 취할 수가 있고 혹은 그 결과를 결과에 영향을 미치지 않도록 하면서 대칭적 형식으로 제출할 수가 있다(p.342).

마지막 인용은 카트라이트의 관점을 지지하는 데 도움이 된다. 세 개의 모형, 많아야 그들의 하나가 (논리상) 물리 세계에 대해 참이 될 수 있을 세 개의 모형이 한 특수한 문제에서 공평하게 그리고 호환적으로 사용된다.

모형의 역할

우리가 이론, 모형, 현상이 있다고 말한다고 가정하라. 자연스런 착상은 모형이 이중적으로 모형이라는 점일 것이다. 모형은 현상에 대한 모형이고, 모형은 이론의 모형이다. 즉, 이론은 우리가 그들의 귀결을 식별하기에 항상 너무도 복잡하며, 따라서 우리는 수학적으로 다루기 쉬운 모형으로 단순화한다. 이와 동시에 이 모형은 우주에 대한 근사적 표상이다. 이 구도에서, 쿤이 명료화라 부르는 바는 부분적으로 인간 지성 및 알려진 컴퓨터 기법이 작동시킬 수 있는 모형을 만드는 문제가 된다. 이는 다음의 개념으로 이끈다.

1. 현상은 실재하며, 우리는 그것들이 일어나는 것을 보았다.
2. 이론은 참이거나, 적어도 참을 목표로 한다.
3. 모형은 매개체로, 실제 현상의 몇몇 국면을 흡수하며, 수학적 구조를 단순화함으로써 그 국면을 그 현상을 지배하는 이론과 연결시킨다.

이 구도에서, 현상은 실재하고 이론은 참을 목표로 하고, 종종 참에 아주 가까워진다. 그렇다, 정확히 그런 관계를 갖는 사례가 존재한다. 카트라이트는 여타의 많은 종류의 관계를 갖는 예들 역시 존재한다고 진술한다. 여기서 나는 그녀의 사례를 되풀이하지 않고, 단지 그녀가 보고하는 두 가지만을 언급한다.

무엇에 관한 실재론?

이 쟁점들은 과학적 실재론과 밀접히 연결되어 있다. 카트라이트는 대체로 이론에 관한 반실재론자다. 모형이 이를 위한 하나의 기초를 제공한다. 그녀는 모형이 그 모형이 끼어있는 이론에서 연역 가능하지 않을 뿐만 아니라, 물리학자가 똑같은 이론 안에서 서로 모순되는 수많은 모형을, 편의 목적으로, 사용할 수 있다는 점에 주목한다. 그럼에도 불구하고 이 모형들은 우리가 참이라고 생각하는 현상 법칙(phenomenological laws)에 관한 유일하게 쓸모 있는 형식적인 표상들이다. 그녀가 말하기로, 우리는 그 현상 법칙 이상으로 더 나아갈 수 없다. 현상 법칙들에 대한 우리의 형식적 모형 뜨기는 모형 뜨기가 서로 모순되므로 모두 다함께 참이 될 수 없다. 하나가 다른 것보다 다재다능하다고 생각할 좋은 이유가 있는 것도 아니다. 그 모형들의 어떤 것도 믿음의 근거를 그 모형들을 제출하는 이론으로 돌아가 부여하지 못한다. 더욱이, 모형은 이론의 변화 속에서 강건한 경향이 있는데, 즉 여러분은 그 모형을 유지하고 그 이론을 버린다. 더 고상한 이론 이상으로 모순되는 모형 속에 더 많은 국소적(local) 진리가 존재하는 것이다.

이는 과학의 현 단계에 대한 진술이라고 이야기될 수도 있다. 실재는 미래, 즉 어떤 이상에 대해서 말한다고 논의된다. 우리가 점진적으로 모형을 단순화시킴으로써 현상 법칙과 연결시키게 되는 이론으로 우리는 수렴해 갈 수도 있을 것이다. 그것은 우리가 목표로 하는 참이다. 나는 이것에 귀납적 방식으로 대응한다. 1840년 이래로 매해, 물리학은 홀로 당시의 일상적 업무 속에서 그 바로 앞 해보다 더 많은 (모순되는) 모형을 성공적으로 사용해 왔다. 과학의 이상적 목표는 단일성이 아니라 절대적 과다(plethora)다.

이 진술은 과학을 통일하려는 프로젝트에 대한 강렬한 찬양과 함께 앞으로 나아갈 수 있다. 패러디의 자기광학 효과는 우리 모두를 위한 교훈이다. 위대한 우주론자인 스티븐 호킹(Stephen Hawking)이 1980년에 케임브리지 대학교에서 했던 취임 강의의 제목은 '이론 물리학의 시야에는 끝이 있는가?'였다. 그는 답이 그렇다고 생각한다. 우리는 하나의 통일 이론(unified theory)을 갖게 될 것이다. 그는 다음과 같이 덧붙였다. 통일 이론은 대부분의 물리학을 손대지 않은 채 그대로 놔둘 것인데, 왜냐하면 우리는 여전히 응용 물리학을 해야 하게 될 것이고, 각 경우마다 무엇이 일어나는지를 연구해낼 것이기 때문이다.

근사

모형의 이론 및 현상에 대한 관계는 다양하고 복잡하다. 근사 (approximations)는 더 직접적인 것으로 보인다. 카트라이트는 그것이 그렇지 않음을 보여준다. 근사에 관한 우리의 보통의 관념은 우리는 참된 어떤 것과 함께 출발하고, 골치 아픈 것을 피하기 위해 단지 근사적으로만 참인 방정식을 써 내려간다는 것이다. 그러나 참에서 **떨어져 있는** 그러한 근사가 존재함에도 불구하고, 참을 **향한** 훨씬 더 많은 근사가 존재한다. 많은 수리 물리학 이론 안에서, 우리는 순수하게 가설적 수준에 있는 몇몇 방정식을, 즉 풀 수 없는 방정식의 단순화가 벌써 되어버리는 방정식을 지니는 구조적 표상을 갖고 있다. 이들을 몇몇 수준의 현상 법칙에 들어맞게 하기 위해서, 가능한 근사가 끝없이 존재한다. 상당량의 만지작거림 후에, 어떤 이는 하나의 근사가 현상과 잘 들어맞는다는 것을 알게 된다. 이론 속의 어떤 것도 이것이 우리가 사용하게 될 근사라고 말하지 못한다. 이론 속의 어떤 것도 이것이 참이라고 말하지 못한다. 그러나 어떤 진리가 있다면, 이것이 진리다. 카트라이트는 이론 자체는 그 안에 진리를 갖고 있지 않다고 단언한다. 그것은 우리가 사고하는 것을 돕지만, 그것은 단지 표상일 뿐이다. 주변에 어떤 참이 있다면, 그것은 근사에 있는 것이지, 그 배경 이론에 있는 것이 아니다.

세계

카트라이트는 두 종류의 정신에 대한 피에르 뒤엠의 1906년의 구별, 즉 깊으나 좁은 프랑스인의 지성과 넓으나 얕은 영국인의 지성을 언급하면서 그녀의 도입 에세이의 결론을 맺고 있다. (뒤엠이 살던 당시의 심오한 수리 물리학은 독일인에 의해 행해졌고 뒤엠에 의해 언급된 광범한 물리적 모형 뜨기는 스코틀랜드인에 의해서 가장 흔하게 행해졌다는 쇼뱅주의적 비판은 그냥 놔두기로 한다.)

> 프랑스적 정신은 [그녀가 쓰기로] 사물을 우아하고, 통일된 방식으로 본다. 그것은 뉴튼의 세 가지의 운동 법칙 및 중력 법칙을 취하며 이들을 라그랑쥬적 수학이라는 아름답고 추상적인 수학으로 바꾼다. 영국적 정신은, 뒤엠이 말하기로, 이와 정확한 대조를 이룬다. 그것은 기어와 도르래의 약간을 공작하고 줄을 뒤엉키지 않게 한다. 그것은 한 번에 수천의 서로 다른 세부항목을 유지시키는데, 많은 추상적 질서 혹은 조직화를 그들에 부과하지 않고도 그렇게 한다. 실재론자와 나의 차이는 거의 신학적인 것이다. 실재론자는 우주의 창조자가 프랑스 수학자처럼 작업했다고 생각한다. 그러나 나는 하나님이 영국인의 말쑥하지 않은 정신을 갖고 있다고 생각한다(p.19).

나 스스로는 아르헨티나적인 환상을 선호한다. 하나님은 유럽인이 상상했던 그런 종류의 자연의 책을 쓰지 않았다. 그는 보르헤스(Borges)적 도서관을 지었고, 그 도서관의 각각의 책은 가능한 대로 짧으나, 그럼에도 불구하고 각각의 책은 서로 모순적이다. 어떤 책도 잉여적이지 않다. 모든 책에 대해, 다른 책은 말고 어떤 한 책이 돌아가고 있는 바에 대한 이해, 예측, 영향 미치기를 가능하게 만들어주는, 인간의 방식으로 접근 가능한 그러한 어떤 약간의 자연이 존재한다. 말쑥하지 않는 것과는 거리가 멀게도, 이는 새로운 세계라이프니츠주의(New World Leibnizianism)다. 라이프니츠는 하나님이 가장 단순한 법칙을 선택하는 한편 현상의 다양성을 극대화하는 세계를 선택했다고 말했다. 정확히 그렇다. 그러나 현상을 극대화하고 가장 단순한 법칙을 갖는 최선의 길은 법칙들이 서로 모순되도록 만드는 것, 즉 각각은 이것 혹은 저것에 적용되지만 어떤 것도 모두에는 적용되지 않도록 만드는 것이다.

●●● 13 현상의 창조

실험의 한 가지 역할은 너무도 무시되어서 우리는 그에 대한 이름조차 결여하고 있다. 나는 그것을 현상의 창조(creation of phenomena)라고 부른다. 전통적으로 과학자들은 그들이 자연에서 발견하는 현상을 설명한다고 이야기된다. 나는 종종 그들이 이론의 중심물이 되는 현상을 창조한다고 이야기한다.

단어 '현상'은 오래된 철학적 역사를 갖고 있다. 르네상스 때 몇몇 천문학자는 '현상을 구제하고자', 즉 알려진 규칙성과 맞을 계산의 체계를 산출해내고자 했다. 모든 이가 그것을 경탄해하지는 않았다. 프랜시스 베이컨이 1625년의 글 『미신(Superstition)』에서 다음처럼 쓸 때, 누가 베이컨의 경멸을 때려 부술 것인가. '그들은 천문학자와 같은데, 천문학자는 현상을 구제하기 위해 이심(eccentrics) 및 주전원(epicycles) 그리고 그와 비슷한 천체의 엔진을 꾸며냈다. 그들이 알고 있었지만, 그런 것들은 없었다.' 하지만 프랑스의 위대한 과학사학자이며 과학철학자, 유명한 반실재론자인 피에르 뒤엠은 경탄하며 그의 책 가운데 하나인 『현상을 구제하기 위하여(To Save the Phenomena)』(1908)의 이름에 그 똑같은 꼬리표를 가져다 붙였을 것이다. 바스 반 프라센은 저서 『과학적 이미지』의 한 장의 제목으로 그것을 재활용한다. 이러한 저자들은 이론이 현상을 한 일관된 질서 속에 끼워 넣기 위한 형식을 제공한다고 가르쳐주지만, 이론은 현상을 넘어서서 확장되어 간 곳에서 아무런 실재도 가리키지 않는다. 그들은 현상이 관찰자와 실험자에 의해서 발견된다는 점을 당연하게 여긴다. 그렇다면 어떻게 나는 실험의 주요한 역할이 현상의 창조라고 말할 수 있을까? 몇몇 종류의 궁극적 관념론이 있고 그 안에서 **우리가** 뒤엠조차 '주어진' 것으로 여기는 현상을 만들어내는 그러한 관념론을 나는 제기하는 것인가? 이와는 반대로, 현상의 창조는 빈틈없는 과학적 실재론을 더 강력히 선호한다.

문헌학적 소풍

단어 '현상'은 오랜 세월을 거친 철학적 계보를 갖고 있다. 그리스어에서 그것은 볼 수 있는 어떤 것, 사건 또는 과정을 뜻하고, '나타난다'를 의미하는 동사에서 유래한다. 맨 처음부터 그것은 출현과 실재에 관한 철학적 사고를 표현하는 데 사용되어 왔다. 그렇다면, 그 단어는 철학자의 지뢰밭이다. 하지만 그것은 과학자의 일반적 저술에서 꽤 일정한 의미를 지니고 있다. 현상은 **주목할 만한**(noteworthy) 것이다. 현상은 **식별 가능한**(discernable) 것이다. 현상은 보통 일정한 상황에서 규칙적으로 일어나는 일정한 유형의 사건 또는 과정이다. 특히 중요하다고 보아 우리가 선발해내는 독특한 사건을 이 단어는 또한 표시할 수 있다. 우리가 현상에서 보이는 규칙성을 알게 될 때, 우리는 그것을 법칙적 일반화(law-like generalization)

로 표현한다. 그러한 규칙성에 관한 바로 그 **사실**이 때로 현상이라 불린다.

이러한 용법에도 불구하고, 많은 고대인들은 현상이 본질에, 즉 항구적 실재에 반대되는 것으로서 변화하는 감각의 대상이라고 주장했다. 그러므로 현상은 실재와 대조된다. 반 프라센과 같은 오늘날의 실증주의자는 현상이 **유일한** 실재라고 주장한다. 단어 '현상'은 이 두 학설 사이에서 중립적이다.

헬레니즘 시대의 저자들은 현상을 본체, 즉 그 자체로서의 사물과 대조시켰다. 칸트는 이를 근대 철학으로 옮겨 놓았고, 본체를 알 수 없는 것으로 만들어버렸다. 모든 자연과학은 현상에 대한 과학이 되었다. 그리고 나서 실증주의의 여명이 왔다. 알 수 없는 것은, 마치 그것이 존재하지 않는 것처럼, 도외시될 수 있다. '현상'은 몇몇 경험론적 철학자에게 감각 자료, 즉 개인적인, 사적 감각을 표시하게 된다. **현상주의**(phenomenalism)는, J. S. 밀의 말로 보아, 사물이 감각작용의 유일한 항구적 가능성이며 외적 세계는 실제적 감각 자료와 가능적 감각 자료로 구성된다는 학설이다.

단어 '현상론(phenomenology)'은 1764년에 물리학자 J. H. 램버트 (Lambert)에 의해서 현상에 관한 과학을 위한 이름으로 도입되었지만, 그 단어는 그 이래로 두 가지의 실질적으로 구별되는 의미로 쪼개진다. 철학자들은 헤겔의 『정신현상학』(1807)이 어떻게 정신이 그 자체를 외양(appearance)으로 알게 되는 다양한 단계를 거치면서 발전하며 결국은 그 자체를 실재로 파악하게 되는가에 대한 연구임을 알게 될 것이다. 금세기 초에 '현상학'은 후설(Husserl)을 가장 유명한 성원으로 하는 독일의 철학 학파를 위한 이름으로 취해진다. 나는 이 단어의 이러한 철학적 의미 속에서 상당한 훈련을 받았기 때문에 내가 노터 데임(Notre Dame) 대학교의 **조망**(Perspectives) 강의 시리즈(이에 대해 많이 감사한다)에서 현재의 주제에 대해 강의했을 때, 나는 그곳 물리학과 사람들이 현상론자(phenomenologist)를 채용하고 있는 것을 보고 놀랐다. 현상론은 고체 물리학과 입자 물리학의 중요한 일부다. 여러분이 6장에서 뮤온과 중간자에 관해서 내가 썼던 것을 확인하고 싶어했다면, 여러분은 H. 베터의 『중간자와 장(Mesons and Fields)』과 같은 몇몇 고전적 참고문헌으로 갈 수 있었을 것이다. 거기서 여러분은 뮤온을 찾게 될 것이고 현상론에 관한 긴 절로 이어지는 논의를 발견할 수 있었을 것이다. 단어 '현상'에 대한 나의 사용은 물리학자의 그것과 닮아 있다. 그것은 가능한 한 철학자의 현상주의, 현상학, 개인적인 한순간의, 감각 자료와 분리되어야 한다. 현상은, 내게, 공적이고, 규칙적이며, 어쩌면 법칙적이되, 아마도 예외적인 어떤 것이다.

그러므로 그 단어에 대한 나의 사용은 물리학과 천문학을 따라 형태를 갖춘다. 르네상스 시기에 별을 쳐다보던 사람은 천체의 관찰된 규칙적 운동과 화성의 폐색(occlusion)과 같은 특별한 사건 둘 다를 뜻했는데, 그들이 희망하기로 그것들은 하늘의 몇몇 법칙적 구조에서 유도된다고 증명될 것이었다. 그러나 물론 천문학자도 철학자였고, 그 단어의 그리스적 함축에 우리보다 훨씬 더 가까이에 있었다. 현상은 '외양'이었다. 과학사학자 니컬러스 자딘(Nicholas Jardine)은 우리가 볼 때 우리는 천체의 진정한 위치와 행로보다는 현상 — 행성이 움직이는 것으로 나타나는 곳 — 을 보게 되는 것이 우리 태양계의 결함이라고 케플러가 주장했음을 내게 말해준다.

현상 풀기

현상 구제하기에 대한 옛 천문학자의 이야기는 때로 전적으로 심각한 것을 의미했으나, 베이컨 훨씬 이전에 종종 그 용법은 약간 반어적이었다고 나는 생각한다. 17세기 동안에 단어 '현상'의 과학적 적용은 '자연의 현상'이라 불렸던 어떤 것에로 퍼졌다. 이는 법칙적 규칙성과, 현대의 보험 회사가 조물주의 행위라고 부르기를 고집하는 바, 즉 지진과 같은 현저한 공포, 둘 다를 포함했다. 대니얼 더포우(Daniel Defoe)는 정오 때의 별의 가시성을 현상이라 언급한다. 현상은 어떤 알려진 규칙성보다는 아마도 변칙 사례(anomaly)가 될 수 있었을 것이다.

'현상을 구제하기 위하여'라는 표현은 몇몇 말장난을 겪어왔다. 그것은 그리스어로 이어 라틴어로 거슬러 올라갈 수 있는데, 거기서 '구제하다'에 대한 단어는 *salve*가 될 것이다. 17세기에 이것은 '구제하다'가 아니라 '풀다(solve)'로 바뀌었으며, 그래서 예를 들어 데이빗 흄은 그 당시에 '현상의 풀이'에 관해 쓰게 되었을 것이다. 그것은 아주 좋게 현상에 대한 **설명**을 의미했는데, 이는 현상 구제하기로 의미하는 바와는 정확히 반대이다! 문헌학이 철학에게 몇몇 교훈을 가르쳐줄 것이라 희망하는 어떤 이는 잘못 판단했다고 느껴야 한다.

그렇다면 단어 '현상'의 혈통이 몹시도 미쳐 날뛰어서 그 단어에 나의 의미를 붙일 기회란 없는 것인가? 이와 반대로, 내 용법의 가계는 놀랍도록 건전하며, 자연과학에서 최근의 주요한 용법이 될 정도다. 18세기에 영어 단어 '현상'은 주로 나의 방식으로 사용되었다. 여러분은 버클리가 반례가 될 것이라고 생각할 수도 있을 텐데, 왜냐하면 요즘에 그는 외적 세계를 감각 자료로 환원시키는 현상주의자(phenomenalist)로 이야기되기 때문이다. 이와는 정반대다. 심지어 그의 이력의 말년 무렵에, 그가 『사이리스(Siris)』(1744)를 썼을 때, 우리는 그 단어를 40번 이상 발견하게 된다. 이 책은 변비로부터, 과학을 거쳐, 신에 대한 믿음까지의 모든 것에 관한 다소 이상한 소책자임에도 불구하고 경이롭다. 그는 '자연의 현상'이라는 구절을 알려진 규칙성을 표시하기 위해 그의 시대의 표준적인 방식으로 사용한다. 버클리가 모든 현상은 외양이라고 생각했던 것은 맞다. 그러나 그것은 현상이 감각 자료라고 생각했기 때문인 것은 아니다! 그 책의 철학적 부분에서 버클리는 보일과 뉴튼의 전통에서 연구하던 영국 자연철학자들을 반박하려 기도한다. 그는 현상의 풀이에 대한 철저하게 비유물론이며 다소 반실재론인 해명을 제공하지만 그의 진술은 물질과 인과에 대한 그의 이론에서 유도되는 것이지, '현상' 자체가 감각 자료를 표시하게 되는 그 단어의 몇몇 비표준적인 의미에서 유도되는 것이 아니다.

여러분은 여기서 전적으로 사전에 의존할 수 없다. 사례의 풍부한 광맥인 『OED』(OED)는 그것이 그 위대한 책이 쓰인 도회지에서 당시에 유행했던 그 어떤 시대에 뒤진 철학 스타일을 반영하기 때문에 철학적 단어에 대해서 종종 서투르다. 그래서 『OED』는 단어 '현상'이 1788년 토머스 리드의 『인간 정신의 능동적 능력(Active Powers of the Human Mind)』의 등장과 더불어 '감각 경험의 직접적 내용'을 의미하게 된다고 이야기한다. 이는 인용된 바로 그 문구에 대한 오독이다. 리드는 자연의 현상에 대해 이야기하며 버클리처럼 그의 표준적인 예로 나침반에 대한 자석의 효과를 취한다. 그 효과는 그 사전이 제시하는 것과 같은 '감각 경험의 직접적 내용'이 아니며, 자연의 관찰 가능한 규칙성이다. 리드는 콩트의 실증주의의 일부가 되는 다음과 같은 표준적인 뉴튼적 노선에 대해 논의하고 있다. 현상의 풀이는 기술적 법칙을 제공하지만 운동인(efficient cause)을 가르쳐주지는 않는다.

단어 '현상'의 '철학적' 의미의 부활을 우리는 독일 철학에 돌리는데, 그것은 현상주의의 영국 학파 및 현상학의 유럽 대륙 학파 둘 다에 부호화되어 있다. 역설적이게도 영국인이 버클리 또는 리드와 같은 본토박이 스승에 들러붙어 있었더라면 그들은 그들 자신의 경험주의적 과잉 속으로 결코 떨어질 수 없었을 것이다.

효과

물리학자들이 진정으로 교육적인 현상을 가까스로 얻고서 정신을
쏟았을 때, 그들은 그것을 효과(effect)라 불렀다. 나는 그것이 언제
시작되었는지를 잘 모르겠으나, 1880년대에 이르러 그 관행이 확립
되었다. 패러디 효과 또는 자기광학 효과, 콤프턴(Compton) 효과, 제
만(Zeeman) 효과, 광전 효과, 이상 제만 효과, 조셉슨 효과가 그것이
다. 에브릿은 맥스웰이 그의 『열 이론(Theory of Heat)』(1872)에서 펠
티에(Peltier) 효과에 관해 이야기하고 있음에 주목한다. 아마도 여기
가 그 용법이 시작된 곳일 것이다.

　'효과'는 물리학에서 1880년대 중반에 실제로 축적되기 시작했
다. 어떤 이는 이것을 물리학 자체의 새로운 단계의 징후로 사용할
수 있다. 효과란 무엇이고, 왜 사람들은 어떤 것을 효과라고 부르게
되는가? 존스 홉킨스 대학교에 있던 로울런드(Rowland)의 새로운 물
리 실험실에 연구 학생으로 있었던 E. H. 홀(Hall)이 1879년에 발견
한 효과를 예로 들기로 한다. 로울런드는 홀에게 제임스 클럭 맥스
웰의 별로 대수롭지 않은 한 진술을 탐구하라고 요청했다. 『전기와
자기에 관한 논고(Treatise on Electricity and Magnetism)』에서 맥스웰은
전류를 나르는 도체가 자기장의 영향 속에 놓이면, 자기장은 도체
에 작용을 미치나 전류에는 미치지 않는다고 말했다. 홀 효과에 대
한 최근의 연구에서, 제드(Jed) Z. 버크월드(Buchwald)는 그 당시의
맥스웰적 이론의 정신의 일부를 되찾기 위해서 이 사건을 이용한다.
홀은 맥스웰이 도체의 저항이 장에 의해서 영향 받을 수 있거나,
전기적 퍼텐셜이 산출될 수 있음을 이야기하고 있었다고 추측했다.
홀은 첫 번째 효과를 얻는 데는 실패했으나, 마침내 두 번째 효과를
찾아냈다. 그는 자기장과 전류 둘 다에 수직해 있는 금박 조각을
가로지르는 퍼텐셜 차이를 얻었다. 이에 대한 최초의 몇몇 설명은

결함이 있다고 판명되었는데, 왜냐하면 서로 다른 도체는 금의 반대 방향에서 퍼텐셜 차이라는 효과를 나타내기 때문이다. 홀 자신은 그 효과를 현상으로 기술했으며, 이는 '홀 효과'라는 제목 아래 ' …… 한 현상은'이라고 시작하는 많은 표준적인 물리학 사전이 그러한 것과 같다. 1879년 11월 10일의 공책 표제어에서, 홀은 주목할 만한 몇몇 실험적 성공을 기술한 후에 다음과 같이 쓴다.

> 그럴 때조차도, 새로운 현상이 발견되었다고 믿는 것은 그다지 안전해 보이지 않지만, 이제 거의 2주가 경과했고, 실험이 여러 차례 그리고 다양한 상황에서 성공적으로 반복된 이후에, …… 자석이 전류에 대한 효과를 갖는다고 선언하거나 적어도 전에는 결코 명확히 관찰되었거나 증명되지 않았던 회로에 대한 효과를 갖는다고 선언하기에 아마도 너무 이르지는 않을 것이다.[1]

클럭 맥스웰의 이론적 관점 내부에서 생겨나는 진술만이 홀에게 경계를 하도록 했을 것이다. 그가 발견한 것은 맥스웰이 자신이 발견할 수 있으리라고 생각했던 것이 아니었다. 홀이 이론을 시험하고 있었던 것도 아니다. 이는 탐구였으며, 마치 해도에 실려 있지 않은 바다에 몇몇 종류의 섬이 있을 수도 있다고 맥스웰이 말했던 것과 같다.

현상과 효과는 똑같은 업무 노선 속에 존재한다. 그것은 주목할 만하고 식별 가능한 규칙성이다. 단어 '현상'과 '효과'는 종종 동의어로 봉사하지만, 그들은 서로 다른 방향을 가리킨다. 현상은, 그러한 언어의 반(半)의식적 저장소 안에서, 세계에 개입하지는 않으나 별을 지켜보는 재능 있는 관찰자에 의해서 기록될 수 있는 사건을

1_ Jed Z. Buchwald, *Centaurus* 23(1979), p.80에서 인용했다.

우리에게 상기시킨다. 효과는 일반적으로 우리가 누구의 효과라고 이름붙이는 위대한 실험을 우리에게 상기시킨다. 즉 남성들과 여성들, 즉 콤프턴들과 퀴리들이 그들이며, 그들은 적어도 처음에는 오직 이론이라는 더 먼 배경에 비춰 대조될 때에만 규칙적으로(또는 변칙 사례로) 보일 수 있는 규칙성을 창조하기 위해서 자연의 과정에 개입했던 것이다.

창조

홀은 그의 효과를 창조하지 않았다! 그는 자기장 안에서 금박에 전류를 통과시키는 일이 그 장과 그 전류에 수직하게 퍼텐셜을 산출시킨다는 점을 발견했다. 그와 여타의 연구자들은 나중에 그 효과의 분기를 탐구했다. 예를 들어 금이 아닌 도체 또는 반도체에서 무슨 일이 일어날까? 이 모든 작업은 교묘한 재주를 요구했다. 장치는 인간이 만든 것이다. 발명품은 창조되었다. 그러나 우리가 느끼는 경향이 있듯, 실험실에서 드러난 현상은 발견되기를 기다리는 신의 수공의 일부다.

　그와 같은 태도는 이론 지배적(theory-dominated) 철학에서는 당연하다. 우리는 세계에 관한 이론을 정식화한다. 우리는 자연의 다양한 법칙을 추측한다. 현상은 규칙성, 즉 이들 법칙의 귀결이다. 우리의 이론은 우주에 대해서 항상 참이 되어왔던 바를 목표로 하므로 — 신은 그의 책에 법칙을 썼고, 이는 시작 이전의 일이다 — 현상은 항상 거기에 있어 왔고, 발견되기를 기다리고 있었다는 점이 따라오게 된다.

　이와 대조적으로 나는 홀 효과는 일정한 종류의 장치의 바깥에서는 존재하지 않는다고 제안한다. 그것의 현대적 등가물은 신뢰할 만하게 그리고 일상적으로 산출된 기술이 되었다. 그 효과는, 적어도 순수 상태로는, 그러한 장치에서만 구현될 수 있는 것이다.

이는 역설적으로 들린다. 자기장에 수직으로 도체를 지나는 전류가 자연 속의 어딘가에서 퍼텐셜을 산출하는 것이 아닐까? 그렇기도 하고 아니기도 하다. 만일 자연의 어딘가에 그러한 배치가 아무런 개입하는 원인 없이 존재한다면, 홀 효과는 일어난다. 그러나 실험실 바깥 어디에도 그러한 순수한 배치는 존재하지 않는다. 홀 효과 및 수많은 여타 효과의 결과가 되는 사건들이 자연 안에 존재한다. 그러나 그러한 기술(記述)의 양식 — 수많은 서로 다른 법칙의 상호작용 또는 결과 — 은 이론 경도적(theory-oriented)인 것이다. 그것은 우리가 어떻게 복잡한 사건을 분석하느냐에 대해 이야기한다. 그의 왼손으로 홀 효과를 끼워 넣고 그의 오른손으로는 다른 법칙을 끼워 넣으며, 이어서 결과를 결정하는 신에 대한 그림을 우리가 지녀서는 안 된다. 자연에는 복잡성만이 존재하며, 이를 우리는 주목할 만하게 분석할 수 있다. 우리는 정신 속에서 수많은 서로 다른 법칙을 구별함으로써 그렇게 한다. 우리는 또한 실험실에서 순수하고, 분리된 현상을 나타나게 함으로써 그렇게 한다.

우리는 '결과'에 더해지는 수많은 자연의 법칙이라는 관념을 갖고 있다. 이 은유는 역학에서 온다. 여러분은 이 힘과 저 힘, 이 벡터와 저 벡터를 갖고 있으며, 무슨 결과가 나올지를 보기 위해서 자와 컴퍼스로 예쁜 도식을 그릴 수 있다. 존 스튜어트 밀은 역학에 관한 이러한 사실이 일반화되지 않는다고 오래 전에 알아차렸다. 대부분의 과학은 역학이 아니다.

르네상스 시기에 단어 '현상'은 주로 태양계의 그리고 천문학적인 규칙성과 변칙 사례를 표시했다. 나의 보르헤스적 공상을 공유하지 않는 이들은, 신이 태양과 지구를 창조하기 훨씬 전에, 신이 어떤 보편 장이론(Universal Field Theory)을 마음에 품고 있었다고 상상할 수 있을 것이다. 신이 하늘과 지구를 만들었을 때, 그것들은 중력 원리와 여타 장 원리에 복종했다. 법칙은, 우리가 상상하기로, 항상 거기에 있어 왔다. 그러나 **현상** ― 또는 옛 천문학자들이 현상이라 불렀던 것 ― 은 우주의 우리의 부분의 창조 이전에는 존재하지 않았다. 이와 마찬가지로, 내가 제안하건대, 홀의 효과는 교묘한 재주로 그가 실험실 안에서 그것을 분리하고, 정제하고, 창조하는 법을 발견하기 이전에는 존재하지 않았다. 최근의 예를 제시하자면, 20년 전에는 우주 안에 메이저(masers)나 레이저(lasers)가 존재하지 않았던 것이다. 어쩌면 이것이 틀렸고, 어쩌면 하나나 둘이 있었을 수도 있다. (몇몇 우주론적 현상은 최근에 메이저 현상이라고 제안되었다.) 하지만 지금 우주는 수 만 가지의 레이저를 갖고 있는데, 그들 가운데 다수가 내가 글을 쓰는 곳에서 3마일 또는 4마일 안에 있다.

현상의 드묾

르네상스 시기에 단어 '현상'이 주로 천체의 사건에 적용되었던 것은 우연이 아니다. 요즘에 가장 존중되는 고대의 경험 과학이 천문학인 것도 우연이 아니다. 세계의 모든 부분에 흩어져 있는 아주 다양하고 거대한 옛 토목공사, 돌기둥 테두리, 스톤헨지, 마야 신전이 별과 조수를 연구하기 위해 엄청난 비용으로 세워졌다는 것은, 증명된 것은 아닐지라도, 훌륭한 짐작이다. 왜 옛 과학은 모든 대륙에서 별과 더불어 시작되었던 것으로 보이는 것일까? 왜냐하면 하늘만이 몇몇 현상을 조심스런 관찰과 대조로 얻을 수 있는 여러 가지 것들과 함께 전시할 수 있기 때문이다. 행성만이 그리고 좀더 먼 곳에 있는 물체만이 혼돈스런 배경에 반하는 복잡한 규칙성의 올바른 조합을 갖고 있는 것이다.

신은 하늘, 조수, 그밖에 월경과 같은 달과 관련된 현상 말고 인류가 주목할 더 이상의 아무런 현상을 제공하지 않았던가? 세계가 명백한 현상으로 가득 차 있다는 점에 대해 저항이 있을 것이다. 모든 종류의 목가적 진술이 상기될 것이다. 하지만 이것들은 그들의 삶에서 결코 옥수수를 기르거나 염소에게 우유를 줘 보지 않았을, 도시에 거주하는 철학자에 의해서 주로 언급된다. (세계가 현상을 결여하고 있는 데 대한 나의 의견의 대부분은, 이른 아침에 우유 받침대 곁에서 있는, 우리 염소 메데아(Medea)와의 대화에서 유도된다. 수년에 걸친 매일 있던 연구는, '그녀는 종종 성질이 고약하다'를 아마도 제외하고는, 메데아에 관한 어떤 참된 일반화를 드러내는 데 실패했다.) 내가 세계에는 현상이 별로 없다고 말할 때, 어머니와 사냥꾼과 뱃사람과 요리사의 엄청난 지식이 응답으로 인용된다. 하지만 우리가 낭만주의자와 이야기할 때, 낭만주의자는 우리가 현명해져야 하며 자연으로 돌아가야 한다고 충고하는데, 우리는 자연의 현상에 주목하라는 이야기를 듣게 되는 것이 아니라 자연의 리듬의 일부가 되라는 이야기를 듣게 된다. 게다가, 자연적이라 불리는 대부분의 것들 — 예를 들어 빵을 부풀게 하는 이스트 — 은 긴 기술(技術)의 역사를 갖고 있다.

행성과 항성과 조수 이외에, 관찰되기를 기다리는 현상이 자연에 풍부하게 존재하는 것은 아니다. 각종의 식물과 동물은 그것의 습관들을 갖고 있다. 나는 이 습관들의 각각이 현상이라고 가정한다. 어쩌면 자연사는 밤하늘처럼 현상으로 가득 차 있을 것이다. 바깥 저기 자연 속에 관찰되어야 할 아주 많은 현상 — 말하자면 60개 — 만이 존재한다고 내가 이야기할 때마다, 어떤 이는 내게 약간 더 있다고 현명하게 상기시켜준다. 그러나 가장 긴 목록을 구성하는 이조차도 현대 물리학의 대부분의 현상이 제조된다는 데에 동의할 것이다. 종에 관한 현상 — 말하자면 사자의 긍지는 수컷을 포효하게 하고 본루에 앉아 있게 함에 의해서 구해지며 반면 암컷은 추적하고 겁에 질린 가젤을 죽이는 현상 — 은 기담이다. 그러나 물리학의 현상 — 패러디 효과, 홀 효과, 조셉슨 효과 — 은 우주를 여는 열쇠다. 사람들은 열쇠를 만들며, 어쩌면 그 열쇠가 돌리는 자물통을 만들 것이다.

조셉슨 효과

절대 영도의 약 4° 위에서, 여러 가지 재미있는 일이 발생한다는 점은 오랫동안 알려져 왔다. 물질은 초전도체가 되고, 따라서 열 변환을 사용해 여러분이 닫힌회로에 전류를 유도하면, 그 전류는 영원히 작동한다. 여러분이 전기적 절연체인 얇은 판으로 초전도체를 분리시키면 무슨 일이 일어날 것인가? 여러분이 배터리에 두 초전도체를 연결하면 무슨 일이 일어날 것인가? 브라이언 조셉슨(Brian Josephson)은 1962년에 전류가 절연체로 분리된 두 초전도체 사이에서 흐르리라고 예측했다. 게다가 만일 여러분이 배터리를 연결하면 아무런 알짜의 흐름이 없는 전류의 거친 진동이 존재하게 된다.

조셉슨 효과는 5년 더 일찍이 J. 바딘(Bardeen), J. N. 쿠퍼(Cooper), J. R. 슈리퍼(Schrieffer)에 의해서 제안된 초전도 이론(BCS 이론)으로부터 유도되었다. 초전도는 쿠퍼쌍이라 불리는 전자쌍의 이동이며, 이들은 차가운 물체 안에서 어떠한 반대물과도 마주치지 않는다. 전류가 멈추기 위해서는, 모든 쿠퍼쌍이 동시에 멈추어야 한다. 이는 대략 냉장고 안에서 물이 끓는 빈도로 일어난다. 초냉각된 물체가 따뜻해질 때, 전자는 분리되고 원자 또는 그 무엇 속에서 헤매다가 멈춘다. 조셉슨은 쿠퍼쌍이 절연체를 가로질러 이동해 갈 것이며, 조셉슨 전류를 이뤄낸다는 것을 깨달았다. 어쩌면 이 놀라운 효과는 BCS 이론이 그것을 앞서 있지 않았더라면 추구되지 않았을 것이다. 이러한 짐작은 시대착오적인 (최근의) 역사인데, 왜냐하면 그 기본적 착상이 다발 양자화(flux quantization)에서 나타나기 때문이며, 이는 그 때에 많이 논의되었다. 오직 그 당시 이래로 다발 양자화는 BCS 이론의 '명백한' 귀결이 되었다. 그 사실의 미세한 점이 무엇이든 간에, 우리는 스펙트럼적인 어떤 것에 주목한다. 패러디는 그가 전자기와 빛 사이에 몇몇 상호작용이 있어야 한다고 희망했기에 그의 자기광학 효과를 발견했다. 홀은 맥스웰적 전기역학이 둘 또는 세 가지의 상호작용 가운데 하나는 존재해야 한다고 제안했기 때문에, 그의 효과를 발견했다. 조셉슨은 이론의 전제들로부터의 빛나는 연역으로 그의 효과를 발견했다. 홀은 맥스웰적 이론을 '입증'하지는 않았으나, 그럼에도 불구하고 명부에 또 하나의 맥스웰적 사실을 보탰다. 조셉슨은 새로운 초전도 이론을 실제로 입증했다. 이것은 새로운 이론이 그 현상에 대한 최선의 설명을 제공하기 때문에 그런 것이 아님에 주목하라. 그것은 그 이론 없이 바로 그 현상을 창조하는 일에 관해 이제껏 누구도 생각하지 않았기 때문이다.

나는 바로 위 문단에서 효과 발견하기에서 현상 창조하기로 언어를 바꾸었다. 그것은 미묘하다. 조셉슨 효과는 사람들이 장치를 창조하기 이전까지 자연에 존재하지 않았다. 그 효과가 이론에 앞서 있지 않았다. 현상 창조하기에 관한 이야기는 아마도 현상이 어떤 명료화된 이론에 앞설 때 가장 강력해질 것이지만, 그것이 필연적이지는 않다. 많은 현상은 이론 이후에 창조된다.

실험은 작동하지 않는다

실험 결과는 반복 가능해야 한다는 것보다 더 친근한 의견이 없다. 나의 견해에서 그것은 어느 정도 동어반복으로 작동한다. 실험은 현상의 창조다. 현상은 식별 가능한 규칙성을 지녀야 한다. 따라서 반복 가능하지 않은 실험은 현상을 창조하는 데 실패한 것이다.

학부생과 고등학생은 다르게 알고 있다. 실험실적 요소를 갖는 교과과정에 대한 '강의 평가'로 다음의 것보다 더 흔한 의견은 없

B부 개입하기

다. 실험은 작동하지 않는다. 즉 숫자는 요리되고, 반응은 일어나지 않으며, 파지(phage)는 증식하지 않는다. 실험실이 단지 개선되어야 한다!

이 문제가 수년에 걸친 도제살이 이전(pre-apprenticeship) 시기에 고유하게 나타나는 것도 아니다. 또 다른 친숙한 이야기가 있다. 내가 있는 대학에는 아주 복잡하고 값비싼 장치 X가 있는데, 이것은 세계에 몇 개 안 된다. 아마도 우리의 장치만이 아주 잘 작동할 것이다. 그것은 여러분이 1년 전에 예약하고, 여러분이 2일간 X로 연구하기 전에 수없이 많은 심사자에게 심사받는 그런 종류의 장치다. 유능한 젊은이 A가 X로 어떤 매우 놀라운 결과를 얻는 중이다. 같은 분야에서 기성의 인물 B가 그의 2일을 위해 도착하고 실패해 떠난다. 그는 심지어 A의 연구를 오랫동안 엄격히 눈여겨보아야 한다고 제안한다. A는 진정으로 그가 얻는다고 주장하는 바를 얻고 있는 것인가? 또는 그는 속이고 있는 것인가? (이것은 내가 살펴 본 종신 재직권 사례에 기초한 실제 이야기다.)

현재 물론 몇몇 실험실의 과정은 지독할 뿐이다. 때로 나이 든 인물 B가 솜씨를 상실했거나 또는 젊은이 A가 정말로 속이고 있는 것이다. 그러나 역설적인 일반화로 어떤 이는 대부분의 실험이 대부분의 시간에 작동하지 않는다고 말할 수 있다. 이 사실을 무시하는 것은 실험이 하고 있는 바를 잊는 것이다.

실험하는 것은 현상을 창조하고, 산출시키고, 정제하며, 안정화시키는 것이다. 만일 현상이, 거기서 따기만을 기다리는 여름 검은 딸기처럼, 자연에 풍부하다면, 실험이 작동하지 않는다면 그것은 주목할 만한 것이 된다. 그러나 현상을 어떤 안정된 방식으로 산출시키기는 좀처럼 쉽지 않다. 이것이 내가 그저 현상 발견하기가 아닌 현상 창조하기에 관해서 말한 이유다. 그것은 길고 힘든 일이다.

아니 좀더 정확히 말해 끝없이 서로 다른 일이 존재한다. 작동할 실험을 설계하는 일이 있다. 어떻게 실험이 작동하도록 하느냐에 대한 학습이 있다. 그러나 아마도 진정한 솜씨는 실험이 작동하고 있을 때를 알게 되는 것이리라. 이것이 왜 관찰이, 그 용어의 과학 철학적 용법에서 보아, 실험 과학에서 상대적으로 작은 역할을 하느냐에 대한 하나의 이유인 것이다. 눈금판 주목하기와 눈금판 보고하기 — 실험에 대한 옥스퍼드 철학의 구도 — 는 아무것도 아니다. 또 다른 종류의 관찰은 중요한 것이다. 이상한 것, 잘못된 것, 교육적인 것 또는 어떤 이의 장비의 광대 짓에서 왜곡된 것을 뽑아내는 설명하기 어려운 능력이 그것이다. 실험자는 전통적 과학철학의 '관찰자'가 아니며, 오히려 기민하고 주의 깊은 사람이다. 어떤 이가 장비를 올바로 가동되도록 했을 때에만 그 사람은 관찰을 하고 관찰을 기록할 입장에 처하게 된다. 그것은 쉬운 일이다.

학교 실험실에서의 견습 생활은 주로 언제 실험이 작동하는지를 아는 능력을 얻고 있거나, 얻는 데 실패하고 있다. 모든 사고가 이루어지고, 모든 설계하기, 모든 수행이 이루어지지만, 여전히 무언가가 빠져 있다. 실험이 작동하고 있는 때를 아는 능력은, 물론, 어떻게 하는 것이 올바른 것인가를 알아내기 위해서 이러한 기교가 어떻게 작동하는지에 대해 충분한 감각을 갖는 일을 포함한다. 모든 실험이 작동했던 실험실 과정은 세련된 기술이었겠지만 실험하기에 대해서는 아무것도 가르쳐주지 않았을 것이다. 천칭의 반대쪽 끝에서 유능한 젊은이 A가 결과를 얻고 저명한 방문자 B는 그렇지 못하게 되는 일은 놀랍지 않다. A가 장치를 더 잘 아는 기회를 잡은 것이다. 즉 그는 그것의 일부를 잡았으며 실패를 경험했다. 그것은 어떻게 현상을 창조할지를 아는 데에 필수적인 부분이다.

실험 반복하기

전래되는 이야기는 실험이 반복 가능해야 한다고 말해준다. 이것이 철학적인 사이비 문제를 생성시켜왔다. 실험의 다양성이 똑같은 사건의 반복보다 훨씬 더 마음을 끄는 것은 명백하다. 그래서 철학자는 반복 내용이 원래의 것만큼 가치가 있음을 보이려 하거나, 혹은 확률 계산을 말하면서 왜 반복 내용이 가치가 덜한지를 설명해 내려 시도해 왔던 것이다. 누구도 실험을 결코 반복할 수 없기 때문에, 거칠게 말해서, 이는 사이비 문제다. 실험의 전형적으로 심각한 반복은 똑같은 것을 더 잘 해내려는, 즉 더 안정된, 잡음이 덜 섞인 현상의 버전을 산출하려는 기도다. 실험의 반복은 보통 서로 다른 종류의 장치를 쓴다. 때때로 사람들이 실험 결과를 믿지 않고 회의론자는 다시 시도해보게 되는 경우가 있다. 자유 쿼크가 그러한 예가 되며, 중력파에 대한 작업도 그러하다. 20년 전에 몇몇 벌레가 쮠 몇몇 생명체가 혼란에 처할 수 있음이 세상을 떠들썩하게 하면서 제안되었다. 그들 종의 다른 것들이 그 훈련된 벌레를 먹을 때, 그 카니발은 게다가 더 심한 혼란에 빠지게 된다. 이 실험은 아무도 그 결과를 믿지 않았기 때문에 반복되었다. 게다가, 아주 당연했다.

학교와 대학에서 실험은 **싫증이 날 만큼** 반복된다. 교실에서의 그러한 실습의 요점은 결코 이론을 시험하거나 정교화하지 않는다는 것이다. 요점은 사람들에게 어떻게 실험가가 되는가를 가르치는 것이며 실험 과학이 그들에게 올바른 이력이 될 수가 없는 그런 이를 걸러내는 일이다.

실험이 반복되어야 하는 한 가지 영역이 존재하는 것처럼 보일 수도 있다. 그것은 우리가 예를 들어 빛의 속도와 같은 자연의 상수를 정확하게 측정하려 할 때다. 우리가 많은 결정을 해 내고 그것들을 평균해내어야 하는 것으로 보일 수 있다. 그 외에 어떻게 우리가 빛이 초당 299792.5 ± 0.4 킬로미터로 움직인다는 것을 결정할 수 있을까? 그러나 이 영역에서조차도 요청되는 바는, 덜 좋은 장치에 기반을 둔 덜 좋은 시도의 반복이 아니라 더 나은 실험이다. K. D. 프룸(Froome)과 L. 에슨(Essen)은 『빛의 속도와 전파(The Velocity of Light and Radio Waves)』에서의 그들의 개관에서 다음과 같이 썼다 (p.139).

우리는 우리의 실험적 측정의 철학을 반복할 것이다. 가장 중요한 목표는 체계적 오류가 측정될 수 있고 제거될 수 있도록 측정의 엄밀성을 증가시키는 일이어야 한다. 경험은 광범위한 평균화 절차가 의심할 수 없는 체계적 오류를 결과 속에 변함없이 남겨둔다는 점을 보여준다. 고전적인 광학적 방법으로 그리고 최근의 몇몇 결정 작업에서 수행되었던 바와 같은 엄청난 수의 측정값을 취할 때 아무런 이점이 없음을 우리는 안다. 우리는 또한 단일 사건의 표준 편차가 아니라 평균의 표준 편차를 취하는 일이, 남아 있는 체계적 오류가 더 많은 측정으로 축소되지 않는 것만큼 불건전하다고 여긴다. 엄밀성의 관점에서 볼 때 프룸의 1958년의 결정은 에슨(1950)의 결정 그리고 핸슨(Hansen) 및 볼(Bol)의 결정을 넘어서는 유일한 것이다.

<big>●●● 14 측정</big>

우리는 늘 측정을 해왔던 것으로 보인다. 바빌로니아의 측량사는 기하학의 선구자가 아니었던가? 60분수(sexagesimals)의 여러 자리까지 정확하게 들어맞는 행성에 대한 관찰을 고대 세계로까지 거슬러 올라가 추적해낼 수 있다. 갈릴레오는 손으로 무엇을 했던 실험가였다기보다는 머리로 무엇을 했던 플라톤주의자였다고 역사가들은 한때 이야기했으나, 그들은 그 이래로 경사면 위에서 운동하는 물체의 가속도에 대한 그의 정확한 수치적 관찰을 재발견했다. 우리는 허셜이 그의 원숙기를 빛의 반사, 굴절, 투과 또는 복사열을 끝없이 측정하는 데 보냈음에 주목했었다. 가로 전위(transverse electric potential)에 대한 홀의 탐지는 전류에 대한 민감한 측정을 필요로 했다. X선 회절과 연결된 브래그(Bragg)의 측정은 분자 생물학으로의 여행을 시작하도록 했다.

측정은 아주 명백하게 과학적 삶의 일부이므로, 약간의 우상 파괴는 아무런 해가 되지 않을 것이다. 측정은 물리 과학에서 그것이 현재 갖고 있는 역할을 늘 맡았나? 역사 속에서 가장 정확하고, 미묘하며, 경탄 받은 측정의 요점을 우리는 잘 이해하고 있는가? 측정은 과학적 정신의 고유한 부분이거나, 측정은 어떤 철학적 입장을 상징하는가? 측정은 자연 안에 실재하는 어떤 것을 재는가 아니면 주로 측정은 우리가 이론화하는 방식의 인공물인가?

기이함

옥스퍼드 과학사 박물관 안에서 한 엽서를 바라보고 있었을 때, 나의 가장 터무니없는 우려가 시작되었다. 그것은 **측정자**(The Measurers)라 불리는 16세기 그림의 복사물이다. 관리자는 그것이 그 그림과 동시대인 황동 도구의 훌륭한 수집물을 잘 보완해준다고 가정해야 한다. 한 숙녀가 천을 재고 있다. 한 건축자는 자갈을 측정하고 있다. 모래시계는 시간을 지나쳐 간다. 육분의(sextansts), 천문 관측의(astrolabes), 제도 도구가 주변에 놓여 있다. 하지만 누구도 어떤 것을 측정하고 있지 않다. 건축자는 그들의 함 속에 있는 자갈의 수준에 관심을 쏟지 않고 있다. 모래시계 속의 모래 가루는 주목받지 않는다. 그 숙녀는 천에 줄자를 대고 있으나, 팽팽하게 대고 있지 않다. 줄자는 아래로 늘어져 있고, 따라서 줄자의 눈금은 그 천의 길이보다 1피트 더 길 것이다.

　아마도 그 그림은 패러디(parody)이리라. 또는 어쩌면 그 숙녀는 단지 그 천을 측정하기 시작한 것이리라. 누군가가 그 천문 관측의를 집어들려 한다. 그 건축자는 측정함이 넘치고 있는 것을 깨달으려 하고 있다. 그 모래시계는 곧 주목을 받을 것이다. 그 그림을 이 두 가지 방식으로, 즉 패러디로서 또는 지연된 시작으로서, 시대에 맞지 않게, 읽어야 하는 이는 우리만일까? 우리는 '측정하기'의 오래된 목적들을 잘 이해하고 있는가?

허셜은 다양한 물질을 투과한 빛과 열의 비율을 천분의 일까지 측정해냈다. 우리는 그가 빛에 대해서 그런 정확성과 같은 어떤 것을 지닐 수 있었음을 의아해하며, 그것은 열에 대해서는 불가능했을 것임을 알고 있다. 이 조심스런 정규의 뉴튼적 귀납주의자는 그의 거친 과장과 더불어 무엇을 하고 있었던 것일까? 그의 숫자는 오차 이론(theory of errors)을 적용한 결과는 확실히 아니었다. 이야기된 숫자와 이루어진 관찰 사이의 연결을 위해 더 앞선 시기에 주의할 때, 역사가는 훨씬 더 당혹하게 된다. 갈릴레오는 평균에 대해 사고한 아마도 첫 번째 사람일 것이며, 산술적 평균 — 평균값 구하기 — 이 실험자에게 평범한 것이 될 때까지는 긴 시간이 걸렸다. 가우스(Gauss)는 1807년에 한 오차 이론을 제공했으며, 천문학자들이 그것을 사용했다. 모든 근대적인 물리적 측정이 오차에 대한 지적을 요구했으나, 천문학 바깥에 있던 물리학은 1890년대(혹은 더 나중)까지 오차의 추정값을 보고하지 않았다.

수와 측정하기에 관한 **우리의** 관념은 19세기 말에야 분명해지고 의문의 여지가 없게 된다. 1800년 무렵 이후에 수의 사태가 존재하는데, 이는 사회 과학에서 가장 두드러진다. 쿤은 그의 근본적인 논문 「물리 과학에서 측정의 기능」("A function for measurements in the physical sciences")에서 두 번째 과학혁명이 있었으며, 그 과학혁명 시기 동안에 최초로 광범위한 스펙트럼의 물리 과학이 최초로 '수학화'되었다고 제안한다.[1] 그는 이것을 1800년과 1850년 사이의 어딘가에 놓는다. 그는 1840년을 측정하기가, 우리가 지금 그것을 생각하기로, 그것의 근본적 역할을 맡게 되는 때로 제안한다.

1_ "A function for measurements in the physical sciences", in T. S. Kuhn, *The Essential Tension*(Chicago, 1979), pp.178~224, esp. p.220.

자연 상수

어쩌면 한 전환점은 1832년에 신호를 보냈을 것인데, 그 해는 디지털 컴퓨터의 발명자인 찰스 배비지(Charles Babbage, 1792~1871)가 과학과 기예(技藝)에서 알려진 모든 상수에 관한 표를 출간할 것을 촉구하는 짧은 소책자를 낸 해다. 알려진 모든 상수는 출간될 것이다. 이들 상수의 20가지 범주가 존재한다. 배비지는 천문학적 양, 비열, 원자량 등에 관한 친숙한 목록과 더불어 출발한다. 생물학적, 지리학적, 인간적 수 역시 존재한다. 강의 길이, 한 사람이 한 시간에 볼 수 있는 참나무의 양, 인간 생명체가 한 시간 동안 생존하는 데 필요한 공기의 양, 몇 가지 종의 뼈의 평균 길이, 대학의 학생수와 대형 도서관의 책의 숫자가 그것이다.

미국표준국(US Bureau of Standards)의 처칠 아이즌하트(Churchill Eisenhart)는 배비지의 소책자가 '자연 상수'에 관한 근대적 관념의 시작을 표시한다고 한때 내게 제안했다. 그는 상수가 알려져 오지 않았음을 의미하지는 않았다. 배비지 자신이 이런 저런 상수를 위한 최근의 여러 출처를 목록화하고 있다. 하나의 근본적 상수인, 뉴튼 중력의 상수 G는 적어도 1798년 이래로 알려져 왔다. 요점은 배비지가 세계는 수의 집합으로 정의될 수가 있고, 그 수의 집합은 상수라 불릴 것이라는 다수의 그의 동시대인의 정신 속에 있었던 바를 공식적으로 진술함으로써 그러한 연구를 요약한다는 점이다.

정확한 측정

측정하기라는 일상적 실천은 설명을 필요로 하지 않을 수도 있다. 약간 미묘한 종류의 측정 없이는, 홀이 전류 및 장의 퍼텐셜에 대한 효과를 알아 볼 수 없었을 것이다. 그가 더불어 시작할 어떤 정성적 효과만을 필요로 했었을 수도 있으나, 꽤 정확한 측정 없이는, 그의 후계자가 도체 사이의 차이에 주목하는 길로 갈 수 없었거나, 다양한 물질의 특성으로서 '홀 각도(Hall angle)'를 정의할 수 없었을 것이다. 그럼에도 불구하고, 문제가 있는 또 다른 종류의 더 기억할 만한 측정이 존재한다. 그것은 여러 위대한 역사적 측정을 포함한다.

정오에 우물을 내려다보고, 사막을 천천히 걸어 가로질러감으로써 지구의 지름을 찾아내려는 아리스타르코스(Aristarchus)의 경이로운 착상에 대해서 많은 것을 알기 위해서는, 우리가 교과서를 재구성해야 한다. 그러나 어떻게 그리고 왜 캐번디시(Cavendish)가 1798년에 '지구의 무게를 달았는지에' 관해서 우리는 많이 알고 있다. 빛의 속도에 관한 피조(Fizeau)의 1847년 연구는 정밀성에 관한 위대한 업적이다. 이것의 후계자는 회절격자에 관한 마이컬슨의 기법인데, 이는 대단한 정도로 측정의 잠재성을 증가시켰다. 전자의 전하에 관한 밀리컨의 1908~1913년 측정은 또 다른 획기적인 사건이다.

이들 예외적 실험의 요점은 무엇인가? 이들은 적어도 두 가지 이유에서 칭송받는다. 첫째, 그들은 비상할 정도로 정확했다. 어떤 중요한 방식으로도 우리는 이들 선구자의 숫자를 수정하지 못한다. 둘째, 각 개인은 빛나는 새로운 기법을 생산해냈다. 각 실험자는 빛나는 실험적 착상을 개념화하는 데 비범한 재능을 갖고 있었을 뿐만 아니라, 수많은 보조적인 실험적 개념과 기술적 혁신을 발명해 냄으로써 종종 그것이 작동하도록 하는 재능도 갖고 있었던 것이다.

이 두 가지 평이한 대답이 아주 충분히 훌륭하지는 못할 수도 있다. 정확성의 중요성은 무엇인가? 문제가 많이 되지 않는 매우 정확한 수를 얻어내는 이 놀라운 발명의 재주의 요점은 진정 무엇인가? 우선, 지나치게 일반화하지 말자. 실험에 관한 연구에서 항상 그렇듯이, 어떤 하나의 대답도 모든 사례에 적용되지 않는다.

　밀리컨의 실험의 맨 처음 귀결은 전하의 최소 단위가 존재한다는 정성적 입증이다. 그는 그의 기름방울에 있는 전하가 어떤 단일 전하의 작은 정수배임을 알아냈다. 이 최소 전하는 전자에 있는 전하이어야 한다는 것도 추론되었다. 밀리컨은 아주 많은 것을 기대했으나, 전자가 유년기에 있던 시절에 그것은 상당한 결과였다. 그 정확한 e값은, 그러한 맥락에서, 아직은 별로 중요한 것이 아니었다. 밀리컨 자신의 말로, 그는 '모든 전하는, 그것이 산출된 것이라고 하더라도, 하나의 일정한 기본 전하의 정확한 정수배라는 데에 대한 직접적이고 명백한 증명을 제시할' 수 있었다. 밀리컨은 물론 그가 ' …… 기본 전하의 값에 대한 정확한 결정을' 해낼 수 있었음을 또한 자랑스러워했다. 밀리컨의 '그 단위에 대한 정확한 수치 구하기는 물리학에 평가해낼 수 없는 봉사를 했는데, 그것이 우리로 하여금 높은 정도의 정확함으로 가장 중요한 수많은 물리 상수를 계산하도록 해준 것처럼 말이다'라는 노벨상 발표 발언의 이야기를 내가 부정하는 것도 아니다. 그럼에도 불구하고, 만일 어떤 이가 정확한 측정에 대해 우상 파괴적이라면, 다른 측정을 야기하기 위한 어떤 측정의 힘은 좀처럼 마음을 끄는 정당화가 되지 못할 것이다.

　어떤 이는 일정한 최소 음전하 e가 존재하느냐의 여부를 1908년에 충분히 의심할 수 있었을 것이다. 그러나 캐번디시가 1798년에 '지구의 무게를 달았을 때' 우리의 행성이 특수한 중력을 갖고 있음을 누구도 의심하지 않았다. 캐번디시의 승리는 겉으로 보기에는 헤아릴 수 없는 이 양을 측정해낸 것이었다. 그것은 본질적인 호기심을 만족시켰을 뿐만 아니라, 추론의 짧은 연쇄로 중력 상수 G에 어떤 값도 부여했던 것이다. 뉴튼은 사실상 줄곧 그 답을 알고 있었다(Principia, Book III, prop. x). 그는 또한 실험을 제안했으며, 그것은 나중인 1740년 무렵에 에콰도르에서 한 프랑스 탐험가에 의해 수행되었는데, 6267미터 높이의 침보라조(Chimborazo) 산과 같은 커다란 자연적 대상에 의해 끌렸을 때 다림줄(plumb line)이 수직선에서 어느 정도로 비끼는지에 주목함으로써 꽤 훌륭한 결과를 얻었던 것이다. G를 결정하면서, 한 새로운 실험적 착상(그가 원조는 아니었음), 그 속에서 어떤 이가 인공적 저울추를 사용했던 그러한 착상을 그가 실행할 수 있었기 때문에, 캐번디시는 더욱 중요하다.

캐번디시가 행한 연구와 빛의 속도에 관한 피조의 1847년 측정 사이에는 몇몇 유비가 존재한다. 1675년에 뢰머(Roemer)는 목성의 달들의 식에 대한 관찰로부터 빛의 속도를 추정해냈다. 행성의 거리에 대한 그의 지식은 아주 빈약했으며, 따라서 그는 20% 틀렸지만 (밀리컨과 유비하자면) 그는 우리가 현재 c로 표시하는 일정한 빛의 속도가 존재한다는 것을 보여줬다. 그 세기의 끝에 호이헨스는 c에 훌륭한 값을 제공하기에 충분한 천문학을 갖고 있었다. 1847년에 이르러, 어떤 상상할 수 있는 목적을 위해서, 뢰머의 방법으로 빛의 속도가 알려졌다.

그렇다면 피조의 요점은 무엇이었나? 서로 다른 방법이 똑같은 결과를 제공하는 일은 물론 중요하다. 피조가 뢰머의 방법과 철저하게 다른 답을 얻었다면, 지구 위에서 태양계에서와는 다른 속도로 여행하는 빛과 더불어, 우리는 갈릴레오 이전 천문학과 갑자기 다시 관계하게 되었을 것이다. 더욱 중요한 것은 캐번디시와 피조는 전적으로 실험실 안에서 인공적 도구로 연구했다는 점이다. 여러분이 목성의 위성 또는 침보라조 산을 갖고 놀 수는 없다. 이것은 내가 현상의 창조라 부른 바와 연결되어 있다. 어떤 이는 실험실 조건 속에서 어떤 이가 그에 대해 두드러진 통제력을 갖게 되는, 수와 관계된, 어떤 안정된 현상을 산출할 수 있다.

피조는 얼마 안 있어 또 다른 실험을 했다. 물이 흐르는 관을 통과할 경우 빛의 속도는 어떤 영향을 받을 것인가? 그 속도는 단순히 빛의 속도와 물의 속도의 합이 될 것인가? 그의 독창적 요점은 에테르 이론과 연결되어 있었고, 몇몇 배경이 다음 장에서 제시된다. 피조가 마음속에 갖고 있었던 (또는 1852년에는 마음속에 가질 수 있었을) 마지막의 것은 고전적 뉴튼 이론과 상대성 이론 사이의 시험이었다. 아인슈타인은 그의 인기 있는 1916년 책『상대성 이론(The Theory of Relativity)』에서, 운동을 합하는 두 가지 방식에 관해 썼으며, 다음과 같이 계속 이야기했다. '이 점 관해서 우리는 재기가 뛰어난 물리학자 피조가 50년 이상 이전에 수행했으며 그때 이래로 몇몇 최상의 실험 물리학자가 반복해 왔고, 따라서 그 결과에 대해서는 아무런 의혹이 있을 수 없는 몹시 중요한 실험에 의해서 계몽 받게 된다.' 이어 아인슈타인은 이 현상에 대한 이론이 H. A. 로렌츠에 의해서 제공되었다고 진술하고, '이 상황은 상대성 이론의 결정적 시험으로서 그 실험의 결정성을 조금도 감소시키지 않는다'라고 계속 쓴다. 주목할 만한 진술이다. 50년 이상 이전의 실험이 막 나온 새로운 이론에 대한 결정적 실험이었다니! 전통적 에테르 이론이 피조의 결과와 아무런 문제를 일으키지 않으며, 우리가 다음 장에서 보게 될 것처럼, 1886년에 이런 종류의 실험을 '반복했던' 마이컬슨과 몰리(Morley)는 그들이 고전적인 뉴튼적 에테르의 존재를 입증했다고 생각했으므로, 이 진술은 이중적으로 기묘하다. 우리가 지니고 있는 것은 사람들이 그들 자신의 목적에 맞게 가져가는 빛나는 측정의 양식이다. 하나의 목적은 그 어떤 이론을 여러분이 좋아하느냐다. 다른 목적은 기법의 훨씬 더 교묘한 변화의 전개이며, 그들 가운데 1881년의 마이컬슨의 연구는 가장 유명한 예가 된다. 이 경우에서 우리는 오래된 죽은 실험으로 단순한 우연을 키워내는 기생충이 되는 것을 한순간 기뻐하는 가장 위대한 이론가 아인슈타인을 때로 발견하게 된다.

'다른 수단에 의한 이론'

반 프라센의 『과학적 이미지』는 '현장 과학자에게, 이론의 진정한 중요성은 그것이 실험적 설계의 한 요소라는 점이다(p.73)'라고 말한다. 그는 밀리컨에 관해 논의하는 데로 나아가고 이 예에 대해 '실험하기는 다른 수단에 의한 이론의 지속이다'라고 쓴다. 이 두 진술은 서로 맞지 않는다. 어쩌면 그는 실험에 대한 자수성가적 그림, 즉 어떤 이가 더 많은 실험을 할 수 있도록 다른 수단으로 이론을 행하는 실험에 대한 그림을 지니고 있을 것이다. 이것은 밀리컨의 예에 대해서 나쁜 그림이 아닌데, 왜냐하면 한 e값으로 꽤나 서로 다른 실험을 하는 일이 가능하게 되었기 때문이다.

'다른 수단에 의한 이론'이라는 경구는 다음의 관념에 기초해 있다. 이론은 전자가 존재하며 전자는 일정한 전하를 갖고 있다고 제안했다. 그러나 그 이론 안에는 빈칸이 있다. 어떠한 이론적 숙고도 e값을 채울 수 없다. 우리는 e에 대한 실험적 결정을 이루어냄으로써 '다른 수단으로' 이론을 나아가게 한다.

이것은 매력적인 은유지만, 나는 그것에 큰 비중을 두는 것을 꺼린다. 캐번디시는 중력 상수 G를 채웠지만, 내가 생각하기에, 그는 뉴튼 이론을 조금도 계속하지 않았다. 실제로 우리는 그것을 이런 식으로 볼 수 있다. 뉴튼 이론은 서로 거리 d만큼 떨어져 있는 두 질량 m_1과 m_2 사이에 존재하는 중력 F에 관한 진술을, 즉 다음을 포함한다.

$$F = G \, \frac{m_1 m_2}{d^2}$$

그러나 상수 G의 값은 단순히 그 이론의 일부가 아니다. G를 채움으로써, 캐번디시가 이론을 나아가게 하지는 않았다. 사실상 G는 독특한 자연 상수다. 내가 짧게 진술하자면, 대부분의 물리 상수는 물리학의 법칙에 의해서 여타의 상수와 연결된다. 이것은 각각의 상수를 결정함에 있어 중요한 사실이다. 그럼에도 불구하고, G는 그밖에 어떤 것과도 관계되지 않는다.

당연히 우리는 G가 무엇인가와 관련된다고 판명나리라 희망한다. 강력과 약력은 물론 중력과 전자기력은 언젠가 그럴듯한 이론 속에 끼워 넣어질 수도 있을 것이다. 또는 아마도 P. A. M 디랙(Dirac)의 50년의 사색을 따라다니는 다음의 관념이 존재할 수 있을 것이다. 우주가 약 10^{11}년 늙었다고 가정하라. 그러면 우리는 전자기력에 비교해 중력은 해마다 약 10^{-11}부분씩 감소한다고 기대할 수 있을 텐데, 이 차이는 현재의 기술로 거의 측정 가능하다. 그와 같은 측정은 우리에게 세계에 관해 많은 것을 가르쳐줄 수도 있겠지만, 그것이 다른 수단으로 뉴튼 이론 — 또는 어떤 다른 이론 — 을 계속하는 것은 아닐 것이다.

밀리컨은 캐번디시가 중력 이론에 대해서 그랬던 것보다, 전자 이론에 대해서 더 중요했지만, 그것은 그가 그 이론의 빈칸을 채웠기 때문에 그런 것이 아니다. 그것은 오히려 그가 전하의 최소 단위가 존재한다는 것을 입증했기 때문이었다. 이론을 시험하라는, 입증하라는, 논박하라는 이야기가 나오기를 실험자가 기다리고 앉아 있는 그 같은 과학 모형에 대한 반 프라센의 혐오를 현재에 이르러 내가 공유하고 있음은 분명하다. 마찬가지로, 실험자는 종종 이론을 입증하는데, 이때조차도, 밀리컨의 경우에서처럼, 그것은 일차적 동기 부여가 아니다. 내게, 이론에 대한 밀리컨의 관계는, 추측적 존재자, 즉 전자와 아마도 연합되어 있을, 최소 음전하가 존재한다는 결과에 관한 넓은 범위를 갖는 가능한 사변을 입증했다는 점으로 보인다. 그는 또한 그 최소 전하의 값을 알아냈으나, 그 숫자는 이론과 많은 관계가 없다. 앞에서 본 노벨상 인용문에서처럼 그것의 결정적인 사실은 그것이 여타의 상수를 더 정확하게 정하는 것을 도와줬다는 사실에 놓여 있지만, 그러한 상수 역시 이론의 행로에 큰 영향을 주지 않았던 것이다.

정확한 자연 상수는 존재하는가?

측정에 친숙했던 유일한 위대한 철학자는 C. S. 퍼스로, 그는 오랫동안 미국 연안 및 측지 조사소(US Coast and Geodesic Survey)와 보스턴에 있는 로우얼 관측소(Lowell Observatory)에 채용되어 있었다. 그는 G를 결정하기 위해 몇몇 훌륭한 실험을 설계했다. 안락의자 철학자와는 달리 그는 '일정한 연속적인 양은 정확한 값을 갖고 있다'는 가정을 경멸했을 뿐이다. 1892년에 그는 「재조사된 필연성의 독트린」("The doctrine of necessity reexamined")을 썼는데, 이 글은 대부분의 퍼스 글 모음집에서 나타난다.

> 장면의 배후에 있고, 정밀성에서 모든 여타의 측정을 훨씬 뛰어넘되, 은행 계좌의 정확성보다는 뒤떨어지는 질량, 길이, 각의 가장 세련된 비교를 알고 있으며, 학술지에 달마다 나타나는 것과 같은 물리 상수의 일상적 결정이 융단과 커튼에 대한 실내장식 상인의 측정과 대략 동등하다는 점을 아는 이에게, 실험실 안에서 증명되는 수학적 정확함은 단순히 우스워 보일 것이다(*The Philosophy of Peirce*, J. Buchler(ed.) (pp.329f).

어떤 이는 피에르 뒤엠에서도 유사한 요소를 발견하게 된다. 그는 자연 상수를 우리의 수학의 인공물로 여긴다. 우리는 이론을 생산하고, 이론은 그 안에 G와 같은 다양한 빈칸을 갖고 있다. 그러나

*G*가 이러저러하다는 것은 우리의 우주에 관한 객관적 사실은 아니다. 우리의 우주가 일정한 수학적 모형에 의해서 표상될 수 있다는 것은 정성적 사실이며, 이로부터 또 다른 정성적 사실이 생겨나는데, 그것은 우리의 수학과 더불어 가장 최상으로 나아가는 정확한 수와 같은 어떤 것이 존재하다는 점이다. 이것은 이론과 자연 상수에 대한 뒤엠의 자극적인 반실재론의 기초다.

최소 제곱 조정

뒤엠과 퍼스는 상수가 정확하지 않은 때를 폭로하고 있는 것인가? 꼭 그런 것은 아니다. 지난 10년 간 무엇이, 과학과 기술을 위한 자료 위원회(Committee on Data for Science and Technology)에 의해서 국제적 사용을 위해 추천된, 가장 일반적으로 받아들여진 기초 상수의 집합이 되어왔는지를 생각해보라.[2] 편집인인 코언(Cohen)과 테일러(Taylor)는 전 세계에 걸친 주요 국립 실험실의 연구에 기초해 있는 아주 많은 기초 상수를 갖고 있다. 자료는 '더 정확한 WQED 자료', '덜 정확한 WQED 자료', '덜 정확한 QED 자료'로 구별되어 있다. QED는 양자 전기역학(quantum electrodynamics) 이론을 이용하는 연구를 표시하고, 한편 WQED는 그것 없이 하는 연구를 표시한다. 최종적으로 우리는 약간의 '덜 정확한 여타의 양'을 갖는다. 이 마지막 절에서 우리는 우리의 친구인 중력 상수를 발견하게 된다. 그것의 요점은 '현시점에서, *G*를 여타의 어떤 물리 상수와 관련짓는 어떤 이론적 방정식도 존재하지 않는다. 그러므로 그것은 우리의 조정의 출력값과 아무런 직접적 관련을 가질 수 없다(p.698).'

2_ E. R. Cohen and B. N. Taylor, *Journal of Physical and Chemical Reference Data* 2(1973), pp.663~738.

다른 상수와 더불어 우리 대부분이 하는 일은 두 상수의 비를 결정하는 것이다. 그러므로 1962년에 발견된(13장을 볼 것) 조셉슨 효과는 정확한 측정에서 철저한 차이를 이룩해냈던 것인데 왜냐하면 그것은 e/h, 즉 전자의 전하와 플랑크 상수(Planck's constant) 사이의 관계를 결정하는 신기할 정도로 쉬운 방식을 제공했기 때문이다. 1972년에 이르러 전자의 질량과 뮤온의 질량의 비의 정확한 값을 소수점 다섯 째 자리까지 알게 되었다. 이것은 본질적으로 다른 비에 의해서 결정된다.

결국 우리는 상수에 대해 많은 수치적 추정값을 갖고 있다. 이어 우리는 '최소 제곱 적합(least square fit)'으로 가게 된다. 대충 말하면 일정한 집단 안에서 모든 이론은 참(말하자면 QED 또는 WQED)이라고 우리는 가정한다. 그러므로 우리는 많은 수를 연결하는 수많은 방정식을 갖게 된다. 당연히 그 수들은 모든 방정식과 잘 들어맞지 않는다. 이어 우리는 수들의 정밀한 할당을 발견하게 되고, 이는 모든 방정식을 참이 되게 하며, 이는 다양한 상수 및 상수 사이의 비에 대한 우리의 모든 최량의, 초기의 독립적 추정값의 오차를 최소화한다. 당연히 이 일은 약간 더 복잡한데, 왜냐하면 우리는 우리의 초기 측정값에 서로 다른 수준의 정확성을 붙이기 때문이다. 이 '최량 적합(best fit)'은 특별한 오차에 관해 수립되어 있는 추정값과 함께 오는 것이며, 이어 과학의 '첫 번째' 상수를 제외한, 말하자면 G와 같은 약간의 독불장군을 제외한, 모든 상수에 하나의 평가치를 제공한다.

조셉슨 효과에서 인자분석하기(factoring)는 앞서 있던 한 집합의 추정값을 변경시켰고, 이들은 모두 '보정'되었다. 그 과정은 결코 끝나지 않는다.

그럼에도 불구하고 1973년 조정의 출간 이래로 수많은 새로운 실험이 완결되어 왔고, 이는 몇몇 상수에 개선된 값을 제공하고 있다. ……
그러나 최소 제곱 조정의 출력값들은 복잡한 방식으로 관련되어 있고
그 상수 가운데 하나의 측정값의 변화는 보통 여타 상수의 조정된 값
의 상응하는 변화로 인도하므로, 어떤 이는 1973년 조정에서 나온 출
력값과 더 최근의 실험의 결과 둘 다를 사용하는 계산을 수행할 때
조심해야함을 인식해야 할 것이다.[3]

의문의 여지없이 그 다음 최소 제곱 조정이 (아주 곧) 출간될 때,
이론과 수들의 전체적 그물은 한 동안 더 만족스럽게 보일 것이다.
하지만 회의론자는 우리 모두가 하고 있는 바는 우리의 상수 속으
로 밀어 넣을 수 있는 수들의 가장 편리한 집합을 찾는 일이라고
강력히 주장할 수 있다. 아마도 우리의 전체적 절차는 뒤엠적 거푸
집 속에 던져질 수 있을 것이다. 어쨌든 우리는 좀처럼 이 특수한
상수 결정하기 형태를 '다른 수단에 의한 이론 계속하기'라고 부를
수 없을 것이다.

모든 것을 측정하라

쿤은 측정을 향한 열정이 꽤나 신기한 것이라고 이야기한다. 그는
켈빈을 이렇게 인용한다. '나는 여러분이 이야기하고 있는 것을 여
러분이 측정할 수 있을 때, 여러분은 그것에 관한 무언가를 아는
것이고, 여러분이 그것을 측정할 수 없을 때, …… 여러분의 지식은
빈약하고 불만족스런 종류의 것이라고 종종 이야기한다.'[4] 켈빈이

3_ 고에너지 물리학의 포켓 바이블인 *Particle Properties Data Booklet*(April 1982)(next
   edition April 1984), p.3에서 온 것. 로런스 버클리 연구소(Lawrence Berkeley
   Laboratory)와 CERN에서 입수할 수 있다.

4_ William Thompson(Lord Kelvin), "Electrical units of measurement", *Popular Lectures and*

종종 그렇게 이야기했던 이래로, 여러 왜곡된 버전이 유통되고 있다. 칼 피어슨(Karl Pearson)은 '여러분이 한 현상을 측정하고 그것을 수로 바꿀 때까지, 여러분은 그것에 대해 빈약하고 모호한 의견을 갖고 있는 것이라는 켈빈 경의 진술'[5]을 상기시킨다. 측정을 향한 열광은 이념에 의해서 물들지 않는다고 어떤 이가 사고해야 한다면, 시카고 대학교에 있는 라이어슨(Ryerson) 실험실 — 이곳은 마이컬슨의 기지가 되었다 — 에 관한 운율이 엉망인 긴 엉터리 시 속의 이 모방 작품을 생각해보라.

> 이제 인간이 측정하는 것을 배우게 될 것이고, 그렇지 않으면 영구히 그들의 투쟁은 중단되리라는 것, 이것은 라이어슨의 법칙이며 이것은 평화의 대가다.

피어슨, 켈빈, 라이어슨 실험실 모두가 19세기 말에 나타났다. 그것은 수의 사태와 함께 시작되었다. 세계는 이제 종전보다 더욱 정량적인 방식으로 개념화되었다. 세계는 수적 규모(numerical magnitudes)로 구성되는 것으로 보인다. 정확한 수의 측정을 향한 맹목적 숭배의 자연과학의 진로에 대한 효과는 무엇이었나? 이에 답하기 위해서는 우리는 쿤의『본질적 긴장(The Essential Tension)』에 재수록된 이미 언급된 그의 논문「물리 과학에서 측정의 기능」을 보아야 한다.

측정의 기능

왜 측정하는가? 한 가지 답은 포퍼의 추측과 논박의 변증법이다.

Addresses(London, 1889), Vol. I, p.73.

5_ K. Pearson, *The History of Statistics in the 17th and 18th Centuries*(London), p.472.

그 견해에서 보자면, 실험은 이론을 시험하기 위해 의도된다. 최선의 실험은 이론을 최대의 위험에 처하도록 한다. 이 때문에 정확한 측정이 최선의 실험이 되어야 하는데, 왜냐하면 측정된 수는 예측된 수와 충돌할 가능성이 있기 때문이다.

안데르센 동화 속의 어린이는 황제가 벌거벗고 있다고 말했다. 쿤은 그 어린이와 닮았다. 추측과 논박이라는 그 모든 화려한 옷에 대해 말하자면, 포퍼가 상상한 이야기는 거의 결코 일어나지 않는다. 사람들은 이론을 시험하기 위해서 정확한 측정을 하지 않는다. 캐번디시는 중력 이론을 전혀 시험하지 않았고, G를 결정했다. 피조는 더 나은 빛의 속도 값을 얻었으며, 이어서 이 목적을 위해 그가 고안한 기술을 빛이 그것이 통과해서 움직이는 매질의 속도에 의존하게 될 다른 속도를 가질 수 있을 것이냐의 가능성을 (시험하기 위해서가 아니라) 탐구하기 위해서 이용했다. 60년이 지난 이후에야 아인슈타인은 이것이 '결정적 시험'임을 갑자기 발견한다. 더 평범한 정황에서 보아, 실험실에서 결정된 수는 일반적으로 이론을 위험에 처하게 하는 의미를 갖지 않는다. 쿤이 강하게 주장하는 것으로서 실험은 사람들이 대체로 그들이 얻으리라고 기대했던 바로 그 수를 약간의 정확성과 함께 얻게 될 때 흔히 대가를 받게 된다.

대부분의 측정은, 그렇다면, 쿤이 정상 과학이라 불렀던 것이다. 훌륭한 측정은 새로운 기술을 요구하며, 따라서 실험적 종류의 여러 퍼즐 풀이를 초래한다. 측정은 알려진 제재(題材)의 세부사항을 명료화한다. 그렇다면 켈빈에서 정점에 오른 측정을 향한 맹목적 숭배는 '정상' 활동을 강화하는 것을 제외하고 과학에 아무런 영향을 미치지 못했다는 점이 따라 나오는가? 전혀 그렇지 않다. 쿤은 측정의 기능을 다음과 같이 요약한다. '19세기에 물리 과학의 수학화는 엄청나게 세련된 문제 풀이의 기준을 산출시켰으며 그것은 동시에 전문적 검증 절차의 유효성을 아주 많이 증가시켰다고 나는 믿는다

(p.220).' 각주에서 그는 세 가지 문제, 즉 광전 효과, 흑체 복사, 비열의 선별로 이끈 '비의(秘儀)적인 질적 차이들'을 언급한다. 양자 역학은 이들 문제에 대한 해답이었다. 쿤은 양자 이론의 첫 번째 버전이 '동업자'에 의해서 받아들여졌던 속도에 주목한다. 그는 우리에게 이들 문제의 두 번째에 관한 비길 데 없는 책인『흑체 이론과 양자 불연속 1894~1912(Black Body Theory and the Quantum Discontinuity 1894~1912)』라는 책을 제공했다.

나는 쿤을 다음과 같이 주해한다. 우리는 측정의 기능을 측정하기에 대한 공공연한 이유들과 구별해야 한다. 실험자는 측정하기에 대해 다양한 이유를 갖고 있다. 그들은 그들이 교묘한 측정의 체계를 고안할 때 대가를 받는다. 그러나 측정의 실행은 켈빈, 피어슨, 라이어슨 실험실에 의해 결코 기대되지 않았던 부산물을 갖고 있다. 가끔씩 서로 다른 일단의 실험적 수들이 들어맞지 않는 것으로 판명되고, 기대에 반하게 된다. 이것이 변칙 사례이며, 때로 '효과'라고 불리기조차 한다. 정확성에 대한 맹목적 숭배가 크면 클수록, 어떤 이는 더 자주 '비의적인 차이들'과 마주치게 된다. 사실상 많이 나타나지는 않으며, 이 드문 매력적인 변칙 사례는 전문적인 문제 풀이를 위한 초점을 제공한다. 누군가가 새로운 이론을 제출할 때 그것의 과제는 그 '비의적인 차이들'을 설명하는 것이다. 이어 새로운 이론이 만나야 하는 신속한 시험이 존재하게 된다. 이것들은 쿤이 쓰고 있는 효과적인 검증 절차이며, 그것들은 과학혁명에 관한 그의 견해의 일부 구조를 제공한다.

이 기능적 이야기를 과찬하지 말자. 그것이 전체 이야기는 아니다. 물론 많은 실험이 이론을 시험하기 위해 의도적으로 설계된다. 도구쓰기(instrumentation)는 그 시험이 더욱 강제력이 있도록 하기 위해서 특별하게 발전된다. 그리고 철학이 효과를 지니지 않는 것도 아니다. 켈빈 시절에 사실을 찾는 옛 실증주의는 만연했으며, 어떤 이가 그의 실험을 기술했을 때, 그는 그가 단단한 수적인 사실을 찾으려 하고 있었다고 이야기했다. 오늘날에는, 포퍼의 철학이 만연해 있으며, 어떤 이가 그의 실험을 기술할 때, 그는 그가 이론을 시험하려 하고 있다고 이야기한다(그렇지 않으면 여러분은 연구비를 받지 못할 것이다!). 측정에 대한 쿤의 해명이 포퍼의 것과 그다지 다르지 않다는 점도 덧붙이자. 정확한 측정은 이론과 들어맞지 않는 현상을 출현시키고 따라서 새로운 이론이 제안된다. 그러나 포퍼는 이것을 실험자의 명백한 목적이라고 여기는 반면에, 쿤은 그것이 부산물이 되어야 한다고 주장한다. 실제로 이 '기능'에 관한 그의 해명은 사회과학에서 기능주의(functionalism)라 불려온 것과 매우 유사하다.

기능주의

쿤의 철학은 사회학으로 전환하는 것이라고 종종 이야기된다. 만일 그것이 경험적 사회학(empirical sociology)을 뜻한다면, 그것은 틀렸다. 쿤은 다음과 같은 어떤 정리도 기부하지 않았다. '한 실험실이 N명 이상의 과학 인력을 갖고 있다면, 그 실험실에 들어오고 그들의 이력을 계속 발전시켜나가는 젊은 과학자의 비율은 k이며, 다른 연구 쪽으로 가버리는 비율은 $1-k$다.' 쿤이 경험적 사회학자는 아님에도 불구하고, 그는 어떤 정도로 구식의 사변적 사회학자다. 기능주의자라 불리는 이의 몇몇은 한 사회나 하부문화 안에서 어떤 실천을 발견하게 될 것이다. 그들은 어떻게 그 실천이 거기에 도달했는지를 묻지 않고, 왜 그것이 머물러 있는지를 물을 것이다. 그들은 그 집단의 다른 측면이 주어졌을 때, 이 실천은 그 사회 자체의 보존에 기여하는 미덕을 갖는다고 추측했다. 그것이 실천의 기능이다. 그것이 그 사회의 성원에게 잘 알려져 있지 않을 수도 있다. 그러나 우리는 그것의 기능으로 실천을 이해해야 한다.

이와 마찬가지로, 쿤은 물리 과학에서 측정이 점증하는 역할을 맡고 있음에 주목한다. 그가 제안하기로, 1840년에 이르러서야 우리는 철저한 수학화를 발견하게 된다. 그는 어떻게 그것이 통용되게 되었는지를 묻지 않았다. 그는 왜 그것이 머물러 있게 되었는지를 묻는다. 냉소적인 사람은 측정하기가 과학자에게 무언가 할 일을 제공한다고 제안할 수도 있다. 쿤은 정확한 측정의 지배 속에서 불가피하게 나타나는 변칙 사례가 잇따르는 활동을 집중시키며, 심지어 그가 위기라 부른 바의 상태 속에서도 그러하다고 이야기한다. 변칙 사례는 또한 한 이론이 앞서 있던 이론을 훌륭하게 치환하는 일이 무엇인지를 결정한다. 그러므로 측정은 정상 과학-위기-혁명-새로운 정상 과학에 대한 쿤의 견해 속에서 중요한 적소를 갖고 있다.

한 공식적 견해

쿤은 호기심이 강하며 우상 파괴적이다. 정확한 상수 측정자는 그의 견해를 무시하는데, 왜냐하면 상수의 결정은 세계 그 자체가 된 것으로 보이기 때문이다. 조셉슨 효과 덕분에, '미국 국립 표준국은 1972년 7월 1일에 정확한 값 $2e/h$ = 483593.420GHz/V를 미국의 법적 볼트 또는 표준 도량형 단위의 볼트를 유지하는 데에 사용하기 위해 채택했다(p.667).' 일본, 캐나다 등에 있는 11개의 주요 국립 실험실에 의존하는 적어도 11개의 여타의 표준 도량형 단위의 볼트가 있다. 12가지의 지역적 '볼트들'을 지니는 일이 아주 화나게 하지는 않는데, 왜냐하면 그 골칫거리의 일부는 한 실험자가 어떤 볼트를 얻기를 원할 때 그는 가장 가까운 실험실로 가야 하거나, '선적이 가능하며 온도가 조절된 볼트 수송 표준'을 채용해야 한다는 것이기 때문이다. 한 가지 측정의 철학이 있다. 그것은 앞서 언급된 『1973년 최소 제곱 조정(The 1973 Least-Square Adjustment)』에서 코언과 테일러의 개관의 끝에 나온다. '아직도 기본 상수 분야에서 행해질 매우 유용한 연구가 존재하며, 그 다음 소수점 자리에 대한 로맨스는, 본질적으로 끝으로서가 아니라, 새로운 물리학에 대한 그리고 현재로 저기에 숨겨진 채 놓여 있는 자연에 대한 더 깊이 있는 이해를 위해서, 정열적으로 추구되어야 한다고 우리는 믿는다(p.726).'

●●● 15 베이컨적 주제

프랜시스 베이컨(1560~1626)은 최초의 실험 과학의 철학자였다.[1] 그가 과학 지식에 아무런 기여도 하지 않았음에도 불구하고, 그의 방법론적 착상의 많은 부분이 여전히 우리와 함께 있다. '결정적 실험'이 한 예다.

그는 엘리자베스 Ⅰ세의 오랜 집정 기에 태어난 조신(朝臣)이었다. ('몇 살이냐고 여왕이 묻자, 당시에 단지 소년에 불과했던, 그는 아주 분별력 있게 여왕 폐하의 행복한 집정 기간보다 두 살 어리다고 답했다.')[2] 그는 그 당시에 뛰어난 검찰관이었으며, '범죄자와 자본가를 차별 없

1_ 이 장에서 베이컨에 대한 모든 인용은 J. Robertson(ed.), *The Philosophical Works of Francis Bacon, reprinted from the texts and translations with the notes and prefaces of R. L. Willis and F. Spedding*(London and New York, 1905)에서 온 것이다. 이것은 표준적인 *Works*에서 골라내어 만든 선집이다.

2_ 이 전기적 토막은 바로 앞 각주의 베이컨 선집에 포함되어 출간된 William Rawley의 *Life of Bacon*(1670)에서 온 것이다.

이' 기소했다. ('그는 결코 그들에게 모욕을 주거나 거만하게 구는 성격이 아니었으며, …… 엄격성의 눈으로 **악행**을 바라보았지만 동정과 연민의 눈으로 **사람**을 바라보았던 것에서처럼 항상 부드러운 마음을 지녔었다.') 그는 뇌물을 받았고 체포되었다. ('나는 근래 50년 동안 영국에서 가장 정의로운 재판관이었지만, 그것은 근래 200년 동안의 의회에서 가장 정의로운 검열이었다.')

그는 자연에 대한 관찰이 실험보다 더 적게 가르쳐준다고 보았다. ('자연의 비밀은 그것들이 그것들의 길을 갈 때보다 기술에 의한 괴롭힘 아래에 있을 때 더 쉽사리 그 자체를 드러낸다.') 그는 어떤 면에서 프래그머티스트와 같은 점이 있었다. ('따라서 진리와 효용은 여기서 아주 똑같은 것이 되며, 연구 자체는 삶의 편안함에 기여하는 것 이상으로 진리의 담보로서 더 큰 가치가 있다.') 그는 우리에게 '자연의 주름을 털어 펼치기' 위해서 실험하라고 말했다. 우리는 '사자의 꼬리를 비틀어야' 한다. 그는 솔로몬 이상의 현인을 인용하지 않는다. '하나님의 영광은 사물을 숨기는 것이고, 왕의 영광은 그것을 알아내는 것이다.' 그는 이 속담의 참된 의미에서 그것을 가르쳤는데, 모든 탐구자는 왕이라는 것이다.

개미와 벌

베이컨은 제일 원리로부터 지식을 이끌어 내려는 스콜라적이며 책에만 매달리는 시도를 경멸했다. 우리는 이 대신에 더 낮은 수준의 일반성의 수준에서 개념을 창조해야 하고 진리를 발견해야 한다. 과학은 아래로부터 위로 세워져야 한다. 베이컨은 사변, 가설 만들기, 수학적 명료화의 가치를 예견하지 않았는데, 그 이래 우리는, 어떤 쓸모 있는 시험하기의 체계가 있기에 앞서 이들을 잘 사용하는 법을 배워왔다. 사실을 넘어서서 나아가는 작가를 그가 경멸할 때, 그가 마음에 품고 있는 것은 스콜라주의지 새로운 과학이 아니다. 이 때문에 그는 현대의 이론 지배적 철학자에 속하는 여럿에 의해서 초라하게 취급받아 왔는데, 그들은 그를 귀납주의자라 부른다. 하지만 '모순적 사례 없는 특수자의 순수한 열거에 기초해 (논리학자들이 하듯) 결론 내리는 일은 잘못된 결론이다'라고 말한 사람이 베이컨이었다. 그는 단순한 열거에 의한 귀납을 어린애 같다거나 유치하다고 불렀다.

실험철학자인 베이컨은 귀납주의와 연역주의라는 단순한 이분법에 잘 들어맞지 않는다. 그는 잘했든 서툴렀든 자연을 탐구하고자 했다. '그가 시도하는 실험이 그의 기대에 답하지 못할지라도 누구든 낙심하거나 당황해서는 안 된다. 왜냐하면 성공적인 실험이 더 기분 좋을지라도, 성공적이지 못한 실험이 종종 더 교육적이기 때문이다.' 그러므로 베이컨은 이미 논박에 의한 배우기의 가치를 알고 있었던 것이다. 새로운 과학은 실험적 숙련과 이론적 숙련의 동맹이 될 것이라고 그는 본다. 그 시절의 방식으로 그는 곤충의 삶에서 교훈을 이끌어낸다.

실험하는 사람은 개미와 같다. 그들은 단지 모으고 쓴다. 추론자는 거미를 닮았는데, 거미는 그들 자신의 물질로부터 거미줄을 만들어낸다. 그러나 벌은 중간 경로를 취한다. 그것은 정원과 들의 꽃에서 물질을 모으되, 그 자신이 힘으로 그것을 변형하고 소화한다. 철학의 참된 업무는 이와 다르지 않은데 왜냐하면 그것은 유일하게 또는 주로 정신의 능력에만 의존하는 것도 아니며 그것이 자연사와 기계적 실험으로부터 모으는 재료를 취하며 그것을 발견해가면서 그것을 기억 전체속에 쌓아 올리는 것도 아니기 때문이다. 단지 그것을 변경되고 소화된 이해 속에서 쌓아 올릴 뿐이다.

그는 계속하여 '그러므로 이 두 가지 능력, 즉 실험적 능력과 추론적 능력, 사이의 더 밀접하고 더 순수한 연맹으로부터 (이제껏 결코 이루어지지 않은) 많은 것이 희망될 것이다'라고 말했다.

과학이 뭐 그리 대단한가?

실험적 능력과 추론적 능력 사이의 동맹은 베이컨이 그렇게 예언자적으로 썼을 때 좀처럼 시작되지 않고 않았다. 우리 시대에 폴 파이어아벤트는 먼저 '과학이란 무엇인가?'라고 묻고 이어 '과학이 뭐 그리 대단한가?'라고 묻는다. 나는 두 번째 질문이 그다지 압력을 가한다고 생각하지 않지만, 우리는 때로 자연과학에서 다소 중대한 어떤 것을 볼 수 있기 때문에 이를 파악하고자 우리는 베이컨을 이용할 수 있다. 과학은 이 두 가지 능력, 즉 추론적 능력과 실험적 능력 사이의 연맹이다. 12장에서 나는 베이컨이 말하는 합리적 능력을 사변과 연산으로 나누었고, 이들은 서로 다른 능력이라고 주장했다. 과학이 그리도 대단한 바는 그것이 서로 다른 종류의 사람, 즉 사변가, 연산가, 실험가 사이의 협력이라는 점이다.

　베이컨은 독단론자와 경험론자를 혹평하곤 했다. 독단론자는 순수 이론을 연구하는 사람이었다. 그가 살던 시절의 여러 독단론자는 정신의 사변적 던지기를 구사하고 있었을 것이다. 몇몇 경험론자는 진정한 능력을 가진 실험주의자였을 것이다. 각 편 혼자서는 지식을 거의 산출해내지 못했다. 무엇이 과학적 방법의 특징인가? 그것은 그 두 능력을 가져와서 세 번째 인간의 능력, 즉 내가 명료화와 연산이라 부르는 것을 사용해 접촉하게끔 하는 것이다. 심지어 순수 수학자도 이러한 협력에서 이익을 얻는다. 수학은 그리스 시기 이후에 불모였고, 그것이 다시 '응용될' 때까지 그러했다. 심지어 현재에도, 훨씬 더 순수한 수학의 능력에도 불구하고, 심오하고 '순수한' 착상에 가장 위대하게 기여한 이의 다수 —라그랑주, 힐버트(Hilbert) 또는 그 어떤 이든— 는 정확히 그들이 살던 시절의 물리 과학의 근본 문제의 가장 가까이서 연구하던 이들이었다.

최근의 물리 과학에 관한 두드러진 사실은 인간의 세 가지의 근본적 관심인 사변, 연산, 실험에 전범위적 노력을 투여함으로써, 물리 과학은 새롭고, 집합적인 인공물을 창조한다는 점이다. 이 셋 사이의 협력에 참여함으로써, 물리 과학은 다른 경우였다면 불가능했을 방식으로 각각을 풍부하게 한다.

이 때문에 우리는 우리 가운데 몇몇이 사회과학에 관해 공유하는 의혹을 진단할 수 있다. 그들 분야는 여전히 독단론과 경험론의 세계 속에 존재한다. '실험하기'에는 끝이 없으나 그것은 이제껏 거의 아무런 안정된 현상(stable phenomena)도 끌어내지 못하고 있다. 풍부한 사변은 존재한다. 풍부한 수학적 심리학 또는 수학적 경제학, 즉 사변 또는 실험하기와 관계가 별로 없는 순수 과학조차 존재하고 있다. 이러한 정황에 대해 어떤 평가를 내리는 것은 내게서 멀리 떨어져 있는 일일 것이다. 아마도 이 모든 사람들은 새로운 종류의 인간 활동을 창조하고 있는 것이리라. 그러나 우리의 다수는 어떤 종류의 향수, 즉 슬픔의 느낌을 경험하게 되는데, 우리가 사회과학을 개관할 때 그러하다. 어쩌면 이것은 사회과학이 아주 최근의 물리 과학이 그리도 대단하다고 할 수 있는 바를 결여하고 있기 때문일 것이다. 사회과학자가 실험을 결여한 상태에 있는 것은 아니다. 그들은 그 셋 간의 협력을 결여하고 있다. 내가 생각하기로, 그들이 사변을 가하게 될 실재하는 이론적 존재자를 가질 때까지, 즉 단지 가정된 '구성물'과 '개념'이 아니라, 우리가 사용할 수 있는 존재자, 곧 안정된 새로운 현상의 의도적 창조의 일부가 되는 존재자를 가질 때까지 그들은 협력하지 못할 것이다.

특권적 사례

1620년에 나온 베이컨의 미완의 책 『새로운 도구(Novum Organum)』는 그가 특권적 사례라 부르는 바에 관한 진기한 분류를 지니고 있다. 이러한 특권적 사례는 놀랍고 주목할 만한 현상을 포함한다. 이것들은 서로 다른 종류의 측정과 우리의 시각을 연장하기 위한 현미경과 망원경의 사용을 포함한다. 이것들은 본질적으로 볼 수 없는 어떤 것을, 우리가 관찰할 수가 있는 바와 그것의 상호작용을 수단으로 하여 드러내는 방식들을 포함한다. 내가 10장에서 진술했듯이, 베이컨은 관찰에 대해 이야기하지 않으며, 그는 단순한 보기인 사례를 섬세한 실험에서 유도해낸 추론인 사례와 구별하는 일이 중요하다고 생각하지도 않는다. 실제로 그가 사례를 사용하는 일은 실증주의 철학에서 발견되는 관찰 개념보다 대개 현대 물리학이 관찰에 대해 이야기하는 방식과 닮아 있다.

결정적 실험

베이컨의 14번째 종류의 사례는 *Instantiae crucis*인데, 이는 나중에 결정적 실험이 되는 용어다. 더 글자 그대로의 그리고 아마 더 도움이 되는 번역은 '갈림길 사례(instances of the crossroads)'일 것이다. 옛날의 번역자는 그것을 '길 안내 표지 사례(instances of fingerposts)'라고 부르는데 왜냐하면 베이컨은 '그 용어를 길이 나뉘는 곳에 몇 가지 방향을 가리켜주기 위해 설치된 길 안내 표지에서' 빌려오기 때문이다.

나중의 과학철학은 결정적 실험을 결정적인 것으로 만들어버린다. 그 구도는 두 이론이 경쟁하고 이어 단 하나의 시험이 하나의 이론을 결정적으로 선호해 다른 하나를 희생시키는 구도다. 승리하는 이론이 참이라고 증명되지 않을지라도, 적어도 경쟁 이론은 때려 눕혀져 움직일 수 없게 되는 것이다. 이는 베이컨이 길 안내 표지 사례에 관해 이야기하는 바가 **아니다**. 베이컨은 더 최근의 관념보다 더 올바르다. 그는 길 안내 표지 사례가 '아주 탁월한 견지를 가져오며, 높은 권위를 지니는데, 해석의 과정이 **때로** 그것에서 끝나며 완결된다'고 이야기한다. 나는 단어 '때로'를 강조한다. 베이컨은 결정적 실험이 때로 결정적이라고 주장했을 뿐이다. 사후관점 (hindsight)을 가질 때에만 실험들은 결정적이라고, 즉 그것들은 당시에는 결코 아무것도 결정하지 못한다고 이야기하는 것이 최근의 유행이었다. 임레 라카토슈는 바로 그것을 이야기한다. 이 때문에 그릇된 대응이 일어났던 것이다. 철학자들이 베이컨의 양식에 달라붙어 있었더라면, 다음의 반대되는 쌍을 피할 수도 있었을 것이다. (a) 결정적 실험은 결정적으로 결정하며, 즉시 하나의 이론의 거부로 이끈다. (b) '과학에서 결정적 실험이란 있어 오질 않았다(Lakatos Ⅱ, p.211).' 확실히 베이컨은 라카토슈에 동의하지 않으며, 올바로 그렇게 하는 것이지만, 그는 또한 (a)와도 의견을 달리한다.

베이컨의 예

베이컨 자신의 예는 뒤범벅이다. 길 안내 표지 사례에다 그는 몇몇 비실험적 자료를 포함시킨다. 그래서 그는 조수와 관련된 '길의 나뉨'을 고려한다. 대야 안에서 흔들리는, 그래서 한쪽으로 올라갔다가, 다른 쪽으로 올라가는 물의 모형을 우리가 취해야 하는가? 또는 그것은 물이 끓어서 올라갔다 내려갔다 할 때처럼, 바닥으로부터 물의 상승인가? 그래서 우리는 파나마 거주자에게 바다가 소용돌이를 일으키고 이와 동시에 파나마 해협의 양쪽으로 왔다 갔다 하면서 흘러가게 되는지의 여부를 물어본다. 결과인 바는, 베이컨이 즉시 알게 되듯이, 결정적 시험이 아닌데, 왜냐하면 하나의 이론, 예를 들어 지구의 자전에 기초하는 이론을 구제하는 보조적 가설이 존재할 수도 있기 때문이다. 그는 그렇다면 계속해서 바다의 곡률에 관해 여타의 고려를 해보게 된다.

베이컨은 가장 결정적인 사례가 자연에 의해서 마련되지 않는다는 점에 다음과 같은 이유로 주목한다. '왜냐하면 대부분 그 사례는 새로우며, 명백하고 계획적으로 추구되고 적용되며, 진지하고 적극적인 부지런함에 의해서만 발견되기 때문이다.' 그의 가장 좋은 예는 무게라는 문제다. '여기서 길은 그러므로 둘로 나뉠 것이다. 무겁고 중량이 있는 물체는 그 자신의 본성상 그들의 적절한 위치라는 이유로 인해 지구의 중심으로 향하는 경향이 있거나, 그렇지 않을 경우 그들은 지구 자체의 질량과 덩어리에 의해 끌리는 것이다.' 여기 그의 실험이 있다. 납추에 의해서 움직이는 진자시계와 용수철시계를 취하고, 지표 수준에서 시간을 일치시킨다. 이들을 뾰족탑이나 여타의 높은 위치로 가져가고, 나중에는 깊은 광산 수갱 속으로 가져가라. 만일 시계가 똑같은 시간을 유지하지 않으면, 그것은 무게와 끌어당기는 지구의 질량으로부터의 거리의 효과 때문에 그러해야 한다. 그것은 경이로운 착상이었지만, 그럼에도 불구하고 베이컨 시절에는 실행 불가능한 것이었다. 추정컨대 그는 아무런 결과를 얻지 못했을 것이고, 따라서 진정한 운동에 관한 그릇된 아리스토텔레스적 이론을 선호했을 것이다. 그럼에도 불구하고, 여러분이 그 그릇된 길로 보내졌다는 사실이 베이컨을 그다지 많이 낙담하게 하지는 않았을 것이다. 그는 결정적 실험이 해석 작업을 끝내도록 해야 한다고 결코 주장하지 않았다. 여러분은 항상 그릇된 길로 보내질 수 있으며, 길 안내 표지가 잘못 인도하고 있기 때문에 여러분의 발걸음을 재추적해야 하는 것이다.

보조적 가정

베이컨의 실험이 1620년에 근면하게 시도되었더라도, 누구도 진자 시계와 용수철시계 사이의 차이를 탐지하지 못했으리라고 가정해 야 한다. 도구는 그런 정확한 시간을 여하튼 유지하지 못했고, 마찬 가지로 이웃해 있던 가장 깊은 광산 수갱과 가장 키가 큰 뾰족탑은 도구가 식별력을 갖기에 충분할 만큼의 높낮이를 갖고 있지 않았다. 중력 이론의 옹호자는 더 섬세한 측정이 필요하다고 단언하면서 그 실험 결과를 적절히 거부할 수 있을 것이다.

　이것은 결정적 실험의 부정적 결과로부터 가설을 구제하는 가장 단순한 방식이다. 가설을 이런 식으로 구제하는 것이 항상 가능한 일로 보일 수도 있다. 그렇기 때문에 프랑스의 과학철학자이며 과 학사학자인 피에르 뒤엠이 만들어낸 더 일반적인 논점이 존재한다. 여러분이 가설을 시험할 때마다, 여러분은 이와 동시에 여러분이 선호하던 가설을, 시험하기의 방법과 관련된 몇몇 보조적 가정을 수정함으로써, 구제할 수 있다. 8장에서 우리는 임레 라카토슈가 이 것을 가설이 실험에 의해 단순하고 직접적으로 반증될 수 있다는 관념을 침몰시키기 위한 간편한 연장으로 생각했음을 보았다. 그가 제기하기로, '정확히 가장 숭배되는 과학 이론이 어떤 관찰 가능한 정황을 금지하는 데 단순히 실패한다(Ⅰ, p.16).' 이를 지지하여, 우 리는 사실 말고 '행성의 잘못된 행동에 관한 상상적 사례'를 받아들 인다. 어떤 이는 보조적 가정을 더해 이론을 보통 수습해낼 수 있다 는 뒤엠적 논점을 이것이 만들어낸다. 가설 가운데 하나가 쓸모 있 게 될 때, 그것은 이론을 위한 승리이지만, 만일 그것이 그렇지 않 으면, 우리는 더 많은 보조사항을 얻고자 계속 나아갈 뿐이다. 그렇 기에, 그 이론은 어떤 것도 금지할 수 없다고 주장되는데, 왜냐하면 우리는 개입되는 이론을 통해서만 관찰과의 모순을 얻어내기 때문이다. 이것 역시 잘못 논의되고 있으며, 또 다른 종류의 부주의함을 예시해준다. 가설이 때로 구제되어 왔다는 역사적 사실로부터 가설은 항상 구제될 수 있다고 추론된다. 이는 상상적 사례에 의해서보다는 역사적 사건에 대한 상상적 견강부회에 의해서 더 잘 논의되었다.

1814년과 1815년에 윌리엄 프라우트(William Prout)는 두 가지의 주목할 만한 논제를 제안한다. 그 때에는, 돌턴 및 여타 사람 이후로, 원자량의 엄밀한 측정이 가능하게 되었다. 프라우트는 모든 원자량이 수소의 그것의 정수배이며, 따라서 우리가 H = 1로 놓으면, 여타의 모든 원소는, C = 12 또는 O = 16과 같이, 정수를 갖게 될 것이다. 측정과 정수 사이의 불일치는 그렇다면 실험적 오류가 될 것이다. 다음으로, 모든 원자는 수소 원자로 만들어질 것이다. 그래서 수소 원자는 우주의 기본적인 건축용 벽돌이 될 것이다.

프라우트는 화학에 기호가 있으면서 주로 의학을 연구하던 이였다. 그는 대략적으로 동시에 아보가드로 수(Avogadro's number)를 추측했던 몇 사람의 연구자 가운데 하나였다. 그는 위 속에 HCl이 존재한다는 것과 그것이 소화에서 주요한 역할을 한다는 것을 발견했다. 그는 생물학적 화학물질에 관해 몇몇 유용한 연구를 했다. 그는 수소에 관한 그의 대담한 추측을 위한 아무런 이론적 기반을 갖고 있지 않았다. 더욱이 그것은 언뜻 보기에는 거짓이었는데, 왜냐하면 염소는 약 35.5의 원자량을 갖고 있었기 때문이었다. 라카토슈는 어떻게 이론이 변칙 사례의 바다 속에 뒹굴며 떠 있을 수 있는가를 예증하기 위해서 프라우트를 이용한다. 그는 프라우트를, 염소가 35.5의 원자량을 갖고 있음을 **알았으되** 그 원자량이 '실제로는' 36이라고 계속해 제안했던, 중요한 인물로 만든다. 그는 이어 각주에서 이 진술을 '수정한다'. 실제로 프라우트는 그 숫자가 제대로 나온 것처럼 보이게 하기 위해 그 숫자에 대해 단순히 얼렁뚱땅

넘기려 둘러댔던 것이다. 그러나 영국에서 여러 유능한 화학자는 그 수치가 나쁜 것으로 보였을 때조차도 프라우트의 가설에 매달려 있었다고 말한 점에서 라카토슈는 옳다. 유럽 대륙에서는 훨씬 더 수요가 많았던 화학적 분석이 실행되었는데, 거기서는 아주 적은 수의 사람들만이 프라우트를 심각하게 여겼던 것이다.

이제 우리는 가설을 구제하는 보조적 방식에 관심을 돌리기로 한다. 라카토슈는 여러분이 결코 프라우트를 논박할 수 없으며, 그것은 염소가 불완전하게 정제되었다고 그냥 계속 고집할 수 있기 때문이라고 이야기한다. 그러므로 실제 표본이 35.5로 나온다고 하더라도, 진정한 물질은 36의 원자량을 갖고 있는 것이다. 라카토슈는 우리에게 '만일 17가지의 화학적 정제 절차 p_1, p_2, ⋯⋯ p_{17}이 어떤 기체에 적용된다면, 남는 것은 순수한 염소일 것인가'라는 상상적 진술을 제공한다. 도식적으로 표현될 경우, 우리는 p_{18}이 적용되어야 한다고 요구하면서 이를 거부할 수 있음을 즉시 알게 된다. 그러나 실생활에서 그것은 그렇게 작동하지 않는다. 영국의 (정수배) 원자량이 유럽대륙의 그것과 불일치하는 것을 우려하여, 다양한 위원회가 구성되었으며, 에드워드 터너(Edward Turner)는 그 문제의 핵심을 파악하도록 권한을 받았다. 그는 규칙적으로 35.5를 얻었고, 한동안 그는 비판받았는데, 예를 들어 프라우트는 염화은(silver chloride)은 그 안에 약간의 물을 함유할 수도 있을 것이라고 제안했다. 이 가능성을 제거할 수 있는 한 방법이 발견되었다. 염소는 약 35.5의 원자량을 갖고 있다는 것이 영국의 과학자 사회에 곧 명백히 알려지게 되었다. 수소가 우주의 건축용 벽돌일 가능성에 여전히 흥미가 있었으며, 탄소에 대한 과거의 결정내용이 잘못이라는 것을 알고서 충격 받은, 파리에 있던 더 정교한 실험실들은 그 모두를 다시 시도해보았다. 그러나 수많은 노고 이후에도 염소가 36의 원자량을 갖는다는 아무런 가능성도 존재하지 않았다. 더 나은 정제를 희망함으로써 그 가설을 구제할 아무런 방법도 존재하지 않았으며, 그것이 그것이었다.

판명되었듯이, 그 가설은 진리의 직전에 있었지만, 그것은 아주 다른 연구 프로그램, 즉 원소의 물질적 분리라는 관념을 요구했다. 금세기 초에, 러더퍼드와 소디는 원소가 유일한 원자량을 갖고 있는 것이 아니라, 서로 다른 동위원소(isotopes)의 혼합체이며, 따라서 35.5의 원자량은 몇 가지 진정한 원자량의 평균임을 보여줬다. 더욱이, 프라우트의 두 번째 가설은 거의 옳았다. 만일 우리가 수소에 대해서가 아니라, 수소 이온 또는 양성자(proton)에 대해서 이야기했다면, 모든 동위원소의 원자량은 본질적으로 그것의 정수배 원자량이 될 것이다. 수소는 유일한 건축용 벽돌은 아닌 것이 되지만, 그것은 분명히 그 가운데 하나다.

우리는 프라우트의 가설이 보조적 가정에 의해서 '구제'되어 온 것으로 생각해서는 안 된다. 분석적 오류를 제거하는 절차는 단순히 끝이 났다. 지구 위에서 염소의 원자량은 단지 약 35.5이며 그 무엇도 이를 변경시킬 수 없다. 동위원소의 발견에 대해 말해보면, 그것은 프라우트적인 이른바 연구 프로그램을 구제하기 위한 새로운 보조적 가정이 아니었다. 그것은 전적으로 새로운 가설이었다. 프라우트는 그저 그 물리적 관념의, 화학자였던 행운의, 선구자였을 뿐이다. 그것은 뒤엠의 논제와 관계가 없다.

사후관점을 가질 때에만 결정적

결정적 실험에 대한 라카토슈의 반대는 통렬한 시험이 있을 수 있어 하나의 이론을 선호하고 다른 이론은 파괴한다는 비베이컨적 관념을 부정한다. 회고 속에서만, 그가 이야기하기로, 역사가는 실험을 결정적이라고 여기게 될 뿐이다. 그의 연구 프로그램의 방법론은 바로 그것을 가르쳐준다. 만일 T가 프로그램 $P^\star$ 속의 현행 이론이라면, 우리는 T를 $T^\star$에 대해 시험하기 위한 실험을 고안할 수가 있을 것이다. 만일 T가 이번 회전에서 승리하면, $P^\star$이 피로에서 회복되며 다시 T를 때려눕힐 더 나은 이론을 제안하는 것이 여전히 가능하다. 얼마의 시간이 지난 뒤에, $P^\star$이 그 희망을 버릴 경우에만, 우리는 나중에야 $T^\star$이 결정적이었다고 진술하게 되는 것이다.

베이컨의 더 신중한 용어법으로 보면, 갈림길 실험은 그 때에 그렇게 보일 수 있다. 만일 그 시도가 T를 선호했다면, 길 안내 표지는 진리가 방향 P쪽에 놓여 있을 수 있다고 이야기할 것이다. 우리는 베이컨을 라카토슈화할 수 있는데, 이는 두 저자 모두를 아주 불편하게 할 것이다. 길의 망, 즉 일상적인 도로지도를 상상해보라. 하나의 교차로에서 길 안내 표지는 진리가 하나의 방향, 곧 T와 P의 방향에 있다고 말할 수가 있다. 그러므로 우리는 길 $P^\star$ 쪽으로 가지 않는다. 그 길은 나중에도 계속해 길 P와 여전히 교차할 수가 있다. $P^\star$ 쪽이 수정된 이론 $T_1{}^\star$을 내건다. T와 $T_1{}^\star$에 대한 길 안내 표지 시험의 사례는 이제 우리에게 $P^\star$길을 따라가라고 지시할 수가 있다. P길 위에서 우리가 $P^\star$ 쪽과는 결코 다시 교차하지 않을 때에만 우리는, 사후관점으로 원래의 갈림길이 결정적이었다고 말하게 될 것이다.

그럼에도 불구하고 이것은 실험의 역할을 너무 많이 평가절하 하는 것이다. 일정한 유형의 실험적 발견은 수준점으로서, 즉 어떠한 미래의 이론도 순응해야 하며 비교 가능한 이론적 수준점과 연계해 우리로 하여금 한 방향을 향하도록 상당히 항구적으로 강요할, 현상에 관한 항구적 사실로서 봉사한다.

우리는 이것을 논쟁의 여지가 있는 마이컬슨몰리 실험에서 볼 수 있다. 그것은 한때 뉴튼적 관념, 즉 어디에나 퍼져 있는 에테르로 공간이 채워져 있다는 관념을 거부한 결정적 이유로서 인용되었다. 아인슈타인은 에테르를 아인슈타인 상대성 이론으로 대체시켰다. 그러나 그 자신은 마이컬슨몰리 실험에 대해 거의 몰랐으며, 그것의 역사는 확실히 '뉴튼과 아인슈타인 시험하기'의 역사가 아니었다. 라카토슈는 이 사실을 결정적 실험에 대한 그의 맹공의 중심물로 사용한다. 그는 또한 그것을 모든 실험이 이론에 종속된다고 논의하기 위해 이용한다.

사실 그 실험은 자연에 대한 베이컨적 탐구의 훌륭한 예다. 그것은 늘 논쟁의 여지를 지니게 될 것이라고 아주 많이 논의되어 왔지만, 실험주의적 의견을 라카토슈의 의견과 나란하게 놓는 것은 유용하다. 그렇게 하려면 우리는 망각 속에서 에테르를 되불러내야 한다.

모든 곳에 퍼져 있는 에테르

뉴튼은 '모든 공간에는 탄성 매질 또는 에테르가 스며들어 있으며, 이는 소리의 진동이, 훨씬 더 큰 속도로만, 전달되어 나가게 하는 능력을 갖고 있다'고 썼다. 그는 계속하여 빛은 에테르 속의 파동이 아니라, 광선이 통과해 움직이는 매질이라고 이야기했다. 뉴튼적 광학은 에테르를 소중하게 조금만 사용했다. 라이프니츠주의자들은 그들이 중력을 '신비적 능력'으로 기각하려 했듯이 바로 그렇게 그것을 '신비한 물질'이라고 즐거이 비웃었다.

파동　　　　　　　　　　　파동 이론은 에테르가 실제로 작동하게 했다. 이것은 파동 이론의 선구자(또는 재발명자)였던 토머스 영(1773~1829)에 의해서 명백하게 진술되었다. '(Ⅰ) 빛을 전달하는 에테르는 우주에 퍼져 있고, 높은 정도로 희박하며 탄성이 있다.

(II) 물체가 빛을 발할 때마다 이 에테르 속에서 파동이 일으켜진다. (III) 서로 다른 색에 대한 지각은 망막 속에서 빛에 의해 일으켜지는 서로 다른 진동수에 의존한다.' [3]

에테르 바람 우리가 파동 이론의 수학을 갖게 된 것은 오귀스탱 프레넬(Augustin Fresnel, 1788~1827) 덕택이다. 그는 만일 빛이 매질을, 그 자체는 빛과 반대 방향으로 움직여 가고 있는 매질을 통과해 지나간다면, 일정한 '바람' 효과가 존재할 것이라고, 즉 빛의 외견상 운동은 감소될 것이라는 가정을 제시했다. 이는 J. 도플러(Doppler, 1803~1853)의 1842년의 발견과 애매한 방식으로 부합했다. 만일 광원이 관찰자에 상대적으로 이동한다면 지각된 빛의 진동수(색깔)에서 변동이 있어야 할 것이다. 이는 탁월한 파동적 현상으로, 이는 소리와 그 당시의 열차 기적과 오늘날 경찰차의 사이렌과 연합된 음고의 변화에서 친숙하게 나타난다.

천문학적 광행차 별은 그들이 존재하고 있는 것처럼 보이는 곳에 제대로 존재하지 않는다. 이 '천문학적 광행차(astronomical aberration)'에 대해서 몇 가지 설명이 제시되어 있었다. 프레넬은 에테르 바람으로부터 하나의 설명을 얻어냈다. 1845년에 G. G. 스톡스는 움직이는 물체는 그 주위에 있는 에테르를 끌고 간다는 이와 반대되는 착상을 제안했다. '지구와 행성은 그것들과 더불어 에테르의 일부분을 운반한다고, 따라서 그것들의 표면 가까이에 있는 에테르는 그것들의 표면에 대해 상대적으로 정지해 있고, 그것의 속도는, 아주 먼 거리에서는 아니겠지만, 그것이 우주 안에서 정지

3_ Thomas Young, "Bakerian Lecture", *Philosophical Transactions of the Royal Society* 92(1801), pp.14~21.

할 때까지, 우리가 표면에서 멀어짐에 따라서 변동된다고 가정하게 될 것이다.'[4]

전자기   제임스 클럭 맥스웰은 빛 이론과 전자기 이론을 훌륭하게 통일시켰다. 그는 에테르에 열심인 것은 아니었으나, 다음과 같이 결론 내렸다. '에테르의 구성에 관한 일관된 관념을 형성시키면서 우리가 그 어떤 어려움을 갖게 되더라도, 행성 사이의 공간과 별 사이의 공간이 비어 있지 않으며, 물질적 실체 또는 덩어리에 의해 점유되어 있다는 점에 전혀 의혹이 없다. ……'[5]

무선 파   1873년에 맥스웰은 광파를 닮은 볼 수 없는 전자기파가 존재해야 한다고 예측했다. H. R. 헤르츠(1857~1894)는 전파를 발생시켜냄으로써 맥스웰의 정당성을 입증했다. 헤르츠는 에테르에 대해 다소 의심을 가졌지만, 1894년에 그의 위대한 선생님인 H. 헬름홀츠는 헤르츠에 대해 사후에 이렇게 썼다. '이 탐구에 의해 H. 헤르츠는 자연 현상에 관한 새롭고 가장 흥미로운 견해로 물리학을 풍요롭게 했다. 광파가 모든 곳에 퍼져 있는 에테르 속의 전기적 진동으로 이루어지며 에테르가 절연체 및 자기적 매체의 속성을 지닌다는 점에 더 이상 어떤 의혹도 있을 수 없다.'[6]

4_ G. G. Stokes, "On the aberration of light", *Philosophical Magazine*, 3rd Ser., 27(1845), pp.9~10.

5_ J. Clerk Maxwell, "Ether", *Encyclopedia Britannica*, 9th ed., Vol. 8(1893), p.572(1878년에 최초로 유통됨).

6_ H. von Helmholtz, Preface to H. Hertz, *The Principles of Mechanics*, D. E. Jones and J. J. Wallis(trans.)(London, 1894), p.xi.

실험

이는 마이컬슨이 이제는 유명한 그의 일련의 실험을 시작했던 시점 무렵의 형세에 관한 가장 짧은 가능한 요약이다. 라카토슈의 기술을 어떤 실험자가 제공할 수 있는 그것과 대조하는 것이 나의 목적이다. 1878년에 맥스웰은 나중에《브리태니커 사전(Encyclopedia Britannica)》의 9판에 '에테르'로 실릴 기사를 썼다. 그것이 마이컬슨 실험을 위한 착상을 제안하는데, 그때 그것을 수행해낼 가망은 존재하지 않는다고 함축하고 있었다.

> 만일 빛이 지구상의 한 위치에서 다른 위치 사이를 다녀오는 데 걸리는 시간을 관찰해 빛의 속도를 결정하는 것이 가능하다면, 우리는 서로 반대되는 방향에서 관찰된 속도를 비교함으로써 이 지상의 위치들에 대해 에테르의 속도를 결정할 수가 있을 것이다. 지상의 실험에서 빛의 속도를 결정하기 위해 실행 가능한 모든 방법은, 그럼에도 불구하고, 한 위치에서 다른 위치로의 그리고 다시 역으로의 이중적 여행에 대해서 요구되는 시간의 측정에 의존하며, 지구의 공전 속도와 동등한 에테르의 상대적 속도 때문에 생기는 이 시간의 증가는 전체 전달 시간의 1억분의 1일 될 것이며, 따라서 감지가 전적으로 불가능할 것이다.[7]

실험적 착상   '모든 방법'은, 맥스웰이 이야기했기로, 실패할 것이다. 그렇지가 않았다. 마이컬슨은 우리가 은을 반도금한 거울로 광선을 나눠야 하고, 광선의 반은 지구의 운동방향으로 보내고 다른 광선은 그 방향에 수직으로 보내야 한다는 점을

7_ Maxwell, "Ether", p.570.

깨달았다. 그 광선들이 반사되어 되돌아올 때 우리는 어떤 간섭효
과가 있는지의 여부를 알 수 있는데, 그것은 결과적으로 나오는 두
개의 빛의 속도에 의해 야기되는 위상의 변화 때문이다. 거의 누구
도 이것이 작동하리라고 믿지 않았다. 마이컬슨도 어려움을 안고
있었다. 예를 들어 집밖에서 지나가는 말은 다른 경우였다면 눈에
띄지 않았을 가벼운 흔들림을 건물에 생기게 함으로써 실험을 망쳐
놓았다. 결국 그는 시골로 갔고 '잡음(noise)'을 감쇄시키기 위해 전
체 실험을 수은 욕조 안에 띄워 수행했다. 그것은 원하지 않는 현상
을 제거하는 특징적인 실험 방식이다.

이론을 시험하기 위한 실험　　　라카토슈는 다음과 같이 쓴다. '마
이컬슨은 지구의 운동의 에테르에의 영향에 관한 프레넬과 스톡스
의 모순되는 이론을 시험하기 위해 실험을 최초로 고안했다.'
　이는 참이 아니다. 실험가로서 마이컬슨은 맥스웰이 불가능하다
고 이야기했던 바, 즉 에테르에 대한 지구의 운동을 측정하기를, 그
어떤 이의 이론과도 상관없이, 원했던 것이다. 그는 1880년 11월
20일 베를린발의, 사이먼 뉴컴(Simon Newcomb)에게 보낸 한 편지에
서 바로 그것을 이야기한다. 마이컬슨은 파리에서 피조의 학생으로
연구했고 그 자신의 실험적 결정을 위한 준비가 되어있었다. 그의
후원자는 알렉산더 그레이엄 벨(Alexander Graham Bell)이었는데, 그
에게 1881년 4월 17일에 쓴 편지에서 다음과 같이 썼다. '에테르에
대한 지구의 상대적 운동과 관련한 실험이 이제 막 성공적으로 종
결되었습니다. 결과는 **부정적**이었습니다.'[8]

8_ Nathan Reingold, *Science in the Nineteenth Century America*(Washington, 1971), pp.
　288~290에 최초로 출간된 편지.

부정적 결과　　　　　　　그 결과는 정말로 부정적이었다. 긍정적 결과는 세상을 떠들썩하게 했을 것이다. 왜냐하면 긍정적 결과는 공간을 통과하는 지구의 절대 운동을 결정했을 것이기 때문이다. 만일 자연이 단지 협력하기만 했다면, 이는 여러 세기의 사변의 승리로서 역사에 기록되었을 것이다. 우리는 공간이 절대적이며, 지구가 공간을 지나가는 절대 속도를 알게 되었을 것이다.

실험의 결과　　　　　　　라카토슈는 이렇게 쓴다. '마이컬슨은 그의 1881년 실험이 [광행차에 대한 프레넬과 스톡스의 설명 사이의] 결정적 실험이었으며 스톡스의 이론을 **증명했다**고 주장했다.' 마이컬슨은 그런 유의 어떤 말도 하지 않았다. 그는 다음과 같이 쓴다. '이들 결과에 대한 해석은 간섭 띠의 변위가 존재하지 않는다는 것이다. 따라서 정지 에테르 가설의 결과가 옳지 않다는 점이 보인 것이고, 그 가설은 오류라는 필연적 결론이 따라 나온다.'[9] 그는 스톡스가 옳다고 주장하지 않았으며, 기껏해야 프레넬이 틀렸다고 주장했던 것이다.

광행차　　　　　　　마이컬슨은 계속하여 그의 결과는 '일반적으로 받아들여진 광행차 현상에 대한 설명과는 직접적으로 모순된다'고, 즉 프레넬의 설명과 모순된다고 이야기한다. 끝에서 그는 스톡스의 논문에서 나온 '발췌구를 덧붙이는 것이 부적당한 일은 아닐 것이다'라고 이야기한다. 스톡스는 '실험과 비교되는 것을 허락하는 결과, 그리고 우리가 채택한 이론에 따르면, 상이한 것이 될 결과'(즉, 스톡스 자신의 이론 또는 프레넬의 이론을 따를 때)는

9_ A. A. Michelson, "The relative motion of the earth and of the luminiferous ether", *American Journal of Science*, 3rd Ser., 22(1881), p.128.

전혀 없는 것으로 보인다고 이야기했다. 스톡스는 '그 두 이론을 몇몇 결정적 실험에 의해 시험 받도록 하는 것이 가능했다면 만족스러웠을 것이다'라고 이야기한다. 마이컬슨은 담담하게 아무런 논평 없이 스톡스를 인용한다. 그는 ─ 라카토슈가 제기하듯이 ─ 스톡스가 옳다고 '간접적으로 말하지' 않았다. 그는 이를 결정적인 실험이라고 부르지 않았다. 그가 함축해내는 바는 이론가에 대한 실험가의 승리다. 즉 지금 나는 이제껏 당신들이 접근할 수 없었던 것을 결정할 수 있다는 것이다.

1886년 실험 마이컬슨은 몰리(Morley)와 조를 이루어 피조의 1852년 실험을 다시 했으며, 여기서 빛은 움직이는 물 속을 그 물의 흐름과 반대 방향으로 통과하도록 보내졌다. 몰리는 유리관을 불어 만드는 데 능력이 있던 화학자로서 들어왔는데, 그 능력은 흐르는 물을 위한 섬세한 유리물품 제작에 필요했다. 그들은 피조가 주로 옳았다고 결론 내렸으나, 그럼에도 불구하고 그들은 프레넬의 이론을 얼마간 재해석했다. 그들은 '이 작업의 결과는 따라서 피조가 선언한 결과는 본질적으로 옳다는 것, 그리고 빛을 전달하는 에테르는 그것이 스며들어가 있는 물질의 운동에 의해서 전혀 영향을 받지 않는다는 것이다.'[10] 나는 라카토슈가 이 실험에 대해서는 전혀 언급하지 않는다고 생각한다.

이론이 들어오다 H. 로렌츠는 세기말 전환기의 위대한 이론가의 하나였으며, 에테르에 예민하게 관심을 두고 있었다. 라카토슈는 이 사례를 다소 과장되게 진술한다.

10_ A. A. Michelson and E. W. Morley, "Influence of the motion of the medium on the velocity of light", *American Journal of Science*, 3rd Ser. 31(1886).

종종 일어나듯이, 실험가인 마이컬슨은 그 당시에 이론가에 의해서 교훈을 가르침 받았다. 로렌츠는 탁월한 이론 물리학자였고 …… 마이컬슨의 계산이 잘못되었음을 …… 보여줬다. 프레넬의 이론은 마이컬슨이 계산했던 효과의 절반만을 예측했다. …… 실제로 프랑스 물리학자 포티에(Potier)가 마이컬슨에게 그의 1881년의 실수를 지적했을 때, 마이컬슨은 수정된 원고를 출간하지 않기로 결정했다.

이는 거짓이다. 마이컬슨은 그 원고를 불어로 써서 *Comptes Rendus* 94(1882), p.520에 실었던 것이다. 거기에 포티에에 대한 각주가 있었다.

1887년 실험   이것이 가장 유명한 마이컬슨몰리 실험이다. 라카토슈는 '로렌츠의 편지에 주목하는 레일리(Rayleigh)에게서 온 편지'에 관해 이야기한다. '이 편지는 1887년 실험을 촉발했다.' 이것은 거짓이다. 그 편지는 1887년 초에 씌었다. 그 실험은 1887년 7월에 수행되었다. 여러분은 왜 라카토슈가 결론으로 비약했는지를 알 수 있다. 사실 그 실험은 1886년을 위해서 계획되었고 그 때에 충분한 재원이 마련되었다. 일은 10월에 시작되었지만, 문서적 기초가 1886년 10월 27일의 불로 파괴되었으며, 이에 의해 실행이 크게 지연되었던 것이다. 그러므로 그 실험은 레일리의 이른바 촉발 편지 훨씬 전에 시작되었다. [하지만 그것은 그 해에 볼티모어(Baltimore)에서 있었던 켈빈의 강의에 의해서 촉발되었을 수는 있다.]

   1887년 실험은 몇몇 방식에서 마이컬슨이 희망했던 것보다 덜 만족스러웠다. 섬세하게 준비된 장치로 두 연구자는 무의 결과(zero result)를 얻지 못했다. 마이컬슨이 레일리에게 1887년에 편지했듯이, '만일 에테르가 지구를 미끄러져 지나가면, 상대 속도는 지구의 속도의 6분의 1보다 작다'.[11] 그는 그들이 그 일을 일 년 가운데 다른 시각에 다시 해야 하며, 에테르 끌기에 고도의 어떤 식별 가능한 영향이 있는지의 여부를 알아보아야 한다고 생각했다. 라카토슈는 마이컬슨이 말했기로 어떤 사람이 그 다음으로 해야 할 바에 마이컬슨이 착수하지 않았다는 데서 놀라움을 발견한다. 그것은 이론이 하고 있었던 바에 의해서 그가 우려를 느꼈기 때문이었을까? 아니다. 마이컬슨은 실험가였다. 그는 그의 발명품인 간섭계(interferometer)에 관련된 모든 일련의 새로운 연구를 출간했는데, 그는 이 연구가 에테르보다 더 매혹적임을 발견했다. 그는 미국과학진흥협회(American Association for the Advancement of Science)의 상상력을 '광파를 위한 변호'로 공략했는데, 파동은 그의 발명품을 이용해 표준적 미터를 정의하는 새로운 방식을 제공할 수 있었던 것이다.

실험 반복하기　　　　　　　마이컬슨은 에테르로 두 번 되돌아갔다. 라카토슈는 이렇게 쓴다. '에테르 프로그램의 잇따른 버전들을 시험하기 위해 수행된 1881부터 1935년까지의 마이컬슨 실험의 긴 연쇄는 퇴행적 문제 전이의 매혹적인 예를 제공한다.' 그런데, 그가 1931년부터 1935년까지 했던 실험은 저승에 있어야 할 것인데, 왜냐하면 그는 1931년에 죽었기 때문이다. 1881부터 1935년 사이에 마이컬슨이 했던 '실험의 긴 연쇄'는 정확히 이것들이다. 1881, 1886, 1887, 1897, 1925년 실험. 여타의 수많은 사람들이 마이컬슨의 결과를 계속 개선하거나 수정했으나, 마이컬슨 실험의 긴 연쇄는 없었다.

그의 1897년 실험은 고도가 그의 결과에 아무런 차이도 빚어내지 않음을 보여줬으며, 그가 생략하는 많은 설명들이, 그리고 이론

11_ R. S. Shankland, "Michelson-Morley experiment", *American Journal of Physics* 32(1964), pp.16~35를 참조할 것.

가들이 그것들에 관해 법석을 떨 그러한 많은 설명들이 존재할 수도 있다고 그는 이야기한다. 그가 말하기로, 아마도 지구의 대기는 우리가 생각했던 것보다 더 클 것이다. 아마도, 바로 그 당시에 유행하던, 피츠제럴드 수축(FitzGerald Contraction)이라는 관념은 옳을 것이다. 아마도 스톡스는 처음부터 옳았을 것이다. 실험가 마이컬슨은 라카토슈가 적는 어떤 프로그램도 추구하지 않고 있다. 1925년 실험에 대해 말해보면, 밀러(Miller)는 에테르 바람을 탐지하자고 주장했고, 그래서 75살 먹은 마이컬슨은 그가 가공할 실수를 저지르지 않았음을 확인하고자 그의 젊은 시절의 실험을 다시 했다. 그는 그런 실수를 저지르지 않았던 것이다.

실험적 능력과 추론적 능력

포퍼는 마이컬슨-몰리 실험을 상대성 이론과 관계가 있는 명백한 결정적 실험으로 취한다. 특히 그것은 빛이 모든 매질과 모든 방향에서 동일한 속도를 갖고 있다는 관념을 가져온다. 라카토슈 및 여타의 많은 이들은 그 역사적 유관성이 이야기에서 벗어나는 것이라고 올바르게 이야기한다. 포퍼와 라카토슈 둘 다 추론적 능력만을 강조한다. 마이컬슨-몰리 실험에 관한 더 많은 출간된 공상들이 존재하며, 나는 분명히 나의 짧은 소묘가 최종성을 지닌다고 주장하지 않는다. 나는 라카토슈를 실물 교육을 위해 선택했는데 그것은 내가 라카토슈 자신의 철학이 중요하다고 생각하기 때문이다. 그럼에도 불구하고, 현실의 사례, 즉 프라우트 또는 마이컬슨과 같은 사례로부터 이론적 추론을 도출하는 상황이 되면, 그 추론은 늘 너무도 빠른 것이다. 이론 지배적 철학은 어떤 이를 실재에 대해 맹목적이게 한다.

의심할 여지없이 마이컬슨은 좀 베이컨의 **개미**와 같은데, 기계적 실험에는 일품이고 이론에는 약하나, 그럼에도 불구하고 이론에 무지하지는 않다. 이와 마찬가지로, 로렌츠는 (더 작은 정도로) 좀 베이컨의 거미와 같다. 두 사람 모두 서로를 높이 평가했다. 로렌츠는 마이컬슨의 작업을 격려했으며, 한편 이와 동시에 그것을 설명해내어 피해갈 에테르 수학을 발전시키려 했다. 만일 퇴행적 프로그램이 존재했다면, 그것은, 내가 가정하기로, 로렌츠의 프로그램이었다. 더 중요한 것으로, 우리는 두 종류의 능력 사이의 상호작용을 보게 된다. 아인슈타인의 상대성 이론에 대한 놀랄 만한 관심은 이론적 작업을 이 영역에서 더 중요하게 만든다. 마이컬슨 역시 새로운 범위의 실험 기법에 관해 정확히 말하기 시작했다. 과학은, 베이컨이 썼던 것처럼, 개미와 거미의 재주를 동시에 갖으면서 더 많이 일을 할 능력이 있는, 즉 실험과 사변 둘 다를 소화하고 해석하는 벌과 같아야 한다.

••• 16 실험하기와 과학적 실재론

실험 물리학은 과학적 실재론에 가장 강력한 근거를 제공한다. 이는 우리가 존재자에 관한 가설을 시험하기 때문에 그런 것이 아니다. 그것은 새로운 현상을 산출해 내기 위해서 그리고 자연에 존재하는 여타의 측면을 탐구하기 위해서 원리적으로 '관찰될' 수 없는 존재자들이 정규적으로 조작되기 때문이다. 그것들은 연장이며, 사고하기의 도구가 아니라 하기(doing)를 위한 도구다. 철학자들이 좋아하는 존재자는 전자다. 나는 어떻게 전자가 실험적 존재자, 혹은 실험자의 존재자가 되었는지를 예증하게 될 것이다. 우리가 어떠한 존재자를 발견하는 초기 단계에서, 그 존재자에 관한 가설들을 시험할 수가 있다. 이것조차도 일상적인 것은 아니다. J. J. 톰슨이 그가 '미립자(corpuscles)'라 부른 것이 열음극(hot cathodes)에서 나오고 있는 것을 1897년에 깨달았을 때, 그가 했던 거의 첫 번째 일은 이 음으로 하전된 입자의 질량을 측정하는 것이었다. 그는 전하 e에 대한 거친 추정값을 만들어냈으며 e/m을 측정했다. 그는 거의 올바르게 m도 얻었다. 밀리컨은 톰슨의 캐번디시 실험실에서 이미 토의된 몇몇 관념을 뒤쫓았으며, 1908년에 이르러 전자의 전하량, 즉 전하량의 개연적 최소 단위를 결정했다. 이 때문에 맨 처음부터 사람들은 전자의 존재를 시험하기보다는 그것들로 상호작용을 일으키는 일이 더 잦았다. 우리가 전자의 몇몇 인과적 힘(causal powers)을 더 많이 이해하면 할수록, 자연의 여타 부분에서 잘 이해된 효과를 성취해내는 장치를 더 많이 세울 수 있다. 우리가 전자를 자연의 여타 부분을 조작하기 위해서 체계적으로 사용할 수 있는 시점에 이르러, 전자는 가설적인 어떤 것, 추론된 어떤 것이기를 그치게 되었다. 그것은 이론적인 것이 되는 것을 끝내고 실험적인 것이 되었던 것이다.

실험자와 존재자

실험 물리학자들의 대다수는 몇몇 존재자에 관한, 즉 그들이 **사용하는** 것에 관한 실재론자다. 나는 그들이 그러지 않을 수 없다고 주장한다. 많은 이는 또한, 의문의 여지없이, 이론에 관한 실재론자이기는 하되, 그것은 그들의 관심사에서 덜 중심적이다.

실험자는 종종 그들이 **탐구하는** 존재자에 관해서 실재론자이나 그들이 그래야만 하는 것은 아니다. 밀리컨은 그가 전자의 전하를 측정하는 일을 시작했을 때 전자의 실재성에 관해 별다른 거리낌이 없었다. 그러나 그는 그가 찾고자 하는 것을 찾았을 때까지도 그것에 관해 회의적이었을 수 있었을 것이다. 그는 계속하여 회의적인 채로 남아 있었을 수도 있었을 것이다. 아마도 전하의 최소 단위는 존재하겠지만, 정확하게 그 전하의 단위를 갖는 입자나 대상은 존재하지 않을 것이다. 어떤 존재자에 대한 실험이 여러분으로 하여금 그 존재자가 실재한다고 믿도록 해주지는 못한다. 그밖의 어떤 것에 관해서 실험하기 위한 존재자 **조작하기**(manipulating)만이 그렇게 해줄 필요가 있다.

더욱이 그것은 여러분이 전자에 대한 회의를 불가능하게 해줄 그밖의 어떤 것에 관해서 실험하기 위해 전자를 사용한다는 것조차도 아니다. 전자의 몇몇 인과적 성질을 이해하면, 여러분은 그밖의 어떤 것에 무슨 일이 발생할지를 알아보기 위해 전자를 여러분이 원하는 방식으로 정렬시키는 것을 가능하게 해줄, 아주 교묘하고, 복잡한 장치를 어떻게 만들어야 할지를 짐작하게 된다. 일단 여러분이 올바른 실험적 착상을 갖게 되면 여러분은 그 장치를 어떻게 만들고자 해야 할지 미리 대략 알게 되는데, 왜냐하면 여러분은 이것이 전자로 하여금 이러저러하게 행동하도록 하는 길임을 알기 때문이다. 전자는 우리의 사고를 조직하거나 관찰된 현상을 구제하기 위한 방식이 더 이상 아니다. 그것들은 이제 자연의 몇몇 다른 영역에서 현상을 창조하는 방식이다. 전자는 연장이다.

존재자에 관한 실재론과 이론에 관한 실재론 사이에는 중요한 실험적 대조가 존재한다. 우리가 이론에 관한 실재론은 과학이 참된 이론을 목표로 한다는 믿음이라고 말한다고 가정하라. 그것을 부정하는 실험자는 많지 않을 것이다. 철학자들만이 그것을 의심한다. 참을 목표로 한다는 것은, 하지만 불확실한 미래에 관한 어떤 것이다. 전자의 빔을 조준시키는 일은 현재의 전자를 사용하고 있는 것이다. 이온을 만들고자 어떤 한 전자를 떼어내기 위해 한 특수한 원자에 섬세하게 준비된 레이저를 조준시키는 일은 현재의 전자에 조준하는 것이다. 이와 대조적으로 어떤 이가 믿어야 하는 이론의 현재적 집합은 존재하지 않는다. 만일 이론에 관한 실재론이 과학의 목표에 관한 학설이라면, 그것은 일정한 종류의 가치들을 싣고 있는 학설이다. 만일 존재자에 관한 실재론이 다음 주에 전자를 조준시키는 또는 그 다음 주에 여타의 전자를 조준시키는 문제라면, 그것은 가치들 사이에서 훨씬 더 중립적인 학설이다. 실험자가 존재자에 관한 과학적 실재론자가 되는 방식은 그들이 이론에 관한 실재론자가 될 수 있을 방식과 전적으로 다르다.

이는 우리가 이상적 이론에서 현재적 이론으로 전환할 때 나타난다. 다양한 속성이 전자에 속하는 것으로 확신 있게 생각할 수 있으나, 확실한 속성의 대부분은 실험자가 오히려 그것에 대해서 회의적 입장을 취할 수 있는 수많은 서로 다른 이론 또는 모형 속에서 표현된다. 한 조에 속해 있는 사람들이 동일한 큰 실험의 서로 다른 부분에서 작업을 하는데, 이들조차도 전자에 관한 서로 다르고 상호 모순되는 설명을 주장할 수가 있다. 그것은 그 실험의 서로 다른 부분이 전자의 서로 다른 사용을 이루어낼 것이기 때문이다. 전자의 한 측면에서 계산을 위해 좋은 모형이 여타의 측면에서는 만족스럽지 못할 것이다. 가끔 어떤 조는 그러한 실험적 문제를 풀 수 있는 어떤 이를 단순히 구하기 위해서 꽤나 서로 다른 이론적 관점을 갖고 있는 구성원을 선별해야 한다. 여러분은 이질적인 훈련을 받은 그리고 그의 이야기가 여러분의 이야기와는 거의 공약 불가능한 어떤 이를 선택할 수도 있을 텐데, 이는 바로 여러분이 원하는 효과를 산출시킬 수 있는 사람을 얻기 위한 것이다.

그러나 이론의 공통적 핵심, 즉 그 그룹에 속한 모든 이의 교차점이며, 모든 실험자가 실재론적으로 위임하는 전자 이론이 존재하는 것은 아닐까? 나는 공통의 핵심이 아니라 상식적 지식(common lore)에 대해 말할 것이다. 전자와 관련해 수많은 이론, 모형, 근사, 구도, 정식화, 방법 등등이 존재하나, 이들의 교차점이 전적으로 어떤 이론이라고 가정할 이유는 없다. '한 조의 이런 구성원 또는 저런 구성원이 믿도록 훈련받아 온 모든 이론의 교차점 안에 포함되어 있는 가장 강력하고 중요한 **이론**'과 같은 것이 존재한다고 생각할 어떠한 이유가 있는 것도 아니다. 수많은 공유된 믿음이 존재한다 할지라도, 이들이 이론이라 불릴만한 어떤 것을 형성한다고 가정할 이유는 없다. 당연히 조는 동일한 연구기관에서 비슷한 사고를 가진 사람들로 이루어지는 경향이 있고, 따라서 그들의 연구의 기초가 되는 몇몇의 실제로 공유되는 이론적 기초가 보통 존재한다. 이것은 사회학적 사실이지, 과학적 실재론을 위한 토대가 아니다.

이론과 관련한 여러 과학적 실재론은 현재에 관한 학설이 아니라 우리가 성취할 수도 있는 혹은 아마도 우리가 목표로 하는 이상에 관한 학설이다. 그러므로 어떠한 현재적 이론도 없다고 말하는 것이 낙관적 목표에 반하는 것으로 간주되지 않는다. 요점은 이론에 관한 과학적 실재론은 미래에 과학이 진리로 향해 가리라는 믿음, 희망, 자비와 같은 퍼스적 원리들을 채택해야 한다는 것이다.[1] 존재자에 관한 실재론은 그런 덕목을 필요로 하지 않는다. 그것은 현재 우리가 무엇을 할 수 있느냐에서 생겨난다. 이를 이해하기 위해서, 우리는 전자를 일으켜 세워 움직이게 하는 장치를 세운다는 것이 무엇인지를 약간 자세히 들여다보아야 한다.

만들기

실험자가 존재자에 관한 실재론자라고 할지라도, 그 결과로 그들이 옳게 되는 것은 아니다. 아마도 그것은 심리학의 문제일 것이다. 아마 위대한 실험자가 되게 하는 바로 그 숙련은 정신의 일정한 성질

1_ "나는 세 가지 의견을, 즉 공동체에 대한 무한정의 관심, 이런 관심이 지고한 것이 될 가능성에 대한 깨달음, 논리학의 필수 불가결한 요소로서 지식 활동의 무제한적 계속을 내놓는다. …… 이 세 가지 의견은 자비, 믿음, 희망이라는 유명한 트리오와 거의 똑같은 것으로 본다. ……" C. Hartshorne and P. Weiss(eds.), *The Collected Papers of C. S. Peirce*, Vol. 2, Section 665.

과 더불어 나아가고 정신은 정신이 사고하는 것을 그것이 무엇이든 간에 객관화한다. 하지만 이것이 그렇게 되지는 않을 것이다. 실험자는 중성 보오손(neutral bosons)을 기꺼이 가설적 존재자라고 여기지만, 전자는 실재한다고 여긴다. 그 차이는 무엇일까?

탁월한 정확성으로 원하는 효과를 산출시키기 위해 전자의 인과적 속성에 의존하는 도구를 만드는 엄청나게 많은 방식이 있다. 나는 이것을 예증하게 될 것이다. 그 논의 — 이것은 실재론을 위한 실험적 논변이라 불릴 수 있을 것이다 — 는 우리의 성공에서 전자의 실재성을 추론한다는 것이 아니다. 우리가 가설을 시험하고 이어 가설이 시험을 통과했기 때문에 그것을 믿을 때처럼, 우리가 도구를 만들고 이어 전자의 실재성을 추론하는 것이 아니다. 그것은 시간 순서상 잘못이다. 이제 우리는 우리가 탐구하고자 하는 몇몇의 다른 현상을 탐구하기 위하여, 전자에 관한 적당한 수의 일상적 진리(home truths)에 의존해 장치를 설계한다.

이것은 마치 우리가 우리의 장치가 어떻게 행동할지를 예측하기 때문에 우리가 전자를 믿게 되는 것처럼 들릴 수도 있을 것이다. 이는 너무도 잘못 이해하는 것이다. 말하자면, 우리는 극화된(polarized) 전자를 어떻게 준비할지에 대한 여러 가지 일반적 관념을 갖고 있다. 우리는 작동되지 않는 원형을 세우느라 많은 시간을 소모한다. 우리는 수많은 버그(bugs)를 제거한다. 종종 우리는 포기해야 하고 다른 접근을 해야 한다. 디버깅(debugging)은 무엇이 잘못되고 있는지를 이론적으로 설명하거나 예측하는 일이 아니다. 그것은 부분적으로 장치내의 '잡음(noise)'을 제거하는 일이다. 그것이 또한 엄밀한 의미를 갖고 있음에도 불구하고, '잡음'은 종종 어떤 이론으로 이해가 안 되는 모든 사건을 의미한다. 도구는 우리가 사용하길 원하는 존재자의 속성을, 물리적으로, 분리해낼 수 있어야 하고, 우리의 방식에 낄 수가 있는 모든 다른 효과를 감쇠시켜야 한다. 우리가

432

자연의 더 가설적인 여타의 부분에 개입하기 위해 전자의 잘 이해된 인과적 성질을 이용하는 새로운 종류의 장치들을 정규적으로 세우기 시작 ― 그리고 이러한 세우기가 종종 충분한 성공을 거둔다 ― 할 때 우리는 전자의 실재성을 완전히 확신하게 된다.

예가 없이 이것을 파악하기란 불가능하다. 친숙한 역사적 사례는 그릇된 이론 경도적(theory-oriented) 철학 또는 역사의 외피로 보통 덮여 있다. 따라서 나는 새로운 어떤 것을 취하게 될 것이다. 그것은 두문자어(頭文字語)로 PEGGY Ⅱ 라고 불리는 극화 전자총(polarizing electron gun)이다. 1978년에 그것은 심지어 《뉴욕타임스(The New York Times)》의 주목을 받았던 근본적인 실험에 사용되었다. 다음 절에서 나는 PEGGY Ⅱ 만들기의 요점을 기술한다. 따라서 나는 몇몇의 새로운 물리학에 관해 이야기해야 한다. 여러분은 이를 빼고 이어지는 공학 부분만을 읽을 수 있다. 그렇지만 그 주요 실험 결과의 중요성, 즉 (1) 중수소(deuterium)로부터 나오는 극화된 전자들이 흩뿌려질 때 패리티(parity)가 위반된다는 것, 그리고 (2) 좀더 일반적으로 말하여, 약한 중성흐름 상호작용(weak neutral-current interactions)에서 패리티가 위반된다는 점이 지니는, 이해가 좀 쉬운 중요성을 아는 일은 틀림없이 흥미로울 것이다.[2]

패리티와 약한 중성 흐름

자연에는 네 가지 근본적인 힘이 존재하며, 이들이 필연적으로 구분되는 것은 아니다. 중력과 전자기력은 잘 알려져 있다. 그리고 나면

2_ 아래에 제시된 대중적인 설명은 몇몇 실험자와의 너그러운 대화에, 또한 내부 보고서 'Parity violation in polarized electron scattering', by Bill Kirk, *SLAC Beam Line*, no. 8(October, 1978)에 의존하고 있다.

강력(strong forces)과 약력(weak forces)이 존재하며, 이는『광학』안에 들어 있는 뉴튼 프로그램의 실현인데, 이것은 모든 자연이 서로 다른 다양한 거리에서 인력과 척력으로 작용하는 (즉 상이한 소멸률을 갖는) 입자들과 다양한 힘의 상호작용으로 이해되리라고 가르쳤다.

강력은 전자기력보다 100배 이상이나 강하지만 강력은 대단히 가까운 거리에서만, 기껏 해봐야 양성자의 직경에 해당하는 거리에서 작용한다. 강력은 양성자, 중성자, 더 최근의 입자를 포함하는 '강입자(hadrons)'에 작용하며, 전자 또는 경입자(leptons)로 불리는 입자의 집합에 속하는 것에는 작용하지 않는다.

약력은 전자기력의 1/10000배 정도의 세기일 뿐이며, 강력보다 1/100배 더 짧은 거리에서 작용한다. 그러나 이 힘은 강입자는 물론이고 전자를 포함해 경입자에도 작용한다. 약력의 가장 친숙한 예는 방사성이다.

이같은 사변을 유발한 이론은 양자 전기역학이다. 이는 믿을 수 없을 정도로 성공적이어서, 100만 분의 1 이상의 정밀도로 많은 예측을 산출해내는데, 이는 실험 물리학의 기적이다. 이는 지구 반경의 거리로부터 양성자의 반경의 1/100거리에 이르는 여러 거리에서 적용된다. 이 이론은 모든 힘들이 몇몇 종류의 입자에 의해 '운반된다고' 가정한다. 광자는 전자기력에서 그 일을 한다. 우리는 중력에 대해서는 중력자(graviton)를 가정한다.

약력과 관계된 상호작용의 경우에는, 하전된 흐름이 존재한다. 우리는 보오손이라는 입자가 이러한 약력을 운반한다고 가정한다. 하전된 흐름에 대해서는, 보오손이 양전하 또는 음전하를 띨 수 있다. 1970년대에 전하를 전혀 운반하지 않거나 어떠한 전하의 교환도 없는 약한 '중성의' 흐름이 틀림없이 있으리라는 가능성이 제기되었다. 양자 전기역학의 정당성이 입증된 부분과의 순전한 유비에 의해서, 중성 보오손이 약한 상호작용의 운반체로 가정되었다.

고에너지 물리학에서 최근의 가장 유명한 발견은 패리티의 보존의 파국이다. 많은 물리학자 및 칸트를 포함하는 많은 철학자의 기대와는 반대로, 자연은 우선성(右旋性, right-handedness)과 좌선성(左旋性, left-handedness) 간의 절대적인 구별을 이뤄낸다. 명백히 이것은 약한 상호작용에서만 나타난다.

　자연의 우선성 또는 좌선성으로 우리가 의미하는 바는 규약의 요소를 갖고 있다. 나는 전자가 스핀을 갖고 있다고 이야기했다. 여러분의 오른손으로 손가락이 스핀의 방향을 가리키도록 회전하는 입자를 감싼다고 상상해보라. 그러면 여러분의 엄지는 스핀 벡터의 방향을 가리킨다고 이야기된다. 만일 그런 입자들이 빔 속을 이동하고 있다면, 스핀 벡터와 빔 사이의 관계에 대해서 생각해보라. 만일 모든 입자들이 그들의 스핀 벡터를 빔과 똑같은 방향으로 가진다면, 그들은 우선성 선형적(linear) 극화를 가지게 되며, 반면, 만일 그 스핀 벡터가 빔 방향과 정반대라면, 입자들은 좌선성 선형적 극화를 갖게 된다.

　최초의 패리티 위배의 발견은, 한 종류의 입자 붕괴의 산물인 이른바 뮤온 중성미자(muon neutrino)가 우선성 극화에서 결코 존재할 수 없고 오직 좌선성 극화에서만 존재한다는 것을 보여줬다.

　패리티 위배가 약한 **하전된** 상호작용에서 발견되어 왔다. 약한 **중성**의 상호작용에 대해서는 어떨까? 네 가지 종류의 힘에 대한 유명한 와인버그-살람 모형이 1967년에 스티븐 와인버그(Stephen Weinberg) 그리고 1968년에 A. 살람(Salam)에 의해 독립적으로 제안되었다. 이 이론은 약한 중성의 상호작용에서 패리티의 미세한 위배를 함축했다. 그 모형이 순전한 사변일지라도, 그것의 성공은 놀라왔고, 심지어 경외감을 자극하는 것이었다. 그러므로 약한 중성의 상호작용에서 예측된 패리티의 파국을 엄밀하게 시험해보는 일은 가치가 있어 보였다. 그것은 아주 미세한 거리에서 작용하는 그러한 약력에 대해서 더 많은 것을 가르쳐주게 될 것이다.

예측은 이렇다. 즉 일정한 과녁들을 때릴 극화된 전자가 방출될 때, 우선성 극화 전자보다 약간 더 많은 좌선성 극화 전자가 흩뿌려진다는 것이다. 약간 더 많이! 두 가지 종류의 전자의 흩뿌려짐의 상대적 빈도 차는 10000개에 하나 정도인데, 이는 0.50005와 0.49995사이의 확률 차에 비길 만하다. 1970년대 초반에 스탠퍼드선형가속기센터에서 쓰이던 장치는 초당 120번의 펄스를 내며, 각 펄스마다 하나의 전자 사건을 제공한다. 그렇다면 이 기계를 쓸 경우 앞서 본 아주 작은 빈도 차를 감지하는 데 27년이 걸린다. 어떤 이가, 상이한 실험이 상이한 펄스를 사용하게 함으로써, 똑같은 빔을 수많은 실험에 동시에 사용하는 점을 고려하고, 어떤 장비도 27년은 그만두고 한 달도 안정적인 채로 있을 수 없음을 고려하면, 이런 실험은 불가능하다. 여러분은 각 펄스에서 나오는 엄청나게 더 많은 전자를 필요로 한다. 우리는 한때 가능했던 것 이상으로 펄스당 1000개에서 10000개 사이의 전자를 필요로 한다. 최초의 기도는 지금은 PEGGY I 으로 불리는 도구를 사용했다. 이는 본질적으로 J. J. 톰슨의 열음극의 고급 버전이었다. 약간의 리튬(lithium)이 가열되고 전자가 데워져 튀어나왔다. PEGGY II 는 아주 다른 원리들을 사용한다.

PEGGY II

그 기본적 착상은 C. Y. 프레스컷(Prescott)이라는 이가 한 광학 잡지에서 갈륨비소(gallium arsenide)라고 불리는 결정성 물질에 관한 기사를 ('우연히'!) 주목했을 때 시작되었다. GaAs는 진기한 성질을 갖고 있다. 적절한 진동수를 갖는 원형으로(circularly) 극화된 빛을 받으면, 선형으로 극화된 전자를 아주 많이 낸다. 이러한 현상이 왜 일어나는가에 대해서, 그리고 방출되는 전자가 왜 극화되고 극화된 전자 가운데 3/4이 한 방향으로 극화되고 1/4이 다른 방향으로 극화되는 가에 대해서 대략적인 양자적 이해가 존재한다.

PEGGY Ⅱ는 이러한 사실과 더불어 GaAs가 그것의 결정 구조가 갖는 특징으로 인해 많은 전자를 방출한다는 사실을 이용한다. 이어 몇몇 공학이 온다. 그것은 표면으로부터 전자를 자유롭게 하는 작업이다. 우리는 적절한 물질을 표면에 바르면 도움이 된다는 것을 안다. 이 경우 세슘(cesium)과 산소로 이루어진 얇은 막을 결정에 댄다. 거기에 더해 결정 주위의 공기 압력을 낮춰 주면 줄수록, 주어지는 일의 양에 대해 더 많은 전자가 탈출한다. 그리하여 기온이 액체 질소의 온도인 훌륭한 진공 속에서 전자는 폭발적으로 쏟아져 나온다.

우리는 적절한 광원을 필요로 한다. 이때 적색광의 레이저(7100 옹스트롬)가 결정에 조준된다. 이 빛은 먼저 보통 편광기, 즉 아주 고풍의 방해석(calcite) 프리즘 또는 아이슬란드 스파(Iceland spar) 편광기를 통과하게 된다. 이는 선형으로 극화된 빛을 낸다. 우리는 결정을 때리기 위해서 원형으로 극화된 빛을 원한다. 극화된 레이저 빔은 이제 퍼클의 전지(Pockel's cell)라는 교묘한 장치를 거쳐 간다. 이 장치는 선형으로 극화된 광자를 원형으로 극화된 광자로 전기적으로 바꿔준다. 전기적인 방식이므로, 그것은 마치 매우 빠른 스위치처럼 행동한다. 원형 극화의 방향은 전지의 전류 방향에 의존한다. 따라서 극화의 방향을 임의로 변화시킬 수가 있다. 우리가 좌선성 극화와 우선성 극화의 아주 미세한 비대칭을 탐지하고자 한다면, 이는 중요하다. 임의화작업(randomizing)은 장치 내의 어떤 체계적인 '경향적 요소(drift)'를 막아내는 데에 도움을 준다. 임의화는 방사성 붕괴 장치에 의해 이루어지며, 컴퓨터가 각 펄스에 대한 극화의 방향을 기록한다.

원형으로 극화된 펄스가 GaAs 결정을 때리고, 선형으로 극화된 전자의 펄스를 만들어낸다. 이러한 펄스로 이루어진 빔은 실험의 다음 부분에 쓸 수 있도록 자석에 의해 교묘하게 조작되어 가속기로 가게 된다. 이 빔은 이어서 극화된 비율을 점검하는 장치를 통과한다. 실험의 나머지 부분에도 이와 비교될만한 정교한 장치들과 탐지기가 요구되지만, 우리는 PEGGY II에서 멈추기로 한다.

버그

짧은 기술(記述)은 모든 것을 너무 쉬운 소리로 들리도록 만드는데, 그러므로 한동안 멈춰 디버깅에 대해 살펴보기로 한다. 많은 버그는 결코 이해될 수 없다. 그것은 시행착오를 통해서만 제거된다. 세 가지의 서로 다른 종류를 설명하기로 한다. (1) 결국 오류의 분석에 요인으로 들어가야 할 본질적인 기술적 한계, (2) 여러분에게 압력을 가하지 전까지는 결코 생각해볼 수 없는 더 간단한 기계적 결함, (3) 잘못될 수도 있는 바에 대한 육감.

　1. 레이저 빔은 과학 소설이 가르치는 것처럼 일정하지 않으며, 어떤 시간 범위를 지나면서 빔 속에는 돌이킬 수 없는 양의 '지터(jitter)'가 항상 존재하게 된다.

　2. 더 평범한 수준에서 볼 때 GaAs 결정에서 나오는 전자는 뒤쪽으로 흩뿌려지고 그 결정을 때리는 데 사용된 레이저 빔의 통로와 동일한 통로를 역으로 따라간다. 그들의 대부분은 이어 자기적으로 편향된다. 그러나 몇몇이 레이저 장치에서 반사되고 그 체계 안으로 되돌아온다. 따라서 여러분은 주변에 있는 이들 새로운 전자를 제거해야 한다. 이는 조야한 기계적 수단으로, 즉 그들 전자를 결정에서 약간 초점이 빗나게 하고 그럼으로써 빗나가도록 하게 함으로써 이루어진다.

3. 훌륭한 실험자는 어리석은 일을 막을 줄 안다. 극화된 펄스가 먼지 입자를 칠 때 실험이 행해지는 어떤 표면 위에 그 먼지 입자가 납작하게 쓰러진다고, 그리고 이어 반대 방향으로 극화된 펄스에 의해 타격되어 그 먼지가 물구나무 서 있게 된다고 가정해 보라? 우리가 미세한 비대칭을 탐지하고 있다고 할 때, 그것은 체계적인 효과를 가질 수 있을 것인가? 그 조의 한 사람이 한 밤중에 이에 대해 생각했고, 다음 날 아침에 와서 먼지 제거 스프레이를 미친 듯이 사용했다. 그런 경우에만, 그들은 깨끗한 상태를 한 달 동안 유지시켰던 것이다.

결과

체계적 오류(systematical error)와 통계적 오류(statistical error)를 넘어 인정될 수 있는 몇몇 결과를 얻기 위해서는 약 10^{11}번의 사건이 필요하다. 체계적 오류라는 관념이 흥미로운 개념적 문제를 제시함에도 불구하고, 그것은 철학자에게 알려져 있지 않은 것으로 보인다. 좌선성 극화와 우선성 극화의 탐지에는 체계적인 불확실성이 존재했고, 몇몇 지터가 존재했으며, 두 가지 종류의 빔의 특성에 관한 여타의 문제가 있었다. 이 오류들이 분석되었고 통계적 오류에 선형적으로 부가되었다. 통계적 추론을 연구하는 이에게 이것은 그것이 무엇이던 간에 아무런 이론적 근거를 갖지 않는 진정으로 본능에 의한 분석이다. 그것은 그렇고, PEGGY Ⅱ 덕택에 사건의 수는 충분히 커서 전체 물리학자 사회에 확신을 줄 수 있었다. 좌선성 극화 전자가 중수소로부터 우선성 극화 전자보다 약간 더 많이 흩뿌려졌다. 이것은 약한 중성흐름 상호작용에서 패리티의 위배를 보여준 최초의 확신을 주는 예였다.

논평

PEGGY Ⅱ 만들기는 상당히 비이론적이었다. 누구도 GaAs의 극화 속성을 미리 연구해 내지 못했다. 그것은 이와 무관했던 실험적 탐구와의 우연한 조우에 의해서 발견되었다. 결정에 관한 기초적인 양자 이론이 극화 효과의 기본 원리를 설명할 수 있음에도 불구하고, 그것이 사용된 실제 결정의 성질을 설명해 내지는 못했다. 원리적으로는 50%이상 극화되어야 함에도 불구하고, 전자를 37%이상으로 극화시키는 실제 결정을 누구도 얻지 못했다.

마찬가지로 우리는 GaAs 결정을 덮는 세슘과 산소로 이루어진 막이 왜 '음전자 친화성을 산출하게' 될 것인지에 대한, 즉 왜 전자가 탈출하는 것을 돕는가에 대한 일반적인 그림을 지니고 있음에도 불구하고, 우리는 무슨 이유로 이것이 효율을 37%까지 증가시키는가에 대한 정량적인 이해를 갖고 있지 않다.

서로 다른 것의 집합이 서로 잘 들어맞으리라는 어떤 보장이 있었던 것도 아니다. 훨씬 더 최근의 예에 대한 설명을 제시하자면, 아래에 짤막하게 기술된, 미래의 실험적 작업은 우리로 하여금 PEGGY Ⅱ가 제공할 수 있었던 것보다 펄스 당 훨씬 더 많은 전자를 원하도록 할 것이다. 패리티 실험이 ≪뉴욕타임스≫에 보도되었을 때, 벨연구소(Bell Laboratory)의 한 그룹은 그 신문을 읽고 어떤 일이 진행되고 있었는지를 알게 되었다. 그들은 PEGGY Ⅱ와는 전적으로 무관한 어떤 결정격자를 만들어 오고 있었다. 이 결정격자는 GaAs 및 그와 관련되는 알루미늄 화합물을 사용한다. 이 격자의 구조는 사람들로 하여금 실제로 방출되는 전자가 모두 극화될 것이라고 기대하게 한다. 그렇다면 우리는 PEGGY Ⅱ의 효율을 두 배가 되게 할 수도 있을 것이다. 그러나 현재 그 좋은 착상은 문제를 갖고 있다. 새로운 격자에도 일을 줄이는 페인트를 입혀야 한다. 세슘-

산소 화합물이 고온에서 쓰인다. 따라서 고온에서 알루미늄은 이웃하는 GaAs 층으로 녹아 스며드는 경향을 띠고, 꽤나 인공적인 격자가 약간 울퉁불퉁해짐으로써, 극화된 전자를 방출하는 그것의 섬세한 속성을 제한하게 만든다. 그러므로 이것은 아마도 결코 작동하지 않을 것이다. 프레스컷은 이와 동시에 더 많은 전자를 얻기 위해서 성능을 높인 새로운 열이온을 이용하는 음극선을 부활시키고 있다. '이론'은 PEGGY II가 열이온을 이용한 PEGGY I을 물리칠 것이라고 말해줄 수 없을 것이다. 이론은 열이온을 이용하는 어떤 PEGGY III가 PEGGY II를 물리치게 될 것이라고도 말해줄 수 없을 것이다.

벨연구소 사람들이 새로운 표본 격자를 만들기 위해 많은 약한 중성흐름 이론을 알 필요는 없었음에도 주목하라. 그들은 다만 ≪뉴욕타임스≫를 읽었을 뿐이다.

교훈

과거 한때 전자가 존재하는지의 여부를 의혹하는 것은 의미가 있었다. 톰슨이 그의 미립자의 질량을 측정하고, 밀리컨이 그 미립자의 전하를 측정한 이후에 조차도, 의혹은 의미를 지닐 수 있었을 것이다. 우리는 밀리컨이 톰슨이 측정했던 것과 동일한 존재자를 측정하고 있었음을 확신할 필요가 있었다. 더 많은 이론적 정교화가 필요했다. 이 관념은 여타의 많은 현상에 적용될 필요가 있었다. 고체상태 물리학, 원자, 초전도성. 이 모두가 그들의 역할을 해야 했다.

과거 한때 전자가 존재한다고 생각하기 위한 최선의 이유는 설명에서의 성공이었을 수도 있다. 우리는 12장에서 로렌츠가 그의 전자 이론으로 어떻게 패러디 효과(Faraday effect)를 설명했는가를 보았다. 나는 설명하는 능력이 진리에 대한 보장을 별로 제공하지 못한다고 말했다. 심지어 J. J. 톰슨 시절부터 설명보다 비중 있는 것은 측정이었다. 설명이 도움은 되었다. 몇몇 사람들은 전자의 존재에 관한 가정이 아주 다양한 현상을 설명할 수 있었기 때문에 전자를 믿어야 했을 수도 있다. 운 좋게도 더 이상 우리는 설명적 성공 (explanatory success)으로부터 (즉 우리의 마음이 좋게 느끼도록 하는 것으로부터) 추론하는 척하지 않아도 된다. 프레스컷 등등은 전자로 현상을 설명하지 않는다. 그들은 전자를 어떻게 사용하는지를 안다. 정상적인 지성을 가진 사람이라면 전자가 '실제로' 우리가 충분히 작은 손으로 그것을 손가락으로 감쌀 수 있고 움켜쥔 손가락 방향으로 돌며, 엄지손가락을 위로 폈을 때 그 방향이 스핀 벡터의 방향과 일치하게 되는 것을 알 수 있을 바로 그런 아주 작은 구라고 생각하지 않을 것이다. 이런 것 대신에 재능 있는 실험자가 여타의 어떤 것을, 예를 들어 중성 흐름이나 중성 보오손을 탐구하기 위해서 기술할 수 있고 이용할 수 있는 일군의 인과적 속성이 존재한다. 우리는 전자의 거동에 대해서 엄청나게 많이 알고 있다. 무엇이 전자와 상관이 없는지를 아는 것도 마찬가지로 중요하다. 그래서 우리는 자기 코일 안에서 극화된 전자 빔을 굽게 하는 일이 어떤 중요한 방식으로 극화에 영향을 미치지 않음을 안다. 우리는 육감을 갖고 있으며, 독립적으로 시험하기에 아주 사소한 것임에도 불구하고, 그것은 무시하기에는 너무나 강력하다. 예를 들어 먼지는 극화의 방향의 변화에 따라 춤출 수 있다. 그러한 육감은 전자와 같은 종류에 관해 열심히 연구해서 얻은 감각에 기초한다. (전자가 구름이냐 또는 파동 혹은 입자냐의 여부는 이러한 육감에 전혀 문제가 안 된다.)

언제 가설적 존재자는 실재하는 것이 되는가

전자와 중성 보오손 사이에서 이루어지는 완전한 대조에 주목하라.

어떤 시도가 있을 수 있겠지만, 아직은 아무도 중성 보오손을 조작하지 못한다고 나는 듣고 있다. 심지어 약한 중성 흐름조차도 가설의 연무 속에서 막 벗어나고 있을 뿐이다. 1980년에 이르러 충분한 범위의 확신을 주는 실험이 중성 흐름을 탐구의 대상이 되도록 했다. 언제 중성 보오손이 가설적 지위에서 벗어나 전자와 같은 상식적 실재가 될 수 있을까? 언제 우리는 중성 보오손을 여타의 어떤 것을 탐구하기 위해서 사용하는가.

나는 PEGGY II 보다 나은 전자총을 만들려는 욕구에 대해서 언급했다. 왜? 우리는 이제 약한 중성 상호작용에서 패리티가 위배되는 것을 '알기' 때문이다. 패리티 실험과 관계된 것 훨씬 이상으로 기괴한 통계적 분석으로 아마도 우리는 바로 그 약한 상호작용을 분리해낼 수 있을 것이다. 즉, 우리는 이를 테면 전자기적 상호작용을 포함해 많은 상호작용을 갖고 있다. 우리는 이들을 다양한 방식으로 감지할 수 있지만, 우리는 또한 패리티를 보존시키지 않는 일군의 정확한 바로 그 약한 상호작용을 통계적으로 선별해낼 수 있다. 이는 아마도 물질과 반물질(anti-matter)에 대한 훨씬 더 깊이 있는 탐구로 가는 길을 우리에게 제공할 것이다. 통계학을 쓰기 위해서 우리는 PEGGY II 가 발생시키리라 희망할 수 있는 것보다 훨씬 더 많은 펄스 당 전자를 필요로 한다. 그러한 프로젝트가 성공한다면, 우리는 약한 중성 흐름을 그밖의 어떤 것을 조사하기 위한 조작 가능한 연장으로 사용하기 시작하게 될 것이다. 그러한 흐름에 관한 실재론을 향하는 다음 단계가 이루어질 것이다.

변하는 시대

실재론과 반실재론 논쟁의 연원은 그리스 선사로까지 족히 거슬러 올라 갈 수 있는 과학철학의 일부임에도 불구하고, 우리의 현재 버전은 대부분 19세기말의 원자론에 관한 논쟁에서 내려온 것이다. 원자에 대한 반실재론은 부분적으로 물리학의 문제였다. 에너지론자는 에너지가 모든 것의 바닥에 있으며, 이것은 물질의 아주 작은 조각이 아니라고 생각했다. 그것은 또한 콩트, 마흐, 피어슨, 심지어 J. S. 밀과 같은 이의 실증주의와 연결되었다. 밀의 젊은 동료 알렉산더 베인(Alexander Bain)은 그 논점을 그의 교과서 『논리학, 연역과 귀납(Logic, Deductive and Inductive)』에서 특징적인 방식으로 진술한다. 1870년에 다음과 같은 쓴 일은 그에게 적절한 것이었다.

> 몇몇 가설은 물체의 미세 구조와 작동에 관한 가정들로 이루어진다. 그 사례의 본성상, 이 가정들은 직접적 수단에 의해서 결코 증명될 수 없다. 이들의 장점은 현상을 표현해내는 그들의 적합성이다. 그들은 표상적 허구다.

베인은 계속해 다음과 같이 이야기한다. '물질 입자의 궁극적 구조에 관한 모든 언명은 가설적인 것이며 내내 가설적인 것이어야 한다. …… ' 그가 말하기로, 열에 관한 운동학적 이론은 '중요한 지적 기능을 충족시킨다.' 그러나 우리는 그것을 세계에 대한 참된 기술이라고 주장할 수는 없다. 그것은 표상적 허구다.

백 년 전에 베인은 확실히 옳았다. 물질의 미세 구조에 관한 가정은 그 당시에 증명될 수 없었던 것이다. 유일한 증명은 간접적일 수밖에, 즉 가설이 몇몇 설명을 제공하는 것처럼 보였고 훌륭한 예측을 하는 데 도움이 되었다는 것일 수밖에 없었다. 그러한 추론이 도구주의 혹은 관념론의 몇몇 다른 브랜드로 기운 철학자에게 확신을 제공할 필요는 결코 없다.

실제로 상황은 17세기 인식론과 상당히 유사하다. 그 때에 지식은 올바른 표상이라고 생각되었다. 그러나 당시에 표상이 세계에 대응하느냐를 확신하기 위해서 누구도 표상의 밖으로 결코 나갈 수가 없었다. 표상에 관한 모든 시험은 그저 또 다른 표상이었을 뿐이다. '관념으로서 관념만한 어떤 것도 없다'라고 버클리 주교가 말했던 것처럼 말이다.

이론, 시험하기, 설명, 예측적 성공(predictive success), 이론의 수렴 등등의 수준에서 과학적 실재론을 옹호하려 논변하는 것은 표상들의 세계에 갇히는 것이다. 과학적 반실재론이 경주에 영구히 참여하고 있는 것은 놀라운 일이 아니다. 그것은 '지식 관망자 이론(spectator theory of knowledge)'의 변종인 것이다.

철학자와 반대로 과학자는 1910년에 이르러 일반적으로 원자에 관한 실재론자가 되었다. 변화하는 풍토에도 불구하고, 몇몇 도구주의 또는 허구주의(fictionalism)와 같은 반실재론적 변종은 1910년과 1930년에 강력한 철학적 대안으로 남아 있었다. 이것이 철학사가 우리에게 가르치는 것이다. 교훈은 다음과 같다. 이론에 대해 생각하지 말고, 실천에 대해 생각하라. 베인이 한 세기 전에 썼을 때, 원자에 관한 반실재론은 매우 분별력이 있었다. 그 시절에 현미경으로 보이는 것 이하의 **어떠한** 존재자에 관한 반실재론은 건전한 학설이었다. 지금은 사정이 다르다. 전자나 이와 비슷한 것에 대한 '직접적' 증명은 잘 이해된 그들의 낮은 수준의 인과적 성질을 이용해 조작해내는 우리들의 능력이다. 물론 나는 실재성이 인간의 조작 가능성(manipulability)에 의해 이루어진다고 주장하는 것은 아니다. 전자의 전하를 결정한 밀리컨의 능력은 전자라는 관념에 매우 중요한 어떤 역할을 했다. 내가 생각하기로 로렌츠의 전자 이론 이상의 역할을 했다. 어떤 존재자의 전하를 결정하는 일은 그밖의 어떤 것을 설명하기 위해 그것을 가정하는 것 훨씬 이상으로 사람들로 하여금 그것을 믿게 만든다. 밀리컨은 전자에서 전하를 얻는다. 이는 지금도 우수한 것이다. 울런벡(Uhlenbeck)과 호우트스밋(Goudsmit)이 1925

년에 전자에 각운동량을 지정하여, 많은 문제를 눈부시게 풀어낸다. 전자는 그 이후로 내내 스핀을 갖고 있다. 결정타는 우리가 전자에 스핀을 주고, 그들을 극화시킬 수 있으며 따라서 그들을 약간 다른 비율로 산란하게 할 수 있을 때다.

자연에는 인간이 결코 알 수 없을 수많은 존재자와 과정이 확실히 존재한다. 아마도 우리가 원리적으로 결코 알 수 없는 많은 것이 존재할 것이다. 실재는 우리보다 더 크다. 가정되거나 추론된 존재자의 실재성에 관한 최선의 종류의 증거는 우리가 존재자를 직접 측정하기 시작할 수 있거나 그렇지 않으면 그것의 인과적 성질을 이해하기 시작할 수 있다는 점이다. 역으로 우리가 이런 종류의 이해를 갖는다는 최선의 증거는 우리가 무로부터 시작해 이런 혹은 저런 인과적 유대를 이용해서, 아주 믿을 만하게 작동할 기계를 세우기 시작할 수 있다는 것이다. 따라서 이론화작업이 아니라 공학이 존재자에 관한 과학적 실재론에 대한 최선의 증명이다. 과학적 반실재론에 대한 나의 공격은 마르크스(Marx)가 그가 살던 시대의 관념론을 맹공격한 것에 유비된다. 양자 모두가 이야기하는 핵심은 세계를 이해하는 것이 아니라 그것을 변화시킨다는 것이다. 아마도 이론 안에서 오직 이론을 통해서만 그것에 대해 알 수 있을 몇몇 존재자(블랙홀)가 있을 것이다. 그렇다면 우리의 증거는 로렌츠가 제공했던 것과 같다. 아마도 측정만 할 수 있고 결코 사용할 수는 없을 존재자가 있을 것이다. 실재론을 옹호하는 실험적 논의는 실험자가 연구하는 대상만이 존재한다고 말하지 않는다.

나는 이제 말하자면 블랙홀에 관한 피할 수 없는 회의를 고백해야 한다. 나는 현상에 대해 똑같이 일관성을 갖는 우주에 관한 다른 표상이 있을 수 있다고 생각하며, 그 다른 표상 안에서는 블랙홀이 배제된다. 나는 라이프니츠로부터 신비한 힘(occult powers)에 대한 확실한 반감을 이어받는다. 어떻게 그가 뉴튼의 중력을 신비한 것이라고 반대하면서 맹렬히 비난했는지를 상기해보라. 그가 옳았음을 보여주는 데 두 세기가 걸렸다. 뉴튼의 에테르 역시 뛰어나게 신비적인 것이었다. 그것은 우리에게 많은 것을 가르쳐줬다. 맥스웰은 에테르 안에서 그의 전자기파를 연구했고 헤르츠는 전자파의 존재를 증명함으로써 그 에테르를 입증했다. 마이컬슨은 에테르와 상호작용하는 방법을 생각해냈다. 그는 그의 실험이 스톡스의 에테르 끌기(drag) 이론을 입증했다고 생각했지만, 결국 그것은 에테르로 하여금 희망을 버리게 만든 여러 가지 가운데 하나가 되었다. 나 같은 회의주의자는 약한 귀납을 갖고 있다. 오랫동안 지속되어 온 이론적 존재자는, 조작되지 않는 것으로 낙착되고, 대개 위대한 실수였던 것으로 판명난다.[3]

3_ 앞에서 약한 중성 보오손이 순수하게 가설적인 존재자의 예로 이용되었다. 1983
년 1월에 CERN은 540 GeV에서의 양성자-반양성자(antiproton) 붕괴에서 최초의
그같은 입자 W를 관찰했다고 공표했다.

내가 편집한, 몇몇의 포스트쿤(post-Kuhnian) 과학철학에 관한 논문 모음집의 끝에 주석을 단 95항목의 참고문헌이 있다.

(1) Ian Hacking(ed.). *Scientific Revolutions*. Oxford. 1982.

여기서 그것들을 재수록하지는 않을 것이고, 위에서 이미 두드러지게 논의한 책도 열거하지 않겠다. A부 '표상하기'의 장에 대해서는 몇 가지 고전이 있는데, 어떤 것은 유용한 논문모음집이고 어떤 것은 최근의 저술이다. 그 논문모음집의 몇 개는 참조하기 쉽도록 번호를 매겨 놓았다. B부 '개입하기'의 주제의 대부분은 철학자들이 많이 논의해 온 것이 아니므로, 장별로 분류하지 않고, 내가 도움이 된다고 본 몇 가지 논문에 직접 주목하고자 한다.

도입: 합리성

물론 출발할 곳은 쿤이다.

T. S. Kuhn. *The Structure of Scientific Revolutions*. Chicago. 1962, 2nd ed. with postscript. 1970[조형 옮김. 『과학혁명의 구조』. 서울: 이화여자대학교출판부. 1980; 김명자 옮김. 『과학혁명의 구조』. 서울: 까치글방. 2002].

관련된 주제에 관한 쿤의 글을 다음에서 찾을 수 있다.

The Essential Tention: Selected Studies in Scientific Thought and Change. Chicago. 1977.

"Commensurability, comparability, communicability". PSA 1982. Vol. 2.

"What are scientific revolutions?". Occasional Paper no. 18. Center for Cognitive Science. Massachusetts Institute of Technology.

쿤의 관념에 관한 논문을 담은 우수한 모음집으로 다음이 있다.

(2) Gary Gutting(ed.). Paradigms and Paradoxes. Notre Dame. 1980.

과학 속의 합리성에 관한 세 권의 책과 논문 모음집이 있다.

Larry Laudan. Progress and its Problems. California. 1977.

W. Newton-Smith. The Rationality of Science. London. 1981[양형진·조기숙 옮김. 『과학의 합리성』. 서울: 민음사, 1998].

Husain Sarkar. A Theory of Method. California. 1983.

(3) Martin Hollis and Steven Lukes(eds.). Rationality and Relativism. Oxford. 1982.

8장에 관해서 아래에 목록화한 임레 라카토슈와 연관된 저작도 참조해야 한다. 과학혁명의 관념의 역사에 관한 철저한 연구로 다음의 책이 있다.

I. B. Cohen. Revolution in Science: The History, Analysis and Significance of a Concept and a Name. Cambridge. Mass.. 1984.

1 과학적 실재론이란 무엇인가?

현재의 논쟁에 관한 우수한 개관으로 아래의 책을 볼 것.

(4) Jarrett Leplin(ed.). Essays on Scientific Realism. Notre Dame. 1983.

과학적 실재론에 관한 아주 많은 분류가 현재 존재하고 있다. 그 한 가지로 다음의 논문이 있다.

Paul Horwick. "Three forms of realism". Synthese 52(1982), pp.181~201.

2 세우기와 일으키기

본문에 인용된 *Sense and Sensibilia*에 더하여, 영어 단어에 대한 오스틴의 여타의 취급 사례를 다음에서 찾을 수 있을 것이다.

J. L. Austin. *Philosophical Papers*. 3rd ed.. Oxford. 1979.

이러한 작업의 초기적 영향에도 불구하고, 오늘날 거의 누구도 그런 유의 철학을 하지 않음은 유감이다. 오스틴은 훨씬 더 사변적인 프로그램도 갖고 있었는데, 이는 독일의 영향력 있는 몇몇 철학자에 의해 응용되었으며 미국에서는 그 정도가 훨씬 약했다.

How to do Things with Words. Oxford. 1963.[장석진 편저. 1987. 『오스틴; 화행론』. 서울: 서울대학교출판부. 3~152쪽; 김영진 옮김. 1992. 『말과 행위』. 서울: 서광사]

단어 '실재하는(real)'에 관해 오스틴이 말하는 바에 대한 거센 비판으로, 다음의 책을 읽을 것.

Jonathan Bennett, "Real". in K. Fann(ed.), *J. L. Austin, A Symposium*. London. 1969.

스마트 자신의 입문적 교과서는 아래와 같다.

J. J. C. Smart. *Between Science and Philosophy: An Introduction to the Philosophy of Science*. New York. 1968.

카트라이트의 인과가 정확한 선조를 갖고 있는지는 명확하지 않지만, 그녀는 1906년에 원래는 불어로 출간된 다음의 반실재론적 고전에 실질적인 빚이 있음을 인정한다.

Pierre Duhem, *The Aim and Structure of Science*. Princeton. 1954.

내가 방금 본 현재 출간되지 않은 논의를 담은 한 노트에서, 반 프라센은 인과론이 *hypothesis non fingo*(나는 가설을 만들지 않는다 혹은 가설에 의존하지 않는다)라는 유명한 단언과 결합된 *vera causa*(참된 원인)에 관한 뉴튼의 탐색에 그 뿌리를 두고 있다고 주장한다.

3 실증주의

본문에서 주목했듯이, 많은 이들은 실증주의 정신을 흄까지 혹은 그보다 더 앞선 시기의 인물까지 거슬러 올라가서 추적한다. 어떤 대학의 도서관은 번역된 콩트의 글에서 선별한 내용을 담은 몇 가지 책을 그 목록 속에 포함하고 있을 것이다. 실증주의자로서 가장 빈번히 인용되는 인물의 하나가 에른스트 마흐(Ernst Mach)다. 이것이 닫힌 사례는 아니다. 폴 파이어아벤트는 마흐는 실증주의자가 아니라고 정력적으로 주장하는 긴 글을 그로버 맥스웰을 기념하는 한 책(University of Minnesota Press, 1984년 출간 예정)에 기고할 것이다. 마흐 읽기는 다음 책으로 시작하면 좋을 것이다.

> Ernst Mach. *The Analysis of Sensations*. Chicago. 1887과 제목을 조금씩 바꾼 이 책의 수많은 중쇄.

실증주의의 더 명확한 고전은 다음의 책이다.

> Karl Pearson. *The Grammar of Science*. London과 1897년 이후로 계속 있어 온, 실질적으로 바뀌거나 증보된 여러 판들.

실증주의의 진화의 이 단계에 대한 고전적 비판은 피어슨을 그의 경험적 양식(良識)이 그로 하여금 그의 동료들의 과잉사항을 결하게 하는 상태에 멈추도록 하는 그러한 실증주의자의 하나로서 꼽는다.

> V. I. Lenin. *Materialism and Empirico-Criticism*. New York. 1923[박정호 옮김. 『유물론과 경험비판론(상), (하)』, 2권, 서울: 돌베개, 1992].

논리 실증주의에 대한 최상의 논문 모음집으로 다음의 책이 있다.

> A. J. Ayer(ed.). *Logical Positivism*. New York. 1959.

4 프래그머티즘

프래그머티즘에 관한 가장 흥미로운 역사적 검토로 아래의 책이 있다.

Bruce Kuklick. *The Rise of American Philosophy: Cambridge, Massachusetts, 1860~1930.* New Haven. 1977.

퍼스, 제임스, 듀이의 수많은 논문 모음집이 있다. 퍼스의 저술의 새롭고 더욱 만족스런 판을 쉽게 입수할 수 있고 남아 있는 그의 저작에 대한 적어도 두 개의 컴퓨터 어구 색인이 점증적으로 유용해지고 있다. 그럼에도 불구하고, 어떤 확립된 모음집이 전문적 학자를 제외한 모든 이에게 그의 철학에 관한 아주 훌륭한 설명을 제공하게 될 것이다. 나의 견해로 그의 글은 매우 대중적이지만 아주 심오해서 대략 이년 기간으로 읽을 때마다 그의 글은 가치가 높아지고 있다.

5 공약 불가능성

공약 불가능성에 관한 논쟁은 쿤은 물론 폴 파이어아벤트에 기인한다.

Paul Feyerabend. "On the meaning of scientific terms". *The Journal of Philosophy* 62(1965). pp.266~274.

"Problems of empiricism". in R. Colodny(ed.). *Beyond the Edge of Certainty*, Eaglewood Cliffs. N. J.. 1965.

Against Method. London. 1977[정병훈 옮김.『방법에의 도전』. 서울: 한겨레. 1987].

Science in a Free Society. London. 1979.

공약 불가능성에 대한 많은 토의 가운데 특히 하나가 주목할 만할 것이다.

Dudley Shapere. "The structure of scientific revolutions". *The Philosophical Review* 73. 1964. pp.383~394. (2)에 재수록.

"Meaning and scientific change". in R. Colodny(ed.). *Mind and Cosmos: Essays in Contemporary Science and Philosophy.* Pittsburgh. 1966. pp.41~85.

(1)에 재수록.

Hartrey Field. "Theory change and the indeterminacy of reference". *The Journal of Philosophy* 70. 1973. pp.462~481.

G. Pearce and P. Maynard(eds.). *Conceptual Change*. Dordrecht. 1973.

Arthur Fine. "How to compare theories: reference and change". *Noûs* 9. 1975. pp.17~32.

Michael Levine. "On theory-change and meaning-change". *Philosophy of Science* 46(1979).

6 지시, 7 내재적 실재론

(4) 속의 많은 논문은 퍼트넘에 대한 유용한 연구와 암시를 담고 있는데, 실재론에 대한 그의 견해는 널리 알려진 대로 시간의 경과 속에서 진화해 왔다. 시간의 순서대로 그의 모인 논문을 읽는 것이 중요하다. 책도 마찬가지다.

Hilary Putnam. *Mind, Language, and Reality; Philosophical Papers*. Vol. 2. Cambridge. 1979.

Meaning and the Moral Sciences. London. 1978.

Reason, History, and Truth. Cambridge. 1981[김효명 옮김. 『이성·진리·역사』. 서울: 민음사. 2002].

퍼트넘의 견해와 몇몇 방식에서 중첩되는 견해가 넬슨 굿먼에 의해 오래 전부터 주장되어 왔는데, 다음의 책에 그러한 견해가 요약되어 있다.

Nelson Goodman. *Ways of World Making*. Indianapolis. 1978.

실재론에 관한 뢰벤하임-스콜렘 논변에 대한 퍼트넘의 더 형식적인 소개가 다음에서 부여되고 있다.

"Models and reality". *The Journal of Symbolic Logic* 45. 1980. pp.464~482.

이 논의에 관한 수많은 토의가 곧 나타날 것이다.

G. R. Merrill. "The model-theoretic argument against realism". *Philosophy of Science* 47. 1980. pp.69~81.

J. L. Koethe. "The stability of reference over time". *Noûs* 16. 1982. pp.243~252.

M. Devitt. "Putnam on realism, a critical study of Hilary Putnam's Meaning and the Moral Sciences". *Noûs*. 출간 예정.

David Lewis. "New York for a theory of universals". *The Australasian Journal of Philosophy*. 출간 예정.

8. 진리의 대리물

과학에 관한 라카토슈의 견해의 다수가 수학의 본성에 관한 대단히 독창적이고 재미있는 대화 속에서 예견되었다.

Imre Lakatos. *Proofs and Refutations: The Logic of Mathematical Discovery*. Cambridge. 1976[우정호 옮김. 『수학적 발견의 논리』. 서울: 아르케. 2001].

1965년에 그는 포퍼, 카르납, 쿤, 여타 많은 이를 포함한 회의를 조직했다. 이 회의에 관한 세 번째이며 가장 생생한 권은 과학철학에의 그 자신의 가장 중요한 기여를 포함한다.

I. Lakatos and A. Musgrave(eds.), *Criticism and the Growth of Knowledge*, Cambridge. 1970[조승옥, 김동식 옮김. 『현대과학철학논쟁: 비판과 과학적 지식의 성장』. 서울: 민음사. 2002].

라카토슈의 연구와 그것의 적용을 논의하는 두 권의 기념호가 있다.

Collin Howson(ed.). *Methods and Appraisals in the Physical Sciences*. Cambridge. 1976.

R. S. Cohen et al.(eds.). *Essays in Memory of Imre Lakatos*. Dordrecht. 1976.

단절: 실재하는 것과 표상

어떤 참고문헌도 이 단절이라는 주제에 맞지 않으므로 철학적 결론을 이끌어
내기 위해 과학의 사회적 연구(social studies of science)를 전개하는 두 가지
흥미로운 학파에 나는 주의를 기울이는 기회를 갖기로 할 것이다. 에딘버러
(Edinburgh)에서 우리는 거의 모든 과학적 실재가 사회적 구성물(social
construct)이라는 매우 강한 학설을 발견하게 된다. 앞의 (3)에 담겨 있는 논문
「상대주의, 합리주의, 지식사회학」("Relativism, rationalism and the sociology
of knowledge")은 풍부한 정보의 목록을 제공한다. 이 집단이 주장하는 주요
한 몇몇 진술은 다음과 같다.

> Barry Barnes. *Scientific Knowledge and Sociological Theory*. London. 1974.
> *Interests and the Growth of Knowledge*. London. 1970.
> David Bloor. *Knowledge and Social Imagery*. London. 1976[김경만 옮김, 『지식
> 과 사회의 상』. 서울: 한길사. 2000].

이 집단에 대한 약간의 지지를 다음의 대단히 혁신적인 논문집의 2장에서
찾을 수 있다.

> Marry Hesse. *Revolutions and Reconstructions in the Philosophy of Science*.
> Brighton. 1980.

바스(Bath)에는 사회학적으로 경도되어 과학에 관해 연구하는 학자들의 또
다른 집단이 존재하며, 이들은 이 책의 후반부 '개입하기'에 기여하는 소중한
것들을 갖고 있는데, 왜냐하면 그들은 초심리학(parapsychology)에서 레이저
물리학에 이르는 다양한 실험적 작업에 관한 내적 연구를 해왔기 때문이다.

> H. M. Collins and T. J. Pinch. *Frames of Meaning: The Social Construction
> of Extraordinary Science*. London. 1981.
> H. M. Collins. "The TEA set: tacit knowledge and scientific networks".
> *Science Studies* 4. 1974. pp.165~186.
> H. M. Collins and T. G. Harrison. "Building a TEA laser: the caprices
> of communication". *Social Studies of Science* 5. 1975. pp.441~450.

David Gooding. "A convergence of opinion on the divergence of lines: Faraday and Thomson's discussion of diamagnetism". *Notes and Records of the Royal society of London* 36. 1982. pp.243~259.

H. M. Collins. "Son of seven sexes: the social destruction of a physical phenomena". *Social Studies of Science* 11. 1981. pp.33~62.

이 마지막 논문은 중력파(gravity waves) 탐구의 몇몇 결과에 대한 거부를 기술하고 있다.

9~16 개입하기

전자에 관한 밀리컨의 연구에 대한 분석으로 다음을 볼 것.
G. Holton. *The Scienctific Imagination*. Cambridge. 1978. 2장.

홀튼은 밀리컨의 자료 사용이 이론적 기대에 의해 강하게 영향을 받았다고 역설한다. 이에 대한 그리고 홀튼의 연구와 연관된 측면에 관한 요약으로 다음을 볼 것.
"Thematic presuppositions and the direction of scientific advance". in A. F. Heath(ed.). *Scientific Explanation*. Oxford. 1981. pp.1~27.

이 책은 또한 이론가의 입장에 대한 A. 살람의 강력한 진술을 포함하고 있다(435쪽 참조).
"The nature of the 'ultimate' explanation in physics". 같은 책. pp.28~35.

자세한 사례 연구를 담은 결정적 실험에 대한 사례사와 '좋은' 실험에 대한 철학적 논의가 있다.
Allan Franklin and Howard Smokler. "Justification of a 'crucial' experiment: parity nonconservation". *American Journal of Physics* 49. 1981. pp.109~111.
Allan Franklin. "The discovery and nondiscovery of parity noncon-

servation". *Studies in History and Philosophy of Science* 10. 1979. pp.201~257.

"What makes a good experiment?". *British Journal for the Philosophy of Science* 32. 1981. pp.367~374.

실험의 역사를 상세히 다룬 책은 적다. 가장 좋은 것은 하나는 E. 러더퍼드와 F. 소디의 동위원소 발견에 관한 것이다. 같은 필자가 어떤 과학이 한동안 잘못된 방향으로 갈 수도 있는 두 가지 상이한 방식에 관한 두 가지의 흥미로운 논문을 썼다.

Thaddeus Trenn. *The Self-Splitting Atom.* London. 1975.

"Thoruranium (U-236) as the extinct natural parent of thorium: the premature falsification of an essentially correct theory". *Annals of Science* 35. 1978. pp.581~597.

"The phenomena of aggregate recoil: the premature acceptance of an essentially incorrect theory". *Annals of Science* 37. 1980. pp.81~100.

마이컬슨-몰리 실험에 대한 상세한 설명이 다음에서 제시되어 있다.

Loyd S. Swenson. *The Ethereal Aether: A History of the Michelson-Morley Experiment.* Austin. Tex. 1972.

원인, 모형, 근사에 관해서는 다음의 책을 볼 것.

R. Harré. *Causal Powers: A Theory of Natural Necessity.* Oxford. 1975.

M. Hesse. *Models and Analogies in Science.* London. 1963.

앞의 280쪽과 455쪽에 인용된 헤서의 저작에 더하여, 이들 두 저자의 두 가지 다른 책이 유용할 것이다.

R. Harré. *The Philosophies of Science: An Introductory Survey.* Oxford. 1972 [민찬홍·이병욱 옮김. 『과학철학』. 서울: 서광사. 1985.].

M. Hesse. *Forces and Fields: The Concept of Action at a Distance in the History of Physics.* Westport. Conn. 1970.

새로운 실험 물리학의 역사와 철학에의 가장 최근의 기고자는 다음과 같은 논문을 내고 있다. 첫 번째 논문은 뮤온과 중간자에 대한 나의 설명 (168~173쪽 참조)과 관계가 있고 두 번째 논문은 약한 중성흐름(16장)과 관련이 있다.

Peter Galison. "The Discovery of the muon and the failed revolution against quantum electrodynamics". *Centaurus*. April. 1983.

"How the first neutral current experiments ended". *Review of Modern Physics*. April. 1983.

"Einstein's experiment, the g-factor, and theoretical predispositions". *Historical Studies in the Physical Sciences* 12. 1982. pp.285~323.

표상하기와 개입하기

ㄱ

가설상정 116
가설연역적인 방법 187
가우스 385
갈륨비소 436
갈릴레오 294
객관성 58
검증 44, 46
게오르크 칸토어 191
게오르크 폴리아 211
게이지 317
결정적 실험 59, 207, 408, 414, 456
고틀로프 프레게 150
공약 불가능성 57, 134, 136~137, 140,
    145, 232, 452
과학의 단일성 47, 49
과학적 방법의 단일성 103
과학적 실재론 68

과학혁명 449
관념론 175, 444
관찰 286
관찰 진술 287
광자 69
광전 효과 118
구성적 경험론 114, 116
구스타프 베르크만 318
귀납 45, 128, 264
그로버 맥스웰 291, 318~319, 451
그자비에르 비샤 326
극화된 전자 433, 442
글립토돈 150
길버트 라일 63

ㄴ

내재적 실재론 175, 177
내적 역사 221, 223

내포(connotation) 151
낸시 카트라이트 80, 92
네더마이어 170~171, 196
네이글 139~140
넬슨 굿먼 198
노엄 촘스키 90
논리 경험주의자 102
논리적 구성 111
뉴커먼 281
뉴튼 89, 107, 111~112, 145, 167, 183,
　　264, 271, 280, 302, 356, 370, 388,
　　390, 391, 416, 446, 451
니오브 71
니체 41, 126
니컬러스 자딘 368
닐스 보어 136

ㄷ

다닐로 도모도살라 255
대니얼 더포우 369
더들리 섀피어 147, 291
데모크리토스 248~250, 254
데스파냐 135
데이비 164, 268, 270, 279, 285
데이빗 부루스터 272
데이빗 프리맥 242
데이빗 흄 45, 91, 99
도구주의 80, 132, 444
도늘드 데이빗슨 147
도플러 효과 210

돌턴 164, 268
뒤엠 209, 253, 366, 394, 411
듀이 130~132, 206, 233, 452
디랙 308
디키 311

ㄹ

라그랑주 353
라부아지에 53, 164, 167, 226, 251
라우든 62, 64~65, 228
라이프니츠 90, 107, 155~157, 178,
　　182, 262, 355, 446
라이프니츠-휴얼-포퍼 210
라카토슈 127, 204~212, 215~216,
　　218, 223, 227, 293, 331, 411,
　　413~414, 416, 419~421, 424~425,
　　449, 454
라플라스 141, 167, 356
래리 라우든 61
러더퍼드 159, 217, 414, 457
러셀 111
레벤후크 324, 325, 331
레우키포스 248
레일리 423
로렌츠 136, 159, 163, 353, 390, 422,
　　426, 445, 446
로버트 노직 198
로울런드 371
로크 181, 185, 234, 237, 256
로티 131, 242

표상하기와 개입하기

뢰머 389

뢰벤하임-스콜렘 정리 191, 192,
    194~195, 197~198

루돌프 카르납 44, 101

루크레티우스 249

루트비히 비트겐슈타인 101

리드 370

리비히 267~268, 285

리센코 73

리처드 로티 130

리처드 몬터규 195

리처드 스캐어 338

리처드 오윈 150

리키 가족 240

리터 303

ㅁ

마르크스 96, 206, 446

마르크스주의 218

마세도니오 멜로니 302

마이컬슨 296, 390, 397, 415, 419~424,
    447, 457

마이클 가드너 82

마이클 패러디 89

마흐 290, 444, 451

막스 베버 96

매어리 헤서 280

매티슨 규칙 284

맥스웰 82, 279, 292, 352, 371, 378,
    418~419, 447

메조트론 170, 173, 196

모트 359

몰리 296~297, 390, 415, 422, 425,
    457

뮤온 168~169, 172, 197, 395

밀 367, 374, 444

밀러 425

밀리컨 70~71, 136, 159, 163, 171,
    174, 388, 391~392, 428, 441, 456

ㅂ

반 프라센 80, 99, 100, 110, 112,
    114~115, 118, 132, 135, 290, 313,
    319~320, 340, 348, 366, 391~392,
    451

반실재론 68

반증 45~46

발견 48~49

발견술 211

발명 280

버클리 89, 181, 183, 185, 251, 349,
    369~370

버트런드 러셀 77

베르나르 데스파냐 90

베르데 352

베르톨레 167

베이컨 260~262, 288, 309, 365, 403~404,
    409, 411, 425

베인 444~445

베터-하이틀러 278

벨 부등식 135
변칙 사례 50, 212, 369, 412
보어 171~172, 226
보오손 432, 434, 443
본체 184
볼타 357
브라운운동 120, 274
브래그 383
블래킷 171
블랙홀 446
비더만-프란츠 283
비샤 335, 348
비오 167
비트겐슈타인 57, 131, 161, 195, 238, 252, 254

사변 353~354
사이먼 뉴컴 420
산 164~165
색인사 195, 241
새피어 310, 312~313
셀라스 252
셰익스피어 317
소디 217, 414, 457
슈뢰딩거 159
슐릭 101, 104, 110
스네든 359
스마트 88, 90, 93~94, 98, 118
스토니 163, 174

스톡스 420~421, 425, 447
스트릿 170~171
스티븐 와인버그 435
스티븐 제이 굴드 96
스티븐 호킹 361
실재 233~234
실증주의 100, 102, 115, 132, 348
실험 반복 381

아노 펜지어스 275
아리스토텔레스 45, 63, 123, 144, 160, 262
아베 328~331, 335
아보가드로 법칙 279
아보가드로 수 120, 412
아이슬란드 스파 270, 437
아인슈타인 83, 118~120, 146, 182, 226, 274, 296, 390, 416
알렉산더 베인 444
앤더슨 171~172, 196
알렉산더 그레이엄 벨 420
약한 중성 흐름 433
양자 전기역학 169, 434
양전자 303~304
어니스트 네이글 138
에드워드 터너 413
에딩턴 179
에라스무스 바르톨린 270
에른스트 아베 317

표상하기와 개입하기

에우클레이데스 208, 229, 248

에테르 416, 447

연구 프로그램 210~211

연역 45

영 302, 351

오귀스탱 프레넬 417

오귀스트 콩트 101

오스틴 97, 194, 450

오토 노이라트 101

외어스테드 279

외연(denotation) 151

우주적 우연 논변 119

위트 281

원자론 82, 248, 250, 444

웨슬리 새먼 119

위기 50, 139

윌러드 V. O. 콰인 102

윌리스 램 81, 122

윌리엄 제임스 124

윌리엄 크레이그 113

윌리엄 프라우트 412

윌리엄 허셜 299, 351

윌슨 275~277

윌프리드 셀라스 187

유가와 170, 172~173

유명론 199, 201, 232

유스투스 폰 리비히 266

유콘 171~172

의미 44, 46, 102, 149, 172

이론 적재적 287, 293

이론적 존재자 69, 76, 115

인과론 91

인식론 42

일치로부터의 논변 337, 343

임레 라카토슈 61

ㅈ

장 페랭 83

전자 69, 161, 427

전자기적 에테르 111, 296

정당화 48~49

정상 과학 50~51, 139

제드 Z. 버크월드 371

제럴드 홀튼 220

제만 효과 371

제임스 129~131, 237, 452

제임스 서던 282

제임스 서버 320

조셉슨 효과 371, 378, 395

조지 다윈 268

존 돌런드 327

존 뒤프레 173

존 듀이 129

존 허셜 272

존스턴 스토니 162

졸라 76

중간자 168, 172, 196

중성미자 292, 310

지시 149~150, 157, 233

지식 관망자 이론 130, 132, 232~233, 445

ㅊ

차이스 330, 334, 336
찰스 배비지 386
처칠 아이즌하트 386
천문학적 광행차 417
초월적 관념론 176
초전도성 284
추론의 스타일 106, 128, 143, 204, 227~228, 232
측정 383, 385, 399
침보라조 389

ㅋ

카르납 44, 46~49, 207, 265, 268, 290, 454
카트라이트 94, 98, 118, 135, 359, 360, 362, 450
칸트 52, 119, 126, 176, 182~183, 185, 187~188, 199~200, 204, 206, 223, 229, 235~237, 279
칼 잰스키 275
칼 차이스 328
칼 포퍼 44, 101
칼 피어슨 397
칼로릭 141, 166~167, 173
캐번디시 388~389, 391~392, 398, 428
켈빈 283, 352~353, 355, 396~397, 399, 423
코언 394

코페르니쿠스 52, 74, 146, 226, 246
콤프턴 효과 371
콩도르세 105~106
콩트 105~106, 111~113, 115, 290, 444
콰인 143, 189, 286, 306~307
쿠르트 괴델 101
쿤 47~48, 50, 57, 59~60, 63 122, 135, 137, 139~140, 202, 205~207, 209, 212, 227, 247, 252, 254, 264, 355~356, 385, 396~401, 448, 454
쿨롱 188
쿼크 70~71
클로드 베르나르 296

ㅌ

탈레스 52
테오도어 아도르노 103
테일러 394
토머스 리드 108
토머스 영 271
토머스 쿤 43
톰슨 162~163, 427, 436, 441~442
트레비식 281~282

ㅍ

파라켈수스 141~144
파스칼 57
파스퇴르 213~214
파이어아벤트 60~61, 63, 137, 139~140,

144, 147, 219, 224, 227, 294, 297, 406, 451, 452

패러다임 54~56

패러디 93, 279

패러디 효과 351, 355, 371, 441

패리티 433, 435, 443

패트릭 맨슨 214

퍼스 116, 118, 123~124, 126~127, 129, 131, 206, 216, 226, 393~394, 431, 452

퍼트넘 64~65, 95, 128, 131, 134, 148~149, 152~153, 155~156, 159, 161~164, 167~168, 172~173, 175~ 180, 184, 189~190, 192~193, 196~197, 199, 201, 204, 207, 215, 228, 233, 453

페르디낭 드 소쉬르 151

페르미 171, 308

페어뱅크 71

펜지어스 276~277

포퍼 44~49, 103, 123, 128, 207, 209, 222, 253, 256, 265, 268~269, 272, 276, 397, 400, 425, 454

표상 232~233, 236`237

프라우트 217, 412, 414, 425

프래그머티즘 108, 124, 130~132, 177, 185, 452

프랭클린 188

프레게 151~152, 189

프레넬 271, 420

프로이트 74

프리츠 런던 264

플라톤 45, 249, 262

플랑크 상수 395

플로베르 76

피어슨 397, 399, 444, 451

피조 389, 398, 422

피츠제럴드 수축 425

ㅎ

하이젠베르크 171

하인리히 헤르츠 252

한스 라이헨바흐 48, 101

합리성 41,~43, 46, 50, 54~55

핸슨 82, 292, 294, 303, 305, 303

허셜 301~302, 385

험프리 데이비 53, 266

헤겔 126, 184, 206~207, 216, 221, 255

헤르베르트 파이글 102

헤르츠 252~253, 418, 447

헬름홀츠 117, 418

헴펠 110

혁명 50~51, 54, 139

현상 365~366

현상 법칙 361

형태 전환 136

호우트스밋 163, 445

호이헨스 271, 326, 328, 389

홀 371, 373, 375, 378

홀튼 456
환원주의 111, 113
효과 371
혹 261, 263, 271, 331
흄 100, 104, 107, 109~110, 112~113,
　　115~116, 208, 369
힐버트 407

기타

A. 살람 435
A. C. 베크렐 274
A. C. 크롬비 228
A. J. 에이어 65, 102, 104
A. -M. 앙페르 187, 278
BCS 이론 377
C. 허셜 305~307
C. D. 브로드 92
C. D. 앤더슨 170
C. G. 헴펠 102
C. W. F. 에브릿 279, 354
D. H. 멜러 161
E. C. 스티븐슨 170
E. L. 말뤼스 272
E. M. 슬레이터 321
F. A. 케쿨레 335
F. P. 램지 113
G. 맥스웰 291
G. B. 에어리 352
G. E. 무어 193
G. E. 울런벡 163

G. G. 스톡스 417
G. N. 루이스 165
G. S. 스텐트 343
H. 존스 283
H. A. 베터 170, 368
J. 도플러 417
J. 바딘 377
J. 페랭 274
J. H. 램버트 367
J. J. 베르셀리우스 53
J. L. 오스틴 86
J. N. 브뢴스테드 165
J. N. 쿠퍼 377
J. R. 슈리퍼 377
J. S. 밀 151
K. D. 프룸 382
L. 에슨 382
M. E. 베르데 352
N. F. 모트 283
N. R. 캠블 357
O. 슈테른 163
P. A. M 디랙 392
P. F. 스트로슨 178
PEGGY II 436, 438, 440, 443
R. W. 우드 273
T. M. 라우리 165
W. 게를라흐 163
W. 뉴튼-스미스 79, 121
W. H. 하이틀러 170

| 지은이 |

이언 해킹(Ian Hacking)
해킹은 콜레주 드 프랑스의 과학적 개념의 철학 및 역사 좌 교수다.
최근까지 토론토 대학교에서 철학 분야 대학직속 석좌교수로 있었다.
캐나다 밴쿠버에서 태어났으며 자랐다. 박사학위는 케임브리지 대학교
에서 받았다. 브리티시 콜럼비아 대학교, 케임브리지 대학교, 스탠퍼드
대학교에서 가르쳤다. 캐나다왕립아카데미, 미국문리아카데미, 영국아
카데미의 펠로우이며, 케임브리지 대학교의 트리니티 콜리지 명예 펠
로우다. 2004년에 캐나다 훈위의 컴패니언에 임명되었다.
저서로 *Historical Ontology*(2002), *The Social Construction of What?*(1999),
Mad Travelers(1998), *Rewriting the Soul*(1995), *The Taming of
Chance*(1990), *Representing and Intervening*(1983), *The Emergence of
Probability*(1975), *Why Does Language Matter to Philosophy?*(1975), *Logic
of Statistical Inference*(1965) 등이 있다.

| 옮긴이 |

이상원
서울대학교 자연과학대학 지질과학과를 졸업, 동 대학 대학원 과학
사 및 과학철학 협동과정에서 박사학위를 받았다. 미국 버지니아 공
대 및 주립대 박사후 연구원, 포항공대 연구조교수, 연세대 인문한
국 교수, 명지대학교 교수로 근무했다. 2008년 한국과학철학회 논문
상을 받았다.
저서로『현상과 도구』(2009),『이기적 유전자와 사회생물학』(2007),『실
험하기의 철학적 이해』(2004), 공저로『과학철학: 흐름과 쟁점, 그리고
확장』(2011),『노벨 과학상』(2005),『인간은 유전자로 결정되는가』
(1995)가 있으며, 역서로『표상하기와 개입하기: 자연과학철학의 입문
적 주제들』(2005), 공역서로『과학이란 무엇인가?』(2003),『우리 유전자
안에 없다』(한울, 1993)가 있다.

한울아카데미 769

표상하기와 개입하기
자연과학철학의 입문적 주제들

지은이 | 이언 해킹
옮긴이 | 이상원
펴낸이 | 김종수
펴낸곳 | 한울엠플러스(주)

초판 1쇄 발행 | 2005년 7월 20일
초판 4쇄 발행 | 2020년 5월 15일

주소 | 10881 경기도 파주시 광인사길 153 한울시소빌딩 3층
전화 | 031-955-0655
팩스 | 031-955-0656
홈페이지 | www.hanulmplus.kr
등록번호 | 제406-2015-000143호

Printed in Korea.
ISBN 978-89-460-6905-3 93130